W0374859

Fried Nielsen

Wind, der weht

Georgien im Wandel

SOCIETÄTSVERLAG

Alle Rechte vorbehalten Societäts-Verlag
© 2000 Frankfurter Societäts-Druckerei GmbH
Satz: Fotosatz Janß, Pfungstadt
Illustrationen: Irina Kurtischwili
Herstellung: Bercker Graphischer Betrieb, Kevelaer
Schutzumschlag: Jutta Schneider, Frankfurt,
unter Verwendung eines Gemäldes von Helena Achwlediani
Printed in Germany 2000
ISBN 3-7973-0745-4

Bücher sind nur dickere Briefe an Freunde
(Jean Paul)

Wer nicht Freunde sucht auf Erden,
ist sich selbst der ärgste Feind!
(Schota Rustaweli)

Inhalt

1. Flug von Frankfurt nach Tiflis

August 1992

Georgien beginnt in Frankfurt: Mit der „Trans-Air-Georgia", deren altgediente Aeroflot-Maschine ich am 8. August 1992 mit dem mulmigen Gefühl eines Diplomaten besteige, der auf einen neuen, unbekannten Posten versetzt ist.

In der Kabine schlägt mir ein fauliger Geruch entgegen, ein süßliches Gemisch aus billigem Parfüm, kalter Zigarettenasche und nach Zitrone duftendem Reinigungsmittel.

Als letzter eingestiegen, setze ich mich in eine der hinteren Reihen. Da auf der Bordkarte keine Sitzplatznummer eingetragen ist, wähle ich einen Fensterplatz. Der Sitz ist grau und schmierig. Ich versuche, den Gurt zu schließen; die Schnalle rastet aber nicht ein. Schließlich lasse ich die beiden Enden des Gurtes lose auf meinem Schoß liegen.

Durch das milchige, zerkratzte Plastikfenster sehe ich draußen den Tankwagen. Obwohl unser Flugzeug noch aufgetankt wird, zünden sich die ersten Passagiere ihre Zigaretten an. Die Tupolew hat nur eine Kabine, in der es keine getrennten Sitzplätze für Raucher und Nicht-Raucher gibt. Zum Glück aber sind die Plätze vor und neben mir freigeblieben, so dass der Rauch mich zunächst nicht belästigt.

Eine hübsche georgische Stewardess mit kastanienbraunen Augen, die brünetten Haare in der Mitte gescheitelt und streng nach hinten gekämmt, serviert uns Getränke.

„Mineralwasser, Wein oder Wodka?" fragt sie mich lächelnd.

„Mineralwasser", antworte ich und deute auf eine grüne Flasche, auf der „Borjomi Mineral-Water" steht. Ich bin durstig und trinke hastig das stille Wasser aus dem Plastikbecher, verzerre aber schon nach dem ersten Schluck mein Gesicht und trinke den Rest nur widerwillig aus. Das Wasser schmeckt ungewöhnlich schwefelig. Die meisten Passagiere, fast alle sind Georgier, haben zu georgischem Wein oder Wodka gegriffen. Die Männer prosten sich zu, während die Frauen in deutschen Illustrierten blättern.

Endlich begrüßt uns eine Stewardess auf Russisch, Georgisch und

Englisch. Klappernd und ruckelnd setzt sich die dreistrahlige Tupolew-154 in Bewegung. Über mir klappt eine Luke auf, die aber schnell wieder geschlossen wird. Sanft hebt die Maschine ab und mit nur acht Stunden Verspätung fliegen wir über den Wolken von Frankfurt. Damit liegen wir gut in der Zeit. Schon über den Alpen muss ich aber feststellen, dass ich meinen Platz schlecht gewählt habe. Der Gestank der beiden Toiletten, die sich am Ende des Ganges befinden, beleidigt meine Nase und der Lärm der Düsen betäubt meine Ohren. So höre ich nur wenig von dem Männerchor, der sich in der Mitte der Kabine versammelt hat. Dort ist die Luft mittlerweile durch den Qualm der Zigaretten vollkommen verräuchert. Der mehrstimmige Gesang, der durch zahlreiche Trinksprüche unterbrochen wird, und der Düsenlärm vereinen sich in meinem Ohr meistens zu einem brummigen Bass. Der Chor aus hochgewachsenen, gutaussehenden Männern löst sich auch nicht auf, als der Pilot nach rund vier Stunden zur Sturzlandung auf Tiflis ansetzt. Ich spähe aus dem Fenster und versuche angestrengt, das übliche Lichtermeer einer Millionenstadt auszumachen. Vor meinen Augen aber bleibt es schwarz, nachtschwarz.

Der Pilot hat es plötzlich sehr eilig. Fast senkrecht, so scheint es mir, steuert er die Landebahn an. Die Rückenlehne meines Vordersitzes klappt nach vorn und droht, mein Abendessen, eiskaltes Hühnchen mit Reis, das ich nicht anzurühren gewagt hatte, auf den Boden zu schleudern. Rechtzeitig rette ich es und stelle es auf meinen Nachbarsitz. Während die leeren Wodka-Flaschen auf dem Gang in Richtung Cockpit trullern, singt der Männerchor mit Inbrunst ein Lied über „Tbilissi“. Sie sind wohl froh, wieder nach Hause zu kommen. Erst am Ende der Landebahn, als die Düsen nur noch beruhigend summen, nachdem sie ein letztes, schmerzhaftes, kurzes Kreischen von sich gegeben haben, gehen die Sänger auseinander. Sie umarmen und küssen sich. Wie die anderen Passagiere packen sie stürmisch ihr umfangreiches Handgepäck zusammen, darunter Fernseher, Video-Geräte und Kinderwagen. Geschickt verstaut oder auf den Sitzen angegurtet, hatten übergroße Pappkartons Platz gefunden. Ungewiss, was mich erwartet, verlasse ich als letzter Passagier die Maschine, etwas irritiert von den vielen Wodka-Flaschen und dem Müll, der achtlos im Gang und auf den Sitzen zurückgelassen wurde.

Nur wenige Schritte von der Gangway entfernt, steht der Dienstwagen der Botschaft, ein neuer schwarzer Mercedes. Kacha Samuschia, der junge Fahrer, ein zuverlässiger, mit allen Wassern gewaschener Megrele, winkt mir zu. Er steht in einer Traube von einigen hundert Menschen, die bis auf das Rollfeld vorgedrungen sind. Jung und alt, alle sind sie zur Begrüßung gekommen. Neben mir umarmt sich ein älterer Herr abwechselnd mit seinen Eltern, Schwiegereltern, seiner Frau, seinen Kindern und Enkeln. Wie einen verlorenen Sohn begrüßen sie ihn, der nur knapp eine Woche in Deutschland war.

Auf mich wartet nur Kacha. Wir begrüßen uns und fahren zum imposanten, spät-stalinistischen Flughafengebäude, das nur spärlich beleuchtet ist. Ich gebe Kacha meinen Pass und meinen Gepäckschein. Statt in der plüschigen VIP-Lounge, wo der Fernseher in voller Lautstärke russische Nachrichten zeigt, warte ich lieber in der warmen Sommernacht. Nach längerer Zeit kehrt Kacha mit meinem Pass und Einreisestempel zurück.

„Und mein Gepäck?“ frage ich.

„Kommt gleich, Herr Nielsen“, beruhigt er mich und verschwindet wieder.

Ich warte weiter. Bevor ich befürchten muss, mir die Beine in den Bauch zu stehen, sehe ich das Gepäck auf der offenen Ladefläche eines bulligen Lastwagens, der vom Flugzeug Richtung Flughafengebäude tuckert. Ich gehe schnell zum Portal in der Mitte des Gebäudes, wo Kacha schon wartet. Zum Glück liegen meine beiden Gepäckstücke auf der Spitze der Kofferpyramide, die beim Bremsen bedenklich zu wackeln beginnt. Kacha überzeugt die lustlos wirkenden Packer, dass die beiden Koffer mir gehören und wir es wirklich sehr eilig hätten. Wir verstauen das Gepäck im Mercedes und verlassen nach fast drei Stunden den Flughafen.

Schon nach wenigen Minuten wird unsere Fahrt gestoppt. Die Auffahrt zur Schnellstraße, die nach Tiflis führt, ist durch Panzer, Lastwagen und große Betonquader blockiert. Eine Hundertschaft bärtiger, schwerbewaffneter Männer umringt uns. Die meisten tragen Alltagskleidung, einige von ihnen auch Phantasieuniformen der Nationalgarde. Ein dicklicher, vollbärtiger Gardist führt das Gespräch mit Kacha. Die Kalaschnikow baumelt vor seinem Bauch, die Patronengurte kreuzen sich auf seiner Brust. Ein Kamerad reicht ihm einen Becher Wodka. Das Gespräch zieht sich hin. Kacha lacht oft, was mich beruhigt. Die Wörter *„germaniis saeltscho“* kann ich noch nicht heraushören. Sie heißen „Deutsche Botschaft“ – ein Zauberwort, wie ich immer wieder feststellen werde, ein magisches Wort, das Türen öffnet und hitzige Gemüter beruhigt. Zu unserer Rechten knallen betrunkene Gardisten ununterbrochen Salven in die Luft. Endlich lässt man uns passieren. Wir brausen davon. Links und rechts der Straße sind die Hochhäuser ohne Licht.

„In Tbilissi kein Strom, Herr Nielsen“, stöhnt Kacha.

„Wieso?“ frage ich.

„Georgien hat kein Geld. Kein Geld, kein Strom“, erklärt Kacha.

„Das wird sich sicherlich bald ändern“, entgegne ich lapidar, nicht ahnend, dass mich das Thema wer, wann und in welcher Stärke in seiner Wohnung Strom haben würde, nun drei Jahre begleiten sollte.

Nur Minuten später sehe ich in der Dunkelheit Mündungsfeuer vor uns aufblitzen. Die Schüsse zischen über unser Auto hinweg.

„*Waime*!“ – „Weh mir!“, entfährt es Kacha. Dann dreht er sich zu mir um und schmunzelt: „Keine Angst haben, Herr Nielsen, das ist Georgien.“

Nach dieser Begrüßung erreichen wir weit nach Mitternacht das Metechi-Palace-Hotel. Es ist noch erleuchtet, während ganz Tiflis im Dunkeln liegt. Das österreichische Luxus-Hotel wurde im Jahre 1990 eröffnet. Der österreichische Eigentümer, Hofrat Bausbeck, ist mit einer Georgierin verheiratet. So kommen Investitionen zustande. Ich trinke noch ein Bier mit Günther Dahlhoff, unserem Botschafter, und falle danach todmüde ins Bett.

2. Ausflug mit dem Hubschrauber nach Swanetien

August 1992

Mein kurzer Schlaf muss sehr tief gewesen sein. Von den Schießereien, die in Tiflis die Nachtruhe stören wie der Autolärm in Kairo, habe ich nichts gehört. Trotzdem werde ich schon früh am Morgen aus dem Schlaf gerissen. Vor dem Hotel hat sich ein Dutzend Köter eingefunden, die so laut bellen als wären sie vom Hotel zum Wecken bestellt. Vom Balkon beobachte ich das kleine Rudel. Einige aalen sich in der schon sehr warmen Morgensonne, andere stöbern in einem Abfallhaufen. Einer tippelt kreuz und quer auf drei Läufen. Abgemagert, das Fell teilweise ausgerissen, sind sie ein erbarmenswerter Anblick.

Auch der erste Blick auf Tiflis ist enttäuschend. Mir gegenüber liegt ein fast nackter Gebirgszug, der nur den Kamm entlang bewaldet ist. Am Fuß des Berges strecken sich graue, gesichtslose Hochhäuser in den blauen Himmel.

Planung und Bau des Hotels noch in Zeiten des Kommunismus verdanken wir nicht nur Herrn Bausbeck und seiner Frau, sondern auch Eduard Schewardnadse, der Ende der siebziger und Anfang der achtziger Jahre Erster Sekretär des Zentralkomitees der Kommunistischen Partei Georgiens war, also kurz und bündig der georgische „Ministerpräsident“.

„Wir in Georgien waren die ersten in der Sowjetunion, die ausländische Investitionen zuließen und mit ausländischem Kapital sogar Wintersportanlagen bauten“, sagt uns Schewardnadse in einem der ersten Gespräche über die marode wirtschaftliche Lage des Landes. Er nimmt für sich in Anspruch, die Ideen der ‘Perestroika’ (Umgestaltung) und ‘Glasnost’ (Offenheit) in Georgien in die Tat umgesetzt zu haben, bevor sie Michail Gorbatschow auf dem XXVII. Parteitag der KPdSU im Jahre 1986 offiziell verkündete. Wir jedenfalls sind froh, dass die Botschaft zunächst so komfortabel untergebracht ist und wir nicht in einem der heruntergekommenen Intourist-Hotels hausen müssen.

Nach einer warmen Dusche gehe ich in das Cafe „Vienna“, das im Foyer des Hotels liegt. Hier finden sich die Mitarbeiter der Botschaft, die im ersten Stock einquartiert ist, tagtäglich zum Frühstück ein. Der Speisesaal ist geschlossen, da es andere ausländische Gäste nicht gibt. Nur einige Anführer der *mchedrioni*, einer paramilitärischen Gruppe und Mafia-Bande, residieren noch im Hotel. Die *mchedrioni* sind die Privatarmee eines gewissen Dschaba Josseliani, den ich bald treffen sollte. Es sind junge Männer, fast noch Jugendliche. Ganz in schwarz gekleidet, frühstücken sie am Nachbartisch. Die Pistole, eine russische Makarow, liegt neben dem Frühstücksei.

Hin und wieder wird einer von ihnen erschossen aufgefunden und morgens klammheimlich aus dem Hotel getragen. Uns belästigen sie nicht, auch nicht, wenn sie angetrunken oder im Drogenrausch aus der Lobby auf das Glasdach des Hotels schießen.

Eigentlich ist das Waffentragen im Hotel verboten. Am Eingang ist sogar ein Verbotsschild in Form eines Straßenverkehrsschildes aufgestellt, das mit einem roten diagonalen Strich über einer schwarzen Pistole eindeutig sein sollte. Es kümmert sie wenig.

Wir möchten eine zweite Tasse Kaffee bestellen, der wie Muckefuck schmeckt. Obwohl wir mit den *mchedrioni* die einzigen Gäste in dem gespenstisch leeren Hotel sind, vermeiden die fünf Serviererinnen, die adrett in weiß und rosa gekleidet sind, meisterhaft jeden Blickkontakt mit unserem Tisch. Auch leiseres und dann lauteres Zurufen hat keinen Erfolg. Schließlich stehe ich auf, gehe zur Theke und bitte um vier weitere Tassen Kaffee. Verwunderung, beinahe Entsetzen macht sich auf dem Gesicht der pausbäckigen Kellnerin Maja breit: „Coffee? No coffee, Mr. Nielsen. Coffee finish!“.

In einem längeren Gespräch kommen Maja und ich, fast zeitgleich, auf die Idee, in der Hotelküche, die nicht von Bestellungen überrannt wird, frischen Kaffee zu ordern. Wir sind glücklich über diese Lösung.

Ob die Kellnerinnen glücklich wären, wenn die vierhundert Betten des Hotels belegt wären, wage ich zu bezweifeln. Sicherlich aber wäre Schewardnadse glücklich, wenn wieder mehr Touristen und Investoren nach Georgien kämen. Er kam am 5. März 1992 aus Moskau nach Tiflis zurück und wurde am 10. März 1992 zum Vorsitzenden des Staatsrats der Republik Georgien ernannt. Kurz darauf, am 13. April 1992, besuchte Außenminister Hans-Dietrich Genscher das Land und Günther Dahlhoff wurde der erste in Georgien akkreditierte Botschafter. Deutschland hatte damit als erster Staat eine Botschaft in Georgien eröffnet. Für die Georgier war es ein wichtiges Zeichen, dass die westliche Welt ihre Unabhängigkeit anerkannte. Swiad Gamsachurdia, dem ehemaligen Dissidenten und Anglistik-Professor, den die Georgier im Mai 1991 in freier Wahl zum ersten Präsidenten Georgiens gewählt hatten, war diese Anerkennung versagt geblieben. Er wurde im Januar 1992 von seinen Mitstreitern gestürzt, nachdem er das Land außenpolitisch isoliert und innenpolitisch ins Chaos geführt hatte. Unschlüssig, wie das Land weiter regiert werden sollte, bat einer von ihnen, Dschaba Josseliani, vielfach vorbestrafter Schriftsteller und Kopf der *mchedrioni*, Eduard Schewardnadse nach Georgien zurückzukehren. Die anderen beiden damaligen Machthaber, Tengis Sigua, Wirtschaftsprofessor an der Universität Tiflis, und Tengis Kitowani, Absolvent der Tiflisser Kunstakademie und Führer der Nationalgarde, sprachen sich dagegen aus.

Wir müssen uns jetzt auf den Weg machen. Heute ist Betriebsausflug. Wir wollen mit dem Hubschrauber nach Swanetien fliegen, einer entlegenen Hochgebirgsregion im Südwesten des Großen Kaukasus. Mit dem Auto ist Swanetien nur in den Sommermonaten über zwei hochalpine Schotterpisten erreichbar. In den übrigen Jahreszeiten sind die Swanen und ihre Besucher auf fahrplanlose Hubschrauberflüge angewiesen.

Unser Hubschrauber wartet auf dem Flughafen, auf dem ich erst gestern in Georgien eingetroffen war. In Kolonne fahren wir vom Hotel ab. Kacha und die anderen Fahrer rasen mit Affenzahn durch die leeren Straßen. Nur ganz vereinzelt sehe ich Passanten, andere Autos so gut wie keine.

„Zu viele Kriminale in Tbilissi, Herr Nielsen, deshalb bleiben alle Menschen zu Hause“, erklärt Kacha. Noch erscheint mir jedoch Kachas Fahrstil gefährlicher als die Kriminellen, obwohl er gerade bremst, um einige Hunde die Straße überqueren zu lassen. Auf der welligen Schnellstraße sind heute mehr Sperren postiert als gestern Nacht. Nicht nur die Nationalgarde, auch die *mchedrioni* „kontrollieren“ den Verkehr. Außerdem nutzen einige Privatbürger die Gunst der Stunde. Sie haben eigene Sperren gebildet, um ihren Teil des Wegezolls zu kassieren. Leider versprechen so viele Ordnungshüter nur selten Recht und Ordnung. Unseren Wagen lassen alle passieren, da wir heute mit Stander fahren und er somit leicht als Fahrzeug der Botschaft erkennbar ist.

Auf dem Gelände des Flughafens begrüßen wir zunächst den russischen Piloten. Der massige Transport-Hubschrauber, in blau und orange gestrichen, ist fast voll besetzt. Bis zum Abflug müssen wir längere Zeit warten, da er noch nicht aufgetankt ist. Wie ich höre, ist Kerosin Mangelware. Ich bin darüber etwas verwundert, da Georgien mit Aserbaidschan benachbart ist, das reich an Erdöl ist.

So aber habe ich das erste Mal Gelegenheit, der georgischen Sprache zu lauschen. Unsere Gastgeber, die Herren der „Schewardnadse-Stiftung für Demokratie und Wiedergeburt", sprechen laut, mit vielen Gebärden und schauspielerischer Mimik. Die Sprache klingt kräftig, kehlig und herb.

Vor meiner Versetzung wusste ich von der georgischen Sprache nur, dass es sie gibt. Als wir im Griechisch-Unterricht Xenophons „Anabasis" lasen, hörte ich wohl das erste Mal von Georgien und der georgischen Sprache.

Georgisch gehört zur Familie der Kaukasischen Sprachen. Darunter werden diejenigen Sprachen im Kaukasus verstanden, die nicht zur Gruppe der Turksprachen gehören und auch nicht zu den Familien der indogermanischen und semitischen Sprachen. Die Linguisten unterteilen die Kaukasischen Sprachen in die nordkaukasischen und südkaukasischen Sprachen. Die georgische Sprache gehört zur Gruppe der südkaukasischen Sprachen. Sie vereint vier genetisch eng verwandte Sprachen: die georgische Sprache, *„kartuli ena"*, die in Georgien Staatssprache ist, sowie Megrelisch, Swanisch, und Lasisch. Die Swanen und Megrelen bedienen sich des Georgischen als Schriftsprache. Sie sind in Georgien beheimatet, während die Lasen heute auf türkischem und georgischem Boden leben. Die Lasen in der Türkei schreiben türkisch (lateinische Schrift), die Lasen in Georgien georgisch. Die Gruppe der nordkaukasischen Sprachen umfasst mehr als zwei Dutzend Sprachen, wie das Abchasische, Tschetschenische, Awarische und Dagestanische. Ob die nordkaukasischen und südkaukasischen Sprachen verwandt sind, haben die Wissenschaftler noch nicht geklärt. Da zahlreiche nordkaukasische Sprachen erst im 19. Jahrhundert oder später eine Schrift erhielten, in der Regel heute die kyrillische, ist es sehr schwer, Verwandtschaft und wechselseitigen Einfluss zu ergründen.

In jedem Fall steht fest, dass die georgische Sprache die einzige alte Schrift- und Kultursprache unter den Kaukasischen Sprachen ist, deren erste erhalten gebliebenen Inschriften aus der Mitte des 4. nachchristlichen Jahrhunderts datieren. Außerdem ist sicher, dass sie weder mit den indogermanischen Sprachen, wie dem Armenischen, Ossetischen, Deutschen oder Russischen, noch mit den Turksprachen, wie dem Türkischen oder Aserbaidschanischen, genetisch verwandt ist, also die Sprachen nicht voneinander abstammen.

Ich bin kein Sprachwissenschaftler, möchte aber noch erwähnen, dass schon im 1. Jahrhundert nach Christus der römische Naturforscher Plinius der Ältere im sechsten Buch seiner „Naturgeschichte" schrieb, dass römische Händler hundertdreißig Dolmetscher benötigten, um in der westgeorgischen Stadt Dioskurias, in der Nähe des heutigen Sochumi, Geschäfte zu tätigen. Er übertrieb vielleicht, aber der Kaukasus ist der „Berg der Sprachen" geblieben, wo über fünfzig Völker mit eigener Sprache leben, die meisten von ihnen im nördlichen Kaukasus. Nirgendwo sonst auf der Welt leben so viele Völker mit unterschiedlichen Sprachen auf so engem Raum zusammen.

Die georgische Schrift, die an das Gerank der Reben an einem Weinstock erinnert, ist ein lieblicher Genuss für die Augen, wie das Gedicht „Frühling" von Ilia Tschawtschawadse (1837–1907) uns zeigt:

გაზაფხული

ტყემ მოისხა ფოთოლი,
აგერ მერცხალი ჭყივის,
ბაღში ვაზი ობოლი
მეტის ლხენითა სტირის.

აყვავებულა მდელო,
აყვავებულან მთები;
მამულო საყვარელო,
შენ როსღა აყვავები?

ილია ჭავჭავაძე

Frühling

Wieder lacht die milde Sonne
Und die Lerche singt,
Alles schwelgt in süßer Wonne,
Die der Frühling bringt.
Längst schon prangt um junge Reben
Grünes Maigewand;
Wann erwachst denn Du zum Leben,
Teures Heimatland?

(Übersetzung von Arthur Leist (1852–1927))

Auch heute, im Sommer 1992, stellen wir uns diese Frage. Zwar hat Schewardnadse die Staatsgeschäfte übernommen, aber die Regierungsgewalt liegt nicht in seinen Händen. Mafia-Banden, Galgenvögel und Räuber beherrschen und terrorisieren das Land, allen voran die *mchedrioni* Dschaba Josselianis und die Nationalgarde des Verteidigungsministers Tengis Kitowani. Schewardnadses schwierigste Aufgabe in den nächsten Jahren wird es sein, diese beiden Männer zu entmachten. Vorher wird Georgien nicht zur Ruhe kommen.

Als aber Ilia Tschawtschawadse sein Gedicht „Frühling" 1861 in St. Petersburg schrieb, war Georgien in größerer Gefahr als heute. Nach seiner Annexion durch Russland im Jahre 1801 drohte dem Land die Russifizierung und die Zerstörung seiner Kultur, vor allem die Knebelung der georgischen Sprache. Die russischen Statthalter verdrängten das Georgische aus dem öffentlichen Leben und den Schulen. Als Kirchensprache hatten sie das Georgische schon abgeschafft. Georgisch sank zur Sprache des Hinterhofes und der Gosse. Ilia, den Dichter aus fürstlichem Geschlecht, der besonders seinen Deutschlehrer verehrte, schmerzte Georgiens Schicksal als unterjochte Nation. Der Dichter wurde Politiker und kämpfte für die Unabhängigkeit Georgiens. Sein erstes Ziel war es, die Bildung und die geistige Erziehung des Volkes zu verbessern und die georgische Kultur zu neuem Leben zu erwecken. Nach dieser inneren Unabhängigkeit, dachte er, würde die äußere von selbst kommen. Durch seine Werke und sein Wirken bewahrte und erneuerte er die georgische Sprache. Die Georgier achten ihn noch heute als einen geistigen Führer ihres Volkes. 1987 sprach ihn die Georgisch-Orthodoxe Kirche heilig.

Rund hundert Jahre später, Ende der siebziger Jahre und gut ein Jahrzehnt vor dem Zusammenbruch der Sowjetunion, versuchte die sowjetische Regierung in Moskau noch einmal, die georgische Sprache in den Schulen und Hochschulen zu beseitigen. Es sollte sogar die georgische Verfassung geändert werden, welche der georgischen Sprache den Status der alleinigen Staatssprache garantierte. Dieses Privileg genossen in der Sowjetunion nur Armenisch, Georgisch und Aserisch. Am 14. April 1978 versammelten sich in Tiflis Zehntausende und demonstrierten gegen die Moskauer Sprachenpläne. Die Georgier ließen sich auch diesmal ihre Sprache nicht nehmen. Schewardnadse, damals kommunistischer Parteichef Georgiens, trat schließlich auf dem Rustaweli-Prospekt, der Prachtstraße von Tiflis, vor die Schüler und Studenten und erklärte, dass die Verfassung nicht geändert würde. Die Demonstration war in der Sowjetunion die erste erfolgreiche Auflehnung eines Volkes gegen die Moskauer Staatsgewalt nach Stalins Tod. Dass auf dem Rustaweli-Prospekt bei dieser Demonstration kein Blut vergossen wurde, ist nicht zuletzt dem diplomatischen Geschick und politischen Gespür Schewardnadses zu verdanken.

Georgisch zu lernen, ist schwierig, aber nicht so schwierig, wie ich es mir anfangs einredete. Der Schüler ist gut beraten, zunächst emsig und fleißig die Schrift zu erlernen. Durch Zuhören und Nachsprechen gewinnt er dann schnell Zugang zu dieser alten Sprache. Die georgische Schrift hat 33 Buchstaben, darunter fünf Vokale. Die Konsonanten sind dominant. Häufig folgen drei oder vier aufeinander, was den kräftigen Klang gibt. Georgisch klingt wie eine Ursprache, noch nah zu Gott. Eine besondere grammatikalische Schwierigkeit ist die Konjugation des Verbs. Der Grund dafür ist, dass die georgischen Verben polypersonal sind. Einem deutschen Satz wie „Ich liebe dich“ entspricht im Georgischen ein einziges Wort *„miqwarchar“*. Ein anderes Beispiel: *„mogcat“* heißt „Er/Sie/Es hat es euch gegeben“. Aus der Wurzel eines Verbs lässt sich somit eine Vielzahl ganzer Sätze bilden.

Auf weitere Eigentümlichkeiten und Schönheiten der georgischen Sprache möchte ich nicht eingehen, da meine Finger schon etwas klamm geworden sind trotz der gekappten Fingerhandschuhe, die mich wie einen Obdachlosen aussehen lassen. Fünf Grad sind in der kleinen Küche, wo ich diese Zeilen schreibe. Seit drei Wochen liefert Turkmenistan kein Gas mehr an Georgien, weil sich die georgischen Rückstände mitt-

lerweile auf 700 Millionen Dollar belaufen. So bleiben in diesem Winter 1994/1995 die Wohnungen eiskalt. Auch meine Küche kann ich nicht mehr mit den vier offenen Flammen des Gasherdes beheizen, die in den vergangenen Wintern, meinen ersten beiden in Georgien, eine behagliche Wärme verbreiteten. Strom habe ich seit zwei Tagen nicht mehr. Vor mir flackern drei Kerzen, deren fahles Licht ausreicht, um zu lesen und zu schreiben. Wasser gibt es auch nicht, sonst würde ich den Wasserhahn der Spüle und im Badezimmer tröpfeln hören. Mein Wasservorrat in der Badewanne wird aber noch einige Tage reichen. Wir haben uns an den vorindustriellen Charme des Lebens in Georgien gewöhnt und genießen desto mehr die seltenen Stunden, in denen es Strom oder Wasser gibt oder sogar beides gleichzeitig.

Der Helikopter ist nun aufgetankt, nachdem es mehrfach geheißen hatte, es gebe gar kein Kerosin. Wahrscheinlich wurde nur lange um den Preis gefeilscht. Wir setzen uns auf die zerschlissenen Pritschen. Anschnallen können wir uns nicht, da die Sicherheitsgurte entweder fehlen oder kaputt sind. Nachdem sich alle Fluggäste bekreuzigt haben, hebt der Pilot den Hubschrauber schwankend vom Boden ab, senkt dann das Cockpit und schießt plötzlich nach vorne, wobei er langsam an Höhe gewinnt. Der Rotor knattert so laut, dass man sich nicht mehr unterhalten kann. Wir überfliegen das langgestreckte Tiflis, die fruchtbaren Felder entlang des Mtkwari und nähern uns langsam den mächtigen, schneebedeckten Gipfeln des Großen Kaukasus. Nach rund einer Stunde Flug haben wir unser Ziel erreicht, Uschguli, ein mittelalterliches Wehrdorf in Swanetien. Um den Helikopter versammeln sich schnell die Kinder des Dorfes. Hübsche, junge Mädchen lächeln uns zu, ihre pechschwarzen Haare funkeln in der Sonne. Wir sind für sie eine willkommene, seltene Abwechslung; neun lange Wintermonate ist Uschguli, das 2400 Meter hoch liegt, von der Außenwelt abgeschnitten. Die braungebrannten Arme und Beine der Mädchen sind unbekleidet. Mich friert, trotz Sonnenscheins ist es empfindlich kühl. Tief atme ich die klare und reine Bergluft ein, Balsam für die Lungen, und genieße den wunderbaren Ausblick auf den 5000 Meter hohen schneebedeckten Bergkamm Schchara. Sein ewiges Eis glänzt und glitzert in der strahlenden Sonne.

Wir sind neben der Saalkirche Lamaria gelandet, die mit einem alleinstehenden Wehrturm oberhalb des Dorfes gelegen ist. Durch ein nied-

Wehrturm und Saalkirche Lamaria in Uschguli. Photo: Gia Tschkataraschwili

riges Seitentürchen betreten wir den schmalen rechten „Seitenflügel“ der winzigen Mutter-Gottes-Kirche, die im 11. Jahrhundert erbaut wurde. An seinem Ende befindet sich eine große, genietete Kupfertonne, groß genug, um in ihr drei Ochsen als Opfergabe zu kochen. Die Tonne muss vor Fertigstellung der Kirche aufgestellt worden sein, da sie nicht durch die Tür gepasst hätte. Ob heute noch Ochsen zu Ehren Gottes oder einer heidnischen Gottheit geopfert werden, weiß ich nicht. Ich glaube aber schon. Heidnischer Kultraum mit Opferherd und christliche Kirche mit Opfertisch, die wir jetzt durch eine noch kleinere Tür gebeugt betreten, sind einträchtig aneinander gebaut. In der Kirche, die eher eine Kapelle ist, empfängt uns Kühle. Sie ist schmucklos. Der Boden besteht aus Pflastersteinen. Die Apsis schmückt ein verblichenes Fresco mit einer Darstellung von Christus; auf dem Altar, einem hölzernen Tisch, liegen eine neuzeitliche Ikone, Trinkhörner, Porzellantassen und viele Rubelscheine. Opfergaben, die nicht entfernt werden dürfen.

Wir treten wieder nach draußen und erblicken unterhalb der Kirche einen kleinen, verwitterten Friedhof. Auf einer der eingefriedeten

Grabstätten sitzt auf hölzernen Bänken eine Familie und isst zu Mittag. Auf dem mitgebrachten Tisch vor dem Grabstein stehen georgischer Champagner, Cognac, Hühnchen, Tomaten und Gurken. In den Grabstein aus Granit ist das Bild des Verstorbenen mit Anzug und Krawatte gemeißelt. Der älteste Mann der Runde, in grauem Jackett über blauer Trainingsjacke, hält mit ausgreifenden Armen eine Rede auf seinen hochbetagt verstorbenen Vater, der hier begraben liegt. Als Kopfbedeckung trägt er die graue, swanische Filzkappe, die im Sommer kühlt und im Winter wärmt. Früher unter dem Helm getragen, erinnert sie an kriegerische Zeiten im Kaukasus. Seine braunen Augen blitzen, sein langes schönes Gesicht mit kräftiger Nase und weißgrauem Drei-Tagebart glänzt in der Sonne. Die alten Frauen, die am Tisch sitzen, sind ganz in schwarz gekleidet, ihre Köpfe von tiefschwarzen Kopftüchern bedeckt.

„Die Toten leben bei uns weiter", erklärt mir Ia Chwadagiani, unsere Dolmetscherin.

„Bei uns, Ia, werden die alten Menschen oft schon für tot erklärt, bevor sie gestorben sind", antworte ich.

Nicht nur am Todestag, sondern auch an hohen Festtagen der Georgisch-Orthodoxen Kirche essen und trinken die georgischen Familien mit ihren verstorbenen Eltern, Kindern oder anderen Verwandten auf dem Grab. So bleiben die Verstorbenen in Gedanken und Taten gegenwärtig.

Unten im Tal, am rauschenden Enguri entlang, ducken sich die kleinen Siedlungen Uschgulis mit ihren kastellartigen Wehrtürmen. Solche mehrgeschossigen Türme, die von Vieh und Mensch bewohnt wurden, gibt es nur im Kaukasus. Xenophon erwähnt ähnlich gebaute Wohnhäuser im fünften Buch seiner „Anabasis", in welcher er über den Rückzug des griechischen Söldner-Heeres durch die schroffe Bergwelt Armeniens und das südwestliche Georgien berichtet, nachdem es die Schlacht gegen den Perserkönig Artaxerxes verloren hatte. Er beschreibt aus Holz errichtete Türme mit mehreren Stockwerken. Das war 400 Jahre vor Christi Geburt.

Die ältesten Wehrtürme in Swanetien stammen aus dem 9. Jahrhundert nach Christi Geburt. In der Regel haben die Türme – *murkwami* – vier Stockwerke. Die beiden unteren wurden als Ställe genutzt und das dritte als Wohnraum, der von den Rindern und Schafen mit ihrer dampfenden Wärme geheizt wurde. Das vierte Stockwerk diente als

Wehrdorf Uschguli. Photo: Udo Hirsch

Vorratsraum und auch der Verteidigung. Wenn Krieg herrschte oder eine Fehde zwischen den Sippen ausgebrochen war, verteidigten die Männer aus sicherer Höhe ihre Familie. Ob mit Steinen, Pfeil und Bogen oder dem Gewehr, der Angreifer hatte kaum eine Chance, den Turm zu erobern.

Während viele swanische Häuser immer wieder durch Erdbeben und Lawinen zerstört wurden, stehen die Wehrtürme noch heute. Das Geheimnis ihrer Standfestigkeit ist bislang nicht vollkommen enträtselt. Vielleicht spielt der Mörtel eine Rolle, der Eiweiß und Kalk enthalten soll. Oder eine mathematische Formel. Sie bestimmte die Höhe und Breite der Türme: Die Gesamtlänge der Grundseiten, rund dreißig Meter, entspricht der Höhe der Türme. Obwohl sich der Turm nach oben verjüngt, liegen die unteren Eckpunkte und die oberen des Daches auf einer Linie. Nicht zuletzt dürfte das Fundament, das sich mehrere Meter über den Erdboden erhebt, dem Turm einen verlässlichen Halt geben.

Stolz, trutzig und unbezwingbar ragen diese mittelalterlichen Türme Uschgulis vor unseren Augen in den Himmel, eingebettet in ein Gewürfel älterer und neuerer Wohnhäuser. Uschguli, am Oberlauf des Inguri gelegen, ist die östliche Grenzsiedlung Oberswanetiens, weshalb sich dort besonders viele Wehrtürme befinden. Nie gelang es einem der fremden Eindringlinge, die Georgien so oft heimsuchten, seinen Fuß auf den Boden Swanetiens zu setzen, das immer Teil Georgiens war. Hierher wurden die christlichen Kunstschätze Georgiens in Sicherheit gebracht, wenn Mongolen oder Türken in Georgien einfielen. Viele dieser Kunstschätze befinden sich noch heute in den Schatztruhen swanischer Familien, in winzigen Kirchen oder sind in den Ethnographischen Museen Uschgulis und Mestias aufbewahrt.

Die Wehrtürme widerstanden aber nicht nur dem äußeren Feind. Die Swanen in diesem Teil Oberswanetiens waren immer freie Menschen, die noch heute in großen Sippen leben. Jeder Sippe stand ein Oberhaupt, der *machwschi*, vor, der über ihre Geschicke entschied. Gab es Probleme und Fragen, die alle Sippen betrafen, so trafen sich die *machwschi* und entschieden gemeinsam. Eine Adelsherrschaft kannten sie nicht. Wenn sie aber von den fürstlichen Familien Dadeschkeliani oder Dadiani überfallen wurden, die Niederswanetien beherrschten, zogen sie sich in ihre Wehrtürme zurück und trotzten dem Feind solange, bis er wieder abzog. Die Geschichte der Kirche Lamaria, neben der wir gelandet sind, ist mit diesem Freiheitskampf der Uschgulen eng verwoben. Ein Uschgule berichtet uns: Es war im Jahre 1547, als sich der Fürst Puta Dadeschkeliani mit den Uschgulen vor der Kirche zu einem Gelage traf. Nachdem er sich schon häufig die Zähne an den Uschgulen ausgebissen hatte, wollte er nun das Dorf auf diplomatische Weise unterwerfen. Die Uschgulen ließen sich aber von ihm nicht hinters Licht führen. Während er sich betrank, befestigten die Uschgulen an der Tür in der Kirchenmauer ein Gewehr. Auf ein Zeichen des *machwschi* zogen Vertreter aller Familien an einer Schnur, die am Abzug festgeknotet war, und töteten gemeinschaftlich den Fürsten. So übernahmen alle Einwohner Uschgulis gemeinsam die Verantwortung dafür, dass sie das Gesetz der Gastfreundschaft brachen. Einige uschgulische Familien sühnen den Gesetzesbruch bis heute, sagt uns ein Uschgule. Es sei aber das letzte Mal gewesen, dass die Dadeschkelianis versucht hätten, Uschguli zu erobern.

Wie viele Männer Uschgulis für diesen Mord ihr Leben lassen mussten, wissen wir nicht. Blut für Blut. Diese Strafe war die übliche. Die Blutrache, in Swanetien „*lizwri*" genannt, wurde über Jahrhunderte geübt. Noch Anfang unseres Jahrhunderts fielen einige hundert Männer blutigen Fehden zum Opfer. Mir wird erzählt, dass es immer noch vorkommen kann, dass nach einem Mord die Angehörigen des Opfers Blutrache nehmen. Dass sich der alte Rechtsgebrauch der Blutrache in Swanetien so lange hielt, sollte nicht verwundern. Nicht nur, weil der Begriff der Ehre bei den stolzen Swanen eine andere Bedeutung hat; Swanetien, das von der Außenwelt abgeschlossen lebte – erst 1937 erweiterte man den Pfad entlang des Enguri zu einer Autostraße – blieb auch von der allgemeinen Rechtsentwicklung abgeschnitten. So bildete sich keine Gerichtsbarkeit, die dem einzelnen hätte helfen können, sein Recht durchzusetzen. Statt eines Gerichts werden heute noch Vermittler eingeschaltet, welche die Parteien versöhnen sollen, um zu verhindern, dass die Blutrache eine lange Mordkette auslöst. Wenn sich die Vermittler des Opfers und des Täters geeinigt haben, verlangen sie, dass sich Täter und Angehörige des Opfers im Angesicht der Schaliani-Ikone in der Kirche Lagurka versöhnen.

Die Gipfel des Schchara sind mittlerweile nicht mehr zu sehen. Wolken haben sich wie Wattetupfer auf seine neun Spitzen gelegt. Auch um uns herum haben sich netzartige Nebelschwaden gebildet. Der Pilot drängt zum Aufbruch. Wir befinden uns immerhin auf über 2500 Meter Höhe, wo sich Sonnenschein und dichte Wolken in Sekundenschnelle ablösen.

Wir fliegen weiter nach Mestia, in das Zentrum Swanetiens. Der Pilot zieht eine ausgedehnte Schleife, so dass wir den doppelhörnigen, knapp 5000 Meter hohen Uschba zum Greifen nah vor unseren Augen haben. So abstoßend wie anziehend erhebt sich die 2000 Meter hohe Felswand aus Gneis und Granit in den königsblauen Himmel.

In Mestia besichtigen wir das Haus des Alpinisten Michael Chergiani und das Historisch-Ethnographische Museum, bevor wir uns auf dem Balkon des „Intourist-Hotels" an einer georgischen Tafel niederlassen.

Das Chergiani-Museum besteht aus einem Wehrturm, einem doppelstöckigen Haus mit traditioneller Einrichtung und einer Vitrinen-Ausstellung über die Leistungen des Bergsteigers Chergiani. Ich bin kein Alpinist und gehe schnell durch die Ausstellung. Über Chergiani, den Tiger der Felsen, wird uns erzählt, dass er sich mit einem Finger am Felsvorsprung festgehalten habe und den Körper frei habe baumeln lassen. Als er bei einem Absturz in den Dolomiten im Jahre 1969 starb, ging die große Zeit der georgischen Bergsteiger zu Ende.

Über eine „Hühnerleiter“ kraxeln wir die Stockwerke des Turmes hinauf und herunter. Bis zum 9. Jahrhundert wohnten die Swanen nur in den Türmen. Dann bauten sie zweigeschossige Häuser – *kori* –, die an den Türmen kleben. Im Sommer wohnten sie im Obergeschoss, dem *darbasi*, das im Winter als Scheune für Heu und Stroh diente. Den Winter verbrachten sie gemeinsam mit dem Vieh im Erdgeschoss, dem *matschubi*, in dem wir uns jetzt befinden. Hier herrschte ein ständiges Halbdunkel, da nur ein oder zwei Schießscharten Licht eindringen lassen. In der Mitte des einzigen Zimmers befindet sich die Feuerstelle, über der ein Kupferkessel baumelt. Daneben steht ein großer Holzstuhl für das Familienoberhaupt, der reich mit Schnitzereien versehen ist. Die anderen Mitglieder der Familie saßen und schliefen auf einfachen hölzernen Liegen. Entlang zweier Wände läuft eine schön geschnitzte Holzgalerie, aus deren Rundbögen die Köpfe von Schafen und Kühen lugten. Der Keller ist fensterlos, düster. Hier überstand die Sippe Belagerungen oder sperrte Gefangene ein. Sie mussten bis zu ihrer Auslösung in kleinen, klammen Verließen ausharren.

In solch einem Haus, das wir hier als Museum sehen, wuchs noch Michael Chergiani auf. Heute leben seine Nachkommen in Häusern, die sich von unseren kaum unterscheiden.

Anschließend besuchen wir in der Stadtmitte das Historisch-Ethnographische Museum, das in der Kirche des Heiligen Sankt Georg untergebracht ist. Sicherlich wird es dort aber nicht mehr lange bleiben. Mzia Nischaradse, die vornehme Direktorin des Museums, erzählt uns, dass bald in der Kirche wieder Gottesdienste gefeiert würden. In den Neubau habe man leider noch nicht umziehen können, weil das Dach undicht sei. Da uns die Direktorin darum bittet, besichtigen wir dieses Gebäude später und stellen verwundert fest, dass die Architekten als Dachform ein umgekehrtes Spitzdach gewählt haben, in dem sich der Schnee neun Monate lang sammeln kann. Das hält kein Dach aus! Das alte Museum ist seit einiger Zeit für das Publikum geschlossen und die wertvollen Exponate sind in Tresoren verwahrt. „Wegen der hohen Kriminalität kommen keine Touristen mehr“, sagt einer unserer Begleiter. Für uns werden einige der schönsten Stücke hervorgeholt, die wir auf dem Balkon des Nebengebäudes zu sehen bekommen. Wir bewundern eine getriebene Ikone, die den Heiligen Georg zeigt, der Kaiser Diokletian, den Christenverfolger, mit seiner Lanze durchbohrt und nicht, wie erwartet, den Drachen, und wir bewundern auf Holz gemalte Ikonen, die Maria mit Jesus und die Heilige Barbara zeigen. Die Ikonen stammen aus dem 9. bis 12. Jahrhundert.

Besonders aber fesselt unsere Augen die gemalte Ikone der „Vierzig Märtyrer von Sebaste“. Die Ikone ist die bildliche Darstellung einer Legende aus der Zeit der letzten großen Christenverfolgung im 4. Jahrhundert unter dem Kaiser Licinius (308–324). Sie erzählt vom Schicksal christlicher Soldaten, die ihrem Glauben abschwören sollten und deshalb auf einen vereisten See bei der Stadt Sebaste in Armenien geführt wurden. Unter dem beschützenden Auge Christi erfrieren die Soldaten und sterben den Märtyrertod. Sie sind nackt oder nur mit einem Lendenschurz bekleidet. Die Ikone lässt uns Leid und Standhaftigkeit der Soldaten spüren. Im Gegensatz zu byzantinischen Ikonen, die oft leblos wirken, tragen die Gesichter individuelle Züge. „Selbst die Augenpaare sind alle unterschiedlich gemalt“, erklärt uns Mzia Nischaradse.

Die Zeit drängt. Wir können leider nicht länger bleiben und nehmen Abschied vom Museum und der Büste Chergianis, die im Innenhof aufgestellt ist.

Auf der Veranda des „Intourist-Hotel“, von der wir einen herrlichen Ausblick auf das Städtchen mit seinen Wehrtürmen, seinen schachbrettartigen grünen und gelben Feldern und den schneebedeckten Tednuldi haben, erwartet uns ein kaukasisches Gastmahl.

Wir setzen uns auf die Bänke entlang der Holztafel, deren Holz nicht mehr zu sehen ist, da Schüssel an Schüssel, Schale an Schale steht. Kleine Schalen mit Salaten aus Rettich und Radieschen, Platten mit Auberginen, geschmückt mit Granatapfelkernen, große Schalen mit Salaten aus Tomaten und Gurken und ausladende Schalen mit Hühnchen in hellbrauner Soße, die sich als Walnusssoße herausstellen sollte. Ich habe Durst und greife zur kleinen Tonkaraffe, aus der ich mir den goldfarbenen Hauswein in mein Glas schenke.

„Trinken Sie nicht, Herr Nielsen. Nicht, bevor der Tamada sein erstes Glas trinkt“, warnt mich Ia.

„Was ist der Tamada, Ia?“

„Das ist der Tischleiter, Herr Nielsen.“

Ich argwöhne Überbleibsel kommunistischer Traditionen. Am Kopf der Tafel hat er sich nun erhoben, der Tamada, und erhebt sein Glas zu seinem ersten Trinkspruch, den Ia uns Satz für Satz übersetzt:

„Ich möchte auf unsere Gäste aus Deutschland trinken. Sie haben einen weiten Weg zurückgelegt. Jetzt leben sie in Tbilissi und arbeiten in der deutschen Botschaft. Deutschland hat Georgien in seiner Geschichte oft geholfen. Im Ersten Weltkrieg haben deutsche Truppen sogar für unsere Unabhängigkeit gekämpft. Damals lebten viele Deutsche in Georgien. Es gab deutsche Städte und Dörfer wie Katharinenfeld. Wir möchten, dass wieder viele Deutsche nach Georgien kommen. Fühlen Sie sich in Georgien wie zu Hause. In Georgien sagen wir, dass der Gast von Gott kommt. Der Gast ist uns heilig. Trinken wir auf unsere Gäste, auf das Kollektiv der deutschen Botschaft. *germaniis saeltschos gaumardschos*!“

Wir erheben uns, stoßen an und trinken unsere Gläser in einem Zug leer, *bolomde* wie der Georgier sagt. Ich bin gerührt und amüsiert. Gerührt, dass ich von Gott kommen soll, amüsiert, einem Kollektiv anzugehören. Jetzt darf ich zum Hühnchen in Walnusssoße greifen. Überraschenderweise ist es eine Kaltspeise. Kaum habe ich das noch backwarme Fladenbrot in den Rest der schmackhaften Soße getunkt, bietet mir Ia Chatschapuri an.

„Das kennen Sie noch nicht, Herr Nielsen. Das ist Käsebrot.“

Nachdem ich mir den warmen Teig mit der Käsefüllung genüsslich auf der Zunge habe zergehen lassen, fühle ich mich gesättigt.

„Jetzt müssen Sie Lobio probieren, Herr Nielsen!“

„Nein, Ia, ich mag jetzt wirklich keinen Bohneneintopf mehr.“

„Wieso nicht, Herr Nielsen? Sie haben doch noch gar nichts gegessen!“

Ich versuche anzudeuten, dass ich anderer Meinung bin. Zu meinem Glück hat sich der Tamada wieder erhoben und setzt zu einem neuen Trinkspruch an. Der hochgewachsene Swane spricht georgisch, da Ia swanisch nicht versteht.

„Ich möchte auf Georgien trinken. Auf unsere Heimat. Georgien ist ein besonderes Land. Ich werde Ihnen erzählen, warum die Georgier in diesem wunderschönen Land leben. Nachdem Gott die Erde geschaffen hatte, lud er alle Völker ein, und schenkte ihnen ihr Stück Land. Die Georgier aber verspäteten sich, da sie unterwegs tranken und feierten. Als sie schließlich beim Herrn eintrafen, sagte er ihnen, dass alle Länder schon verteilt seien. Die Georgier, nicht auf den Mund gefallen, erwiderten, dass sie sich nur verspätet hätten, da sie ihm zu Ehren gefeiert und getrunken hätten. Der Herr fand Gefallen an der Gottesliebe dieses Volkes und schenkte ihnen das Land, das er für sich selber vorgesehen hatte. So kam es, dass die Georgier auf dem schönsten Flecken der Erde leben.

Auch wenn sich Georgien heute in einer Krise befindet, es bleibt ein reiches Land. In Kachetien reift der Wein, in Abchasien wachsen die Zitronen. Bald werden wir unsere Krise überwunden haben und auch Georgien wird wieder blühen. Auf Georgien! *sakartwelos gaumardschos*!"

Wir stehen wieder auf und trinken unsere Gläser aus. Zwar verdanke ich dem Trinkspruch, dass ich keinen Bohneneintopf essen musste, aber währenddessen hat mir eine der vielen schwarzgekleideten Frauen, die immer neue Leckereien aus der Küche hervorzaubern, ein Stück Jägerbrot, *kubdari*, auf meinen Teller gelegt. Das Brot ist gefüllt mit Kalbfleisch, Käse und einer mit Pfefferminze gewürzten Milchsoße. Es schmeckt köstlich.

Nur – ich bin satt, ich kann wirklich nichts mehr essen. An den Rückflug im schaukeligen Hubschrauber mag ich gar nicht denken. Wir trinken jetzt auf den Frieden. Die Ansprachen des Tamadas werden kürzer, da wir bald abfliegen müssen. Vorher jedoch muss der Tamada noch trinken auf die Freundschaft, die Frauen, die Verstorbenen und die Kinder – wie es die georgische Tischsitte gebietet. Zunächst trinken wir auf die Freundschaft.

Die Frauen haben uns für diesen Trinkspruch armlange, glattpolierte Trinkhörner gereicht, deren Öffnungen mit Silber beschlagen sind. Sie stammen von Steinböcken, auf die im Hochkaukasus gejagt wird. Mit verschränkten Armen trinke ich aus diesen Hörnern mit einigen Swanen Brüderschaft.

Kurz darauf, ich traue meinen Augen kaum, bringen uns die nimmermüden Frauen große Schüsseln mit Bratkartoffeln und lange Spieße mit brutzelbraunem Schaschlik. Wer soll das noch essen? Also waren Huhn und Käse, Bohneneintopf und Jägerbrot doch nur Vorspeisen. Geschickt platzieren die Frauen die neuen Schüsseln auf den alten, so dass sich die Speisen schon drei Schüsseln hoch türmen. Griffe ich jetzt zu der Schüssel mit Tomaten und Gurken, die sich ganz unten befindet, würde dieses Getürm aus Schüsseln, Tellern und Platten zusammenbrechen. Ich habe aber keinen Appetit mehr auf Tomaten und Gurken, obwohl sie köstlich fruchtig schmecken, vor allem die Tomaten.

„Aber Schaschlik müssen Sie noch probieren, Herr Nielsen", fordert mich Ia auf. Es wäre unhöflich, abzulehnen. Ein, zwei Stücke werde ich schon noch schaffen. Saftig und würzig schmeckt es. Der Tamada schließlich erlöst uns von dieser Schlaraffentafel. Er trinkt auf einen angenehmen und sicheren Rückflug nach Tiflis. Für uns ist dieser Trinkspruch das Zeichen zum Aufbruch. Ich danke unseren swanischen Gastgebern, die uns zum Hubschrauber begleiten, für diesen wunderbaren Tag, meinen ersten in Georgien.

3. Ein sonniger Nachmittag in Bethania und Kiketi

August 1992

Bei lauer, milder Abendluft sitze ich auf meinem Balkon und genieße die Stille, als ein Lada Schiguli in den Hof einfährt. Der Fahrer hält vor meinem Balkon; ich höre Türen klappen. Kurz darauf peitschen Schüsse an meinem Balkon vorbei. Kopfüber springe ich in das Wohnzimmer, hechte mich zum Lichtschalter und verdunkele die Wohnung. Nach der zweiten Salve aus einer Kalaschnikow verabschiedet sich der Ruhestörer hupend und mit quietschenden Reifen. Er hatte sich wohl in der Adresse geirrt.

Ich schalte das Licht im Wohnzimmer wieder an und setze mich an den Esstisch, den ich als Schreibtisch benutze. Ich möchte über unsere Fahrt nach Bethania berichten.

Jeder von uns trägt Orte in seinem Herzen, die ihn in seinem Leben begleiten. Orte der Erinnerung oder Orte der Sehnsucht. Ein Ort aus meiner frühesten Kindheit, an den ich mich immer wieder erinnere, ist der noldische Himmel über Nordfriesland, wo die Wolken mit den Farben des Himmels jeden Abend ein neues Bild malen. Mein Vater konnte ihn stundenlang betrachten und sich dann mit einem tiefen Seufzer wieder uns Kindern zuwenden. Von Orten meiner Sehnsucht habe ich nur eine vage Vorstellung. Aber einmal angekommen, weiß ich, dass ich sie immer gesucht habe. So war es auch in Bethania.

Bethania, das klingt schöner als Paradies. Das biblische Bethania aber ist heute ein ärmliches Dorf, das südöstlich von Jerusalem am Ölberg liegt. Es war der Wohnort des Lazarus, des Freundes Jesu. Er starb in seinem dreißigsten Lebensjahr. Vier Tage später wurde er von Jesus zum Leben erweckt und lebte noch dreißig Jahre. Die Geschichte über die Auferweckung des Lazarus lesen wir nach im elften Kapitel des Johannes-Evangeliums, wo Jesus tröstend zu uns spricht: „Ich bin die Auferstehung und das Leben. Wer an mich glaubet, der wird leben, ob er gleich stürbe. Und wer da lebet und glaubet an mich, der wird nimmer mehr sterben."

Das georgische Bethania ist heute ein Kloster, das nur wenige Kilometer von Tiflis entfernt in einer tiefen Bergschlucht im Wera-Tal liegt. Dato Meschweliani, Leiter der Wirtschaftsabteilung im georgischen Außenministerium, hat uns eingeladen, den Sonntagnachmittag auf seiner Datscha in Kiketi zu verbringen und vorher das Kloster Bethania zu besuchen.

Wir sind der Stadt Tiflis überdrüssig, die in diesen Sommertagen des Jahres 1992 wie gelähmt wirkt. Tagsüber bleiben die Straßen menschenleer. Nur wenige Geschäfte halten ihre Türen geöffnet, in denen viele Verkäuferinnen seltenen Kunden schlechte Waren anbieten. Autos fahren nur vereinzelt, da die Suche nach Benzin, das von Tankwagen der russischen Armee verkauft wird, langwierig und schwierig ist.

Nachts wird es dann laut in Tiflis. Kaum ist die Sonne untergegangen, beginnt das übliche „Feuerwerk" der Kalaschnikows und Makarows: aus allen Rohren wird gefeuert. Wir glauben nicht, dass sich die Situation bald bessern wird. Der Krieg um Abchasien, der Mitte August offen ausgebrochen ist, hat zunächst alle Hoffnungen im Keime erstickt, dass nach dem Bürgerkrieg gegen Gamsachurdia endlich wieder Leben in die Stadt einkehre.

Wir verlassen die öden Straßen von Tiflis und fahren mit Geländewagen aus dem 2. Weltkrieg über den Nobel-Vorort Zchneti in Richtung Manglissi. Auf der Höhe von Kiketi biegen wir rechts ab und holpern durch Kiefernwälder auf staubiger Schotterpiste in das Wera-Tal hinunter. Der Kleine Kaukasus ähnelt hier dem Schwarzwald mit seinen sanften, lichten Höhen, den grünen Wäldern und eingesprenkelten Dörfern. Kurz hinter einer Datscha-Siedlung, die vor ihrer Fertigstellung vom Ende des Kommunismus überrascht wurde, parken wir die Autos und gehen den restlichen, abschüssigen Weg zu Fuß. Der Zusammenbruch der Sowjetunion kam gerade rechtzeitig, um zu verhindern, dass die schönsten Landschaften Georgiens durch graue, monotone Datschen verschandelt wurden.

Am Ende des Feldweges betreten wir durch ein Rundtor den Kirchhof von Bethania, der von einer tiefen Bergschlucht begrenzt wird. Weiter führt kein Weg. Ein Mönch in langer, schwarzer Kutte, die langen, schwarzen Haare zu einem Pferdeschwanz gebunden, nimmt nur flüchtig grüßend von uns Notiz. Wir grüßen zurück, sprechen ihn aber nicht an. In dieser vollkommenen Ruhe – weit entfernt hören wir eine Quelle plätschern – sind wir allein durch unsere Anwesenheit Störenfriede.

Unsere Augen ruhen auf dem Außenbau der Kirche, der mild von der Sonne beschienen wird. Die warmen Farben des gelben Tuffsteins changieren von einem sehr hellen Bast-Ton bis hin zum Rot des Zimts. Der freundliche Bau lädt uns zur Andacht. Ich bleibe noch draußen und lasse die Ruhe und Harmonie, die von der Kirche ausgehen, auf mich wirken. Dato weist mich auf die dekorativen Arbeiten der Steinmetzen hin, die alle Türen und Fenster mit breiten, girlandenähnlichen Rahmen ornamentiert haben. Der sehr langgestreckte, trommelartige Unterbau der Kuppel, der Tambour, streckt den Bau in die Höhe und verleiht der Kirche Eleganz und Leichtigkeit. Über der Kuppel wölbt sich der königsblaue Himmel als wäre er Teil des Baudekors. Vielleicht liegt im Zusammenspiel von gebirgiger Natur und überkuppeltem Kirchenbau einer der Gründe, warum die Georgier meistens dem Zentralbau den Vorzug gaben vor der Basilika, die wir in Westeuropa hauptsächlich antreffen.

Im Inneren der Kirche, die im Übergang vom 12. zum 13. Jahrhundert erbaut wurde, haben sich bedeutende Fragmente der Wandmalerei des frühen 13. Jahrhunderts erhalten. An der Südseite sehen wir das Portrait von Smbat Orbeli, dem Stifter der Kirche, mit dem Kirchenmodell und ihm zur Seite seinen Sohn. Die adelige Familie Orbeli, Grundherr dieser Gegend, ließ sich Bethania als ihre Hof- und Begräbniskirche errichten.

Die Nordwand schmücken die Darstellungen König Georgs III. (1156–1184), seiner Tochter Tamara (1184–1213) und ihres Sohnes Georg Lascha (1213–1222). Das Wandbild Königin Tamaras ist eines der wenigen Portraits, die von ihr in georgischen Kirchen erhalten geblieben sind. Außer in Bethania finden sich noch Darstellungen in Wardsia, Gelati und Kintzwissi.

„Russland hat unsere Malerei in den Kirchen zerstört. Sie haben fast alles weiß übermalt", erklärt uns Dato. Durch die Zerstörung der Bilder, die Königin Tamara zeigen, wollten die russischen Besatzer die Erinnerung der Georgier an die große Königin tilgen. Während ihrer Herrschaft in der Wende vom 12. zum 13.Jahrhundert entfaltete Georgien seine größte Macht und erlebte seine bedeutendste kulturelle Blüte. Es war das „Goldene Zeitalter", das mit David IV., dem Erbauer, im Jahre 1084 begonnen hatte: Rustaweli schrieb das Nationalepos „Der Recke im Tigerfell"; David der Erbauer ließ das Kloster Gelati bauen, in dem sich auch eine Akademie befand, die als zweites Athen bezeichnet wurde; die Höhlenklöster David Garedschi und Wardsia wurden gegründet; der Dom von Alawerdi erbaut – und auch Bethania, ein Bau aus einer glücklicheren Zeit. Sie sollte kurz nach Tamaras Tod mit dem Einfall der Mongolen um 1220 ihr Ende finden.

Auf einer verwilderten Grabplatte sitze ich und lausche dem Flüstern der Natur. Gern würde ich einige Tage bleiben.

„Gehen wir!" ruft Dato. Der Aufstieg zu unseren Autos ist lang und beschwerlich, besonders für die georgischen Damen unserer Gesellschaft, die Stöckelschuhe bevorzugen.

Auf der Datscha, die inmitten eines Waldes liegt, treffen wir weitere Gäste. Ich komme ins Gespräch mit Nodar Lomouri, Professor für Byzantinistik und Direktor des Kunstmuseums in Tiflis. Wir unterhalten uns über die Bedeutung, die Byzanz für Georgien hatte.

Lomouri, Mitte Fünfzig, ein stattlicher, schlanker Mann, der gut deutsch spricht, erzählt mir vom Einfluss der byzantinischen Kultur und Kunst auf Georgien. Politisch und kirchlich sei der Westen Georgiens nach der Christianisierung von Byzanz abhängig geblieben. In Ostgeorgien sei der Einfluss hingegen nicht so stark spürbar geworden. Besondere Bedeutung habe Byzanz im 9. Jahrhundert für Georgien erlangt, als die georgische „Renaissance" ihren Ausgang in Tao-Klardschetien nahm, der mit Byzanz benachbarten Region (Tao-Klardschetien liegt heute südlich der georgisch-türkischen Grenze in der nordöstlichen Türkei). Vom Kloster Opisa aus, dem Zentrum des klösterlichen Lebens, seien in dieser Provinz zwölf Klöster gegründet worden. In ihnen seien zahlreiche Handschriften, Übersetzungen und originale Werke der georgischen Literatur entstanden. Herausragende Kunstwerke, darunter das Triptychon von Chachuli (1125–1154), hätten georgische Künstler hier geschaffen.

Als ich Lomouri frage, ob die georgische Kunst ein Teil der byzantinischen Kunst sei, antwortet er mir mit seiner sonoren und festen Stimme, dass die georgische Kultur – die Architektur, Plastik und Malerei – trotz der starken byzantinischen Einflüsse eine eigenständige

Kultur sei, in der sich jahrhundertealte, vorchristliche Traditionen bewahrt hätten. Bei allen gemeinsamen Merkmalen mit der byzantinischen Kunst hätten die georgischen Baumeister, Handschriftenmaler und Hagiographen einen eigenständigen georgischen Stil entwickelt.

Byzanz sei jedoch Georgiens Lebensader in den Westen gewesen. Deshalb sei der Fall von Byzanz im Jahre 1453 für Georgien zur Katastrophe geworden. Dieser Umsturz der politischen Verhältnisse im Vorderen Orient habe Georgiens Verbindung mit der christlichen Welt abgeschnitten. Georgien sei eingeschlossen worden von einem Kreis muslimischer Länder. Erst Jahrhunderte später habe sich über Russland wieder der Weg nach Westeuropa eröffnet.

4. An der Front in Abchasien

Oktober 1992

Der Leser stelle sich ein Land vor, in dem Tabak und Tee reifen, der Baum der Apfelsine und der Zitrone wächst und die Blüten des Oleanders und der Azalee duften. Das ist Abchasien.

Dreihundert Tage im Jahr strahlt die Sonne auf das dunkle Meer, auf das satte Grün der Wälder und auf die blauen, schneebedeckten Gipfel.

Abchasien war die sowjetische Sommerfrische. Nicht nur für die begüterte Jugend aus Tiflis, sondern auch für die russische Nomenklatura, für die vielen kleinen und großen Parteifunktionäre, die hier ihre Sommervillen errichteten. Und es war das kollektive Ferienparadies für die russischen Arbeiter, die jeden Sommer aus dem kalten Norden kamen, aus Murmansk und Irkutsk, um in ihrem Arkadien den Urlaub zu verbringen.

Um zu verstehen, warum Abchasien zum Zankapfel zwischen Russland, Georgien und den Abchasen wurde, müssen wir einen kurzen Blick in die Geschichte werfen.

Soweit die Erinnerung reicht, lebten im nordwestlichen Georgien, dem heutigen Abchasien, immer Georgier und Abchasen gemeinsam.

Die Abchasen finden wir erstmals erwähnt bei Flavius Arrianus (95–175 n. Ch.). In seinem Bericht an Kaiser Trajan über die „Umschiffung des Schwarzen Meeres“ nennt er die Stämme der Abasgen und Apsilen, die an der westgeorgischen Küste des Schwarzen Meeres ansässig waren. Ob die Abasgen oder die Apsilen, oder beide, die Vorfahren der Abchasen waren, ist umstritten. Ich neige zu der Ansicht, dass es die Apsilen waren. Sie, die sich auf abchasisch „apsua“ nennen, lebten in der alten Kolchis inmitten der Swanen, Abasgen, Lasen und anderer georgischer Stämme.

Die Lasen waren es, die ihre Macht mit der Zeit ausdehnten, und Ende des 6. Jahrhunderts den größten Teil der ehemaligen Kolchis vereinten. Im Kampf zwischen Persien und Byzanz um Westgeorgien verlor das Königreich Lasika allmählich an Bedeutung. Von ihm spaltete sich Ende des 6. Jahrhunderts Abasgien (auf Georgisch *abchaseti* und auf Deutsch Abchasien) ab, das in der Folgezeit die Territorien Saniгiens, Apsiliens und anderer Stämme eroberte. Schließlich gelang es Leon II., dem Herrscher von Abchasien, mit byzantinischer Unterstützung die Königreiche von Lasika (auf Georgisch *egrissi)* und Abchasien im 8. Jahrhundert zu vereinen. Es entstand das Königreich Egrissi-Abchasien, das nicht nur das heutige Megrelien und Abchasien umfasste, sondern ganz Westgeorgien. Seitdem bezeichnete das Wort „Abchasien“ Westgeorgien und „Abchase“ den Westgeorgier. Das Königreich war ein georgischer Staat. Die Bevölkerung bestand überwiegend aus georgischen Stämmen. Die Hauptstadt war Kutaissi, die Amtssprache Georgisch.

Unter König Bagrat III. (975–1014) folgte die Vereinigung Westgeorgiens und Kartlis, des georgischen Kernlandes und schließlich die Vereinigung aller georgischen Gebiete.

Nach den Raubzügen der Mongolen im 13. und 14. Jahrhundert war die georgische Zentralmacht jedoch so geschwächt, dass Georgien Ende des 15. Jahrhunderts wieder in eigenständige Königreiche zerfiel. Das heutige Abchasien war zunächst Bestandteil des Fürstentums Megrelien, das zum Königreich Imeretien gehörte. Schließlich entstand ein eigenes Fürstentum Abchasien. In dieser Zeit verengte sich der Begriff „Abchase“ und es wurde mit diesem Namen nur das Volk benannt, das sich selbst „apsua“ nennt. Wann genau und warum der Begriff „Abchase“ auf die „apsua“ übertragen wurde, ist nicht geklärt.

Die hier behauptete historische Gleichsetzung der Apsilen mit den Abchasen und die Übertragung des georgischen Stammesnamen auf die „apsua“ wird auch beim Leser den Verdacht hervorgerufen haben, dass diese Sichtweise nicht einhellige Meinung ist. Ich halte sie jedoch für richtig. Für die hier dargestellte Entwicklung spricht, dass es einleuchtend ist, dass die Vereinigung Westgeorgiens im 8. Jahrhundert von Abasgien (Abchasien) als einem georgischem Volk ausging. Wären im umgekehrten Fall die Abasgen die Vorfahren der Abchasen, wäre es nur schwer verständlich, warum von ihnen als Angehörige eines nichtgeorgischen Volkes erstmalig die Vereinigung aller westgeorgischen Stämme und Gebiete hätte ausgehen können und sollen.

Mit der Annexion Georgiens (1801) durch das zaristische Russland wurden die Abchasen und ihr Land zum Spielball russischer Interessen. Das Ziel der russischen Politik war es, die georgische Kultur in Abchasien zu verdrängen, das Land zu russifizieren und es mit Russen zu besiedeln. Abchasen und Georgier, die über Jahrhunderte zusammen gelebt hatten, sollten durch die russische Politik des „divide et impera" entfremdet und entzweit werden. Aufgrund der russischen Kolonialisierung in der zweiten Hälfte des 19. Jahrhunderts wanderten Tausende von muslimischen Abchasen in das Osmanische Reich aus. Den muslimischen Glauben hatten fast alle Abchasen seit dem 15. Jahrhundert durch den Einfluss der Osmanen angenommen. Ein kleiner Teil blieb christlich.

Nach dem Zusammenbruch des Zarenreiches und der Unabhängigkeitserklärung im Mai 1918 schlossen die Regierungen Georgiens und Abchasiens einen Vertrag, der Abchasien eine weitreichende Autonomie gewährte. Die Autonomie wurde bestätigt durch die Verfassung der Republik Georgien vom Februar 1921, die „dem untrennbaren Bestandteil Georgiens, Abchasien, in örtlichen Dingen die Autonomie" verlieh. Im selben Monat besetzte jedoch die Rote Armee Georgien und zerschlug seine staatliche Unabhängigkeit. Als „Bestrafung" Georgiens, das es gewagt hatte, sich unabhängig zu erklären, gründete das sowjetische Russland drei autonome Einheiten auf georgischem Territorium, eine davon war die „Sozialistische Sowjetrepublik Abchasien".

Den Status einer „Sozialistischen Sowjetrepublik", die in Wirklichkeit der Georgischen Republik untergeordnet war, verlor Abchasien 1931, als es in eine „Autonome Republik" innerhalb Georgiens umbenannt wurde. In den folgenden Jahren wurden einige Tausend Georgier auf Geheiß des KGB-Chefs Lawrenti Berias (1899–1953), eines gebürtigen Megrelen, nach Abchasien umgesiedelt, wo die Georgier allerdings schon vorher die größte Bevölkerungsgruppe dargestellt hatten. Der Grund für die Umsiedlung, die auch Kachetien und Gurien betraf, war der wirtschaftliche Aufschwung dieser Regionen durch den Anbau von Wein, Tee und Tabak. Obwohl die Georgier in gleichem Maße wie die Abchasen Opfer des sowjetischen Terrors wurden, hinterließ die Umsiedlung ein bis heute bestehendes Misstrauen der Abchasen gegenüber den Georgiern.

Nach dem Tode Stalins (1953) und der Hinrichtung Berias unterstützte Moskau wieder die Abchasen. Obgleich sie nur rund ein Viertel der gesamten Bevölkerung ausmachten, besetzten sie alle wichtigen Posten in der Regierung und der Kommunistischen Partei und stellten über die Hälfte der Abgeordneten im abchasischen Parlament. Die größte Bevölkerungsgruppe, die Georgier, wurde durch die Moskauer Privilegierung der Abchasen diskriminiert. Die Privilegierung der abchasischen Minderheit stärkte den Wunsch der Nationalisten nach Unabhängigkeit und Loslösung von Georgien. Einige abchasische Politiker forderten seitdem den Anschluss an Russland.

Ende der achtziger Jahre sahen die abchasischen Nationalisten unter der Führung Wladislaw Ardzinbas ihre Chance gekommen, um Abchasien von Georgien abzutrennen. Sie forderten in Schreiben an die Moskauer Parteiführung und in zahlreichen Veröffentlichungen die Unabhängigkeit Abchasiens. Nachdem es im Juli 1989 zum ersten Blutvergießen zwischen Abchasen und Georgiern gekommen war, das abchasische Separatisten provoziert hatten, erließ der Oberste Sowjet der Autonomen Republik Abchasien am 25. August 1990 eine Deklaration über die staatliche Souveränität der Republik Abchasien. Am 13. Juli 1992 schließlich setzte der Oberste Sowjet Abchasiens – ohne die notwendige Zwei-Drittel-Mehrheit – die Verfassung von 1925 wieder in Kraft. Das war die Verfassung der „Sozialistischen Sowjetrepublik Abchasien“, die auf dem Papier eine souveräne Republik war, tatsächlich aber ein Teil von Georgien blieb. Über dem Gebäude des Obersten Sowjets in Sochumi, der Hauptstadt von Abchasien, ließ Ardzinba die Flagge der „Republik Abchasien“ hissen. Der Krieg der Gesetze gegen Georgien war aber letztlich nicht geeignet, die Unabhängigkeit tatsächlich zu erlangen: Von den 530 000 Menschen, die in Abchasien leben, waren nur 17 Prozent der Bevölkerung Abchasen, also rund 90 000 Menschen. Fast die Hälfte der Einwohner, rund 250 000, waren Georgier. So war es aus Sicht der abchasischen Separatisten notwendig, den Weg der Gewalt zu beschreiten. Sie brauchten einen Krieg, der sie zum scheinbaren Opfer einer georgischen Aggression werden ließ. Dann wäre die Gelegenheit gegeben, mit russischer Hilfe Abchasien von Georgien loszulösen.

Der Krieg wurde Ardzinba schließlich „geschenkt“, als der georgische Staatsrat anordnete, einige Einheiten der Nationalgarde unter Tengis Kitowani am 14. August 1992, sechs Tage nach meiner Ankunft in Tiflis, nach Megrelien und Abchasien zu verlegen. Ihr Auftrag war, die Bahnlinien, Straßen und Brücken in Megrelien und im südlichen Abchasien vor terroristischen Übergriffen zu schützen und den georgischen Innenminister Roman Gwentzadse zu befreien, den Anhänger des gestürzten Präsidenten Gamsachurdia einige Tage vorher als Geisel genommen und nach Kotschori in Abchasien gebracht hatten. Täglichen Überfällen auf Bahn und Straßen, Entführungen und der Zerstörung von Brücken konnte der Staatsrat nicht tatenlos zusehen.

Ardzinba, den Schewardnadse telephonisch über die Truppenverlegung informiert hatte, nutzte seine Gelegenheit und erklärte nun Georgien den Krieg. Als sich die Nationalgarde Otschamtschira näherte, eröffnete die abchasische „Garde" das Feuer auf die georgischen Truppen. Über Fernsehen und Radio verbreitete Ardzinba die Lüge über den „Angriff und Einmarsch der georgischen Truppen" und rief zur „Verteidigung Abchasiens" auf. Abchasische Freischärler überfielen und plünderten die Häuser der georgischen Bevölkerung.

Nachdem die georgischen Truppen Mitte August Sochumi einnehmen konnten, wo sich georgische Gardisten zahlreicher Übergriffe gegen die Zivilbevölkerung schuldig machten, nahmen die Kämpfe ein vorläufiges Ende. Nach Vermittlung des russischen Präsidenten Jelzin unterzeichneten Schewardnadse, Ardzinba und Jelzin den Waffenstillstandsvertrag vom 3. September 1992. Obwohl sich Ardzinba zunächst weigerte, den Vertrag zu unterzeichnen, da er mit seinen Bedingungen – Anerkennung der territorialen Integrität Georgiens – nicht einverstanden war und erst auf Druck Jelzins seine Unterschrift unter das Abkommen setzte, war dieser Vertrag die eigentliche Rettung Ardzinbas und der Grundstein für die spätere Eroberung Abchasiens durch russisch-abchasische Einheiten. Hätte nicht Schewardnadse die Nationalgarde auf ihrem Vormarsch in Sochumi gestoppt, sondern bis zur russisch-georgischen Grenze marschieren lassen, wären die abchasischen Kräfte aller Wahrscheinlichkeit nach geschlagen worden.

Schewardnadse machte später keinen Hehl daraus, dass es ein Fehler war, den Vormarsch der Nationalgarde in Sochumi am 18. August 1992 gestoppt zu haben. Dieser Befehl war zwar militärisch falsch, aber ehrenhaft: Schewardnadse wollte Übergriffe der vandalierenden Nationalgarde auf die Abchasen, die mehrheitlich in und nördlich von Sochumi leben, durch seinen Befehl verhindern und, wie er uns sagte, „unnötiges Blutvergießen vermeiden". So kam es zum Abkommen vom 3. September 1992, das Schewardnadse schon wenig später „als bloßes Papier" bezeichnete. Während die Georgier sich an die Abmachungen hielten, nutzten die Abchasen gemeinsam mit russischen Truppen und Söldnern der „Konföderation der kaukasischen Bergvölker" die Zeit, um einen Großangriff auf die Nationalgarde und die georgische Bevölkerung in Abchasien vorzubereiten. Das russische Militär verstärkte seine Einheiten im nördlichen Abchasien, verlegte ein Fallschirmjägerregiment von Aserbaidschan nach Abchasien und übergab Handfeuerwaffen, Panzer und Artilleriegeschütze an die abchasischen Separatisten.

Nachdem es zwischen Abchasen und Georgiern weiterhin zu Scharmützeln gekommen war, wurde am 27. September 1992 der zweite Waffenstillstand vereinbart. Georgien verpflichtete sich darin, seine Stellungen in Gagra zu räumen. Kaum aber hatten sich die Georgier aus Gagra zurückgezogen, überfielen die schwer aufgerüsteten abchasischen Truppen – vereint mit russischen Soldaten und nordkaukasischen Söldnern – am 2. Oktober Gagra, das sie im Handstreich nehmen konnten. Sie vergewaltigten, folterten und töteten. Georgier, die überlebten, vertrieben sie. Das „Iveria-Hotel" auf dem Rustaweli Prospekt füllte sich mit Flüchtlingen. In den Innenhöfen von Wera und Wake, wo ich mittlerweile wohnte, hielten Männer Tag und Nacht Totenwache für Freunde und Verwandte.

Abchasien wurde geteilt. Abchasen, russische Soldaten und nordkaukasische Söldner besetzten den nördlichen Teil, von der russischen Grenze bis zum Fluss Gumista; Sochumi und die südlich angrenzende Gali-Region blieben georgisch.

So ist die Lage am heutigen Tag, am 18. Oktober 1992, an dem wir nach Sochumi fliegen.

Wir begleiten den ungarischen Botschafter Istvan Gyarmati, der im Auftrag der Konferenz für Sicherheit und Zusammenarbeit in Europa (KSZE) Gespräche mit den Abchasen und den Georgiern führen soll. Außerdem sind dabei Candy Green von der amerikanischen Botschaft, Marita Rademacher von der deutschen Botschaft und vom Saarländischen Rundfunk Marie-Elisabeth Denzer, die einen Fernsehfilm über Georgien dreht. Ihre Dolmetscherin ist Nino Tkeschelaschwili.

Im Flugzeug, das uns von Tiflis nach Sochumi fliegt, komme ich mit Nino ins Gespräch. Sie hat an der Universität Tiflis Germanistik studiert und möchte nun ihre Promotion über Robert Walser schreiben.

„Weißt Du, Fried", sagt sie, „in Georgien ist Robert Walser gar nicht so bekannt."

Obwohl sie vielleicht von mir erwartet, dass ich mich über die mangelnde Vertrautheit der Georgier mit den Werken Robert Walsers überrascht oder sogar besorgt zeigen würde, beruhige ich sie: „Also, Nino, wir sind froh, dass so viele Georgier deutsch sprechen und die deutsche

Kultur als ihre zweite Heimat betrachten. Aber Robert Walser ist auch in Deutschland nur Eingeweihten bekannt."

Ich musste mir mit meiner Antwort etwas Zeit lassen, da ich zuerst an Martin Walser gedacht hatte, bevor ich begriff, dass sie Robert Walser meint. Außerdem versuchte ich, meinem Gedächtnis Informationen zu Robert Walser zu entlocken. Es kam aber nichts, außer dass er viele Jahre in Heilanstalten verbrachte. Nino erzählt mir deshalb über den „Gehülfen", „Jakob von Gunten" und die „Mikrogramme", eine Geheimschrift, die von einem schweizerischen Institut entziffert wird.

Nach rund einer Stunde landen wir auf dem Flughafen südlich von Sochumi. Eine warme Oktobersonne empfängt uns. Die Luft ist feucht. Auf der Startbahn steht eine Tupolew 154, um die sich Hunderte von Menschen drängen. Sie fliehen aus Angst vor einem abchasischen Angriff auf Sochumi. Ihr Hab und Gut müssen sie zurücklassen, soweit sie es nicht in Plastiktüten tragen können. Eine alte Frau hält einen jungen Welpen auf dem Arm.

Georgische Soldaten oder Artilleriegeschütze, die den Flughafen gegen einen Angriff schützen könnten, sehe ich nicht.

Mit klapprigen Bussen fährt man uns auf der Küstenchaussee nach Sochumi. Unsere Leibwache ist ein fünfundsiebzigjähriger Mann in Uniform. Er trägt eine klobige, schwarze Brille mit dicken Gläsern und ausgelatschte Filzpantoffeln.

Autos begegnen uns nicht. An den Kreuzungen stehen Kampf- und Schützenpanzer.

Vor Sochumi biegen wir rechts ab und fahren hinauf zu einer weißen, herrschaftlichen Villa, die inmitten einer Parkanlage mit Palmen, Zypressen und Zedern liegt. Hier befindet sich das Hauptquartier der georgischen Streitkräfte.

Auf der Terrasse, von der wir einen wunderbaren Blick auf das Meer und die abchasische Parklandschaft haben, begrüßen wir den Oberbefehlshaber der georgischen Streitkräfte, Gia Karkaraschwili. Er ist ein drahtiger junger Mann, dekorierter Afghanistan-Veteran, einer der wenigen Berufssoldaten in den georgischen Streitkräften. Die georgischen Streitkräfte, ein Wort, das man lieber in Gänsefüßchen setzen sollte, bestehen aus der Nationalgarde des Verteidigungsministers Tengis Kitowani und den *mchedrioni*, der Privatarmee Dschaba Josselianis. Während sich Präsident Schewardnadse auf keine Armee stützen kann,

Tengis Kitowani (links im Bild), Sochumi 1992. Photo: Sakinformi

haben Tengis Kitowani und Dschaba Josseliani mit ihren Gefolgsleuten die Macht in der Hand.

Wer sind Kitowani und Josseliani?

Tengis Kitowani, ein dicker, untersetzter, immer schwitzender Mittsechziger, verdankt seinen Aufstieg zum Verteidigungsminister Georgiens seiner Freundschaft mit Swiad Gamsachurdia aus gemeinsamen Schultagen. Sie besuchten das vornehme „Erste Gymnasium" am Rustaweli-Prospekt. Anschließend absolvierte er, mit Schwierigkeiten, die Kunsthochschule in Tiflis und bezeichnet sich seitdem als Maler und Bildhauer. Bis zum Jahre 1990, als ihn Swiad Gamsachurdia beauftragte, die Nationalgarde zu bilden, lebte er unauffällig. Warum Gamsachurdias Wahl auf Kitowani fiel, den nichts zum Armeechef qualifizierte, bleibt sein Geheimnis. Als er ihn wieder absetzen und die Nationalgarde auflösen wollte, putschte Kitowani und vertrieb den Präsidenten ins Exil. Auch das „Erste Gymnasium", das neben dem Parlament liegt, fiel den Kämpfen zum Opfer und brannte vollkommen aus.

Nach der Rückkehr Schewardnadses war Kitowani zunächst Mitglied des selbsternannten Staatsrates und wurde im Mai 1992 Verteidigungsminister.

Dschaba Josseliani, 1992. Photo: Sakinformi

Vor meiner Fahrt nach Sochumi traf ich ihn zum ersten Mal in seinem Büro.

„Wie ist die militärische Lage?“ fragte ich.

„Wir haben sie unter Kontrolle“, sagte er.

„Könnten Sie mir bitte die Lage auf der Generalstabskarte erläutern?“

Verdutzt sah er mich an und führte mich zur Wand, an der eine kulturhistorische Karte Georgiens hing, auf der über hundert Klöster, Kirchen und Burgen eingezeichnet waren. Sie hängt in jeder georgischen Wohnung.

Er zeigte mir Sochumi und sagte, dass die Front etwas nördlich verlaufe – „ungefähr so“ unterstrich er mit seinem Zeigefinger.

Wir wechselten das Thema und sprachen über georgische Bildhauerei. Wir hatten das Thema in Kürze erschöpfend behandelt. Ich verabschiedete mich.

Im Vorzimmer nickte ich der Sekretärin zu, die ihre Fingernägel feilte.

Verteidigungsminister Kitowani, so wird uns gesagt, wird heute nicht in Sochumi sein.

Aber Dschaba ist gekommen, wie Dschaba Josseliani allgemein genannt wird. Er ist sechsundsechzig Jahre alt, hochgewachsen und schlank. Sein jugendliches Gesicht ist feingeschnitten. Um seine Lippen huscht, wie meistens, ein spitzbübisches Lächeln. Immer makellos gekleidet, begrüßt er uns heute in khakifarbener Uniform mit Bügelfalte. Unter dem Hemd trägt er eine Goldkette mit einem Anhänger, auf dem der Heilige St. Georg zu sehen ist. Er zeigt ihn gern. In den Oberarm hat er sich tätowieren lassen: „Ich vergesse meine leibhaftige Mutter nicht.“

Dschaba, der schillerndste Verbrecher Georgiens, könnte der Bruder sein von Kwatschi K., dem Helden des satirischen Romans „Das fürstliche Leben des Kwatschi K.“ von Michail Dschawachischwili (1889–1937). Der große Romancier schildert das tolldreiste Leben des Kwatschi Kwatschantiradse, der als Sohn eines Bauern in Gurien geboren wird und sich nach seiner Schulzeit in Kutaissi die europäische Welt als gewissenloser Gauner und liebenswerter Schelm erobert. Als georgischer Mann sieht er natürlich gut aus, hat Humor und unwiderstehliche erotische Ausstrahlung. Kwatschi, der sich in der großen, weiten Welt als Fürst Napoleon Appolonytsch Kwatschantiradse anreden lässt, pflegt über sich zu sagen: „In diesem Leben werden die einen mit einem Sattel geboren, die anderen mit Sporen und Peitsche. Ich gebe Sporen und Peitsche den Vorzug, sollen die anderen den Sattel schleppen. Angeblich ist das ein Ausspruch von Voltaire." Kwatschi verbringt den Rest seines Lebens als Aufseher in einem Harem in Istanbul.

Zurück zu Dschaba. Er verbrachte nach seiner Schulzeit siebzehn Jahre in sowjetischen Gefängnissen. Das galt in der Sowjetunion nicht unbedingt als unehrenhaft. In Dschabas Worten: „Entweder du warst als Verbrecher in der Partei, oder als Verbrecher gegen die Partei." Nach seiner langjährigen Haft studierte er an der Tiflisser Schauspielschule. Er wurde Theaterkritiker, schrieb außerdem Schauspiele und Romane. Vor Beginn seiner politisch-militärischen Karriere war er Stellvertretender Direktor am Institut für Theater, Film und Musik.

Als die Sowjetunion in den letzten Zügen lag und Georgien den Weg der Unabhängigkeit beschritt, gründete Josseliani Ende der achtziger Jahre die *mchedrioni*. Sie waren die erste militärische Gruppierung Georgiens. *Mchedrioni* ist ein altertümliches Wort, das „Ritter" bedeutet. Es waren vor allem Jugendliche und junge Männer, die sich den *mchedrioni* anschlossen. Man nennt sie auch *dsweli bitschebi*, „alte Jungs". Ihre Banden organisieren sie nach den Tiflisser Vierteln, in denen sie wohnen.

Nachdem Gamsachurdia zum Präsidenten gewählt worden war, ließ er im Frühjahr 1991 Josseliani und führende Köpfe der *mchedrioni* verhaften. Aber schon Ende des Jahres befreite ihn die Nationalgarde. Dschabas *mchedrioni* gaben dann den Ausschlag beim Putsch gegen Gamsachurdia.

Dschaba Josseliani, Gentleman und Strauchritter, Kopf der *mchedrioni*, die zugleich Armee und Mafia-Bande ist, erhält heute sein Gehalt als Abgeordneter des georgischen Parlaments.

Wir sprechen kurz mit ihm.

„Wir brauchen jeden Mann für diesen Krieg. Die sechzehnjährigen, die zweiundzwanzigjährigen, alle müssen sie ihre Heimat verteidigen. Abchasien will sich von uns lossagen. Russland schürt die Zwietracht im Kaukasus", sagt er resigniert. Im Hintergrund gehen drei alte, kümmerliche Frauen in schwarzen Kleidern die Treppe zur Uferstraße hinunter.

Wir brechen zur Rundfahrt durch die Stadt auf, um uns ein Bild von der Lage in Sochumi zu machen.

Über dem abchasischen Parlament, einem mehrstöckigen Klotz, weht wieder die georgische Flagge. Nicht nur wir fragen uns, wie lange noch?

Die Frontstadt wirkt wie verlassen. Nur wenige Bürger harren im

Wladislaw Ardzinba, 1992. Photo: Sakinformi

ehemaligen Kurort aus, der vom Wind geschützt in einer Bucht liegt. Die meisten sind Greise. Wir sehen einige gebeugt über den „Prospekt des Friedens“ schlurfen. Sie tragen schwere Körbe und Taschen mit Lebensmitteln nach Hause.

Die weißen Villen und Hotels stehen leer. Die Fenster sind zerschossen oder zerborsten. Auf der Uferpromenade, dem Rustaweli-Prospekt, die von Palmen gesäumt wird, schlendern Soldaten mit den Händen in den Taschen und der Kalaschnikow auf dem Rücken. Einige tragen bunt zusammengestellte Uniformen, andere Sommerkleidung, wie unser Begleiter Gia: Jeans, weißes Polo-Hemd, blaue Weste. In seinen muskulösen Armen hält er das blitzblank geputzte Gewehr. Welchem Bataillon er angehört, weiß er nicht; er sei freiwillig an der Front, wie die meisten.

Im Norden hören wir das entfernte Grollen leichter Artillerie und das Tak-Tak-Tak von Maschinengewehren.

Auf mich macht die Stadt den Eindruck als warte auf sie jederzeit der Angriff. Aber keiner scheint ernsthaft vorbereitet, ihn abzuwehren.

In die Villa des georgischen Hauptquartiers zurückgekehrt, die früher Berias Sommerresidenz war, erfahren wir, dass wir mit einem Hubschrauber nach Gudauta zu Ardzinba fliegen werden.

Die russische Luftwaffe, die Georgien bisher ebenso wenig verlassen hat wie das russische Heer, wird uns transportieren.

Auf dem Flughafen, auf dem immer noch Flüchtlinge auf ihren Flug nach Tiflis warten, steht unser Hubschrauber, eine MI–18. Vor ihm steht breitbeinig der russische Pilot in Fliegeruniform mit Springerstiefeln. Er ist ein Hüne. Im Mund zerkaut er ein Streichholz.

Wir zwängen uns in die Maschine und nehmen auf den runden Tanks Platz. Der Pilot nimmt Kurs auf das Schwarze Meer. Unter uns liegt das Ufer. Die Kaukasischen Berge reichen hier bis an die Küste, wo sie schroff in das Meer hinabfallen. Aus unserer Perspektive eines Vogels ist der Küstenstreifen nur handbreit.

In Gudauta landen wir auf dem russischen Luftwaffenstützpunkt. Privatwagen bringen uns in ein kleines, unscheinbares Haus, das am Rande von Gudauta liegt, wo uns Wladislaw Grigorejewitsch Ardzinba empfängt.

Er begrüßt mich mit einem weichen Händedruck. Seine Augen weichen meinem Blick aus. Er hat ein kantiges Gesicht mit einem kräftigen Kinn und einer großen Nase. Seine Stirn ist schmal, die Augen liegen eng beieinander. Im Revers seines blau gestreiften Anzuges, der für seinen gedrungenen Körper etwas zu groß ist, steckt die abchasische Flagge. Auch wir erhalten ein Emblem Abchasiens: eine rote, runde Anstecknadel, auf der „Abkhazia" steht. Darüber befindet sich eine offene Handfläche unter sieben goldenen Sternen.

In einem schmucklosen Raum setzen wir uns an einen großen, länglichen Tisch. Ardzinba, der Orientalist ist, nimmt hinter dickleibigen Büchern Platz. Seine wissenschaftliche Laufbahn begann mit Schwierigkeiten. Nach seinem Studium lehnte das Institut für Orientalistik in Moskau seine Promotion über das Thema „Sagen und Legenden des Vorderen Orients" ab. Daraufhin promovierte ihn die Universität Tiflis zum Doktor der Geschichte. Georgisch spricht er übrigens genauso wenig wie abchasisch. Anschließend wurde er Direktor des Instituts für Abchasische Literatur, Sprache und Geschichte in Sochumi. Seit 1991 ist er der Vorsitzende des Obersten Sowjets Abchasiens. Der heute Fünfzigjährige, der Perestroika und Glasnost immer abgelehnt hat, macht kein Hehl aus seiner kommunistischen Überzeugung.

Auf seine Bücher gelehnt, belehrt er uns mit schwungvollen Gesten und flackernden Augenlidern über die georgische Geschichte. Abchasien sei nie ein Teil Georgiens gewesen, es sei im Gegenteil der erste selbständige Staat der Region. Im 19. Jahrhundert habe es zu Russland gehört und sei später von Georgien annektiert worden. Diese Thesen, die das Ergebnis einer sehr eigenwilligen Interpretation der Geschichte sind, erläutert er durch weitschweifige Ausführungen.

Zur gegenwärtigen Situation befragt, kommt er zunächst auf das Abkommen vom 3. September 1992 zu sprechen: Er sei gezwungen worden, das Abkommen zu unterzeichnen, das eine friedliche Beilegung des Konfliktes fordere. Wenn Georgien nicht bereit sei, die Staatlichkeit Abchasiens anzuerkennen, so würden die Abchasen dafür kämpfen. Erst wenn die Georgier ihre Truppen und Waffen vom abchasischen Boden zurückgezogen hätten, werde er verhandeln. Sochumi werde er nicht angreifen, da es eine abchasische Stadt sei und er sie nicht zerstören wolle. Aber die georgische Besetzung der Stadt könne nicht ewig andauern. Die Abchasen würden bis zum letzten Mann kämpfen. Sie seien eher bereit, durch den Kampf ausgelöscht zu werden, als sich georgischer Diktatur zu unterwerfen.

Um zu wissen, was Ardzinba will, braucht man nur seinen Worten Glauben zu schenken: ein unabhängiges Abchasien, aus dem die Georgier vertrieben sind. Eine Autonomie für Abchasien, wie sie Schewardnadse für die neue georgische Verfassung vorschlägt, ist nicht sein Ziel. So kann es einen Kompromiss zwischen der georgischen Regierung und Ardzinba nicht geben.

Es ist schon sehr spät in der Nacht. Wir müssen an den Rückflug denken. Georgier und Abchasen besprechen noch den Austausch von Gefangenen. Nach einem Abendessen, das keinem schmecken will, brechen wir auf.

Wir fliegen mit dem Hubschrauber zurück nach Sochumi und mit der YAK-40 gleich weiter nach Tiflis. Ich erzähle Marie-Elisabeth Denzer von meinen Eindrücken und Ardzinbas Ausführungen. Sie ist nicht überrascht. Schon vor einem Jahr, im Sommer 1991, als sie ihn für einen Fernsehfilm interviewte, hatte er ihr gesagt, dass Abchasien wie Georgien ein unabhängiger Staat sei und die Neuordnung der Sowjetunion dies berücksichtigen müsse.

5. Einsamer Spaziergang über den Rustaweli-Prospekt

Oktober 1992

Irakli", brüllt eine tiefe, männliche Stimme von der Straße herauf.

Niemand antwortet.

„Irakliii", ruft die Stimme langgezogen noch einmal.

Irakli antwortet wieder nicht.

„Irakli – Irakli."

Pause.

„Iiirakliii", grölt es ein letztes Mal unterstützt von der schwachbrüstigen Hupe eines Lada-Niva.

Entweder Irakli schläft, ist nicht zu Hause oder möchte nicht antworten – um zwei Uhr morgens nicht verwunderlich.

In meinem schwarzen, kunststofflackierten Bett drehe ich mich auf die andere Seite. Im Schlafzimmer ist es noch angenehm warm. Durch die Balkontür, die offen steht, streicht mir über die Nase ein kühlender Nachtwind, der von den mächtigen Gipfeln des Kaukasus weht, die nur eine Autostunde entfernt liegen.

Ich möchte wieder einschlafen. Iraklis Freund aber hat die Straßenhunde geweckt, die auf dem Bürgersteig der Berdsenischwili-Straße übernachten. Einer hatte leise zu winseln begonnen, als seine Nachtruhe gestört wurde. Jetzt jault er wie ein einsamer Schakal in der Wüste. Ein zweiter, schon auf allen Vieren, fängt an zu bellen. Daraufhin setzen die drei anderen Köter ein und alle zusammen kläffen sich nun kurzatmig die Lunge aus dem Hals. Ihr Gebelle weckt die Hunde auf der Barnow-Straße. Sie fallen in das Abendkonzert ein und geben damit den Hunden in Wera und Sololaki das Zeichen einzustimmen. Während sich die Köter vor meinem Balkon einer nach dem anderen wieder zur Ruhe begeben, setzt sich das Hundekonzert durch Tiflis fort.

Ich schlafe wieder ein.

„Mazoni, Mazoni", ruft eine alte Frauenstimme aus dem Innenhof. Es ist Leila, die jeden Morgen kommt, um uns Yoghurt zu verkaufen. Sie trägt einen weißen Kittel und eine rote Baseball-Mütze aus Washington.

Es ist Samstag Morgen und Zeit, aufzustehen.

Noch im Halbschlaf drücke ich wie mechanisch auf den Schalter meiner Nachtischlampe, der zweimal klickt. Aber die Glühbirne bleibt dunkel. Es gibt keinen Strom.

Ich springe aus der Bettmulde und gehe über den warmen Parkettboden in das Badezimmer. Vor, auf und neben der russischen Waschmaschine liegen große Haufen dreckiger Wäsche. Ich drehe den Wasserhahn auf. Er gurgelt dreimal und ist dann still.

Dass ich nicht zu waschen brauche, kommt mir ganz gelegen. Aber ich möchte heute duschen. Ich rufe deshalb Gregor an, meinen armenischen Fahrer, und bitte ihn, mich in das Metechi-Hotel zu fahren.

Vorher frühstücke ich auf dem Balkon. Georgischen Tee aus Gurien, den ich auf dem Gasherd erwärmt habe, Mazoni von Leila und Orangensaft aus Adscharien. Es fehlt nur eine deutsche Tageszeitung. Ohne Strom kann man leben, aber ohne Zeitung ist es langweilig. Alle diplomatischen Posten lassen sich einteilen in Länder, in denen es morgens eine deutsche Zeitung zu kaufen gibt und die übrigen. Georgien gehört leider zur letzten Gruppe. Dafür wärmt mich eine warme Oktobersonne. Mit meinem rechten Fuß schippe ich die Betonbrösel, die vom oberen Balkon herabgefallen sind, durch die frisch gewaschene Wäsche meiner Nachbarn auf den Hof. Vor allen Balkonen hängen nicht nur bunte Netze mit Zwiebeln, Peperoni, Knoblauch und Paprika, sondern weht und trocknet auch bunte Wäsche. Die Wäsche hängt in der „georgischen Ordnung". Erst die Laken, dann die Hemden, die Hosen, die Unterwäsche und zuletzt die Strümpfe. Das alles hübsch der Größe und der Farbe nach sortiert. Ich stelle mir vor, wie es wäre, wenn die blauen Hemden und die weißen Laken einmal richtig Wind fängen und unsere Häuser sachte abhöben. Aber die mehrstöckigen Wohnhäuser in Wake, dem Nobel-Viertel von Tiflis, sind solide, dickwandige Bauten aus den fünfziger Jahren.

Im Hof spielen die Jungen schon Fußball. Lali, meine Nachbarin, die auf dem Balkon unter mir steht, führt ein angeregtes Gespräch mit einer ältlichen Dame auf dem gegenüberliegenden Balkon. Die Dame gegenüber trägt einen tiefroten, seidenen Morgenmantel und einen Turban aus einem violetten Handtuch. In der rechten Hand hält sie eine lange Zigarettenspitze.

Nach meinem Frühstück gehe ich Gregor entgegen und warte auf ihn an der Hofausfahrt zur Paliaschwili-Straße. An der Ecke stehen zwei riesige, verrostete Kübel, in denen unser Abfall köchelt. Ein modriger Geruch zieht an meiner Nase vorbei.

Schon kommt Gregor um die Ecke gefahren, weicht einem offenen Gully aus und hält vor mir an. In einer Viertelstunde sind wir im Hotel. Es hat einen österreichischen Generator, der Strom und warmes Wasser liefert.

Ich nehme eine warme Dusche und frühstücke ein zweites Mal mit amerikanischen Kollegen im Vienna-Cafe.

Gregor, der auf mich gewartet hatte, fährt mich zum Freiheitsplatz. Auf dem Weg dorthin passieren wir zweistöckige Häuser, die einige Jahre nicht mehr mit roter oder blauer Farbe gestrichen wurden. Aus einem Fenster ragt eine Eisenstange, an der ein runder Laib Brot baumelt. Eine lange Schlange alter Männer in abgewetzten grauen Anzügen wartet auf ihre Brotration. Weizen ist knapp in Georgien, da seine fruchtbaren Tiefebenen Wein und Südfrüchte für die Sowjetunion produzieren mussten.

Auf dem Awlabar-Platz erwartet uns die erste Kontrolle. Quergestellte Schützenpanzer und schwarz-weiß gestrichene Lada-Schigulis mit der Aufschrift „Police“ verhindern die Weiterfahrt. Gregor stoppt kurz, aber wir werden weiter gewunken.

Vor der Barataschwili-Brücke, die uns über den Mtkwari, den Fluss, der Tiflis in zwei Hälften teilt, zum Zentrum der Stadt führt, werden wir wieder kontrolliert. Ein kleiner Polizist mit Bierbauch und riesiger, grauer Tellermütze stoppt uns mit einem schwarz-weißen Stock. Sein rundes Gesicht verschwindet unter der Mütze, auf der noch Hammer und Sichel prangen. Ich frage mich, welcher russische Couturier diese Kopfbedeckung entworfen hat – hässlicher kann man sich eine Mütze nicht vorstellen. Gregor versucht, den skeptisch blickenden Polizisten zu überzeugen, dass ich deutscher Diplomat und ungefährlich bin. Da ich noch keinen georgischen Diplomatenausweis habe, gebe ich ihm meinen deutschen Diplomatenpass.

„*germanulat*?“ – „Deutsch?“ fragt er.

„*diach*!“ – „Ja!“.

Angestrengt nachdenkend schiebt er mit seinem Stock die platte Mütze in den Nacken.

„*germanula*t?“ wiederholt er und ich bestätige noch einmal, dass ich Deutscher bin. Mit genüsslichem Interesse blättert er in meinem Pass von vorn nach hinten. Da er kein Deutsch spricht und ich kein Georgisch, fragt er mich mit prüfendem Blick, ob ich Englisch oder Französisch verstehen würde, was ich bejahe. Nachdem er – nun sehr kurz angebunden – zugeben muss, dass er weder Englisch noch Französisch spricht, gibt er sich schließlich zufrieden und wünscht uns gute Fahrt, indem er seinen kurzen Stock galant und energisch nach vorne schwenkt.

Auf der gegenüberliegenden Seite der Barataschwili-Brücke sehe ich die nächste, dritte Verkehrskontrolle. Ich setze deshalb meine erste Erkundung der georgischen Hauptstadt zu Fuß fort. Gregor, der arbeitsloser Ingenieur ist und jetzt wie sein Sohn als Chauffeur arbeitet, fährt nach Hause.

Ich schlendere die Brücke entlang, unter der träge der gelbbraune Mtkwari fließt. Eine heitere Herbstsonne strahlt über Tiflis, das auf demselben Breitengrad wie Neapel liegt.

Am Ende der schmucklosen Brücke liefern sich ein schlaksiger Polizist und ein Mann mit hochrotem Kopf ein lautes Wortgefecht. Der Mann im Trainingsanzug zahlt dem Polizisten einige Rubel und braust davon. Der Polizist stoppt mit schriller Pfeife den nächsten Fahrer. Es ist so wenig Verkehr, dass jedes Auto kontrolliert werden kann, und das Gehalt der Polizisten ist nicht sonderlich hoch. In einem Staat wie Georgien, der erst vor einigen Jahren wieder das Licht der Welt erblickte und wirtschaftlich noch nicht auf eigenen Füßen steht, muss jeder seinen Weg finden, um das tägliche Auskommen sicherzustellen. Auf dem Stalin-Kai, der unter der Brücke hindurch führt, verkauft ein Schuljunge Klopapierrollen, die er hübsch zu einer Pyramide aufgebaut hat. Er kann mit seinem Umsatz zufrieden sein.

Im Kunstmuseum, dessen Schatzkammer leider geschlossen ist, möchte ich für einige Rubel von einer Kassiererin mit rotgefärbten Haaren eine Eintrittskarte kaufen. Noch ist der russische Rubel die offizielle Währung in Georgien, beliebter aber sind Dollar oder Mark. Bevor ich der Kassiererin das Geld reichen kann, drängen mich einige Buben zu Seite und bezahlen für mich den Eintritt. Es scheint ihnen eine Ehrensache zu sein, einen Fremden in „ihr“ Museum einzuladen. Das Kunstmuseum, ein klassizistischer Bau, wurde 1834 als Hotel gebaut. Später war es Geistliches Seminar, an dem Stalin studierte, bis er 1899 relegiert wurde. Wo einst an der Außenfront die Gedenktafel hing, die an seine Studienjahre erinnerte, ist heute nur kahler Stein zu sehen.

Neben der Kasse befindet sich ein kleiner Stand mit Kunstbüchern in deutscher, englischer und georgischer Sprache. Ich kaufe von jedem Buch ein Exemplar. Die verwirrte, junge Verkäuferin, die mich mit großen schwarzen Augen anstarrt, bitte ich, die Bücher bis zur nächsten Woche aufzubewahren. Nachdem ich drei Monate keine Buchhandlung mehr betreten und kein Buch mehr gekauft habe, fühle ich mich plötzlich sehr glücklich. In Gedanken blättere ich schon in „Die Goldschmiedekunst Georgiens“ und im Photoband „Old Tblisi“. Ein bibliophiler Leckerbissen ist „Die Kirche Zromi und ihr Mosaik“ von Georg Tschubinaschwili (1885–1976), nicht wegen seiner Ausstattung, aber wegen seiner großen Seltenheit. Tschubinaschwili wurde auf der deutschen Reformierten Schule in St. Petersburg erzogen, studierte Kunstwissenschaften an der Universität Leipzig und wurde an der Universität Halle-Wittenberg promoviert. Er ist einer der Begründer der georgischen Kunstgeschichte.

Ich frage das junge Mädchen, ob ich den Direktor, Professor Lomouri, sprechen dürfte, den ich in Kiketi kennengelernt hatte. Nein, sagt sie. Professor Lomouri sei in der Universität und halte Vorlesung.

So gehe ich allein durch das menschenleere Museum. Die hohen Räume, die nicht mehr geheizt werden, sind klamm, der weiße Putz bröckelt von den Wänden.

Die Ausstellung der westeuropäischen Maler lasse ich hastig hinter mir. Das wertvollste Bild, „Die Kupplerin“ von Lukas Cranach dem Älteren, wurde vor einigen Tagen gestohlen.

Die modernen Künstler Georgiens betrachte ich länger: Mose Toidse (1871–1953), der an die rheinischen Expressionisten erinnert, den manchmal süßlichen Lado Gudiaschwili (1896–1980), den expressionistischen David Kakabadse (1889–1952), den dunklen Schalwa Kikodse (1894–1921) und die Malerin der Stadt Tiflis und der georgischen Landschaft Helena Achwlediani (1901–1976).

Ihnen, die in Georgien berühmt sind, ist zu wünschen, dass ihre Namen auch in Westeuropa bekannt werden, nachdem der Stacheldraht zwischen West und Ost aufgerollt wurde.

Der letzte, größte Saal, ein eigener Ausstellungsraum ist Niko Pirosmanaschwili vorbehalten. Er ist der georgische Maler des magischen Realismus.

Niko Pirosmani, wie er allgemein genannt wird, wurde arm geboren und starb noch ärmer. „Einsam bin ich in die Welt gekommen, einsam werde ich auch sterben“, soll er gesagt haben. Ein Nachbar fand ihn auf dem Kopfstein-Pflaster in der Ecke eines feuchten Kellers. Er brachte den Besinnungslosen in ein Krankenhaus, wo er kurze Zeit später verstarb. Es war das Jahr 1918. Pirosmani schied aus der Welt, bevor das Zeitalter der Industrie endgültig Georgien erreichte. Eines seiner letzten Gemälde ist der „Eisenbahnzug in Kachetien“. Ein schwarzer Zug hält in schwarzer Nacht irgendwo in Kachetien. Im Hintergrund sind die weißen Berge des Kaukasus und ein fahler Mond zu sehen. In den Abteilen der Waggons leuchtet grelles, gelbes Licht. Aber vor dem Zug ist es öde. Riesige Weinkrüge, die in die Erde eingelassen den georgischen Wein aufbewahren und Weinschläuche aus unversehrten Büffelhäuten mit Schwanz und Beinstümpfen, in denen der Wein nach Tiflis transportiert werden soll, liegen als Symbole der alten georgischen Kultur lieblos herum.

Pirosmani war ein Vagabund. Ohne Ausbildung malte er, aber mit Kunstverstand. Zwei Versuche, als Kaufmann und als Eisenbahner zu arbeiten, scheiterten. Danach zog er durch die Bierschänken, Weinkeller und Wirtshäuser von Tiflis. Er malte Firmenschilder auf Blech und Gemälde auf schwarzem Wachstuch. Sein Lohn war der Wein. Die Flasche auf dem Holztisch neben ihm wurde nicht leer. Er malte, was ihm nicht vergönnt war: Festmahle im Freien, Picknicks und Gelage. Die Fürsten und Bauern wirken so monumental und idealisiert wie auf den Bildern der mittelalterlichen Wandmalerei der georgischen Kirchen und Klöster. Sie erinnern an die Abendmahlsbilder der christlichen Kunst. Auf den meisten seiner Bilder, die erst bei näherer Betrachtung heiter wirken, scheinen die Menschen auf jemanden zu warten oder den Betrachter etwas zu fragen. So als ob sie von uns die Antwort auf die Rätsel der veränderten, technischen Welt erfahren könnten.

Ich habe das Museum verlassen und stehe auf dem Freiheitsplatz, der über sechzig Jahre Lenin-Platz hieß. Sein gigantisches Denkmal, das in der Mitte des Kreisverkehrs stand, haben die Georgier vom Sockel gerissen. Heute blühen dort rote Rosen. An der Stirnseite befindet sich das Rathaus, das der deutsche Architekt Paul Stern in den Jahren 1882 bis 1886 im historistischen Stil erbaute. Auf der Dachspitze weht die Flagge der Republik Georgien.

Die georgische Flagge weht auch über dem ramponierten Parlament, das sich am Anfang des Rustaweli-Prospektes erhebt. Es ist ein spätstalinistischer Bau, errichtet von deutschen Kriegsgefangenen. Vor den mächtigen Rundbögen des Portals stehen ein Kran und ein Baugerüst. Im Parlament, das im Feuergefecht zwischen Gamsachurdia, der sich mit seinen Anhängern im Keller verschanzt hatte, und den Kämpfern der *mchedrioni* und Nationalgarde beinahe ausgebrannt wäre, glimmt noch die Asche.

In dieser Asche verglimmt die Hoffnung auf ein Georgien, das seine wiedergewonnene Unabhängigkeit dazu genutzt hätte, geschlossen und einig das Land aufzubauen. Die polarisierende Politik Gamsachurdias und sein Sturz haben bewirkt, dass die Georgier sich heute gegenseitig bekämpfen. Georgien ist damit das einzige Land, in dem die Unabhängigkeit nach dem Zusammenbruch der Sowjetunion zum Bürgerkrieg geführt hat.

Wer auf eine Karte sieht, am besten eine Reliefkarte, erkennt jedoch sofort, dass sich Georgien einen inneren Zwist nicht erlauben kann.

Armenien und Georgien, die beiden alten christlichen Kulturnationen, sind eingezwängt zwischen dem slawischen Russland im Norden, dem schiitischen Iran im Süden und der sunnitischen Türkei im Südwesten. In der Auseinandersetzung mit diesen drei Staaten mussten Georgien und Armenien in der Neuzeit um ihre kulturelle Eigenständigkeit und politische Unabhängigkeit ringen. Bevor das russische Reich Ende des 18. Jahrhunderts seine imperialen Ambitionen auch auf den Kaukasus ausdehnte, waren es die Reitervölker und Nomadenstämme aus dem Norden und Osten, welche die christlichen Länder des Kaukasus bedrohten. Gegen sie bildete die Gipfelkette des großen Kaukasus ein natürliches Bollwerk. Der Bergriegel weckte aber auch die Begehrlichkeit der Völker auf den iranischen und anatolischen Hochebenen. Sie versuchten, ihre Reiche bis zu dieser natürlichen Grenze auszudehnen. Armenien und Georgien, die vor dem Gebirge liegen, wurden somit immer wieder zum Schauplatz und zum Opfer der Kämpfe zwischen den Reichen im Westen und im Süden.

Die georgische Geschichte von den Anfängen bis zur Christianisierung

Die Anfänge der georgischen Geschichte sind leider verwickelter, als es uns der Tamada in Mestia weismachen wollte.

Das mittelalterliche Georgien sah in Kartlos, der ein Nachkomme Noahs sein soll, den Stammvater der Georgier. Über die biblische Herkunft des georgischen Volkes berichtet die Sammlung georgischer Geschichtswerke „*kartlis zchowreba*" – „Das Leben Kartlis" –, eine Chronik Georgiens von den Anfängen bis zum 14. Jahrhundert, die erstmals 1848 in Sankt Petersburg herausgegeben wurde.

Die Georgier selbst nennen sich *kartweli* und ihr Land *sakartwelo*. Die Benennung geht zurück auf die Karten, die in Kartli, dem Kernland Georgiens siedelten. Die deutsche Bezeichnung Georgien stammt von dem persischen Wort „Gurdsch".

Den Hinweis auf die früheste Besiedlung Georgiens und Kaukasiens verdanken wir der deutschen Archäologin Antje Justus. Sie fand 1991 in Dmanissi einen menschlichen Unterkiefer, der zwischen zwei und eineinhalb Millionen Jahre alt ist. Aus der Altsteinzeit (bis 10 000 v. Chr.) gibt es 250 Fundstellen in Georgien. Vor allem das Bassin der Flüsse Rioni und Kwirila ist reich an Höhlen, in denen Steinwerkzeuge gefunden wurden.

In der Jungsteinzeit (bis 3000 v. Chr.), einer der wichtigsten Perioden der Menschheit („Neolithische Revolution"), entwickelte sich der Mensch vom Jäger zum sesshaften Bauern. Durch Viehzucht und Ackerbau erwirtschaftete er erstmals seine Nahrung selber. Er begann zu töpfern und schliff und polierte seine Steinwerkzeuge. Frühe Funde dieser Zeit gibt es in Westgeorgien, wo warmes Klima und fruchtbarer Boden Ackerbau und Viehhaltung begünstigten. Spätere Funde wurden südwestlich von Tiflis im Chrami-Tal, wie zum Beispiel in Chramis Didi Gora, gemacht.

Das Zeitalter der Metallurgie, die Bronzezeit, begann auf dem Gebiet Georgiens mit der Mtkwari-Araxes-Kultur (3000–2500 v. Chr.). Diese Kultur war nicht auf das Zweistromland zwischen dem Mtkwari und dem Araxes beschränkt, sondern umfasste den Nordwesten Irans, Ostanatolien und einige Gebiete des Nordkaukasus. Sie ist vor allem gekennzeichnet durch den bewussten Umgang mit Metall. Das Metall wurde nicht nur bearbeitet, sondern durch Schmelzen aus Erz gewonnen und in Gussformen weiterverarbeitet.

Der Mtkwari-Araxes-Kultur folgte die Trialeti-Kultur (2500–1500 v. Chr.). Sie ist benannt nach dem wichtigsten Fundort Trialeti, wo der Archäologe B. Kuftin in den dreißiger Jahren 200 Hügelgräber entdeckte. Die Hügelgräber, Kurgane genannt, sind sehr groß. Sie erreichen eine Höhe von acht Metern und einen Durchmesser von bis zu 100 Metern. Der „Grabsaal“ kann mit 175 Quadratmetern die Größe eines Einfamilienhauses haben. Die luxuriöse Bestattung der Stammesführer lässt auf eine sehr differenzierte Gesellschaft schließen. Der Verstorbene wurde auf einem vierrädrigen Holzwagen aufgebahrt, der von Ochsen in die Grabkammer gezogen wurde. Die Ochsen wurden in der Grabkammer getötet und dort mit dem Wagen zurückgelassen. Als Grabbeigaben fand man wunderbare Edelmetallarbeiten aus Gold und Silber, Geschmeide und Gefäße aus Keramik. Das herausragende Erzeugnis ist der „Becher von Trialeti“ aus Gold und Halbedelsteinen.

Aus der späten Bronze- und frühen Eisenzeit (1500–700 v. Chr.) gibt es im östlichen Georgien zahlreiche Fundstellen. Sie weisen darauf hin, dass sich das wirtschaftliche und soziale Leben grundsätzlich verändert hat: Stammesverbände und große Siedlungen entstanden; das Eisen kam auf, eines der wichtigsten Metalle für die Entwicklung der menschlichen Gesellschaft; die Produktion differenzierte sich. Das Kunsthandwerk jener Zeit zeichnet sich aus durch prachtvoll verzierte Bronzegürtel.

Während dieser Zeit blühte an der östlichen Schwarzmeerküste, dem westlichen Georgien, die Kolchis-Kultur. Sie erstreckte sich auf angrenzende Gebiete in Ostanatolien und im nördlichen Kaukasus. Die Kolchen waren ein georgisches Volk und sprachen eine kartwelische Sprache.

Woher kamen sie?

Man vermutet, dass die Heimat der autochthonen Kartweler das zentrale Hochgebiet des Kleinen Kaukasus ist. Die Sprache dieser ersten Georgier, das Urgeorgisch, haben Linguisten rekonstruiert. Es wird angenommen, dass diese Sprache schon im 5. bis 4. Jahrtausend v. Chr. existierte. Von ihr spaltete sich als erste die swanische Sprache ab, als sich die Swanen allmählich in Westgeorgien ansiedelten. Als nächster Stamm sonderte sich im 2. Jahrtausend die kolchische Ethnie ab, die sich nördlich vom Fluss Tschorochi (Osttürkei) in der Kolchisniederung und in Meßchetien ansiedelte. Der kolchische Stamm, so wird angenommen, spaltete sich später in Megrelen und Lasen.

Nach dem Zerfall der georgisch-kolchischen Einheit breitete sich die georgische Sprache nördlich im heutigen Ostgeorgien aus, das in griechischen und römischen Schriften „Iberia“ genannt wird. Diese Sprache bildete die Grundlage für die spätere georgische Literatursprache.

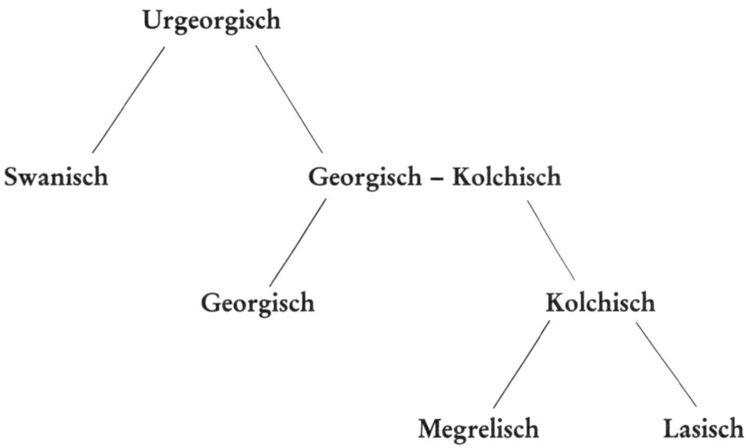

Die alte Kolchis war ein hochentwickeltes Land. Der Lebensspender war der breite Strom Rioni, der im Großen Kaukasus entspringt und sich über 300 Kilometer durch die kolchische Ebene bis zum Schwarzen Meer windet. Die Trockenlegung der Sümpfe und der Bau von Kanälen ermöglichte eine intensive Landwirtschaft. Die Bergregionen waren reich an Rohstoffen und Erzen. Sie boten die Grundlage für eine hochentwickelte Bronzemetallurgie und Metallbearbeitung.

Uns ist die alte Kolchis bekannt aus der Sage der Argonauten. Sie hat ihren Ursprung ungefähr 1400 v. Chr., als griechische Seefahrer erstmals über das Schwarze Meer zur georgischen Küste fuhren. In ihr spiegelt sich das hohe kulturelle Niveau der alten Kolcher wider.

Durch den Zusammenschluss altkolchischer Stämme bildeten sich Anfang des 1. Jahrtausends v. Chr. der Staat „Kolcha“. Seine Blütezeit fiel in das 8. Jahrhundert v. Chr., nachdem er das südlich gelegene Gebiet „Diaochoi“ erobert hatte, eine staatenähnliche Vereinigung kartwelischer Stämme. Kolcha zerstörten die Kimmerer und Skythen, die um 800 v. Chr. aus den östlichen Steppen nach Europa und in den Vorderen Orient vorstießen.

Auf den Trümmern von Kolcha entstanden um 550 v. Chr. in Georgien zwei neue Reiche: In Westgeorgien das Königreich Kolchis (georgisch: *egrissi)* und in Ostgeorgien das Königreich Iberia (georgisch: *kartli).*

Die getrennte politische Entwicklung der beiden ersten georgischen Staaten erklärt sich durch die geographische Natur des Landes. Das westliche und östliche Georgien sind durch das Surami-Gebirge getrennt, das eine Höhe von über 2000 Metern erreicht. Es ist heute untertunnelt, da der Pass im Winter nur mit Mühe zu befahren ist.

Eine der ersten Nachrichten über die Kolchis überliefert uns Herodot (485–425 v. Chr.), der „Vater der Geschichte". Im sechsten Buch seines Geschichtswerkes erwähnt er die Kolcher zusammen mit den mächtigen Völkern Vorderasiens, den Persern und Medern. Ein wichtiges politisches und wirtschaftliches Zentrum der Kolchis war Wani in der Nähe von Kutaissi. Dort fanden Archäologen bezaubernde Goldschmiedearbeiten, Glaserzeugnisse, ionische und attische Keramik und Amphoren aus verschiedenen Städten des Mittelmeerraumes. Der Beginn des Geldumlaufs in der Kolchis ist belegt durch Silbermünzen, die *„kolchuri tetri"*. Mit der griechischen Welt bestanden enge wirtschaftliche Beziehungen. Der georgische Adel importierte griechische Luxusgüter. Die Exporte bestanden aus Gold, Holz und auch Fasanen.

Die Griechen gründeten seit dem 8. Jahrhundert v. Chr. in der Kolchis wie in anderen Gegenden des Schwarzen Meeres Niederlassungen. Die ersten drei waren: Dioskurias (bei Sochumi), Phasis (bei Poti) und Gienos (bei Otschamtschira).

In der hellenistischen Zeit (330–30 v. Chr.), die nach den Feldzügen Alexander des Großen begann, vertieften sich die kulturellen und wirtschaftlichen Beziehungen mit der griechischen Welt. Über diese Zeit gibt es allerdings nur wenige Hinweise in der antiken Literatur; wir sind im wesentlichen auf archäologische Funde angewiesen. Vor allem die zahlreichen Funde ausländischer Münzen unterstreichen den Aufschwung des Handels. Auch aus dieser Zeit gibt es kostbare Goldarbeiten.

Das Ende der Kolchis wurde eingeleitet mit den Überfällen des Bosporuskönigs Pharnakes (49 v. Chr.) und des pergamenischen Königs Mithradates VII. (47 v. Chr.). Schließlich eroberte Pompeius 65 v. Chr. die Kolchis. Die „Goldreiche Kolchis" wurde ein Teil des Römischen Reiches; sie wurde als Provinz verwaltet. Obwohl es in den Städten Garnisonen römischer Truppen gab, blieb der Einfluss Roms in Westgeorgien eher beschränkt.

Im 1. Jahrhundert n. Chr., als lasische Stämme in die Kolchis vordrangen, bildeten sich neue Königreiche: Die Reiche der Heniocher und Makronen, weiter nördlich das Reich der Lasen und ganz im Norden die Königreiche der Apsilen und Abasgen. Lasika vermochte sich mit der Zeit als stärkstes Reich zu behaupten. Es konnte gegen Ende des 4. Jahrhunderts ganz Westgeorgien unter seiner Herrschaft vereinen. Im Kampf zwischen Rom, später Byzanz, und Persien wechselte Lasika immer wieder diplomatisch die Fronten und Allianzen.

Als im westlichen Georgien der Staat Kolchis entstand, formierte sich in Ostgeorgien der Staat Iberia.

Iberia war in seinen Anfängen dem Einfluss des altpersischen Herrschergeschlechts der Achämeniden unterworfen. Erst als Alexander der Große um 330 v. Chr. das Achämenidenreich zerstörte, konnte sich Iberia als starker Staat etablieren.

Der erste König Iberiens war Parnawas. Er begründete das Königsgeschlecht der Parnawasiden, das viele Jahrhunderte in Iberien herrschte, nachdem er selber fast siebzig Jahre (ca. 290–234 v. Chr.) regiert hatte. Parnawas, dessen Name persisch ist, war der erste große Herrscher Georgiens. Nach georgischen Quellen gliederte er sein Reich in Verwaltungsbezirke, denen Adlige *„eristawi“* (Fürsten) vorstanden. Außerdem begründete er eine gesamtstaatliche Religion.

Sein Reich umfasste Ostgeorgien und große Gebiete Westgeorgiens. Die umsichtige innere und äußere Politik des Königs Parnawas, den Tacitus (55–22 n. Chr.) in seinen Annalen erwähnt, legte den Grundstein, auf dem sich die georgische Nation bildete.

Nach seinem Tod erlebte Iberia unruhige Zeiten. Schließlich besetzte Armenien, der südliche Nachbar, einen großen Teil des Landes.

Die indogermanischen Armenier waren im 6. Jahrhundert v. Chr. in das Reich von Urartu (900–600 v. Chr.) eingewandert, das in der Bibel Ararat genannt wird. Die Einwanderer vermischten sich mit den Urartäern und bildeten den armenischen Staat, der im 1. Jahrhundert v. Chr. seine größte Macht entfaltete.

Zu dieser Zeit, als Armenien mächtiger und Iberia schwächer wurde, griff das Römische Reich in das politische Geschehen Kaukasiens ein.

Nachdem Pompeius Armenien erobert hatte, marschierte er gegen die Kolchis, gegen Albania (das heutige Aserbaidschan) und Iberia. Cassius Dio (150–235 n. Chr.) beschreibt diesen Feldzug der römischen Legionäre in seiner achtzigbändigen Geschichte Roms. Er ist ebenfalls nachzulesen in den Biographien Plutarchs (46–120 n. Chr.).

Im Jahre 65 v. Chr. besiegte Pompeius den iberischen König Artag. Damit waren die kaukasischen Länder in die Pax Romana einbezogen.

Mit seinen Eroberungen hatte Rom Aufmarschplatz und rückwärtiges Gebiet für den Kampf um die Vorherrschaft im Nahen Osten gewonnen. Es kontrollierte außerdem den traditionellen Handelsweg, die Seidenstraße, von Indien nach Europa, deren Seitenwege über Georgien zum Schwarzen Meer führten. Nicht zuletzt konnte es die Pässe des Großen Kaukasus sperren und damit den Einfall der Reitervölker aus Eurasien verhindern.

Iberia entwickelte sich im 1. Jahrhundert n. Chr. von einem geschlagenen wieder zu einem mächtigen Staat. Der Kampf zwischen Rom und dem Reich der Parther (247–227 n. Chr.), die im heutigen Iran herrschten, bot günstige Voraussetzungen für eine Politik der freien Hand. Iberia entschied sich, bald Verbündeter, bald militärischer Gegner Roms zu sein. Es bewahrte in jedem Fall seine Unabhängigkeit. Von Tacitus wissen wir, dass es Iberia um 30 n. Chr. gelang, Armenien zu besetzen. Parsman II. (116–140) hatte ein freundschaftliches Verhältnis zu Rom, das er mit seinem Gefolge besuchte. Sein Reiterstandbild wurde auf dem Marsfeld aufgestellt, nachdem er die Römer mit seinen Reitkünsten begeistert hatte.

Über den engen Kontakt Iberias mit der griechisch-römischen Welt, über seine kulturelle Blüte und politische Macht können wir uns durch viele archäologische Ausgrabungen ein Bild machen.

Im ersten Jahrhundert vor Christus begann die Entwicklung einer städtischen Kultur. Schon Strabon (63–19 n. Chr.) rühmte die Städte als „wunderbar“ und spricht von „nach allen Regeln der Kunst gebauten Wohnungen, Märkten und öffentlichen Gebäuden“. Uplisziche, Urbnissi und später die erste Hauptstadt Mzcheta waren die Zentren des Lebens.

In und um Mzcheta sind die meisten Bauwerke aus hellenistischer und römischer Zeit freigelegt worden. Sie bestätigen die Angaben Strabons und altgeorgischer Quellen. Die Residenz der Parnawasiden in Armasziche, der Palast Armißchewi und die Siedlung in Dsalissi zeigen die Merkmale römischer Baukultur: Bäder, Heizungen, Kanalisationen und gepflasterte Straßen. Feine Erzeugnisse aus Gold, Silber und Glas, wie sie in einem Frauengrab gefunden worden, dem Schatz von Achalgori, beweisen das hohe Niveau des Kunsthandwerkes.

Die Standhaftigkeit und die Unabhängigkeit Iberias, die über 700 Jahre währen sollte, bildeten die Voraussetzung für die Gründung eines vereinigten Georgiens im Mittelalter.

Die Lage Iberias verschlechterte sich, als sich im 3. Jahrhundert im Süden das neupersische Reich der Sassaniden (227–651) formierte. Es trat dem Römischen Reich als stärkster Gegner entgegen. In der Auseinandersetzung zwischen Rom und Persien wählte Georgien das ferner gelegene und dadurch weniger bedrohliche Rom als Bündnispartner. Mit diesem Bündnis drängte Georgien den Einfluss des persischen Kulturkreises zurück und öffnete sich den Einflüssen der frühchristlichen Welt.

Von der Christianisierung bis zum Goldenen Zeitalter

Die Bekehrung Georgiens zum Christentum erfolgte im Westen durch griechische Missionare, die auf dem Seeweg nach Georgien kamen. Nach Ostgeorgien gelangte die christliche Botschaft auf dem Landweg über Syrien und Armenien. Der armenische König Trdat III. hatte um 301 die armenische Staatskirche begründet. Armenien hatte damit als erstes Land den christlichen Glauben zur Staatsreligion erhoben. Auf Armenien folgte Georgien, als König Mirian um 337, noch vor Rom, das Christentum ebenfalls zur Staatsreligion erklärte. So sind Armenien und Georgien die beiden ältesten Länder mit dem Christentum als Staatsreligion.

Die Entscheidung König Mirians, den christlichen Glauben anzunehmen, ist einer Frau zu verdanken. Sie wird in späteren Überlieferungen Nino genannt (aus Christiana). Die Georgier verehren sie als ihre Erleuchterin.

In den mittelalterlichen georgischen Geschichtswerken „Die Bekehrung Georgiens“ (Verfasser unbekannt) und „Das Leben der Nino“ des Bischofs Leonti Mroweli (11. Jahrhundert) ist nachzulesen, welche Wunder sie vollbrachte und auf welche Weise sie Georgien zum Glauben bekehrte: Nino lebte in Jerusalem in der Obhut einer alten Frau, die ihr von den irdischen Leiden Christi erzählte und auch die Überlieferung vom Gewand Christi, das ein Mann aus Mzcheta in Georgien gekauft hatte. Die Erzieherin erklärte ihr, dass die Georgier Heiden seien. Seitdem flehte Nino zur Muttergottes, Georgien sehen und das Gewand küssen zu dürfen. Daraufhin erschien ihr im Traum die Heilige Maria. Sie schnitt ihr ein Kreuz aus Rebenholz und gab es Nino mit den Worten: „Nimm dieses Kreuz! Es wird dir Schutz geben vor sichtbaren und unsichtbaren Feinden. Mit seiner Kraft wirst du dort den erlösenden Glauben meines geliebten Sohnes und Herrn pflanzen." Als Nino erwachte, hielt sie das Kreuz in ihren Händen. Als Zeichen ihrer Verehrung umwand sie es mit Strähnen ihres Haares.

Darauf begab sie sich nach Mzcheta. Dort standen Götzenbilder, denen König Mirian, Königin Nana und das Volk huldigten. Als Nino zu Gott flehte, dass er diese Menschen erleuchte, brach ein furchtbares Gewitter aus und ein Blitz zerstörte die Götzen.

Nino lebte von nun an in Mzcheta, sie heilte Kranke durch die Berührung des Kreuzes und verkündete mit ihren Jüngern die Religion Christi.

Als die Königin einmal schwer erkrankte, begab auch sie sich zu Nino. Nino betete für sie und heilte die Kranke. Seitdem glaubte die Königin an den Gott der Christen und Nino wurde ihre Vertraute.

Eines Tages war der König mit seinen Getreuen zur Jagd ausgeritten, als sie plötzlich eine tiefe Finsternis umfing. Der König irrte in Schrecken umher und verlor die Hoffnung auf sein Leben. Da dachte er in seinem Herzen: „Gott Ninos, erleuchte dieses Dunkel und zeige mir mein Zuhause. Und ich will deinen Namen bekennen und das Holz deines Kreuzes aufrichten und es anbeten. Ich will ein Haus als Gebetsstätte errichten und will Ninos Religion der Griechen folgen." Als er zu Ende gesprochen hatte, wurde es hell und die Sonne erschien. Am nächsten Tag schickte König Mirian Gesandte nach Griechenland und bat um Priester für die Taufe.

Der christliche Glaube entwickelte sich zum Fundament der georgischen Nation. Die georgische Kirche wurde zur unbezwingbaren Feste im Kampf für die politische Unabhängigkeit gegen Perser und Araber. Der gemeinsame Glaube an Gott, dessen Wort in allen georgischen Kirchen in georgischer Sprache gehört wurde, schuf das einigende Band zwischen dem westlichen und östlichen Georgien. Über Georgien hinaus bildete er die Brücke zu den christlichen Ländern des Westens. Die Verherrlichung Gottes und die Verkündigung seines Wortes ließen Literatur, Baukunst und Malerei erblühen.

Nachdem sich Iberia für Rom entschieden und den christlichen Glauben angenommen hatte, versuchte Persien in mehreren Feldzügen vollkommene Kontrolle über Armenien und Georgien zu erlangen und beide Länder als Provinzen in sein Reich einzugliedern. Mit Gewalt wollte es Georgien den persischen Glauben, den Mazdaismus, aufzwingen. Die Christen, die als Parteigänger Roms angesehen wurden, wurden von den persischen Herrschern grausam verfolgt.

Im Mazdaismus, der von Zarathustra gestifteten Religion, stehen sich der gute Gott, Ormazd, und der böse Gott, Ahriman, im Kampf um die Herrschaft gegenüber. Der Mensch, der einen freien Willen hat, nimmt an diesem Kampf teil und kann durch treue Erfüllung der religiösen und sittlichen Pflichten den guten Gott stärken. Ihn verehrten die Perser im Zeichen der Sonne und des Feuers. Das ewige Feuer, das von einer mächtigen Priesterkaste unterhalten wurde, brannte beständig in den Tempeln und stand im Mittelpunkt des Kultes.

Erst mit König Wachtang Gorgassali (447–522), der mit sieben Jahren den iberischen Thron bestieg und mit sechzehn seinen ersten Feldzug führte, konnte sich Iberia wieder gegen die persische Übermacht behaupten. Nachdem er zunächst als Vasall der Sassaniden geherrscht hatte, erhob er sich später gegen die persische Fremdherrschaft und kämpfte bis zu seinem Tod gegen die Perser. Um den außenpolitischen Kampf erfolgreich führen zu können, war er zunächst gezwungen, seine Stellung im Land zu festigen. Seine erste und wichtigste innenpolitische Entscheidung war es, den georgischen Fürsten Warsken, der zum Mazdaismus übergetreten war, mit dem Tode zu bestrafen. Damit gab er das Zeichen zum Aufstand gegen die Perser und machte sich zugleich den Adel gefügig.

Warskens Frau, Schuschaniki, die ihrem christlichen Glauben treu geblieben war, starb als Märtyrerin. Ihr Schicksal ist uns überliefert durch das Werk „Martyrium der heiligen Schuschaniki“, das Jakob Zurtaweli zwischen 475 und 484 schrieb. Es ist das älteste erhaltene Buch der georgischen Literatur. In dieser Hagiographie verbindet Zurtaweli den Kampf für den christlichen Glauben mit dem Kampf für die Unabhängigkeit Georgiens. Schuschaniki ist nicht nur Märtyrerin, sondern auch Patriotin: Schuschaniki, eine christliche Armenierin vornehmer Herkunft, heiratete den christlichen Georgier Warsken, einen hohen Adligen und Herrscher einer Grenzprovinz. Während eines Aufenthaltes in Persien trat Warsken zum Mazdaismus über. „Er brachte sich selbst dem König dar, indem er dem wahren Gott absagte und Feueranbeter wurde.“ Warsken erhoffte sich dadurch die Unterstützung des Schahs für sein Machtstreben. Um seines eigenen Vorteils willen gefährdete er die Unabhängigkeit und Einheit des Landes. Warsken, dem der Schah seine Tochter zur Frau gab, versprach ihm auch, seine erste Frau Schuschaniki zum Mazdaismus zu bekehren. Schuschaniki aber weigerte sich und verließ ihren Gatten. Diese Schmach erboste Warsken. Während einer Mahlzeit, zu der er sie gezwungen hatte, beschimpfte er sie und trat sie mit Füßen. „Und er nahm das Feuereisen und schlug es ihr auf den Kopf, so dass es sich tief hineinschnitt und ein Auge schwoll an; und er versetzte ihr Hiebe mit der Faust unbarmherzig ins Gesicht und schleifte sie an den Haaren herum; wie ein wildes Tier brüllte er und schrie wie in Tollwut.“ Danach ließ er sie auf einer Festung im Keller einsperren, wo sie nach sieben elendigen Jahren ungebeugt starb.

Nach dem Tod Wachtang Gorgassalis im Jahre 522, während dessen Herrschaft Ostgeorgien eine Zeit der relativen Unabhängigkeit erlebte, geriet Ostgeorgien wieder unter die Vorherrschaft Persiens. Die Dynastie der Sassaniden beseitigte um 530 das georgische Königtum.

Westgeorgien blieb im Einflussbereich Ostroms, das durch die Teilung des Römischen Reiches im Jahre 395 entstanden war.

Von nun an kämpfte Byzanz, wie Ostrom später genannt wurde, mit Persien um die Vorherrschaft in Kaukasien. Die Entscheidung über den Ausgang des persisch-byzantinischen Ringens fiel in der Schlacht bei Ninive im Jahre 627. Kaiser Herakleios (610–641), einer der größten Herrscher der byzantinischen Geschichte, schlug die persische Armee vernichtend. Byzanz hatte den Krieg gewonnen, die Großmacht Persien lag am Boden. In den byzantinischen Streitkräften hatten auch Lasen, Iberer und Abasgen gekämpft.

Georgien, das sich jetzt in Abhängigkeit von Byzanz befand, erlebte eine kurze Zeit der kulturellen Blüte. Das bedeutendste Bauwerk aus dieser Zeit ist die Dschwari-Kirche, die auf einer Berghöhe über Mzcheta erbaut wurde.

Kaum hatte Byzanz die persische Großmacht niedergerungen, erwuchs den christlichen Staaten auf der arabischen Halbinsel eine neue Gefahr. Der Prophet Mohammed (um 570–632) legte den Grundstein zur politischen und religiösen Einung der Araber. Eine dritte Weltreligion, der Islam, trat an die Seite des Christentums und des Buddhismus. Er zerriss die alte Welt in zwei Teile.

Wenige Jahre nach dem Tod des Propheten rüsteten die Araber zur Eroberung ihrer Nachbarländer. Ihr Ziel war weniger die Bekehrung zum neuen Glauben, als die Unterwerfung neuer Länder und die Herrschaft über die Ungläubigen. In raschem Siegeszug, der in der Weltgeschichte seinesgleichen sucht, eroberten die Araber den Vorderen Orient. Persien, das durch den Kampf mit Byzanz ausgeblutet war, fiel beim ersten Ansturm. Byzanz verlor bald seine östlichen Provinzen. So war der Weg frei für die Eroberung Kaukasiens. Von Mesopotamien aus fielen die Araber in Armenien ein und erstürmten die armenische Festung Dvin (640). Anschließend zogen sie plündernd und raubend durch Ostgeorgien (642–643). Die Georgier konnten die Araber zwar zunächst zurückschlagen, unterwarfen sich dann aber, da ihnen der Kampf gegen die arabische Übermacht aussichtslos erschien. In Tiflis errichteten die Araber ein Emirat. Ein Emir verwaltete das Land als Statthalter im Auftrag des Kalifen, des Nachfolgers des Propheten.

Die Invasion der arabischen Heere hatte bis zu diesem Zeitpunkt den Vorderen Orient und Nordafrika wie eine Lawine überrollt. Im Jahre 678 aber erfocht Byzanz einen entscheidenden Sieg gegen die arabische Flotte, der das christliche Europa vor den arabischen Heeren rettete. Dieser Sieg war ein Wendepunkt im Abwehrkampf Europas gegen das Vordringen der muslimischen Araber. In seiner welthistorischen Bedeutung gleicht er den späteren Siegen des byzantinischen Kaisers Leon III. im Jahre 718 und Karl Martells im Jahre 732 in Frankreich.

Die Siege der byzantinischen Kaiser über die Araber waren für Georgien und Armenien nicht nur von politischer Bedeutung. Entscheidend war, dass die kulturelle Brücke in den Westen erhalten blieb. Zahlreiche Georgier erhielten ihre wissenschaftliche Ausbildung in Konstantinopel und anderen byzantinischen Städten. Sie vermittelten byzantinische Tradition und Kultur nach Georgien, das sich unter arabischer Herrschaft befand. Im Jahre 980 begründete Johannes von Mtatsminda das Iviron-Kloster auf dem Berg Athos, das zum Mittelpunkt der georgischen Literatur und Kunst wurde. Dort übersetzten die Mönche die wichtigsten Werke der byzantinischen Literatur und Wissenschaft in das Georgische.

Die Georgier hatten sich nie mit der Herrschaft der Araber in ihrem Land abgefunden. Seit Gründung des Emirats kämpften der Adel, die Kirche und das Volk gegen die Besatzer. Ihre Aufstände schlugen die arabischen Heere aber mit Gewalt nieder. Als Murwan, den die Georgier „den Tauben" nannten, da er seine Ohren jeder Bitte um Gnade verschloss, mit 120000 Mann durch Georgien zog (736–738), blieb kaum eine Stadt unzerstört. Aus den Hagiographien dieser Zeit wissen wir von den fanatischen Verfolgungen der christlichen Georgier durch die Araber.

Der Verfall der arabischen Macht im Kaukasus begann, als sich das Emirat von Tiflis gegen den Kalifen von Bagdad wandte und seine Oberhoheit nicht mehr anerkennen wollte. Zwar konnten die Truppen des Kalifats unter dem Kommando von Bugha das abtrünnige Emirat besiegen (852–854) und Tiflis in Schutt und Asche legen, aber die Vorherrschaft der Araber im Kaukasus hatte Risse bekommen. Nach der Zersplitterung des Kalifats von Bagdad und der Entstehung unabhängiger arabischer Teilstaaten, beschleunigte sich der Machtverlust der Araber in Georgien.

So konnten in Georgien Anfang des 9. Jahrhunderts im Schatten der Araberherrschaft kleinere Fürstentümer entstehen und zunehmend an Macht gewinnen. Sie lagen in den Randgebieten Georgiens, die der Kontrolle der Araber entglitten waren. Dazu gehörten Kachetien, Heretien, Egrissi-Abchasien und Tao-Klardschetien.

Die politische Einigung Georgiens sollte schließlich von der Grenzprovinz mit Byzanz, Tao-Klardschetien, ausgehen. Tao-Klardschetien gehört heute zur Türkei. König Aschot I. (786–826), der von dem byzantinischen Kaiser den Titel eines Kuropalaten erhielt, führte Tao-Klardschetien zur Selbständigkeit und begründete zugleich das georgische Königsgeschlecht der Bagratiden, das bis Anfang des 19. Jahrhunderts in Georgien herrschte. Ein anderer Zweig dieses Hauses, das ursprünglich aus Südwestgeorgien, aus der Nähe von Erzurum, stammt, stellte später die Könige von Armenien. Tao-Klardschetien erlebte in der Folgezeit eine kulturelle Blüte. Die Fürsten ließen zahlreiche Klöster bauen, wie Bana und Oschki, in denen sich das religiöse und kulturelle Leben Georgiens durch den Einfluss von Byzanz erneuerte.

Die Entstehung der georgischen Fürstentümer verstärkte den

Wunsch und das Streben nach der Vereinigung aller georgischen Gebiete. Die Gefahr, sich in gegenseitigen Kämpfen um die Vorherrschaft in Georgien aufzuzehren, und die gemeinsamen Gegner, wie die Araber, die immer noch in Tiflis herrschten, führten schließlich zum Zusammenschluss in einem Reich. Die Grundlage dafür bildete die gemeinsame georgische Sprache und die christliche Religion, die ein Gefühl der Zusammengehörigkeit hatte entstehen lassen. Seit dieser Zeit, seit dem 10. Jahrhundert, finden wir auch den Begriff „Georgien" (= *sakartwelo)* in historischen Quellen belegt und wissen wir von einem übergreifenden Einheitsbewusstsein der adligen und geistlichen Elite des Landes.

Die Vereinigung Georgiens ging schließlich von Tao-Klardschetien aus. David Kuropalat, der kinderlose König von Tao-Klardschetien, adoptierte Bagrat III., den Sohn des Königs von Kartli. Durch seine Mutter war er der zukünftige Erbe Egrissi-Abchasiens. Im Wege der Erbschaft fiel ihm so der größte Teil Georgiens zu. Im Jahre 1008 umfasste sein Reich Westgeorgien, Südgeorgien und das innere Kartli. Zur selben Zeit, Anfang des 11. Jahrhunderts nahm der Katholikos von Georgien den Titel „Patriarch" an und brachte damit zum Ausdruck, dass der Kirche Georgiens der gleiche Rang zukomme wie den übrigen Patriarchaten des byzantinischen Reiches. Die Nachfolger Bagrats III. kämpften im 11. Jahrhundert vor allem gegen die kachetischen Könige, um Kachetien an den georgischen Staat anzuschließen. Kurz bevor Bagrat IV. (1027–1072) die Oberhand gewinnen konnte, fielen jedoch die Seldschuken in Georgien ein.

Die türkischen Seldschuken, ein Nomadenvolk, lebten bis Ende des 10. Jahrhunderts östlich des Aralsees. Dann drangen sie, schon islamisiert, nach Westen vor. Sie fegten über Asien hinweg, unterwarfen Persien und bemächtigten sich der Stadt Bagdad. Der Sultan von Bagdad beherrschte von nun an als politisches und militärisches Oberhaupt die muslimische Welt. Bald standen die Seldschuken an der Grenze des byzantinischen Reiches. In der Nähe der armenischen Stadt Manzikert errangen sie im August 1071 einen vollständigen Sieg über das byzantinische Söldnerheer. Die wilden Scharen und Horden der Türken (das deutsche Wort Horde kommt vom türkischen Wort Ordu, das Heer bedeutet) zogen nun bis an die Küste des Marmarameeres. Byzanz verlor den größten Teil Kleinasiens. Die Herrschaft der Seldschuken reichte bis an die Stadtgrenzen Konstantinopels, in dessen unmittelbarer Nachbarschaft sie das römische Sultanat gründeten, das Sultanat Rum.

Die Begehrlichkeit der Türken richtete sich auch auf andere Gebiete. Im Jahre 1070 konnten sie zum ersten Mal Jerusalem erobern. Die Eroberung Jerusalems alarmierte die abendländische Christenheit, die Franken und Normannen, und eröffnete das zwei Jahrhunderte dauernde Zeitalter der Kreuzzüge.

Georgien überfielen die Seldschuken im Jahre 1064. Ihr furchtbares und erbarmungsloses Gemetzel bewog Georg II. (1072–1089) im Jahre 1083 zur Kapitulation. Georgien wurde ein seldschukischer Vasallenstaat, den die Türken, die eigentlichen Herren des Landes, durch Tributzahlungen auspressten und verwüsteten. Die georgische Bevölkerung fand Zuflucht in den Tälern der kaukasischen Berge. Noch heute kann man in entlegenen Schluchten links und rechts der „Georgischen Heerstraße“ die Höhlen sehen, in denen sich die Menschen damals versteckten. Unter dem Druck der Seldschuken dankte Georg II. ab und setzte seinem sechzehnjährigen Sohn David IV. (1089–1125) die Krone auf.

David IV., den die Georgier „David Agmaschenebeli“, den „Erbauer“, nennen, wurde der bedeutendste Staatsmann Georgiens. Bevor er den Kampf mit dem äußeren Feind, den Seldschuken, aufnehmen konnte, musste er seine Königsmacht stärken. Mit eisernem Willen brach er die Übermacht des Adels, gegen die sein Vater vergeblich gekämpft hatte. Als er einen ihrer Anführer, den intriganten und aufrührerischen Bagwaschi, nicht mit Nachsicht behandelte, sondern verbannte, hatte er den Kampf um die Zentralgewalt gegen die großgrundbesitzenden Fürsten gewonnen.

Von gleichrangiger Bedeutung war, dass er die Kirche durch einschneidende Maßnahmen auf seine Seite zog. Auf dem Kirchenrat von Ruissi-Urbnissi im Jahre 1103 bewirkte er, dass hochrangige Würdenträger aus fürstlichem Geschlecht, die seiner Macht hätten gefährlich werden können, abgesetzt wurden. An ihre Stelle traten Priester und Bischöfe, die man aufgrund ihrer Befähigung und nicht ihrer Abstammung ernannte. So wurde die Kirche, die der Staatsgewalt untergeordnet wurde, zum Verbündeten des Königshauses.

Für seine außenpolitischen Ziele benötigte David IV. ein starkes Heer, das ihm treu ergeben war. Auf die Gefolgschaft des Adels konnte er sich nicht verlassen. Er lud deshalb das Volk der Chasaren ein, sich in Georgien niederzulassen. Sie waren im Nordkaukasus ständigen

Angriffen der Kiewer Rus ausgesetzt. In Georgien, wo sie das Christentum annahmen und später mit der Bevölkerung verschmolzen, erhielten sie Land und verpflichteten sich dafür, dem König militärische Dienste zu leisten. Durch diesen klug berechneten Zug schuf sich David IV. eine eigene Armee.

Nachdem sich der König innenpolitisch eine feste Stellung geschaffen hatte, nahm er mit Tatkraft und diplomatischem Geschick seine außenpolitischen Ziele in Angriff.

Die außenpolitische Lage Georgiens hatte sich durch die Kreuzzüge grundlegend verändert. Im ersten Kreuzzug (1096–1099) befreiten die Kreuzfahrer Jerusalem und gründeten im Nahen Osten christliche Lehnstaaten. Das Seldschukenreich wurde entscheidend geschwächt und zerfiel in einzelne Reiche. Auch das christliche Byzanz war durch die Kämpfe mit den Türken und die Übergriffe und Plünderungen der ersten Kreuzfahrer in Schwierigkeiten.

David IV. ergriff beherzt die Gunst der Stunde. Er vertrieb die Seldschuken aus dem inneren Kartli und eroberte Kachetien. Durch Siege gegen die Seldschuken begründete er seinen Ruhm als Feldherr. Als letzte Bastion der Türken auf georgischem Boden verblieb Tiflis. David IV. konzentrierte seine Kräfte nun auf die Eroberung der wichtigsten georgischen Stadt, in der eine muslimische Oberschicht den Ton angab. Sie bedrängten die Türken, ein riesiges Heer zum Entsatz der Stadt zu entsenden (die Quellen sprechen von 300 000 Kriegern). Die Streitkräfte David IV. waren mit rund 50 000 Soldaten der Zahl nach weit unterlegen. Am Didgori, einem Berg in Kartli, trafen die Truppen aufeinander. David IV. wandte eine Kriegslist an. Er sandte 200 Reiter in das Lager der Türken, die sie für Überläufer hielten. Als die Georgier ihre Schwerter zogen, entstand bei den Türken große Verwirrung. Diesen Moment nutzte der georgische König und griff mit seinem Sohn von zwei Seiten an. Drei Stunden später gab sich die erdrückende Übermacht der Türken geschlagen und floh. Nach diesem herausragenden Sieg eroberte er Tiflis und vereinte schließlich Armenien mit Georgien.

Auch nach seinen Triumphen zeigte er Mäßigung und duldete andere Völker und Religionen auf georgischem Territorium. Araber, Türken und Juden wurden nicht verfolgt.

Mit großer Kraft widmete er sich dem wirtschaftlichen Wiederaufbau des Landes. Er baute Brücken und Straßen, die dem Handel zugute kamen, gründete Städte und Dörfer und besiedelte neue Gebiete.

David Agmaschenebeli war nicht nur ein umsichtiger Politiker und genialer Feldherr, sondern auch ein großer Freund der Künste und Wissenschaften. Sein bekanntestes dichterisches Werk sind die „Gesänge der Reue". In Gelati baute er ein Kloster und ließ dort die erste georgische Akademie (Universität) einrichten. Hervorragende Gelehrte und Wissenschaftler lehrten in Gelati. Das geistige Leben nahm einen neuen Aufschwung.

Als David Agmaschenebeli im Jahre 1125 starb – sein letzter Wille war, in Gelati beigesetzt zu werden – hinterließ er seinen Nachfolgern ein christliches Großreich, das vom Schwarzen bis zum Kaspischen Meer reichte.

Mit David Agmaschenebeli begann das „Goldene Zeitalter" Georgiens, das sich bis zur Regentschaft Königin Tamaras (1184–1213) spannte.

Nachdem Demetre (1125–1156) und Georg III. (1156–1184) ihr Erbe erfolgreich verwaltet, die königliche Macht gegen innere Anfeindungen gestärkt und Georgien nach außen erfolgreich verteidigt hatten, bestieg mit Königin Tamara die erste Frau den georgischen Thron.

Außenpolitisch war sie eben so tatendurstig wie ihre Vorgänger. Unter ihr erreichte Georgien seine größte Ausdehnung. Als die Kreuzfahrer im Jahre 1204 Konstantinopel eroberten, gründete sie das Kaiserreich von Trapezunt, in dessen Nähe seit alters her die georgischen Lasen lebten. Auf den Thron setzte sie den mit ihr verwandten byzantinischen Kaiser Alexios Komnenos. Das Kaiserreich von Trapezunt, das ein Vierteljahrtausend existierte und den Untergang von Byzanz um mehrere Jahre überdauerte, bildete einen wichtigen Puffer zu den seldschukischen Türken im Süden Kleinasiens.

Innenpolitisch konnte Königin Tamara zwar ihre eigene Position festigen, der Hochadel gewann aber alte Privilegien zurück und schwächte damit die Zentralgewalt. Die wichtigsten Ämter der Regierung musste sie wieder nach Herkunft und nicht nach Befähigung besetzen. Die damit einhergehende Schwächung der königlichen Macht zeigte ihre verhängnisvollen Auswirkungen in den späteren Niederlagen gegen die Mongolen und beim Niedergang und Zerfall des georgischen Staates unter Tamaras Tochter Königin Russudan (1223–1245).

Die politische Stärke Georgiens führte zu einem kulturellen Höhenflug, wie ihn Georgien bis dahin nicht gesehen hatte. Die Literatur wurde durch das Epos „Der Recke im Tigerfell" von Schota Rustaweli gekrönt. Das Werk, das bereits viermal in die deutsche Sprache übersetzt wurde, ist eine Allegorie auf das mittelalterliche Georgien: Der „Recke im Tigerfell" ist Tariel, der in der Welt umherstreift, um seine verlorene Geliebte Nestan-Daredschan zu suchen. Auf seinen Irrfahrten gewinnt er Awtandil und Pridon als treue Freunde. Ihnen gelingt es nach zahlreichen Kämpfen mit Menschen und bösen Geistern, Tariels Geliebte aus der Gefangenschaft im Reiche der Geister zu befreien. Liebe, Freundschaft und Ritterlichkeit sind die Leitmotive des Epos, in dem die Menschen – schon ganz vom Geist der Renaissance beseelt – ihr Schicksal selbst in die Hand nehmen.

Rustawelis Werk schildert uns auch den Reichtum Georgiens im Mittelalter. In den Städten blühten Handel, Wirtschaft und Kultur.

Über die rege Bautätigkeit des 11. bis 13. Jahrhunderts können wir uns dank vieler Kirchen ein gutes Bild machen. In Mzcheta erhebt sich die hohe Kuppel der Sweti-Zchoweli-Kirche über die Stadt, in Kachetien glänzt der Dom von Alawerdi in der Sonne. Fern der Verkehrswege liegen die kleineren Kirchen Bethania und Pitareti in idyllischer Natur. In den Kirchen, wie in Gelati, gab es herausragende Mosaiken und wunderbare Arbeiten der Treibkunst und des Emails. Höhlenklöster wurden in David Garedschi und Wardsia gebaut, wo bedeutende Wandmalereien erhalten blieben. Der Adel errichtete sich Burgen und Festungen. Von Burg zu Burg leuchtete in dunkler Nacht das Feuer der Fackeln, um die Bevölkerung zu alarmieren, wenn Seldschuken in das Land einfielen.

Vom Einfall der Mongolen bis zum Anschluss an Russland

Als im 12. Jahrhundert in Georgien Königin Tamara herrschte, trat in Zentralasien der Stamm der Mongolen in das hellere Licht der Geschichte. Über ihr Leben gibt uns die „Geheime Geschichte der Mongolen" (wohl um 1228) Auskunft. In der Steppe Zentralasiens lebten die Nomaden als Jäger, Fischer und Hirten. Viehraub, Jagd und Fehden spielten in ihrem Leben die größte Rolle. Unter der Führung von Dschinghis Khan aber stiegen die Mongolenstämme von einem kleinen Volk zu einer weltbedrohenden Gefahr auf.

In Georgien fielen die Mongolen erstmals im Jahre 1220 ein, das sie nach siegreichen Kämpfen wieder verließen. In den folgenden Jahren zog der Schah von Chorezmien plündernd durch Georgien, dessen Reich im östlichen Iran durch die Schläge der mongolischen Streitkräfte auseinandergefallen war. Daraufhin drangen die Mongolen bis nach Kaukasien vor. In entsetzlichen Gemetzeln und Massakern brachen sie jeglichen Widerstand. Im Jahre 1242 war Königin Russudan (1223–1245) gezwungen, sich der mongolischen Oberhoheit zu unterwerfen.

Die hohen Abgaben, die an die Mongolen zu leisten waren, trieben das Land in den Ruin. Da die Männer in die mongolischen Heere zu Kriegsdiensten gepresst wurden, konnten Äcker und Felder nicht mehr bestellt werden. Das Volk lebte in Armut und litt Hunger. Ein großer Aufstand gegen die mongolischen Besatzer in den Jahren 1259 bis 1260 begann erfolgreich, wurde aber schließlich von der mongolischen Übermacht niedergeschlagen. Das Land blieb unter mongolischem Joch. Erst Georg V., genannt der „Prächtige“ (1314–1346), konnte Georgien von den Mongolen befreien und seine Königsmacht gegen die aufstrebenden georgischen Fürsten stärken. Georgien war eine kurze Phase der Erholung gegönnt.

Sie wurde jäh unterbrochen, als der mongolische Heerführer Timur Leng, einer der größten Eroberer der Weltgeschichte, im Jahre 1386 mit einem gewaltigen Heer in Georgien einfiel. In acht Feldzügen (1386–1403) verwüstete er wie ein wirbelnder Orkan das Land. Klöster und Kirchen wurden zerstört, Städte und Ortschaften verschwanden. Ganze Landschaften glichen einer leblosen Wüste. Die Bevölkerung floh in Felshöhlen, die schon während der Angriffe der Seldschuken Schutz geboten hatten.

Durch die Verheerungen Timur Lengs, dessen Reich nach seinem Tode im Jahre 1405 genau so schnell zerfiel, wie er es erobert hatte, war die Macht Georgiens gebrochen. Das Land, das noch hundert Jahre zuvor in großer kultureller Blüte gestanden hatte, konnte sich von der zerstörerischen mongolischen Herrschaft bis zur Neuzeit nicht wieder erholen.

Unter den Schlägen der mongolischen Heere zerfiel auch die Königsmacht. Alexander I. (1412–1442) war der letzte König eines vereinten Georgiens. Danach zersplitterte das Reich in die Königtümer von Kartli, Imeretien und Kachetien, die verschiedene Linien des Bagratiden-Geschlechts regierten. Außerdem behaupteten sich die fünf Fürstentümer von Gurien, Abchasien, Megrelien, Swanetien und Samzche.

Während in Georgien die Königsmacht zerfiel, entwickelte sich an seinen Grenzen ein neues außenpolitisches Umfeld.

In Kleinasien hatte sich während der Mongolenstürme das Haus der Osmanen, benannt nach Sultan Osman I. (1299–1326), gegen die Rum-Seldschuken durchgesetzt. Es baute im 14. Jahrhundert sein Reich in Südosteuropa und Kleinasien weiter aus. Am 29. Mai 1453 fiel Konstantinopel in die Hände der Osmanen und wurde die Hauptstadt des Osmanischen Reiches. Byzanz sank ins Grab der Geschichte.

Georgien verlor mit Byzanz, das in der Vergangenheit sowohl Gegner als auch Beschützer gewesen war, seine Brücke zum christlichen Westen. Das Osmanische Reich isolierte Georgien und Armenien wirtschaftlich und kulturell von Europa. Statt des Handelsweges, der früher über Land von Ost nach West über Georgien führte, benutzten Asiaten und Europäer nun den Seeweg. Georgiens Wirtschaft und Kultur verarmte.

An der südlichen Grenze von Armenien und Georgien stieg Persien wieder zum Großreich auf. Als Nachfolger Timur Lengs regierten die Timuriden bis 1507 im Iran. Erst Schah Ismail I. (1502–1524) aus der Dynastie der Safawiden (1502–1736) einigte das Siedlungsgebiet der Iraner, das lange Zeit durch Bürgerkriege und Fremdherrschaft innerlich zerrissen war.

Im Osten Georgiens hatte seit alters her der Staat Albanien existiert, der im 11. und 12. Jahrhundert zu Georgien gehört hatte. Die Albaner wurden aber im 14. und 15. Jahrhundert durch die turkstämmigen Aserbaidschaner verdrängt und assimiliert. Sie drangen aus der persischen Provinz Aserbaidschan nach Norden vor und übertrugen den alten Namen auf ihr neues Siedlungsgebiet. Noch heute leben an der Westküste des Kaspischen Meeres rund 11 Millionen Aseris.

Persien (Iran) und das Osmanische Reich (Türkei) kämpften seit Beginn des 16. Jahrhunderts um die Vorherrschaft in Georgien und im gesamten Kaukasus. Georgien, das innerlich zerstritten war und wirtschaftlich daniederlag, war zu schwach, um sich mit dauerhaftem Erfolg gegen sie zu behaupten.

Das westliche Georgien, diesseits des Surami-Gebirges, geriet unter türkischen Einfluss, nachdem die Osmanen Westgeorgien zum ersten Mal im Jahre 1510 überfallen hatten.

Nur zwölf Jahre später eroberten die Perser Tiflis. Ostgeorgien geriet daraufhin in persische Abhängigkeit.

Fortwährende Kämpfe mit den Okkupanten schwächten das Land weiter.

Im Jahre 1555 teilten Perser und Türken ihre Einzugsgebiete in das westliche und östliche Georgien auf (Friede von Amasia).

Ende des 16. Jahrhunderts betrat eine neue Figur die außenpolitische Bühne des Kaukasus, die bald eine Hauptrolle übernehmen sollte.

Das transkaukasische Großfürstentum Moskau, im Vergleich mit den alten Kulturnationen Georgien und Armenien ein junger Staat, näherte sich mit seinen Heeren allmählich dem Großen Kaukasus. In den Jahren 1552 bis 1556 eroberte die Armee Iwan des Schrecklichen die Khanate von Kazan und Astrachan, Nachfolgestaaten der Mongolenreiche. Russland wurde ein Vielvölkerreich, das es bis heute geblieben ist.

Die georgischen Fürsten sahen in Russland, nachdem es mehr als ein halbes Jahrtausend nach Georgien in den christlichen europäischen Kulturkreis eingetreten war, einen natürlichen Verbündeten gegen die muslimischen Staaten Türkei und Persien. Russland war zwar im wesentlichen von Byzanz christianisiert worden, doch für die kulturelle Entwicklung Russlands war auch das christliche Georgien ein Vorbild gewesen.

Die georgische Kultur gelangte nach Russland über die Krim, die sich im 8. Jahrhundert dem Katholikos von Georgien unterstellte, der in Mzcheta residierte. Durch die byzantinische Kunst der Krim übernahm Russland die georgischen sakralen Bauformen. Auch der ornamentale und figürliche Schmuck der altrussischen Kirchen geht auf georgische Vorbilder zurück. Die russischen Höhlenklöster haben ihre Vorläufer in David Garedschi und Wardsia. Georgischer Einfluss formte auch die künstlerische Gestaltung der alten russischen kirchlichen Handschriften.

Russische Versprechungen, Georgien in seiner Drangsal zur Seite zu stehen, erfüllten sich jedoch nicht. Im Gegenteil. Die Aufnahme diplomatischer Beziehungen zwischen Georgien und Russland ließ Schah Abbas I. (1587–1629), den grausamen, aber erfolgreichen Herrscher Persiens, befürchten, dass Ostgeorgien dem persischen Einfluss entgleiten könnte. Schah Abbas I. fiel mit seinem Heer in Kachetien ein, zerstörte die Städte und tötete mehr als die Hälfte der Bevölkerung. Hunderttausend Georgier ließ er nach Isfahan in Persien deportieren, wo ihre Nachfahren bis heute leben.

In der deutschen Literatur ist diese Leidenszeit Georgiens gegenwärtig durch die Tragödie „Catharina von Georgien“ von Andreas Gryphius aus dem Jahre 1657. Das Stück bringt den letzten Lebenstag Catharinas (Ketewan), der Königin von Georgien, auf die Bühne, die als Gefangene des Schahs den Martertod stirbt. Als „Beyspiel unaussprechlicher Bestaendigkeit“ bleibt Catharina dem georgischen Volk und dem christlichen Glauben treu. Vor die Wahl gestellt, entweder Abbas zu heiraten und ihren Glauben aufzugeben oder zu sterben, zögert sie keinen Augenblick, „das Ewige dem Vergänglichen vorzuziehen“.

Wieder einmal stand Georgien vor dem Abgrund, als mit König Rostom ein weiser und umsichtiger Monarch den Thron bestieg. Während seiner Herrschaft (1632–1652) – mit der das „Silberne Zeitalter“ begann – erlebte Georgien eine Zeit des Friedens und Wohlstandes. Der König, der erst im Alter von dreiundsechzig Jahren an die Macht gelangt war, „stellte Frieden und Ordnung wieder her und regierte mit viel Milde und Gerechtigkeit“, wie der französische Reisende Chardin notierte. Rostom war einer der georgischen Staatsmänner, die erkannten, dass der Ausgleich mit den großen Nachbarn im Vordergrund der georgischen Außenpolitik stehen muss, um im Kräftefeld der Triangel zwischen Russland, Persien und der Türkei überleben zu können.

Auch nach seinem Tod im Jahre 1652 fehlte es Georgien nicht an herausragenden Königen, die versuchten, das Land zu einigen und sich der türkischen und persischen Oberhoheit zu entledigen. Beiden Reichen gelang es jedoch, durch eine Politik des „divide et impera“ das Land unter ihrer Kontrolle zu halten, indem sie abwechselnd die verschiedenen Zweige des Königshauses unterstützten und den hohen Adel gegen die Zentralgewalt aufwiegelten.

Das „Silberne Zeitalter“ ging mit Wachtang VI. (1703–1723) zu Ende. Er und Irakli II. waren die beiden herausragenden georgischen Könige des 18. Jahrhunderts, denen es gelang, die ostgeorgischen Königreiche Kartli und Kachetien zu vereinigen.

Wachtang VI. war ein Zögling des Dichters Sulchan-Saba Orbeliani (1658–1725), der in seinem Sammelwerk „Die Weisheit der Lüge“, das die erzählerische Tradition von „1001 Nacht“ fortführt, die moralische Niedrigkeit des Menschen geißelt und zugleich durch die Darstellung einer Prinzenerziehung das Idealbild eines Königs entwirft. Er verurteilt den orientalischen Despotismus und zeigt die Vorteile des aufgeklärten Absolutismus auf. Größte Anerkennung verdient Wachtang VI. als Gesetzgeber. Auf dem Gebiet des Kirchenrechts ließ er ältere Gesetzesbücher sammeln und wieder veröffentlichen. Das Straf- und Zivilrecht regelte er durch ein eigenes Gesetzbuch, das auch wesentliche Bestimmungen des Verwaltungsrechts enthielt.

Außenpolitisch versuchte Wachtang VI. vom Verfall des Persischen Reiches zu profitieren, das in zerstörerische Kriege mit den Heeren afghanischer Aufständischer verwickelt war, unterschätzte jedoch die Stärke der Türkei und erlag letztlich seinen Hoffnungen auf Unterstützung durch Russland. Peter der Große (1689–1725), ebenfalls die Schwäche Persiens ausnutzend, drang zwar bis nach Aserbaidschan vor, war aber nicht bereit, sich in das Abenteuer eines Krieges mit der Türkei ziehen zu lassen, um seine georgischen Glaubensbrüder zu retten. Im Juli 1724 erkannte Russland die türkische Hoheit über Georgien an und erhielt als Gegenleistung die türkische Anerkennung seiner Eroberung am Kaspischen Meer. König Wachtang VI. aus dem Haus Muchrani der Bagratiden ging ins Exil nach Russland.

Ein Vierteljahrhundert, von 1723 bis 1747, stand Südkaukasien nun zunächst unter türkischer Herrschaft und dann wieder unter persischer, nachdem Schah Nadir (1736–1747) sich im Iran als Herrscher durchgesetzt hatte. Diese traurige Epoche ging erst zu Ende, als der Despot Nadir von seinen eigenen Landsleuten im Jahre 1747 ermordet wurde. Die Streitigkeiten der Thronprätendenten, die den Iran in einen Bürgerkrieg gerissen hatten, nutzten die georgischen Bagratiden, um ihre Position wieder zu festigen.

Nach schweren aber schließlich siegreichen Kämpfen gelang es Irakli II. (1720–1799), dem König von Kartli, das persische Joch abzuschütteln. Als er im Jahre 1762 nach dem Tod seines Vaters auch den Thron von Kachetien erbte, war Ostgeorgien zum ersten Mal seit 300 Jahren wieder vereint. In Westgeorgien blieb mit Salomon I. (1752–1784) die imeretische Linie des Hauses Bagrationi an der Macht, das sich mit Ostgeorgien verbündete. Irakli II., dessen Ruf als Feldherr und Staatsmann bis nach Westeuropa hallte, herrschte über ein kaukasisches Reich, in dem nur die Hälfte seiner Untertanen Georgier waren.

Als der Erste Türkisch-Russische Krieg (1768–1774) im Jahre 1768 von der Hohen Pforte begonnen wurde, zögerte Irakli nicht, mit seinen Truppen auf russischer Seite zu kämpfen. Er stellte aber die Bedingung, dass Russland Georgien vor türkischen Vergeltungsmaßnahmen schützen würde. Während sich die zaristischen Kommandeure als unfähig erwiesen, erfocht Irakli II. dank seiner außergewöhnlichen militärischen Begabung mehrere Siege gegen die Türken. Schließlich ließ Russland ihn aber im Stich und zog seine Truppen aus Georgien ab, nachdem schon der General Gottlieb Heinrich Graf von Todtleben die georgische Armee in einem entscheidenden Moment des Feldzuges durch seinen Rückzug in größte Verlegenheit gebracht hatte. Friedrich der Große hatte die russische Zarin Katharina II. vor Todtleben gewarnt, den er in einem Brief an Graf Solms als „treulosen Tölpel" beschrieb, „der jeden Feldzug ruinieren könnte".

Mit dem Friedensvertrag von Kütschük Kainardschi vom 21. Juli 1774 beendeten die Türkei und Russland den Krieg. Entgegen den georgischen Erwartungen überließ Russland der Türkei wieder die Oberhoheit über ganz Georgien.

Trotzdem blieb Irakli II. unbeirrt und vertraute weiterhin auf Russland. Er hoffte, dass Russland, als der mächtige christliche Nachbar, Georgien gegen die muslimischen Staaten abschirmen und die neue Brücke nach Westeuropa bilden würde. Irakli war sich der politischen, wirtschaftlichen und kulturellen Rückständigkeit Georgiens bewusst, in die es durch seine Isolation geraten war. Er selbst war von rastloser Energie, wie wir den Beschreibungen des deutschen Orientalisten Klaproth (1783–1835) entnehmen können, und ließ keine Gelegenheit ungenutzt, die westeuropäischen Nationen für Georgien zu interessieren und ihre Wissenschaftler und Techniker, wie den deutschen Mediziner und Naturforscher Güldenstädt (1745–1781) nach Georgien einzuladen. Das kulturelle Leben, als dessen Förderer er sich sah, erlebte eine kleine Renaissance.

Als sich Russlands Interesse wieder dem Kaukasus zuwandte, ergriff Irakli II. die Gelegenheit und unterstellte Georgien durch den Vertrag von Georgiewsk, abgeschlossen am 24. Juli 1783, der „Oberherrschaft" Russlands. Von russischer Seite hatte der deutsche „Mediziner und Schauspieler" Dr. Jakob Reineggs, der im Auftrag Potemkins handelte, den Vertrag eingeleitet.

Der hochbegabte Reineggs (1744–1793) hatte seine berufliche Karriere als Barbiergeselle in Eisleben begonnen. Nach Studien in Leipzig und einem Schauspieler-Engagement in Wien studierte er dort Medizin. Als Abenteurer und Gelehrter bereiste er dann die Türkei, den Vorderen Orient und gelangte über Georgien, wo er Freundschaft mit Irakli II. schloss, nach St. Petersburg. Dort starb er als Direktor des

„Instituts für junge Wundärzte“. Seine „Allgemeine historisch-topographische Beschreibung des Kaukasus“, die 1796 erschien, ist noch heute lesenswert.

Durch den Vertrag von Georgiewsk wurde Georgiens Souveränität nur insoweit eingeschränkt, als er bestimmte, dass die georgische Außenpolitik in Übereinstimmung mit der russischen geführt werden solle. Dafür aber erhielt Georgien von Russland militärischen Schutz im Falle eines Krieges versprochen.

Die neue Allianz mit Russland brachte Georgien zunächst Vorteile und ließ auf eine glücklichere Zukunft hoffen. Im Jahre 1784 wurde die georgische Heerstraße durch die Darial-Schlucht fertiggestellt. Diese Schneise durch den kaukasischen Bergriegel beschleunigte den Transport von Waren und ermöglichte es, im Sommer wie im Winter Truppen von Russland nach Georgien zu verlegen. Mit der Ankunft russischer Truppen in Tiflis unterließ es Russland endgültig, das Haus Muchrani, das sich im Exil in Russland befand, gegen Irakli II. zu unterstützen.

Aber Georgiens Hoffnungen auf russische Hilfe waren auf Sand gebaut. Als Aga Mohammed Khan (1794–1792), der neue Herrscher Persiens, mit einer großen Streitmacht im Jahre 1795 vor den Toren von Tiflis erschien, hatte Russland seine Truppen schon wieder zurückgezogen und Irakli II. stand mit 1500 Mann auf dem Feld von Krzanissi einem zehnfach stärkeren Heer gegenüber. Der fünfundsiebzigjährige König focht mit Bravour für seine Truppen und Georgiens Unabhängigkeit. Von persischen Reitern umzingelt, retteten ihm 300 Aragwiner das Leben, die den Tod auf dem Schlachtfeld fanden. Die Schlacht ging jedoch verloren. Die Perser plünderten die Stadt und töteten jeden, der nicht fliehen konnte. Tiflis brannten sie nieder. Nur die steinernen Kirchen blieben stehen.

Irakli II., von dem Friedrich der Große gesagt hatte „Moi en Europe, et en Asie l’invincible Hercule“, starb achtundsiebzigjährig im Januar des Jahres 1798. Ihm folgte Georg XII. (1798–1800), der letzte König Georgiens.

Obwohl talentiert, regierte er ohne Fortune.

Feindseligkeiten im Königshaus und die Gefahr eines Bürgerkriegs ließen es Georg XII. als unausweichlich erscheinen, sein Königreich in das Russische Reich einzugliedern. Er schickte eine Gesandtschaft nach St. Petersburg, die Zar Paul (1796–1801) ein Memorandum vorlegen sollte, das in 16 Punkten die Eingliederung Ostgeorgiens in das Zarenreich geregelt hätte. Der wichtigste Punkt war, dass König Georg und seine Nachfolger weiterhin als Könige ihr Land verwalten würden.

Zar Paul jedoch entschied anders. Am 18. Dezember erklärte er in einer Proklamation die „Besitzergreifung" Georgiens. Im Manifest vom 12. September 1801 bestätigte Zar Alexander I. (1801–1825) die Annexion und beseitigte das georgische Königtum. Prinzregent David wurde entthront. Georgien hatte verloren, was es trotz aller Drangsal über Jahrhunderte bewahrt hatte: seine Staatlichkeit. Fürst Garsevan Tschawtschawadse, der sich als Mitglied der Gesandtschaft in St. Petersburg aufhielt, schrieb an seine Verwandten: „Niemals ist ein Land so gedemütigt worden wie Georgien." Nachdem der Zar das Königreich Kartli-Kachetien bereits annektiert hatte, war es das nächste Ziel der russischen Außenpolitik in Georgien, die noch unabhängigen Fürstentümer Westgeorgiens zu annektieren.

In Imeretien konnte der Widerstand im Jahre 1810 nach verlustreichen Schlachten gebrochen werden. Der populäre König Salomon II. ging ins Exil. Ober-Swanetien, wo die Menschen immer in Freiheit gelebt und keine Adelsherrschaft gekannt hatten, wurde erst im Jahre 1858 annektiert. Abchasien verlor seine Unabhängigkeit endgültig im Jahre 1864 und Megrelien im Jahre 1867. Michael Fürst Scharwaschidse von Abchasien und Nikolaus Fürst Dadiani von Megrelien wurden von den neuen Machthabern abgesetzt.

Unter russischer Herrschaft

Georgien war nun eine russische Kolonie. Nicht nur der Statthalter war ein Russe, sondern auch alle anderen hohen Posten der Verwaltung besetzten russische Beamte. Als Verwaltungssprache führten sie die russische Sprache ein, die in Georgien kaum einer verstand. Russisches Recht ersetzte georgisches.

Die Georgisch-Orthodoxe Kirche, die auf eine Tradition von 1500 Jahren zurückblickte, beraubte Russland im Jahre 1811 ihrer Autokephalie. Seit 1877 leiteten russische Exarchen die georgische Kirche, die vier Bischofssitze waren meistens mit Russen besetzt. Als Hort der Bildung und Erziehung traf die georgische Kirche die russische Knute besonders hart. Georgisch als Kirchensprache wurde abgeschafft.

Georgische sakrale Kunstschätze wurden nach Russland entführt, die mittelalterlichen kostbaren Fresken der Kirchen übermalt und durch russische Bilder ersetzt.

Gegen die russische Fremdherrschaft, die in zeitgenössischen russischen Quellen als despotisch und willkürlich beschrieben wird, bäumte sich das georgische Volk immer wieder auf. Aber das russische Militär konnte alle Aufstände niederschlagen, ob es die Verschwörung der kachetischen Prinzen war (1802), die Erhebung in Mtiuleti (1804), die Revolte in Kachetien (1812–1813) oder die Rebellion in Imeretien (1819–1820). Seit dem Jahre 1830 plante der georgische Adel eine Verschwörung gegen die russischen Besatzer. Wie auf einer sizilianischen Vesper sollte zu einem Ball eingeladen werden, auf dem auf ein verabredetes Zeichen hin der russische Gouverneur Baron Rosen und alle anderen hochrangigen Vertreter des russischen Regimes getötet werden sollten. Das Attentat scheiterte jedoch, da einer der Verschwörer den Plan an das russische Militär verriet.

Das Misslingen der Verschwörung im Jahre 1832 beendete die Hoffnung auf ein unabhängiges Georgien unter der Herrschaft der Bagratiden. Eine Epoche war zu Ende gegangen.

Nach der gescheiterten Adelsverschwörung ordnete Zar Nikolaus I. (1825–1855) eine Untersuchung an, die ihm darüber Aufschluss geben sollte, warum der georgische Adel den Umsturzversuch geplant hatte. Seiner unfähigen Gouverneure überdrüssig, sandte er Paul Baron von Hahn nach Tiflis mit dem Auftrag, die zivile Verwaltung der kaukasischen Provinzen zu reformieren. Hahn scheiterte jedoch mit seinen zentralisierenden Reformen, die auf georgische Traditionen keinerlei Rücksicht nahmen. Er nahm seinen Abschied und ging nach Deutschland zurück.

Zar Nikolaus entschied nun, einen Gouverneur einzusetzen, dem er die militärische und zivile Verantwortung für Kaukasien übertrug. Seine Wahl fiel auf Michael Graf Worontzow, der von 1844 bis 1854 als Vizekönig in Tiflis regierte. Graf Worontzow, der in London aufgewachsen war, liebte es, in Georgien zu leben. Er und seine Frau führten in ihrem Palast auf dem Rustaweli-Prospekt ein fürstliches Haus und brachten Mode und Lebensstil des Westens nach Georgien. Seine Bautätigkeit gab dem Stadtzentrum sein heutiges Gepräge. Der georgische Dichter Akaki Fürst Zereteli (1840–1915) lässt Worontzows Witwe in seinen Erinnerungen „Aus meinem Leben“ über ihren Mann sagen:

„Der verstorbene Fürst liebte die Georgier sehr, er verehrte ihre große Vergangenheit und hoffte auf eine bessere Zukunft für sie. Er pflegte zu sagen, dass dieses kleine Georgien im Stickrahmen Russlands der schönste, farbigste und stärkste Brokat sein werde. Wir aber müssten ihm seinen freien Lauf lassen, und vorangehen und ihm von außen die Hand reichen.“ Wie Zereteli schreibt, wäre es damals für junge georgische Adelige unvorstellbar gewesen, nach St. Petersburg zu fahren, ohne Worontzows Witwe in Odessa zu besuchen.

Unter Worontzow nahmen Handel, Industrie und Landwirtschaft einen neuen Aufschwung. Er unterstützte den Bau von Schulen, gründete in Tiflis ein Theater und eine öffentliche Bibliothek. Erste Zeitungen erschienen, einige auch in georgischer Sprache. Junge georgische Adelige konnten nun die Universität in St. Petersburg besuchen. Worontzows besondere Leistung bestand darin, dass er den georgischen Adel mit dem neuen Regime versöhnte, indem er die gleichberechtigte Anerkennung des georgischen Adels neben dem russischen vorantrieb. Dieselben Adeligen, die sich 1832 gegen das russische Regime verschworen hatten, erklärten dem Zaren Nikolaus I. im europäischen Revolutionsjahr 1848 ihre Treue und Loyalität.

Zar Nikolaus I. starb im Jahre 1855. Sein schweres Erbe übernahm sein Sohn Zar Alexander II. (1818–1881). Mitten im Krimkrieg (1853–1856) an die Macht gekommen, sah er sich gezwungen, umfangreiche Reformen durchzuführen, nachdem die russische Niederlage im Krimkrieg die ökonomische, politische und soziale Rückständigkeit des Reiches vor aller Augen geführt hatte. Um die russische Großmachtstellung halten zu können, musste der Zar seinen Staat modernisieren, in dem die Mehrheit der Bevölkerung immer noch als Leibeigene lebte.

Nach dem Frieden von Paris vom 30. März 1856, der Russlands Niederlage im Krimkrieg besiegelte, nahm Alexander II. seine Großen Reformen in Angriff. Die wichtigste war die Aufhebung der Leibeigenschaft, die am 3. März 1861 im Manifest über die Bauernbefreiung angeordnet wurde.

In Georgien, wie auch in anderen von Russland besetzten Staaten, wurden die Reformen verspätet und nur zum Teil durchgeführt. So folgte auf die Aufhebung der Leibeigenschaft nicht die ländliche Selbstverwaltung, die nur im europäischen Teil Russlands zugelassen wurde.

Der georgische Adel akzeptierte nur widerwillig die Befreiung der Bauern. Die meisten adligen Familien waren mittellos und verfügten nur über sehr bescheidenen Grundbesitz. Ihnen drohte nach Aufhebung der Leibeigenschaft die völlige Verarmung.

In Georgien war die Leibeigenschaft, wie in den Erinnerungen Zeretelis zu lesen ist, gegenseitigen Bedingungen unterworfen, die sie im Vergleich zu Russland erträglicher erscheinen lassen. Zereteli, der altem georgischen Fürstenbrauch entsprechend die ersten Jahre seines Lebens bei einer Amme auf dem Land verbracht hatte, schreibt in „Aus meinem Leben“: „Die Leibeigenen wussten, was sie zu leisten hatten, und die Herren, was sie verlangen durften und beide Seiten hielten ihre Verpflichtungen unbeirrt ein. Zur Zeit der Leibeigenschaft war die Prügelstrafe bei uns sehr selten.“

Akaki Fürst Zereteli (1840–1915) ging zum Studium der Orientalischen Sprachen nach St. Petersburg. Dort begegnete er Ilia Fürst Tschawtschawadse, der Staats- und Kameralwissenschaften studierte, und anderen jungen Adligen aus Georgien. Rund dreißig Studenten fanden sich in einer georgischen Landsmannschaft zusammen.

In St. Petersburg diskutierten die georgischen Studenten nicht nur mit den demokratischen Revolutionären Russlands, die gegen die Selbstherrschaft des Zaren und für demokratische Reformen kämpften, sondern lasen auch die Literatur des westlichen Europas. Zu ihren politischen Vorbildern erkoren sie die Anführer der nationalen Befreiungsbewegungen in Italien, Polen und Ungarn. Die besonders Eifrigen trugen ihre Haare wie Garibaldi.

Anfang der sechziger Jahre kehrten die meisten von ihnen nach Tiflis zurück. Die Väter nannten ihre Söhne die „*tergdaleulebi*“, also diejenigen, die das Wasser des Tergi getrunken hatten. Der Tergi fließt entlang der Grenze zwischen Russland und Georgien.

Die „Generation der Väter“ waren die großen Romantiker Georgiens: Alexander Fürst Tschawtschawadse (1786–1846), Grigol Fürst Orbeliani (1800–1883) und Nikolaus Barataschwili (1816–1845). In ihren Gedichten beschwören sie die stolze Vergangenheit Georgiens und beklagen seine freudlose Gegenwart, in Russlands Ketten zu liegen. Verse auf die Geliebte sind oft Verse auf die geliebte Heimat, da es die Zensur nicht anders zuließ.

Den Söhnen war die Besinnung auf die Vergangenheit nicht genug. Sie wollten die georgische Nation aus ihrem Schlaf erwecken. Wenn Ilia Tschawtschawadse in seiner Groteske „*Kacia, adamiani*“ – „Ist das noch ein Mensch?“ einen Morgen im Tag des kachetischen Fürsten

Luarsab beschreibt, so geißelt er nicht nur Faulheit und Trägheit der Landesfürsten, die in adligen Schlummer versunken sind, sondern beklagt auch das Schicksal Georgiens: „Wenngleich sich Luarsab der heutigen Zeiten wegen grämte, so strahlte doch sein Gesicht stets in froher Einfalt. Spanne zwei Ochsen zusammen, und sie werden entweder in der Farbe gleich oder im Charakter, heißt ein Sprichwort. Und ich fand es nirgends so trefflich verkörpert wie in Luarsabs Hause. Fürstin Daredschan nämlich, die liebenswerte Gattin, war genau ihres Mannes andere Hälfte, und beide waren sie so sehr ‚ein Geist und Fleisch', wie es in der Heiligen Schrift geschrieben steht. Ein Paar von derselben drallen Rundlichkeit und mit derselben strahlenden Einfalt im Gesicht. Wie zwei Vögelchen lebten sie turtelnd dahin, weit weg vom Lärm der schnöden Welt.

Wenn der Hahn am Morgen krähte, schlug das glückliche Paar die Augen auf. Daredschan flog eilends aus dem Bett, indessen Luarsab, der Hätschling, meist noch genüsslich liegen blieb. Unangekleidet, sogar ohne Hemd auf dem Leib rollte er aus dem Bettzeug heraus auf die bloße Liege, ächzend, stöhnend und gar noch andere Laute von sich gebend. Manches Mal frönte er solcher Genüsslichkeit bis zur Mittagsmahlzeit."

Ilia Tschawtschawadse und Akaki Zereteli sind die Begründer der modernen georgischen Erzählkunst. Zwar schrieben sie auch schöne Gedichte – zu nennen ist vor allem das Liebesgedicht auf „Suliko" von Zereteli, das jeder, der es hat singen hören, nicht so schnell vergisst – aber wichtiger sind ihre Erzählungen. Von Ilia Tschawtschawadse seien noch erwähnt die „Briefe eines Reisenden" (1861), in denen er die Selbstbestimmung des georgischen Volkes fordert.

Tschawtschawadse, Zereteli und die beiden anderen großen realistischen Erzähler Georgiens am Ende des 19. Jahrhunderts, Alexander Kasbegi (1848–1893) und Wascha-Pschawela (1861–1915), nahmen in ihren Erzählungen Abschied von der idealisierenden Verklärung der Vergangenheit und stellten die gesellschaftlichen Verhältnisse wirklichkeitsgetreu dar. Die Dichter wollten nicht länger nur in der Vergangenheit leben, sondern sich selber für die „Wiedergeburt der georgischen Nation" einsetzen. Deshalb verlegten sie die ersten georgischen Zeitungen und Zeitschriften *„Iveria"*, *„Sakartwelos Moambe"* und *„Droeba"*. Im Jahre 1876 erschien das erste Georgisch-Lehrbuch für Kinder, *„Deda Ena"* von Gogebaschwili, mit dem georgische Kinder und Ausländer wie ich bis auf den heutigen Tag ihre Sprache lernen.

Gogebaschwili war auch Mitbegründer der „Gesellschaft zur Alphabetisierung der Georgier“ (1879).

Im Jahre 1869 bildete sich um Niko Nikoladse die „Zweite Gruppe“ der „*tergdaleulebi*“, die „*meore dasi*“, die sich nicht, wie die „Erste Gruppe“, die „*pirweli dasi*“, auf eine kulturelle Wiederbelebung beschränken wollte, sondern auch politische und wirtschaftliche Reformen anstrebte. So eröffnete Tschawtschawadse 1875 die Adelsbank, um dem Adel durch Kredite die Möglichkeit zu geben, ihre Güter zu modernisieren.

Die Georgische Nationalbewegung, die weiterhin ihre Anführer im Adel fand, aber zunehmend auch andere Bevölkerungsschichten umfasste, ließ das georgische Selbstbewusstsein wieder erstarken. Die Werke herausragender Schriftsteller, die Publizistik der jungen Intelligenz und eine breitere Bildung nährte die Unzufriedenheit mit der zaristischen Herrschaft.

Wie auf die Nationalbewegung in Polen reagierte Russland auf das neue georgische Selbstvertrauen mit repressiven Maßnahmen und forcierte die Politik der Russifizierung. Schon 1871, noch unter Alexander II., der in die russische Geschichte als Reformer einging, in den nichtrussischen Staaten seines Reiches aber als Tyrann und Unterdrücker in Erinnerung ist, strichen die russischen Behörden die georgische Sprache an den Schulen als Pflichtfach. Im Jahre 1872 führten sie Russisch statt Georgisch als Unterrichtssprache am Theologischen Seminar von Tiflis ein, das den Priesternachwuchs ausbildete. Ihr russischer Rektor wurde 1886 von einem relegierten Studenten ermordet, nachdem er Georgisch als „Sprache für Hunde“ beschimpft hatte.

Zar Alexander II. fiel am 13. März 1881 einem Bombenattentat zum Opfer. Ihm folgte sein zweiter Sohn, Alexander III., der von 1881 bis zum Jahre 1894 regierte. Er lehnte es nicht nur ab, die Großen Reformen seines Vaters fortzuführen, sondern hob einige von ihnen wieder auf und stärkte die Autokratie, indem er eine zentralistische Politik verfolgte.

Den Kaukasus beraubte er seiner herausgehobenen Stellung im Reich. Im Jahre 1883 hob er das Amt des Vizekönigs auf, das mit Worontzow eingeführt worden war. Die neuernannten Gouverneure berichteten dem Zaren nun nicht mehr unmittelbar, sondern auf dem üblichen Dienstweg des Reiches. Den besonders aufmüpfigen Georgiern wurde im Jahre 1882 sogar verboten, das Wort „Georgien“ in Druckwerken zu benutzen.

Als der letzte Zar des Russischen Reiches Nikolaus II. (1868–1917) im Jahre 1894 den Thron bestieg, waren es nicht allein die Nationalbewegungen und der Freiheitswille der Völker, also aus Sicht der Georgier, Balten und anderen Völker „äußere Probleme“ Russlands, die seine Selbstherrschaft und den Bestand des Russischen Reiches gefährdeten. Die innenpolitische und rechtliche Entwicklung Russlands konnte mit der Westeuropas nicht Schritt halten. Es gab kein Bürgertum, das den Staat lenkte, keine Mitbestimmung breiter Schichten an der politischen Willensbildung, keine Garantie bürgerlicher Grundrechte und keine Verfassung. Der Zar regierte weiter als Alleinherrscher und leugnete die Notwendigkeit politischer Reformen. Die Autokratie geriet indes immer mehr in Bedrängnis. Die politischen Gegenkräfte, die Liberalen und Radikalen, forderten gesellschaftliche Reformen und Teilhabe an der Macht durch Parlament oder Räte.

Die politische Stagnation verhinderte auch die Anpassung des Staates an die soziale und ökonomische Wirklichkeit. Durch die industrielle Revolution, die im Russischen Reich erst in den neunziger Jahren mit ganzer Kraft einsetzte und im wesentlichen vom Staat vorangetrieben wurde, entstand in Kürze eine rasch wachsende Zahl von Arbeitern. Die Industriearbeiter, die in einigen Zentren des Landes in erbärmlichsten Verhältnissen lebten, wurden zur Zielgruppe der Sozialdemokratischen Bewegung.

Im Kaukasus war die industrielle Entwicklung eng mit der Förderung von Rohstoffen verbunden. Baku entwickelte sich Ende des 19. Jahrhunderts durch die Investitionen der Firmen Nobel und Rothschildt zum größten Erdölproduzenten der Welt. Hauptsächlich über den georgischen Hafen Batumi wurde es in die Welt verschifft. In Batumi befanden sich auch zahlreiche Raffinerien. Seit den siebziger Jahren ließ die Regierung ein weitgespanntes Eisenbahnnetz bauen, das benötigt wurde für den Transport der Kohle aus Tqibuli und des Mangans aus Tschiatura, wo ein Drittel der Weltproduktion dieses wichtigen Minerals gefördert wurde. Tiflis, das ebenfalls zur Industriestadt herangewachsen war, wurde zum Knotenpunkt der Transkaukasischen Eisenbahn. Hierhin wie nach Baku zogen die arbeitslosen Landarbeiter, die nach der Bauernbefreiung mit leeren Händen dastanden, da das

Land, von dem sich drei Viertel im Besitz der russischen Krone befand, knapp war. Baku und Tiflis wurden die Zentren der kaukasischen Arbeiterbewegung.

Die großen Ungerechtigkeiten des Frühkapitalismus und der ungestillte Landhunger der Bauern bereiteten in Georgien und Russland den Boden für die Entwicklung sozialdemokratischer und sozialrevolutionärer Parteien. Junge georgische Intellektuelle, die überwiegend aus dem verarmten Adel stammten, wie der zukünftige erste Präsident des Landes Noe Dschordania (1868–1953), wandten sich unter dem Einfluss der Schriften von Karl Marx dem Marxismus zu und machten sich zu Fürsprechern der Arbeiter und Bauern.

Noe Dschordania und seine Mitkämpfer wurden bald als die „Dritte Gruppe“, die *„mesame dasi“* bezeichnet. Die „Dritte Gruppe“, aus der sich die Georgische Sozialdemokratische Partei entwickelte, stellte allerdings die nationale Frage in den Hintergrund und widmete sich vor allem der Aufgabe, die sozialen Probleme des Landes zu lösen. Die georgische Sozialdemokratie, der es gelang, die georgische Arbeiterschaft zu organisieren und enge Beziehungen zu den Bauern herzustellen, entwickelte sich nach der Jahrhundertwende zur stärksten politischen Gruppierung. Ihr politischer Kampf richtete sich gegen die georgischen adligen Landbesitzer, das reiche armenische Bürgertum und die russischen Beamten. Nach der Spaltung der russischen Sozialdemokratie im Jahre 1903 in Menschewiken (Minderheitler), die sich am Vorbild der westeuropäischen Sozialdemokratie orientierten, und Bolschewiken (Mehrheitler), die durch eine undemokratische Elitepartei die alleinige Macht erringen wollten, schlossen sich die georgischen Sozialdemokraten unter dem Einfluss Dschordanias den Menschewiken an. Nur eine kleine Minderheit, darunter Stalin, bildeten die georgischen Bolschewiken, die als kommunistische Avantgarde die „Diktatur des Proletariats“ herbeiführen wollte.

Nach der Jahrhundertwende geriet Zar Nikolaus II. stärker in Bedrängnis. Eine weltweite wirtschaftliche Depression vergrößerte die Not der Arbeiter und Bauern und im Krieg mit Japan (1904–1905), der von den inneren Schwierigkeiten hatte ablenken sollen, musste Russland eine Reihe von verlustreichen Niederlagen zu Lande und zu Wasser einstecken.

Die revolutionäre Stimmung des Landes entlud sich nach dem „Blutigen Sonntag“, der die erste russische Revolution des 20. Jahrhunderts auslöste: Am 9. Januar 1905 schoss das Militär auf eine friedliche Arbeiterdemonstration, die vor das Winterpalais des Zaren gezogen war, um ihre Forderungen vorzutragen. Es gab über 150 Tote und einige Hundert Verletzte. Daraufhin breiteten sich Unruhen und Streiks im ganzen Land aus.

Am 18. Januar 1905 brachen auch in Tiflis, Batumi, Poti und anderen georgischen Städten Streiks aus. In Georgien hatte es bereits seit 1902 mehrere Streiks gegeben. Die Bauern der „Gurischen Republik“ kontrollierten gar seit 1903 in eigener Verwaltung den größten Teil Westgeorgiens. Im Sommer erreichten die Unruhen einen blutigen Höhepunkt, als Kosaken in Tiflis auf eine Versammlung der Sozialdemokratischen Partei schossen und dabei 60 Personen töteten und einige Hundert verletzten.

Als im Herbst des Jahres 1905 die Unruhen im ganzen Reich noch häufiger und radikaler auftraten, entschloss sich Nikolaus II., dem Widerstand entgegen seiner Überzeugung nachzugeben. Das „Oktober-Manifest“ vom 17. Oktober 1905 gewährte die bürgerlichen Freiheiten, eine Ausdehnung des Wahlrechts und versprach, eine Duma als gesetzgebende Versammlung einzusetzen. Das Manifest ließ die Front der Regimegegner in ganz Russland auseinanderbrechen. Nach Beendigung des Krieges mit Japan gewann die Regierung mit Hilfe der Armee wieder die Oberhand. Nachdem im Dezember 1905 die Truppen in Moskau die letzten Aufstände niedergeschlagen hatten, war das Ende der Revolution besiegelt. In Georgien brachten die Kosaken im Dezember 1905 nach schweren Kämpfen Tiflis unter ihre Kontrolle und anschließend Westgeorgien. Russland rechnete unbarmherzig mit den Aufständischen ab. Die meisten Todesurteile pro Kopf der Bevölkerung, die im Russischen Reich nach der Revolution vollzogen wurden, entfielen auf die georgische Provinz Gurien.

Die Revolution von 1905 hatte gezeigt, dass die brennenden sozialen Fragen und die bürgerlichen demokratischen Forderungen nicht nur das autoritäre Regime des Zaren bedrohten, sondern dass auch der Bestand des Reiches durch die Freiheitsbewegungen der unterdrückten Völker gefährdet war. Den Wunsch, über ihre Geschicke selber zu bestimmen, hegten nicht nur die Georgier, sondern alle nichtrussischen

Völker des Reiches, in dem die Russen mit nur gut 40 Prozent der Bevölkerung eine Minderheit waren. Die Litauer und Polen, die Ukrainer und Armenier wollten nicht länger unter russischer Herrschaft leben. Das Russische Reich drohte nicht nur im kaukasischen Georgien, sondern auch an seinen anderen Säumen zu zerbröseln. Nikolaus II. war jedoch nicht ernstlich bereit, den Staat den Erfordernissen der Zeit anzupassen. Alle wichtigen politischen und sozialen Fragen blieben bis zum Ausbruch des Ersten Weltkrieges im August 1914 ungelöst.

Die Reaktionen auf den Ersten Weltkrieg waren bei den großen kaukasischen Völkern unterschiedlich. Die turkstämmigen Aserbaidschaner befürchteten eine Schwächung der Türkei, die mit Deutschland verbündet war. Die Armenier hingegen hofften auf einen russischen Sieg, der die Befreiung ihrer verfolgten Landsleute in Ostanatolien bedeuten und die Gründung eines Großarmenien möglich machen würde. Die georgische Einstellung war geteilt; in jedem Fall war der Krieg bei allen unpopulär. Die deutschfreundlichen – viele hatten in Deutschland studiert – und die nationalgesinnten Georgier hofften auf einen deutschen Sieg, da nur eine russische Niederlage zur Unabhängigkeit der georgischen Nation führen konnte. Georg Fürst Matschabeli und Michael Fürst Tseretheli gründeten 1914 in Berlin das Georgische Komitee. Im Spätsommer 1915 begann in Trapezunt die Aufstellung eines georgischen Freiwilligencorps, der „Georgischen Legion", das unter dem Kommando von Friedrich Werner Graf von der Schulenburg (1875–1944), der bereits 1911 bis 1914 Konsul in Tiflis gewesen war, einige hundert Soldaten zählte.

Die Anstrengungen des Weltkrieges überforderten das Russische Reich. Zweieinhalb Jahre nach Kriegsbeginn brach das morsche Gebäude des Imperiums zusammen. Die Revolution von 1917, in der sich die nationalen und sozialen Spannungen entluden, bedeutete die Auflösung des Reiches und das Ende der Monarchie. Das dritte Kriegsjahr entschied über das Schicksal der Zarenherrschaft. Die Arbeiter, Frauen und Soldaten St. Petersburgs, die mit dem Krieg, der Versorgungslage und der Herrschaft des Zaren unzufrieden waren, stürzten das alte Regime. Am 2. März 1917 dankte Zar Nikolaus II. ab.

Die Februarrevolution hatte in Russland eine Doppelherrschaft begründet. Neben der provisorischen Regierung hatte sich das „Provisorische Exekutivkomitee des Petrograder Sowjets der Arbeiter- und Soldatendeputierten“ konstituiert. Mit Hilfe der Sowjets, der Räte, gelang es den Bolschewisten unter der Führung von Lenin, in der Oktoberrevolution die Macht an sich zu reißen. Das freiheitliche Zwischenspiel der provisorischen Regierung hatte nur einige Monate gewährt. Russland fiel wieder in die Despotie zurück.

Die provisorische Regierung war vor allem gescheitert, weil sie den Krieg fortsetzte, statt dem kriegsmüden Volk den Frieden zu bringen. Lenin beging diesen Fehler nicht. Am 3. März 1918 unterzeichnete die Sowjetführung mit den Mittelmächten den Frieden von Brest-Litowsk. Russland hatte auf Livland, Lettland, Litauen, Estland und Polen zu verzichten, ferner musste es die Ukraine und Finnland als selbstständige Staaten anerkennen. Artikel IV des Friedensvertrages forderte von Russland: „Die Bezirke Erdehan, Kars und Batum werden gleichfalls ohne Verzug von den russischen Truppen geräumt. Russland wird sich in die Neuordnung der staatsrechtlichen und völkerrechtlichen Verhältnisse dieser Bezirke nicht einmischen, sondern überlässt es der Bevölkerung dieser Bezirke, die Neuordnung im Einvernehmen mit den Nachbarstaaten, namentlich der Türkei, durchzuführen.“

Die erste Friedenskonferenz zwischen der Türkei und der Transkaukasischen Föderation, zu der sich Georgien, Aserbaidschan und Armenien nach der Februar-Revolution zusammengeschlossen hatten, tagte am 14. März 1918 in Trapezunt. Die türkische Delegation stellte den kaukasischen Delegierten noch vor Beginn der Konferenz ein Ultimatum, mit dem es die Evakuierung der Gebiete von Ardahan, Kars und Batumi bis zum 10. April forderte. Zur selben Zeit rückten die türkischen Truppen in diese Gebiete vor, die entweder mehrheitlich georgisch oder armenisch besiedelt waren.

Das Machtvakuum, das der Zusammenbruch Russlands an der kaukasischen Front hinterlassen hatte, nährte türkische Hoffnungen, den gesamten Kaukasischen Isthmus vom Schwarzen bis zum Kaspischen Meer unter seine Herrschaft zu bringen. Die expansiven Ziele der Pforte auf der Landbrücke zwischen Europa und Asien alarmierten jedoch das Auswärtige Amt und die Oberste Heeresleitung. Um den Krieg fortführen zu können, war das Deutsche Reich auf die Versorgung mit Rohstoffen aus dem Kaukasus angewiesen. Das Erdöl aus Baku und das georgische Manganerz aus Tschiatura wollte Deutschland nicht in den Händen seines türkischen Verbündeten wissen.

Aus diesem Grund nahmen auch deutsche Vertreter an der zweiten Friedenskonferenz in Batumi am 11. Mai 1918 teil. Den Vorsitz der deutschen Delegation hatte Generalmajor Otto von Lossow (1868–1938). Ihm zur Seite standen der in Georgien lebende Schriftsteller Arthur Leist, der Diplomat Graf von der Schulenburg und der Gelehrte und Diplomat Legationsrat Otto Günther von Wesendonk (1885–1933), der in den zwanziger Jahren Generalkonsul in Tiflis werden sollte. Als Fürsprecher der georgischen Nation werden alle drei Namen von den Georgiern bis auf den heutigen Tag verehrt. Arthur Leist erwies das georgische Volk eine besondere Ehre. Er fand seine letzte Ruhestätte auf dem georgischen Pantheon im Tiflisser Stadtteil Didube.

Während die Verhandlungen in Batumi fruchtlos verliefen, marschierten die türkischen Truppen weiter Richtung Tiflis. In dieser Situation ersuchten die Vertreter der georgischen Regierung die deutsche Delegation um Hilfe. Der Ministerpräsident der Transkaukasischen Föderation, der Georgier Akaki Tschchenkeli, bat, Georgien in das Deutsche Reich aufzunehmen, „sei es als Bundesstaat unter einem deutschen Fürsten, sei es ähnlich wie ein englisches Dominion unter einem deutschem Vize-König." Lossow war bereit, Georgien vor der Türkei in Schutz zu nehmen: „Jedenfalls wäre es die beste Parade gegenüber den türkischen Absichten …, die darin gipfeln, den deutschen Bundesgenossen in höchst unloyaler Weise auszuschalten und zu übervorteilen, die Kaukasusländer auszusaugen und die Armenier auszurotten". Nachdem Georgien die deutsche Rückendeckung erhalten hatte, proklamierte der Georgische Nationalrat am 26. Mai 1918 die Unabhängigkeit. Der zukünftige Präsident Noe Dschordania verlas die Erklärung der Unabhängigkeit.

Das unabhängige Georgien 1918–1921

Zwei Tage später eilten Ministerpräsident Noe Ramischwili und Außenminister Akaki Tschchenkeli nach Poti. Dort befand sich Generalmajor von Lossow, der in See stechen wollte, um in Berlin die weitere Kaukasus-Politik des Reiches zu besprechen. Er und Tschchenkeli unterzeichneten in der Hafenstadt Poti am 28. Mai 1918 eine Reihe provisorischer Abkommen. Die Verträge gaben dem Deutschen Reich ein wirtschaftliches Vorrecht in Georgien, waren aber nicht zum

Nachteil der georgischen Regierung. Der für das Reich wichtigste Punkt war, dass die georgischen Rohstoffe während des Krieges Deutschland zum Ankauf zu überlassen waren. Georgien zog seinen Gewinn nicht aus dem Vertragstext, sondern aus dem Geist der Verträge von Poti. Er bestand aus der in den Verträgen nicht erwähnten Zusicherung, Georgiens Unabhängigkeit zu schützen. So versicherte von Lossow dem Außenminister Tschchenkeli in einem „ganz geheimen" Schreiben, sich dafür einzusetzen, „dass die K. Deutsche Regierung sich bereit erklärt, ... Georgien als freien und unabhängigen Staat anzuerkennen, sowie Georgien bei der Sicherung seiner Grenzen und bei der Regelung seiner Beziehungen zu den Nachbarstaaten ihre Hilfe angedeihen zu lassen." Kaum hatte sich von Lossow mit einer georgischen Delegation nach Berlin eingeschifft, welche die endgültige Beziehung Georgiens zum Reich mit den Beamten der Wilhelmstraße regeln sollte, wurde Georgien von der Türkei gezwungen, am 4. Juni 1918 den Friedensvertrag von Batumi zu unterzeichnen. Dieser Vertrag, der nie in Kraft trat, hätte Georgien unter anderem seiner Städte Batumi, Achalziche und Achalkalaki beraubt. Dazu sollte es jedoch nicht kommen. Deutsche Truppen machten der türkischen Eroberungspolitik in Georgien einen Strich durch die Rechnung.

Während die georgische Delegation im Hotel Adlon in Berlin noch über die Anerkennung der georgischen Republik und die wirtschaftlichen Beziehungen zwischen Deutschland und Georgien debattierte, hatte am 8. Juni 1918 ein Dampfer mit dem Königlichen Bayerischen Reservejägerbataillon Nr. 1 und dem Sturmbataillon Nr. 10 in Poti angelegt. Einige Tage später wurden sie in den Süden Georgiens verlegt, wo sie gegen türkische Truppen kämpfen mussten. Ihr Kommandeur, der General der Artillerie Friedrich Freiherr Kreß von Kressenstein, schreibt in seinen Erinnerungen: „Wenn es sich bei der Expedition unserer Truppe in Südgeorgien auch nicht um schwere Kämpfe gehandelt hatte, so hatten sie das Jägerbataillon doch 4 Tote und 12 Schwerverwundete gekostet."

Die innere Lage Georgiens im Jahre 1918 war ähnlich der von August 1992, als wir in Georgien eintrafen. „Es herrschte mehr oder weniger Anarchie", schreibt Kressenstein. Den deutschen Truppen gelang es aber rasch, gemeinsam mit der georgischen Armee die zahlreichen Banden zu entwaffnen und die Straßen bei Tag und Nacht wieder sicher zu machen. Kressenstein hatte die georgische Armee aufgebaut und organisiert. Als Ende des Jahres 1918 armenische Truppen Georgien überfielen, war sie schlagkräftig genug, um die Armenier zu besiegen.

Nachdem das Deutsche Reich den Ersten Weltkrieg verloren hatte, musste von Kressenstein als Chef der „Kaiserlichen Delegation im Kaukasus“ im Dezember 1918 Georgien mit seinen Einheiten verlassen, die mittlerweile auch ihre Soldatenräte gewählt hatten. Ministerpräsident Dschordania und die georgische Bevölkerung bedauerten den Abzug der deutschen Truppen. Sie hatten sich große Sympathie erworben. Dschordania beschreibt in seinen Memoiren *„tschemi tsarsuli“* – „Meine Vergangenheit“ – die Manieren Kressensteins als „nobel, freundlich und ehrlich“. Auch von anderer – unerwarteter – Seite erhielten die deutschen Truppen Lob: Der Sozialdemokrat und bedeutende marxistische Theoretiker Karl Kautsky (1854–1938), der Georgien im September 1920 bereiste, schreibt in seinem Buch „Georgien – Eine sozialdemokratische Bauernrepublik“: „Durch die Leistungen der deutschen Besatzungstruppen ist das deutsche Ansehen noch gestiegen. Georgien ist eines der wenigen Länder in diesem Kriege, in denen die deutsche Armee propagandistisch für das Deutschtum gewirkt hat.“

Während im Januar 1919 die einen Minister die deutschen Offiziere mit einem Abendessen verabschiedeten, gaben die anderen den englischen ein Begrüßungsessen. Die englischen Truppen blieben bis Mitte des Jahres 1920. Sie machten sich durch ihr anmaßendes Auftreten schnell unbeliebt.

Im Februar 1919 gingen die Georgier zur ersten demokratischen Wahl ihrer Geschichte. Die Menschewiken unter der Führung von Noe Dschordania errangen die Mehrheit der Sitze. Das Parlament wählte Dschordania, der durch Kautsky unter dem Einfluss sozialdemokratischer Ideen stand und die Politik Lenins und Stalins ablehnte, zum ersten georgischen Ministerpräsidenten. Seine Wirtschafts- und Agrarpolitik blieb maßvoll. Die Verstaatlichung beschränkte sich auf diejenige Industrie, die Rohstoffe verarbeitete (Kohle und Mangan), sowie Einrichtungen der Infrastruktur (Eisenbahnen, Häfen, Energiebetriebe). Eine Landreform verbesserte das Los der Kleinbauern, entzog dem grundbesitzenden Adel aber nicht seine wirtschaftliche Grundlage. Auf dem Gebiet der Kulturpolitik war die Eröffnung der ersten georgischen Universität, ein lange Zeit gehegter Wunsch der Georgier, die wichtigste Entscheidung.

Innenpolitisch war Georgien mit seiner sozialdemokratischen Regierung einer der stabilsten Staaten im Europa der Nachkriegszeit. Die Gefahr drohte von außen, von Russland.

Russland hatte sich seit den Wirren der Oktoberrevolution wieder gefestigt; die Sowjetregierung schwenkte schnell auf den alten russisch-imperialistischen Kurs zurück. Erklärungen über das Selbstbestimmungsrecht der Völker blieben Papier. Im Kaukasus eroberten die russischen Truppen als erstes Land Aserbaidschan. Im April 1920 besetzte die Rote Armee Baku und am 28. April 1920 proklamierten die Bolschewiken die aserbaidschanische Sowjetrepublik. Armenien fiel der Roten Armee Ende 1920 zum Opfer. Am 2. Dezember 1920 riefen sie in Eriwan die Sowjetrepublik Armenien aus.

So blieb nur Georgien als unabhängiger Staat im Kaukasus bestehen. Aber auch seine Tage waren gezählt. Schon Ende 1920 sagte Stalin, Mitglied des Politbüros, in einem Interview der Prawda: „Georgien, das sich in die Hauptbasis der imperialistischen Operationen Englands und Frankreichs verwandelt hat und deshalb zu Sowjetrussland in feindliche Beziehungen getreten ist – dieses Georgien liegt heute in den letzten Zügen. Nicht umsonst hat der degenerierte Führer der sterbenden II. Internationale, Herr Kautsky, der von der revolutionären Welle aus Europa hinausgespült wurde, in dem muffigen, in den Netzen der Entente verstrickten Georgien, bei den georgischen Sozialbudikern Unterschlupf gefunden.“ Die georgische Regierung war sich der russischen Gefahr im neuen Gewand des Kommunismus bewusst. Zwar bemühten sich ihre Vertreter emsig, wie schon Sulchan-Saba Orbeliani im 18. Jahrhundert, in den Hauptstädten Westeuropas um die Anerkennung der georgischen Republik und um finanzielle und wirtschaftliche Unterstützung. Mit Russland hatte die georgische Regierung am 7. Mai 1920 einen Freundschaftsvertrag abgeschlossen, der ausdrücklich Georgien als unabhängigen Staat im ersten Artikel anerkannte. Nachdem der Völkerbund Georgien nicht aufgenommen hatte, war der letzte diplomatische Triumph des Landes die de-jure Anerkennung durch das Deutsche Reich am 21. Januar 1921 und anschließend durch Frankreich und England am 27. Januar 1921. Am 7. Februar 1921 lud die georgische Regierung das Diplomatische Corps, darunter den deutschen Botschafter Ulrich Rausch, zu einem Bankett in das Außenministerium, um die Anerkennung Georgiens zu feiern. Zu derselben Zeit traf die elfte russische Armee Vorbereitungen, um Georgien anzugreifen und zu besetzen. Auf Stalins Rat gab Lenin am 16. Februar der 11. Armee den Befehl zum Einmarsch. Die georgische Armee, die der russischen weit unterlegen war, hielt den Angriffen eine Woche stand. Am 25. Februar zog die Rote Armee in Tiflis ein. Den Soldaten wurde die Stadt zur Plünderung übergeben. Die georgische Regierung floh aus Tiflis und verließ Georgien am 17. März 1921 an Bord eines italienischen Schiffes aus Batumi. Frankreich wurde ihr Exil. Nach drei Jahren der Unabhängigkeit hatte Russland Georgien wieder unter seiner Fuchtel. Ein Menschenalter, von 1921 bis 1989, sollte es dauern, bevor Georgien über seine Geschicke wieder selber bestimmen konnte.

Georgien in der Sowjetunion

Am 16. März 1921 unterzeichnete Moskau mit der Regierung Kemal Atatürks einen Vertrag, durch den Georgien große Teile seiner historischen Provinzen an die Türkei verlor. Zwar behielt Georgien Achalkalaki, Achalziche und Batumi, musste aber die Gebiete südlich von Batumi, wo Georgier und die georgischen Lasen in der Provinz Tao-Klardschetien leben, an die Türkei abtreten. Seitdem haben sich die Grenzen Georgiens nicht mehr verändert. Armenien verlor durch den selben Vertrag seine westlichen Provinzen (Kars und Ardahan) und musste Nachitschevan auf türkischen Druck unter aserbaidschanische Verwaltung stellen. In den westarmenischen Gebieten hatte die Türkei während des Ersten Weltkriegs und in den Jahren darauf 2 Millionen Armenier ermordet. Es war der erste Völkermord des 20. Jahrhunderts. Heute leben in der Osttürkei fast keine Armenier mehr. Franz Werfel hat das schwer fassbare Schicksal des armenischen Volkes in seinem Roman „Die vierzig Tage des Musa Dagh“ eindringlich beschrieben.

Auch nach dem russisch-türkischen Vertrag, den Russland über die Köpfe der armenischen und georgischen Regierung hinweg abgeschlossen hatte, blieb die georgische Sowjetrepublik de-jure ein unabhängiger Staat. Dass die überwiegende Mehrheit auch der georgischen Bolschewiken keinen Anschluss an Russland wollte, erfuhr Stalin, als er im Jahr 1921 Tiflis besuchte, die Stadt seiner revolutionären Jugend. Es wurde für ihn eine große Niederlage. Die Bolschewiken, vor denen er eine Rede halten wollte, schrien ihn nieder: „Verräter, Abtrünniger, warum hast Du Georgien zerstört?“ Geschützt von seiner Leibgarde, musste er das Podium verlassen. Für die Georgier war er kein Georgier mehr.

Stalin sann auf Rache. Im Kreise seiner Vertrauten sagte er: „Was geht hier vor? Ihr müsst dieses Land mit einem heiß glühenden Eisen bearbeiten!"

Gegen den Willen der überwältigenden Mehrheit der georgischen Bolschewiken, nur unterstützt von ihrem Chef und seinem Handlanger Sergo Ordschonikidse, zwang er daraufhin Georgien in die „Transkaukasische Föderation Sozialistischer Sowjetrepubliken". Sie wurde mit Aserbaidschan und Armenien am 12. März 1922 gegründet.

Wieder nach Moskau zurückgekehrt, schlug Stalin im September 1922 Lenin vor, dass die nichtrussischen Republiken der „Russischen Sozialistischen Föderativen Sowjetrepublik" als „autonome" Republiken beizutreten hätten. Das Zentralkomitee der georgischen Kommunistischen Partei lehnte diesen Vorschlag ab. Stalin und Ordschonikidse gelang es aber, mit einem neuernannten Zentralkomitee die Zustimmung der georgischen Partei zur Gründung der Sowjetunion zu erlangen, nachdem das alte Zentralkomitee aus Protest gegen Stalins und Lenins Pläne zurückgetreten war. Am 30. Dezember 1922 gründete Moskau die „Union der Sozialistischen Sowjetrepubliken" (UdSSR).

Nachdem Lenin, der am 25. Mai 1922 einen ersten Schlaganfall erlitten hatte, zum Jahresende von der Art und Weise erfahren hatte, wie Stalin und Ordschonikidse Georgien gegen den Willen der Georgier in die UdSSR gezwungen hatten, ordnete er eine Untersuchung über die Vorgänge an. Die „Georgische Affäre", hinter der sich die Frage verbarg, wie viel Macht Moskau ausüben würde und welche Rechte den Republiken verbleiben sollten, wurde für Lenin und Stalin zum Kampf um die Macht auf Leben und Tod. Durch die Vorgänge in Georgien war sich Lenin des brutalen Charakters Stalins bewusst geworden. Er beschimpfte sein Verhalten als das „jenes echten Russen ..., des großrussischen Chauvinisten, ja im Grunde Schurken und Gewalttäters, wie es der typische russische Bürokrat ist." Am 4. Januar 1923 fügte Lenin seinem Testament eine Nachschrift zu, in der er forderte, Stalin aus seiner Stellung zu entfernen: „Stalin ist zu grob, und dieser Mangel, der in unserer Mitte und im Verkehr zwischen uns Kommunisten durchaus erträglich ist, kann in der Funktion des Generalsekretärs nicht geduldet werden. Darum schlage ich den Genossen vor, sich zu überlegen, wie man Stalin ablösen könnte und jemand anderen an diese Stelle zu setzen, der sich in jeder Hinsicht von Stalin nur durch einen Vorzug unterscheidet – nämlich dadurch, dass er toleranter, loyaler, höflicher und den Genossen gegenüber aufmerksamer, weniger launenhaft usw. ist." Eine Woche später ließ Lenin den georgischen Kommunisten, die gegen den Beitritt zur UdSSR waren, Budu Mdiwani und Philipp Macharadse, telegrafieren: „Liebe Genossen! Ich bin in dieser Sache von ganzem Herzen bei Ihnen. Ich bin maßlos empört über die Arroganz Ordschonikidses und das stillschweigende Einverständnis von Stalin und Dserschinski. Ich bin jetzt dabei, Notizen und eine Rede zu Ihrer Unterstützung vorzubereiten. Hochachtungsvoll, Lenin." Lenin war gewillt, Stalin zu stürzen. Doch bevor er alle Fäden für die Entmachtung Stalins in seinen Händen hielt, erlitt er am 7. Mai 1923 einen weiteren Schlaganfall, von dem er sich nicht mehr erholte. Er starb am 21. Januar 1924. Sein Tod rettete Stalin.

Seitdem die Kommunisten mit Hilfe der Roten Armee im Jahre 1921 die Macht in Tiflis übernommen hatten, erlebte das Land bittere Zeiten. Wer sich gegen die Okkupation und das Regime wandte, war in Lebensgefahr. Die russische Geheimpolizei, die Tscheka, verfolgte, tötete und verbannte vor allem die Geistlichen und die Menschewiken.

Die täglichen willkürlichen Übergriffe der Geheimpolizei – die Zahl der Opfer ging in die Tausende – aber auch der Niedergang der Wirtschaft, der Hunger und Armut bewirkte, führten zum Widerstand der Georgier gegen das noch junge Gewaltregime der Kommunisten. Ende des Jahres 1922 formierten sich alle Gruppen des Widerstandes im „Komitee für die Unabhängigkeit Georgiens" (*„damoukideblobis komiteti"* kurz „DamKom"). Nach langen Vorbereitungen plante das Komitee, die Waffen am Morgen des 29. August 1924 gegen das Regime zu erheben. Der Aufstand, der sich zuerst auf Gurien konzentrierte, begann erfolgreich, obwohl er einige Tage zu früh ausbrach und viele seiner Anführer vorher verhaftet worden waren. Nach drei Wochen aber konnte ihn die Rote Armee niederschlagen. Sie nahm blutige Rache an den Aufständischen. Annähernd 10 000 Menschen ließ sie hinrichten und 20 000 nach Sibirien verbannen.

Mit der Niederschlagung des Aufstandes im Jahr 1924 brach der Widerstand der Georgier gegen die Fremdherrschaft und das kommunistische Regime zunächst zusammen. Russland hatte Georgien wieder gewaltsam in sein Reich integriert.

Die Geschichte der Sowjetunion, also die Geschichte Russlands und der von Russland annektierten Staaten, ist in den Jahren 1924 bis 1953 die Geschichte Stalins.

Am 24. Januar 1924, mit dem Tag, an dem Lenin starb, begann der Kampf der Diadochen um die Nachfolge Lenins.

Knapp fünf Jahre später hatte sich Stalin gegen die Linksopposition unter Trotzkij und die Rechtsopposition unter Bucharin durchgesetzt. An seinem 50. Geburtstag, am 21. Dezember 1929, sahen ihn die Moskowiter auf der Höhe seiner Macht. Bis zu seinem Tode im Jahre 1953 herrschte er als uneingeschränkter Diktator.

Die Zeit des Machtkampfes in Moskau – die Mitte der zwanziger Jahre – bedeutete für Georgien wie für den Rest der Sowjetunion eine Zeit eines langsamen wirtschaftlichen Wiederaufstieges und größerer kultureller Freiheit.

Die Phase der „Neuen Ökonomischen Politik" der Jahre 1921 bis 1927 führten auch in Georgien ab 1923 zu einem Wiederanstieg der landwirtschaftlichen und industriellen Produktion. Allerdings konnte nur im Bereich der neuen Anpflanzungen von Tabak-, Tee- und Zitrusfrüchten die Vorkriegsproduktion überschritten werden.

Es war aber nicht nur die bescheidene wirtschaftliche Gesundung, sondern wichtiger noch die Förderung der georgischen Kultur und Sprache, die das Volk zwar nicht mit dem neuen Sowjetregime versöhnte, aber seinen Frieden mit ihm schließen ließ. Oppositionelle Gruppen bestanden weiter, wurden jedoch stiller oder mundtot gemacht. Die kommunistische Regierung baute Schulen, förderte den Unterricht auf Georgisch, unterstützte das neue Medium des Films und gewährte den Schriftstellern, die dem Regime teils ablehnend teils gleichgültig gegenüber standen, weitgehende künstlerische Freiheiten. Einer von ihnen war Konstantin Gamsachurdia (1891–1975), der 1912 bis 1919 in Leipzig, München und Berlin studiert hatte. Sein Sohn Swiad Gamsachurdia sollte der erste freigewählte Präsident des wieder unabhängigen Georgiens in den neunziger Jahren werden. In seinen historischen Romanen, die in den dreißiger Jahren erschienen, beschreibt er in eindringlicher Weise die kulturelle Größe Georgiens. Sein bekanntester Roman ist „Die rechte Hand des großen Meisters", in dem er die Erbauung der Sweti-Zchoweli-Kirche in Mzcheta schildert. Besondere Leistungen gelangen georgischen Regisseuren und Schauspielern der Filmkunst. Erwin Kisch beschreibt das bunte Bild Georgiens dieser Tage in seinem Buch aus dem Jahre 1927 „Zaren, Popen, Bolschewiken".

Ende der zwanziger Jahre setzte Stalin der freiheitlichen Kulturpolitik und der „Neuen Ökonomischen Politik" Lenins ein Ende. Nachdem er sich aller seiner Gegenspieler um die Macht entledigt hatte, bewerkstelligte er mit menschenverachtender Gewalt die Umgestaltung der Gesellschaft und Wirtschaft der Sowjetunion, indem er die Landwirtschaft kollektivierte und die Industrialisierung mit großem Tempo forcierte. Mit der beschleunigten Industrialisierung, die Stalin mit dem ersten Fünf-Jahresplan (1928–1932) einleitete, wollte er den ökonomischen Rückstand der Sowjetunion gegenüber den westlichen Ländern wettmachen. Vorrang hatte der Aufbau der Rüstungsindustrie in Russland. Der Terror der „Stalinschen Revolution" und die Hungersnot, die das Ergebnis der Kollektivierung war, kosteten in den Jahren 1932 bis 1934 rund 11 Millionen Menschen das Leben.

Die Georgier, wie auch die Ukrainer und andere Völker, leisteten großen Widerstand gegen die Kollektivierung der Landwirtschaft, die mit Waffengewalt durchgeführt wurde. In Kachetien, Gurien und anderen Regionen kam es zu Aufständen der Bauern, die Bürgerkriegen ähnelten. Nur mit Terror und Einschüchterung konnten die widerspenstigen Georgier gezwungen werden, ihren Landbesitz in die Kolchosen und Sowchosen einzubringen. Die Geheimpolizei deportierte Tausende von Familien in die Todeslager nach Sibirien, wo sie getötet wurden, verhungerten oder erfroren, wenn sie nicht schon in den Eisenbahnwaggons vor Erschöpfung gestorben waren. Trotz des skrupellosen staatlichen Terrors blieb die Verstaatlichung in Georgien, wo die Staatsmacht nur gut drei Viertel der Höfe kollektivieren konnte, deutlich hinter den anderen Republiken zurück.

Durch den Fünf-Jahres-Plan wandelte sich auch das agrarisch geprägte Georgien zu einem Staat, der über wichtige Industriezentren verfügte. Voraussetzung war die Versorgung mit Energie, die durch den Bau von großen Wasserkraftwerken sichergestellt wurde. In Sestafoni wurde ein Eisenwerk gebaut, in Kutaissi ein Autowerk und in Rustawi ein Stahlwerk inmitten einer aus dem Boden gestampften

Stadt. In Westgeorgien, wo die Kolchis-Sümpfe trockengelegt wurden, entstanden Fabriken für die Verarbeitung von Tee und Tabak.

Ende des Jahres 1934, als die Kollektivierung abgeschlossen war und der immer wieder angepeitschte Ausbau der Industrie erste Erfolge zeigte, ließ Stalin den Leningrader Parteichef Kirow ermorden. Er war bekannt als einer der Politiker, die für eine mildere Politik und eine Atempause eintraten. Mit dem Prozess gegen die Attentäter begann der Massenterror, der im Blutbad von 1936 bis 1938, der „Tschistka“ (Säuberung), schauerliche Ausmaße annahm und bis zu Stalins Tod im Jahr 1953 das wesentliche Merkmal seiner Herrschaft bilden sollte. Der „Große Terror“, dem wenigstens drei Millionen Menschen zum Opfer fielen, war die letzte Etappe auf Stalins Weg zur unumschränkten Macht. Aus dem Leninschen System der totalen Herrschaft der Partei war die Tyrannis eines Alleinherrschers geworden. Es war eingetreten, was Kautsky in seinem Buch über Georgien den Georgiern in den Mund legte: „Sie sehen genau, dass die Diktatur, die als Diktatur des Proletariats gedacht ist, zur Diktatur über die Gesamtbevölkerung, das Proletariat inbegriffen, führt und führen muss, da das Wesen der Diktatur keine Beschränkung der Regierungsallmacht, auch nicht aus den Reihen der nominell herrschenden Klasse, verträgt.“

Die Tschistka forderte von Georgien einen besonders hohen Blutzoll. Der neue Günstling Stalins in Georgien, Lawrenti Pawlowitsch Beria (1899–1953), der von 1931 bis 1938 Parteichef in Georgien war und zur neuen Klasse der „Apparatschiks“ gehörte, die von nun an die Sowjetunion beherrschen sollte, ließ mit kaltblütiger Grausamkeit foltern und morden. Die Geheimpolizei beseitigte die Kader der alten Bolschewiken. Die größten Künstler Georgiens, wie der Romancier Michael Dschawachischwili und der Dichter Tizian Tabidse, richteten sie hin oder trieben sie in den Tod. Andere starben in den russischen Todeslagern Magadan und Irkutsk. Das prominenteste politische Opfer aus den Reihen der alten Mitkämpfer Stalins war Sergo Ordschonikidse, der sich das Leben nahm, nachdem er versucht hatte, dem Morden Stalins Einhalt zu gebieten.

In der Außenpolitik der Sowjetunion begann im Jahre 1939 eine neue Periode der Expansion. In der ersten Phase, Anfang der zwanziger Jahre, hatte die noch junge russische Sowjetrepublik die souveränen Staaten des südlichen Kaukasus und Zentralasiens – unter Bruch bestehender Verträge – besetzt und annektiert. Im Jahre 1939 leitete Stalin eine neue Phase ein. Sie begann mit einem Pakt zwischen dem nationalsozialistischen Deutschland und der Sowjetunion: Am 23. August 1939 unterzeichneten der sowjetische Außenminister Molotow und der deutsche Außenminister Ribbentrop in Moskau den „Deutsch-Sowjetischen Nichtangriffspakt". Er enthielt ein geheimes Zusatzprotokoll, von dem die Weltöffentlichkeit erst sehr viel später Kenntnis erhielt. Hierin vereinbarten das Deutsche Reich und die Sowjetunion die Aufteilung Polens und der baltischen Länder. Der Pakt bildete die Voraussetzung für den deutschen Angriff auf Polen am 1. September 1939 und den Überfall der sowjetischen Truppen auf das östliche Polen am 17. September. Polen war zum vierten Mal geteilt. Mitte 1941 hatte die Rote Armee auch die drei baltischen Staaten Estland, Lettland und Litauen besetzt. Moskau gliederte sie in die Sowjetunion ein.

Knapp zwei Jahre nach Unterzeichnung des Hitler-Stalin-Paktes fand die deutsch-sowjetische Partnerschaft ein Ende. Nachdem die deutschen Truppen die Sowjetunion überfallen hatten, proklamierte Stalin am 22. Juni 1941 den „Großen Vaterländischen Krieg".

Die Schlacht um den Kaukasus begann im Juli 1942. Die deutsche Heeresgruppe A erhielt den Auftrag, mit ihrem rechten Flügel entlang der Küstenstraße am Schwarzen Meer bis nach Batumi vorzurücken und mit dem linken Flügel – in einer Zangenbewegung – den Großen Kaukasus nördlich zu umgehen und entlang des Kaspischen Meeres nach Baku vorzudringen. Dieser Operationsplan, „Edelweiß" genannt, musste nach der Niederlage bei Stalingrad im Februar 1943 aufgegeben werden. Die Heeresgruppe A zog sich aus dem kaukasischen Vorgebirge zurück.

Die Grenze nach Georgien hatte sie nicht überschritten. Nur vereinzelte Trupps von Fallschirmjägern waren an verschiedenen Punkten Georgiens gelandet, aber sofort aufgerieben worden.

Im Gegensatz zu anderen Einheiten der Wehrmacht hatte die Heeresgruppe A in freier Hand eine bevölkerungsfreundliche Politik betrieben, die ihr die Sympathie und Unterstützung der nordkaukasischen Völker eingebracht hatte. Nach dem Rückzug der deutschen Armee ließ Stalin einige dieser Völker – die Tschetschenen, Inguschen, Balkaren, Kartschaier und Kalmücken aus dem Nordkaukasus und die Meßcheten aus Georgien – im Jahre 1942 nach Mittelasien deportieren. Die deutschen Siedler in Georgien, die rund 40 000 zählten, hatte er schon 1941 nach Mittelasien verschleppen lassen. Außer den Meßcheten durften nach 1956 alle Völker in ihre Heimat zurückkehren. Aber zwei Millionen von ihnen waren in den Lagern getötet worden.

Im Zweiten Weltkrieg fielen auf sowjetischer Seite rund 300 000 georgische Soldaten, Männer und Frauen. Bei einer Bevölkerung von nur dreieinhalb Millionen Menschen bedeutete dieser Verlust ein überdurchschnittlich hohes menschliches Opfer.

Auf deutscher Seite kämpften 20 000 georgische Soldaten in der Wehrmacht. Sie waren gegliedert in dreizehn Infanteriebataillone. Spezialkommandos georgischer Offiziere ließ die Wehrmacht mit dem Fallschirm in Georgien absetzen, wo sie Kontakte mit der georgischen Widerstandsbewegung aufnahmen. Die georgischen Freiwilligen auf deutscher Seite erhofften sich von einem deutschen Sieg die Unabhängigkeit ihres Landes. Viele von ihnen wurden nach Ende des Krieges aufgrund interalliierter Absprachen zwangsweise in die Sowjetunion zurückgebracht, wo sie getötet oder in Straflager deportiert wurden.

Georgien, seit 1936 durch die Stalin-Verfassung wieder eigenständige Republik, blieb nach Ende des zweiten Weltkrieges fest in der Hand von Beria, der es von Moskau aus nach seinem Gutdünken verwaltete. Erst im Jahre 1951 beschnitt Stalin seine Macht mit Hilfe der von ihm erfundenen „Megrelischen Affäre“. Stalin entmachtete die wichtigsten Megrelen in Georgien, indem er ihnen eine nationale Widerstandsbewegung unterstellte.

Am 3. März 1953 starb Stalin. Den anschließenden Machtkampf konnte Nikita Chruschtschow (1894–1971) für sich entscheiden. Beria, der sich als mächtiger Polizeichef wohl selbst Hoffnungen auf die Nachfolge gemacht hatte, wurde vom Zentralkomitee gestürzt und am 23. Dezember 1953 hingerichtet.

In Georgien ernannte Chruschtschow seinen Weggefährten Wassili Mdschawanadse (1902–1972) zum Chef der Kommunistischen Partei. Er hatte bis dahin keinen Posten in Georgien bekleidet. Nachdem er die Schützlinge Berias in Tiflis und der Provinz entlassen hatte, blieb er 19 Jahre in Georgien an der Macht. Im Jahre 1972 löste ihn Schewardnadse ab.

Das „Tauwetter", das unter Chruschtschow begann, führte anfänglich zu mehr Freiheiten in Wirtschaft und Kultur, ohne das System des totalitären Parteiregimes in Frage zu stellen. Für die Republiken, und so auch für Georgien, bedeutete diese Politik, dass sie über größere politische Eigenständigkeit verfügen konnten. Auch die Wirtschaftspolitik wurde nicht mehr ausschließlich von Moskau gesteuert.

Im Februar 1956, auf dem XX. Parteikongress, ächtete Chruschtschow in einer Geheimrede die Auswüchse Stalinscher Politik, an denen er sich selber in der Ukraine beteiligt hatte, und legte damit Hand an die Grundlagen des Stalinkults in der Sowjetunion.

Nur einen Monat später, in den ersten Märztagen 1956, demonstrierten Tausende vorwiegend junger Menschen am Stalin-Denkmal in Tiflis, das am Mtkwari stand. Vordergründig protestierten sie gegen die Ächtung Stalins – Chruschtschow hatte ihn ironisch „den größten Sohn Georgiens genannt" – und forderten die Rehabilitierung von Stalins Namen. Der vollkommen unerwartete Angriff Chruschtschows auf Stalin hatte ihren Nationalstolz verletzt. Im Kern war es aber die erste Auflehnung Georgiens gegen Moskau und die Sowjetmacht seit 1924.

Ein Teilnehmer der Demonstration am 9. März 1956 war der damals 27 Jahre alte Nodar Natadse. Er berichtete mir auf deutsch: „Stalin wurde auch in Georgien nicht geliebt, sondern gehasst. Vor allem von den alten Menschen, die den 'Großen Terror' noch miterlebt hatten. Aber – so paradox das klingt – gegen Chruschtschows Angriff auf Stalin gab es Proteste. Wir – ganz besonders die jungen Menschen – waren darauf nicht vorbereitet. Wir demonstrierten aber nicht nur dagegen, dass Chruschtschow das Bild Stalins zerstören wollte. Er hatte ihn ja auch den 'größten Sohn Georgiens' genannt. Damit hatte er uns alle und die ganze georgische Nation beleidigt. Er wollte uns verhöhnen, indem er Stalins Charakter als typisch georgisch darstellte. Schon 1954 versammelten sich einige Hundert Menschen bei seinem Denkmal am Mtkwari-Ufer. 1955 versammelten sich noch mehr Leute. Im Jahre 1956 wurde die georgische Nation in der Sowjetunion noch stärker unterdrückt und verfolgt. Die Menschen gingen deshalb bewusst zur Demonstration. Wir waren mehr als 1500 Leute. Morgens sprach der Chef der Kommunistischen Partei Georgiens, Mdschawanadse. Er bat die Menschen, nach Hause zu gehen. Er sagte aber nicht, dass es schon einen Befehl gab, auf die Menschen zu schießen. Er war ein Schurke und Verräter.

Ich war auch auf der Demonstration. Gegen Abend waren wir noch mehr als tausend Demonstranten. Um 19.00 Uhr verließen uns fünf junge Leute und gingen zum Telegrafenamt, das neben dem Ersten Gymnasium liegt, um ein Protesttelegramm an Molotow zu schreiben. Um 22.00 Uhr kam einer von ihnen zu uns zurück und meldete der Menge, dass die anderen vier arrestiert seien und im Telegrafenamt festgehalten würden. Die Meldung sollte uns provozieren, das Telegrafenamt anzugreifen. Nun gingen wir zum Telegrafenamt. Dort besetzten russische Soldaten die Treppen. Sie waren zehn bis zwölf Mann, die mit Kalaschnikows bewaffnet waren. Das Gebäude selber war voll mit Soldaten.

Bei unserem ersten Angriff schossen sie zuerst in die Menge und dann in die Luft. Dann haben sie mit Leuchtspurmunition geschossen. Das wiederholte sich einige Male. Die Menge baute eine Barrikade aus Trolley-Bussen. Auf dem Dach des Oriental-Hotels gingen MG-Schützen in Stellung. Insgesamt wurden 50 bis 70 Personen niedergeschossen. Dann fuhren russische Panzer auf und umstellten uns. Einige Zeit geschah nichts. Es war ein Rätsel für mich. Dann begriff ich: Man wollte der Menge Gelegenheit geben, sich zu teilen. Die Aktivisten wollte man vernichten. Sie gingen, verfolgt von Panzern und Soldaten mit Bajonetten zum Denkmal zurück. Ich war auch in dieser Menge. Wir wurden in ein Dreieck zusammengepresst. Beinahe wäre ich erstickt. Die russischen Soldaten griffen jetzt mit Bajonetten an. Eine Seite wurde dann geöffnet, während die Soldaten von der anderen Seite in die Menge schossen. Alle versuchten wegzulaufen. Ich schmiss mich auf den Boden und spürte die Luftwellen der Kugeln. Man schoss ein bis zwei Minuten. Dann waren die meisten davon gelaufen. Der letzte Schuss fiel um drei Uhr und fünfzehn Minuten morgens. Viele von uns wurden gefangen genommen. Ich blieb sieben Tage in Arrest."

Die Georgier nennen den 9. März 1956 den „Schwarzen Freitag". Die genaue Zahl der Menschen, die das Maschinengewehrfeuer der Roten Armee niederstreckte, ist nicht bekannt. Es waren wenigstens einige Hundert. Die brutale Reaktion Moskaus lässt sich nur damit erklären, dass die Demonstration nicht nur ein Zeichen nationaler Empörung war, sondern, wie Natadse heute sagt, „ein Protest gegen das Imperium", der auch die Freiheit Georgiens forderte. Nodar Natadse schätzt, dass die Rote Armee zwischen 500 und 1200 Menschen erschoss. Die

Soldaten warfen die Leichen und Schwerverwundeten in den Mtkwari, der sich mit Blut färbte. Die Leichname flossen nicht ab, sondern stauten sich am Ufer, wo sie verwesten.

Wie viele Demonstranten die Sowjetmacht in Tiflis danach zum Tode verurteilte, wissen wir nicht. Moskau reagierte auf den 9. März 1956 zwar mit Härte, aber nicht mehr mit dem Massenterror und den Deportationen der Zeiten von Stalin. Moskau konnte auch nicht verhindern, dass sich nach dem März 1956 die ersten Widerstandsgruppen gründeten, die für ein freies und unabhängiges Georgien eintraten. Eine Gruppe nannte sich „*gorgasaliani*" – nach Wachtang Gorgassali, dem Gründer von Tiflis. Zwei ihrer jugendlichen Mitglieder waren Swiad Gamsachurdia (1939–1994) und Merab Kostawa (1939–1989), die später zu den wichtigsten Persönlichkeiten der Unabhängigkeitsbewegung der achtziger Jahre zählen sollten.

Wassili Mdschawanadse regierte bis zum Jahre 1972 in Georgien. Seine Amtszeit war geprägt durch ökonomischen Niedergang und politische Stagnation. Die Verschlechterung der wirtschaftlichen Lage zeigt sich in Tiflis dem aufmerksamen Spaziergänger, wenn er von Sololaki über Wake zum Nutzubidse-Plateau spaziert. Den roten und grünen aristokratischen Stadtpalais der Jahrhundertwende in Sololaki folgen in Wake die soliden Bauten der Stalin-Jahre. In Saburtalo werden sie abgelöst durch magere, aber immer noch stabile Wohnblöcke der Chruschtschow-Zeit. Das Ende von Tiflis markieren die langstieligen Hochhäuser auf dem Nutzubidse-Plateau. Sie sind aus weißen, großen Betonplatten gebaut. Jeder Sturm lässt befürchten, dass sie umfallen.

Nicht nur die Krise des Wohnungsbaus bereitete der Regierung Probleme. Weitere Symptome des Verfalls waren: hohe Arbeitslosigkeit vor allem unter der akademisch ausgebildeten Jugend, steigende Kriminalität, wuchernde Schattenwirtschaft und ausufernde Korruption.

Im September 1972 setzte Moskau Mdschawanadse ab, der selber zusammen mit anderen hohen kommunistischen Funktionären in mehrere Affären von Korruption, Bestechung und Unterschlagung verwickelt war.

Zum Nachfolger Mdschawanadses ernannte Moskau Eduard Schewardnadse, der von 1972 bis 1985 als erster Sekretär des Zentralkomitees der Kommunistischen Partei die Republik Georgien regierte. Es war die Ära Breschnew (1964–1982), eine Zeit innenpolitischer Verhärtung und repressiver Politik gegen die nichtrussischen Völker der Sowjetunion. Auch sie konnte jedoch nicht verhindern, dass die Risse im morschen Gebälk der Sowjetunion größer wurden.

Schewardnadse, der später als Außenminister am Smolensker Platz das sowjetische Imperium von innen heraus zerstörte, enttäuschte zunächst nicht die Hoffnungen, die Moskau in ihn setzte. Seinen Kampf gegen Korruption und Schattenwirtschaft (Privatwirtschaft) begann er mit der Entlassung von Petre Gelbachiani, der als Direktor des Instituts für Medizin an der Universität die begehrten aber knappen Studienplätze über viele Jahre hin verkauft hatte. Gelbachiani, der sich mehr als ein Vermögen durch Bestechung ergattert hatte – Georgien hat pro Kopf der Bevölkerung mehr Ärzte als Deutschland –, bildete nur den Anfang der Anti-Korruptions-Kampagne. Nach eigenen Angaben entließ Schewardnadse nach 1972 rund 300 Funktionäre. Härte und Unnachgiebigkeit verschafften ihm den Respekt der Bevölkerung. Rechter Erfolg blieb ihm aber versagt. In Georgien, wo Familie, Sippe und Freundschaft Bande für das Leben bedeuten, stand das kommunistische Regime den schädlichen Auswüchsen dieser sozialen Werte hilflos gegenüber.

Der Kampf gegen das Verbrechen, gegen die Mafia und die Korruption, bereitete Schewardnadse Kopfzerbrechen genug.

Noch schwieriger war für die georgische Parteiführung jedoch die Auseinandersetzung mit der nationalen Opposition, die seit Anfang der siebziger Jahre stärker in den Vordergrund drängte. Sie bekämpfte die Diktatur der Kommunistischen Partei und forderte die Unabhängigkeit Georgiens.

Auf das Konto des gewalttätigen Widerstandes gingen Hunderte von Bombenanschlägen und zahlreiche Attentatsversuche gegen Funktionäre der Kommunistischen Partei.

Der gewaltfreie Widerstand hingegen sah sich in der Nachfolge der Nationalbewegung des ausgehenden 19. Jahrhunderts, als Ilia Tschawtschawadse und seine Mitstreiter für die georgische Unabhängigkeit eingetreten waren. Seine Losung lautete wieder: *mamuli – ena – sarcmunoeba*: Vaterland – Sprache – Glaube. In Wort und Schrift boten sie Schewardnadse und Moskau die Stirn, indem sie die georgische Sprache gegen die wieder verstärkt einsetzende Russifizierungspolitik verteidigten, in eigenen Untergrundschriften Georgiens Unterdrückung durch Russland anprangerten und den christlichen

Glauben und seine heiligen Stätten vor dem Angriff der Kommunistischen Partei in Schutz nahmen. Seine Wortführer waren neben Swiad Gamsachurdia und Merab Kostawa auch die Jugendlichen Giorgi Tschanturia (1959–1995), Irakli Tsereteli (geb. 1961) und viele andere mehr.

An dem Versuch Moskaus, der georgischen Sprache den Status der Staatssprache zu nehmen und damit das Georgische aus dem öffentlichen Leben zu beseitigen, entzündete sich der heftigste Streit zwischen der Regierung und der Opposition. Schewardnadse musste schließlich, am 14. April 1978, den jugendlichen Demonstranten nachgeben. Eingedenk des „Komplexes des Jahres 1956" – vor ihm standen die Demonstranten, in seinem Rücken Panzer und Militär – erklärte er, dass man „die öffentliche Meinung erforscht habe" und den Sprachenartikel der georgischen Verfassung (Art. 75) nicht verändern werde. Er lautete weiterhin: „Die Staatssprache der sozialistischen Sowjetrepublik Georgien ist die georgische Sprache" (Art. 75 Abs. 1 Satz 1). Im Jahre 1983 errichteten die Georgier ihrer Sprache ein Denkmal, das sich am rechten Ufer des Mtkwari befindet. (Am Fuße des Denkmals liegen immer rote Rosen.)

Während seiner ersten Regierungszeit in Georgien musste Schewardnadse lavieren zwischen den gängelnden Befehlen aus dem Kreml und den Rufen der nationalen Opposition in Tiflis nach Unabhängigkeit, Freiheit und Menschenrechten. Ob er mit doppelter Zunge sprach – „Ich bin ein genauso guter Georgier wie ihr"-, wie er zu sagen pflegte, ob sein Ziel ein unabhängiges Georgien war oder der Bestand des Imperiums – wer möchte darüber heute befinden. Viele Georgier werden es ihm jedoch nicht verzeihen, dass er auf dem 25. Kongress der Georgischen Kommunistischen Partei erklärte, dass für „Georgien die Sonne nicht im Osten, sondern im Norden aufgeht." Sicherlich hat Schewardnadse selber nicht gewusst, wohin der Weg führen wird. In seinen Reden und Schriften finden sich die üblichen Phrasen über die Sowjetunion und den Kommunismus, aber auch Anklänge von Recht und Freiheit, von der Unabhängigkeit Georgiens und gegen die Unterdrückung durch das totalitäre System, in dem die Würde des Menschen keinen Platz hatte.

Beurteilen wir Schewardnadses Politik nicht nach seinen Worten, sondern seinen Taten, so sehen wir, dass seine Politik in Georgien die Keimzelle des „Neuen Denkens“, von „Perestroika“ und „Glasnost“, war, den politischen Losungen, die das Ende der Sowjetunion einleiteten. Es war eine insgesamt „liberale“ Atmosphäre, in der Historiker, Regisseure und Schriftsteller ihre Werke schaffen konnten. Das berühmteste Beispiel ist der Film „Die Reue“, den der Regisseur Tengis Abuladse (geb. 1924) 1984 fertig stellen konnte. Der Inhalt des Films: Tiflis in den siebziger Jahren. Warlam Alawidse, der in den dreißiger Jahren Bürgermeister von Tiflis war, wird bestattet. Sein Sohn, sein Enkel und viele andere stehen an seinem Grab und sind stolz auf ihn. Nur der Leichnam will keine Ruhe finden. Jede Nacht wird er ausgegraben und in den Garten seines Sohnes gesetzt. Daraufhin bewacht man das Grab und entdeckt, dass eine gewisse Keti Barateli den Leichnam Alawidses Nacht für Nacht wieder ausgräbt. Ihr wird der Prozess wegen Leichenschändung gemacht. Dem Richter erzählt sie ihre Geschichte: In den dreißiger Jahren hatte Alawidse ihren Vater, einen jungen, gläubigen Künstler, der einen Kirchenbau vor der Zerstörung retten wollte, verhaften und in ein Todeslager nach Sibirien deportieren lassen. Die Tochter hörte nichts mehr von ihrem Vater, bis eines Tages Baumstämme aus Sibirien in Tiflis eintrafen. Auf einen der Baumstämme hatte ihr Vater seinen Namen eingeritzt. Als die Tochter beobachtet, wie der Stamm zu Sägemehl verarbeitet wird, weiß sie, dass sie ihren Vater nie wieder sehen wird. Auch die Mutter wird später deportiert. Nur die Tochter überlebt den Großen Terror. Abel Alawidse, der Sohn des Mörders, hat der Geschichte im Gerichtsraum zugehört. Noch bevor die Tochter im Urteil freigesprochen wird, begegnet er seinem Vater in einem Tagtraum. Sein Vater, in der Rolle des Satans, erzählt ihm von seiner Schuld. Sein Sohn öffnet die Augen und sagt: „*mortscha*“ – „Aus. Es ist alles vorbei.“ Soweit der Inhalt des Films. Das kleine Wörtchen „Aus“ aber, das Abel Alawidse im Gerichtssaal ausspricht, bedeutete nicht nur das Ende seiner eigenen Lebenslüge, sondern das Urteil über die Kommunistische Partei und ihre willfährigen Handlanger, die Abertausende von Georgiern ermorden ließen.

In diesem georgischen Film wurde zum ersten Mal in der Sowjetunion die kommunistische Terrorherrschaft im Film dargestellt. Die Genehmigung für den Film, der zunächst nur als Video-Kassette von Haus zu Haus gereicht wurde, erhielt Abuladse von Schewardnadse unter dem Decknamen „Experiment“. „Experiment“ war auch das

Tarnwort für rund 30 weitere Projekte, die Schewardnadse billigte und die alle der Parteiherrschaft und dem Dogma des Kommunismus zuwiderliefen. Schewardnadse sieht in den „Experimenten", wie er uns einmal sagte, den Vorläufer und das politische Modell für die „Perestroika". Zu den „Experimenten" gehörten: die ersten ausländischen Investitionen in Georgien, ein Meinungsforschungsinstitut, Festlegung von Löhnen und Preisen in der Landwirtschaft nach Leistung und Qualität, private Gaststätten, eine Hochschule für Manager. Besondere Bedeutung erlangte das Experiment von Abascha, einem kleinem Ort in Westgeorgien. Hier erlaubte man Bauern, nicht nur ihr eigenes Vieh zu halten, sondern auch ihre Produkte auf eigene Rechnung zu verkaufen. Gorbatschow besuchte diese Höfe und unterstützte das Experiment.

Seit März 1985 war Gorbatschow Generalsekretär der Kommunistischen Partei der Sowjetunion. Sein Wille war es, das bestehende System ökonomisch zu verbessern und politisch zu erneuern, er war jedoch nicht bereit, das Machtmonopol der Partei aufzugeben. Mitte Juni 1985 telefonierte Gorbatschow mit Schewardnadse und bot ihm den Posten des Außenministers an, den Schewardnadse am 2. Juli 1985 antrat. Gorbatschow und Schewardnadse kannten sich seit zwanzig Jahren.

Auf Schewardnadses Stuhl in Georgien rückte Dschumber Patiaschwili (geb. 1939). Er erkannte die Zeichen der Zeit nicht, widersetzte sich allen Reformen, die Schewardnadse eingeleitet hatte, und schüchterte mit repressiven Maßnahmen das öffentliche und kulturelle Leben ein.

Wie blind die neue kommunistische Führung in Georgien gegenüber der Wirklichkeit war, zeigte sich im Jahre 1987 bei der Auseinandersetzung um die geplante Eisenbahnstrecke von Tiflis entlang der Georgischen Heerstraße nach Wladikawkas. Sie hätte nicht nur die anmutige Gebirgslandschaft grob verschandelt, sondern auch den Gebirgsfluss Aragwi verschmutzt und damit das Trinkwasser für die Bewohner der Hauptstadt ungenießbar gemacht. Erst nach massiven öffentlichen Protesten gab die Partei, der das Projekt auch finanziell über den Kopf gewachsen war, nach und stellte den Bau ein. Aus der Protestbewegung ging die Partei der „Grünen" unter ihrem Vorsitzenden, dem Biologen Surab Schwania (geb. 1963) hervor, der Schewardnadses Politik später maßgeblich unterstützte.

Auf dem Weg zur erneuten Unabhängigkeit

Im Oktober 1987 gründete sich in Tiflis die Gesellschaft „Ilia Tschawtschawadse", eine der ersten unabhängigen politischen Gruppierungen in der Sowjetunion. Sie wuchs schnell auf mehrere tausend Mitglieder an, die verschiedenen gesellschaftlichen Schichten angehörten. Dazu zählten die berühmten Dissidenten Swiad Gamsachurdia und Merab Kostawa, die Führer der Studenten- und Jugendbewegung Tamara Tschcheidse (geb. 1960), Giorgi Tschanturia, Irakli Tsereteli und Surab Tschawtschawadse (1953–1989) sowie Vertreter der Intelligenz wie Nodar Natadse (geb. 1929) und Irakli Schengelaia (geb. 1947). Die Mitglieder der „Ilia Tschawtschawadse Gesellschaft" nannten sich die „Vierte Gruppe" – *„meotche dasi"* – und spannten damit den Bogen von der Befreiungsbewegung des 19. Jahrhunderts mit Ilia Tschawtschawadse und Niko Nikoladse über Noe Dschordania zur Gegenwart. Das Programm der „Tschawtschawadse Gesellschaft", das 21 Punkte umfasste, forderte zwar ausdrücklich die Menschen- und Bürgerrechte, nicht aber die Unabhängigkeit des Landes. Unabhängigkeit – auf dem Papier – zu fordern, hätte Verhaftung und Verbannung bedeuten können.

Mit dem Jahr 1988 begannen im Baltikum und in den kaukasischen Republiken die regelmäßigen Massendemonstrationen gegen das sowjetische System.

Im Herbst 1988 demonstrierten mehr als hunderttausend Jugendliche auf dem Rustaweli-Prospekt. Sie protestierten gegen die von Gorbatschow geplante Verfassungsreform, mit der das Sezessionsrecht der Republiken aufgehoben werden sollte. Hunderte gingen vor dem Parlament in den Hungerstreik, wo sie auch über Nacht blieben. Die Proteste weiteten sich aber schnell zu einer Kundgebung für die Unabhängigkeit und Freiheit Georgiens aus. Jugendliche schwenkten die georgische Flagge; Streiks legten das öffentliche Leben lahm. Schließlich gab die Zentralmacht in Moskau nach. Gorbatschow versicherte den Georgiern in einem „Aufruf an die Bevölkerung Georgiens", das Recht auf Sezession nicht aus der Verfassung zu streichen.

Die November-Demonstrationen des Jahres 1988 waren nach dem Sieg der Opposition friedlich auseinandergegangen. Unter dem Firnis offizieller Verlautbarungen der Kommunistischen Partei Georgiens, die mit dem Rücken zur Wand stand, gärte es jedoch weiter.

Kaum eine Woche des Winters 1988/89 verging ohne Demonstration auf dem Rustaweli-Prospekt, auf der die Schüler und Studenten Unabhängigkeit und Freiheit für Georgien forderten.

Die größte Demonstration fand am 21. Februar 1989 statt, dem Jahrestag des Einmarsches russischer Truppen in Georgien im Jahre 1921. Die Polizei und das Militär griffen mit Gewalt ein und verletzten zahlreiche Demonstranten.

Einige Wochen später, im April 1989, demonstrierten die Mitglieder der „Ilia Tschawtschawadse Gesellschaft" vor dem Parlament. Sie protestierten gegen die Bestrebungen der abchasischen Führung, mit Hilfe Moskaus die Unabhängigkeit Abchasiens zu erlangen. In wenigen Tagen weitete sich die Demonstration zu einer Kundgebung für die georgische Unabhängigkeit aus. Mehr als hunderttausend Menschen fanden sich am Ende der ersten Aprilwoche auf dem Rustaweli-Prospekt zusammen und demonstrierten friedlich. Am frühen Morgen des 9. April 1989, gegen vier Uhr, begann das sowjetische Militär, die Demonstration aufzulösen. Sie traf – wider Erwarten – auf immer noch achttausend Menschen, die über Nacht geblieben waren. Einer von ihnen war der Germanist Nodar Gugusidse. Er erzählte mir von der Demonstration: „Surab Tschawtschawadse – damals war er der Vorsitzende der 'Ilia Tschawtschawadse-Gesellschaft' – und diese Gesellschaft haben die Kundgebung vor dem Regierungspalast angefangen. Das war zunächst eine Kundgebung, dann haben sie sich dort hingesetzt und den Hungerstreik erklärt. Das war am 2. April. Ihre Forderungen waren erstens die Unabhängigkeit Georgiens und zweitens die Durchführung von demokratischen Wahlen. Diesen Forderungen schlossen sich die Nationaldemokraten unter Giorgi Tschanturia an. Später kamen auch Swiad Gamsachurdia und Merab Kostawa mit ihren eigenen Parteien dazu. Damals hielten sie alle noch zusammen, die ganze nationale Bewegung machte praktisch gemeinsame Sache. Allerdings konnte die 'Ilia Tschawtschawadse Gesellschaft' Gamsachurdia nicht leiden. Später eskalierte die Situation irgendwie und die Forderung der Streikenden war nun die Abschaffung der abchasischen Autonomie. Die 'Ilia Tschawtschawadse-Gesellschaft' war dagegen, wie immer, die wollten das nicht, weil das unrealistisch war. Wir waren ja noch im Jahre 1989– die Kommunisten waren noch an der Macht, es gab die Sowjetunion noch und es war unrealistisch.

Am 8. April 1989 kamen die sowjetischen Soldaten, die Panzer, die ganze Militärtechnik. Das haben wir alle selber gesehen, wie die ganze militärische Technik auf dem Tiflisser Flughafen gelandet ist, die Panzer und Schützenwagen.

Am 8. April haben schon viele gesagt, dass die Armee eingreifen könnte. Im Prinzip wussten das alle, aber die Emotionen waren so hochgespannt, dass die Demonstranten das nicht akzeptieren wollten. Sie konnten ganz einfach nicht mehr analysieren, was geschehen könnte. In der Nacht zum 9. April, kurz vor vier Uhr morgens kam der Katholikos Ilia II. und alle waren dabei, also die Führer der Nationalbewegung, Gamsachurdia, Kostawa und Tschanturia. Ilia II. hat dazu aufgerufen, den Rustaweli-Prospekt zu verlassen. Auch die Hungerstreikenden vor dem Parlament forderte er auf, die Treppen zu verlassen. Er sagte, dass die Kirchen in der Nacht geöffnet seien: ‚Gehen wir dorthin und beten für Georgien'. Er wisse, dass die Armee bereit sei anzugreifen. Aber keiner hat zugehört. Ich habe das auch nicht akzeptiert. Ich wusste ja auch, dass sie angreifen werden, aber ich habe mir das persönlich nicht so brutal vorgestellt. Vielleicht ein paar Knüppel, ein paar Schläge. Aber als die Soldaten zu marschieren begannen und dann diese Panzer kamen, da merkte ich, dass es nicht so einfach sein würde. Aber da war es schon zu spät. Der jetzige Botschafter in Bonn, Konstantin Gabaschwili, war auch dabei. Wir flohen zusammen vor den russischen Panzern. Das war um vier Uhr und um vier Uhr dreißig war alles vorbei. Wir flohen in Richtung Universität – die Soldaten kamen vom Lenin-Platz. Dann wollten wir zurück, weil wir vor der Philharmonie Kostawa gesehen haben. Wir haben gesagt, gut, jetzt gehen wir zurück und vielleicht können wir den Leuten helfen, vielleicht ist was passiert. Keiner wusste, was passiert war, weil praktisch alle geflohen waren. Die Russen hatten geschossen, aber ich nahm an, dass sie in die Luft geschossen hatten. Dass sie auch mit CS-Gas geschossen haben, das habe ich nicht gesehen. Aber es gibt viele, und ich kenne viele, sogar eine Verwandte, die durch das Gift verletzt wurden.

Wir sind also zurückgegangen, aber schon wo das Hotel Iveria ist, war gesperrt. Die sowjetischen Soldaten hatten den Rustaweli-Prospekt gesperrt und es durfte keiner weitergehen. Wir haben einen Umweg gemacht und sind bis zum Leninplatz gegangen, aber da war auch gesperrt. Vom Leninplatz konnten wir sehen, dass die Soldaten den Rustaweli-Prospekt gesäubert haben. Wie wir nachher von anderen Leuten erfahren haben, haben sie das Blut von der Straße gewischt.

Die Kleidung und die Schuhe der Toten, alles war wie ein Berg auf dem Rustaweli aufgehäuft.

Am 9. April haben wir früh morgens erfahren, dass 18 Menschen ermordet worden waren. Die Soldaten hatten 14 Frauen und vier Männer mit Giftgas getötet und mit Schaufeln erschlagen. Am 9. April, am Vormittag, wurde noch ein Mann erschossen. Der junge Mann kam mit dem Auto und seiner Familie von Zchneti nach Tiflis. Die Polizisten haben ihn angehalten, das wollte er nicht, und sie haben ihn erschossen. Offiziell gab es 19 Tote. Die Leichen wurden den Familien nicht übergeben.

Damals war Patiaschwili der 1. Parteisekretär. Am 8. April vormittags hatten sich sogenannte Parteiaktivisten versammelt – es gab so ein Organ von der Kommunistischen Partei überall damals – und die forderten die Hungerstreikenden auf, dass sie aufgeben sollten. Aber das war nicht realistisch, sie gingen nicht weg. Es war schon eine Woche vorbei und es musste etwas geschehen, so oder so. Patiaschwili hätte normalerweise das Massaker verhindern können. Da gab es nämlich eine Möglichkeit, wenn er auf den Platz gekommen wäre und mit den Leuten dort, mit den Hungerstreikenden oder mit allen gesprochen hätte, und diese Möglichkeit hätte er gehabt – wie Schewardnadse 1978–, dann hätte es kein Massaker gegeben. Aber er blieb im Regierungspalast und kam nicht raus.

Der Befehl anzugreifen, kam wahrscheinlich aus Moskau. Der russische General Rodjonow, der Chef der Truppen, hätte selber nicht gewagt, etwas zu unternehmen."

Die sowjetischen Soldaten erschlugen und zerhackten mit ihren Spaten 18 Frauen und Männer, die ihnen wehrlos und friedlich gegenüber standen. Das Giftgas verletzte andere schwer. Für die georgischen Ärzte war eine medizinische Behandlung der Opfer schwierig, da der russische General Rodjonow nicht bekannt gab, welches Gas seine Militärs eingesetzt hatten, ja den Einsatz sogar verleugnete. Wo die Soldaten ihre Schlächtereien verübten, steht heute ein kleiner, unbehauener Felsstein als Denkmal: „Hier wird ein Denkmal für unsere am 9. April gefallenen Kinder errichtet." Vor ihm liegen rote Rosen, Kerzenwachs verdeckt die Aufschrift.

Am 9. April zeigte der sowjetische Staat noch einmal die Fratze des Bösen. Die Georgier, die am 9. April 1989 unter den Schlägen der sowjetischen Soldaten starben, ließen ihr Leben nicht nur für die Unabhängigkeit Georgiens, sondern auch für die Werte und Kultur der freiheitlichen Welt des Westens, der Georgien siebzig Jahre lang unter sowjetischer Herrschaft nicht angehören konnte.

Unabhängigkeit aber und ein Leben in Recht und Freiheit, diese Ziele hatten die Georgier seit der hinterhältigen Besetzung durch russische Truppen im Februar 1921 nie aus den Augen verloren. Deshalb brach die Sowjetunion am Dezember 1991 nicht als ein festgefügtes Haus zusammen, das der Zauberstab berührt hätte. Die Sowjetunion war immer ein Gefängnis der Völker gewesen, in dem der Kreml als Kerkermeister herrschte. Als aber Gorbatschow und Schewardnadse die Fenster und Türen öffneten, verließen die Balten, die Aserbaidschaner, Armenier, Georgier, die Ukrainer und Moldauer das sowjetische Gefängnis.

Nach dem 9. April 1989 ernannte Moskau Giwi Gumbaridse (geb. 1945), den georgischen KGB-Chef, zum neuen Parteiführer in Georgien. Auch er konnte die Talfahrt der Kommunistischen Partei nicht aufhalten. Scharenweise traten die Mitglieder aus; der georgische kommunistische Jugendverband – KOMSOMOL – löste sich als erster der Sowjetunion im Februar 1990 auf.

Das Ziel der Opposition waren nun freie Wahlen. Durch Streiks und Demonstration erreichte sie, dass solche für den Oktober 1990 vorgesehen wurden. Es waren zwar nicht die ersten freien Wahlen Georgiens, aber die ersten in der Sowjetunion auf der Grundlage eines Mehr-Parteien-Systems.

Aus den Wahlen (28. Oktober – 11. November 1990) ging das Wahlbündnis „Runder Tisch“, an dessen Spitze der ehemalige Dissident und Dozent für amerikanische Dichtung Swiad Gamsachurdia stand, als Sieger hervor. Sein Wahlbündnis erhielt 155 Sitze; die Kommunistische Partei noch überraschenderweise vierundsechzig Sitze.

Der Sieg Gamsachurdias entsprach den Erwartungen.

Die Opposition hatte sich vor den Wahlen gespalten in moderate und radikale Kräfte. Die moderaten Kräfte – „die Grünen“ unter Surab Schwania, die „Ilia Tschawtschawadse Gesellschaft“ unter Tamara Tschcheidse und die „Volksfront“ unter Nodar Natadse – wollten über den „baltischen Weg“ einer breiten Volksbewegung im Rahmen des bestehenden Rechts die Unabhängigkeit erlangen. Nachdem sie es jedoch erreicht hatten, dass es schon im Herbst 1990 freie und demokratische Wahlen geben würde, löste sich der moderate Flügel auf. Der radikale Flügel – die „Partei der Nationalen Unabhängigkeit" unter Irakli Tsereteli, die „National-Demokratische Partei" von Giorgi Tschanturia sowie Merab Kostawa und Swiad Gamsachurdia – lehnten die Zusammenarbeit mit den sowjetischen Behörden und Organen ab. Als sich aber die sowjetischen Behörden auf freie Wahlen einließen, scherte Gamsachurdia aus dem radikalen Flügel, der jede Kooperation mit den Sowjetstrukturen kategorisch ablehnte, aus und kandidierte für das Parlament (das noch Oberster Sowjet hieß). Da Tschanturia und Tsereteli mit ihren Parteien die Wahlen boykottierten, war der Weg für Swiad Gamsachurdia frei. Tschanturia und Tsereteli gewannen mit ihren Parteien, der „National-Demokratischen Partei" und der „Partei der Nationalen Unabhängigkeit" im September 1990 die Wahlen für das Gegenprojekt eines „Nationalkongress", der jedoch auf einer wesentlich geringeren Beteiligung der Bevölkerung beruhte und nach den Parlamentswahlen vom Oktober 1990 sofort seine Bedeutung einbüßte.

Das georgische Parlament, das Gamsachurdia am 14. November 1990 zu seinem Vorsitzenden wählte, erklärte noch am selben Tag den Beginn einer „Übergangsperiode zur Unabhängigkeit Georgiens".

In der Volksbefragung vom 31. März 1991 votierten über 98 Prozent der georgischen Bevölkerung für die Wiederherstellung der Unabhängigkeit.

Das unabhängige Georgien

Auf der Grundlage der Volksbefragung erklärte das Parlament der Republik Georgien am 9. April 1991 förmlich seinen Austritt aus der „Union der Sozialistischen Sowjetrepubliken" und die Unabhängigkeit der Republik Georgien. Nur Litauen war Georgien zuvorgekommen.

Einige Wochen später, am 26. Mai 1991, wählten die Georgier in direkter Wahl mit rund 87 Prozent der Stimmen Swiad Gamsachurdia zum Präsidenten der Republik. Nodar Natadse, einer seiner fünf Herausforderer, erhielt achtbare 7 Prozent.

Nur acht Monate später, im Januar 1992, musste der mit überwältigender Mehrheit gewählte Präsident Gamsachurdia aus Georgien fliehen.

Swiad Gamsachurdia (links im Bild) mit Merab Kostawa, 1988. Photo: Sakinformi

Wie konnte das geschehen?

Der Schlüssel zur Antwort liegt mehr im Charakter Gamsachurdias und im Stil seiner Politik begründet, als in den wenigen politischen Entscheidungen, die er nach der Wahl treffen konnte.

Swiad Gamsachurdia – Swiad heißt auf deutsch der „Stolze" – wurde im März 1939 als Sohn des georgischen Schriftstellers Konstantin Gamsachurdia (1891–1975) geboren. Wie viele Schriftsteller und Intellektuelle Georgiens dieser Zeit studierte Konstantin Gamsachurdia in Deutschland, wo er in Berlin promoviert wurde. Diese Gruppe nannte sich scherzhaft *spreedaleulebi*, diejenigen, die aus „der Spree getrunken haben". Gamsachurdia, dessen Romane über die ruhmreiche Zeit des mittelalterlichen Georgiens sehr lesenswert sind, überlebte wie durch ein Wunder als einziger großer Künstler Georgiens das Stalinsche Fegefeuer. Seinen Sohn erzog er selber in seinem „Kolchischen Turm" in Wake. Er machte ihn vertraut mit der geistigen Welt des Westens, vor allem mit der deutschen Klassik, mit den Werken Shakespeares, aber auch mit dem Gedankengebäude Rudolf Steiners. Die Erziehung seines Vaters, die den Sohn auf eine historische Rolle in Georgien – als Präsident, Patriarch oder gar König – vorbereiten sollte, weckte in Swiad einen unzähmbaren Ehrgeiz. Als Ziel und Mittel seines Ehrgeizes und seiner Ruhmsucht wählte er Georgien. So wie Tariel in Rustawelis Heldenroman „Der Recke im Tigerfell“, dem „Gewissen der Nation“, wie die Georgier es nennen, seine Geliebte Nestan-Daredschan aus der Gefangenschaft befreit, so wollte Swiad Gamsachurdia Georgien aus seiner Knechtschaft befreien. Die historische und kulturelle Bedeutung Georgiens überhöhte er. Die Sendung Georgiens in der Welt sei es, schreibt er in seinem Buch „Die Geistige Mission Georgiens“: „die Menschheit zu retten durch die Zerstörung der Schlange des Materialismus und des Bösen in der Welt.“ Nachdem er bereits in den fünfziger Jahren als Jugendlicher zusammen mit Merab Kostawa gegen das sowjetische Regime aufgetreten war, wurden beide die führenden Dissidenten Georgiens der siebziger Jahre. Sie gründeten die „Helsinki-Gruppe“ Georgiens, benannt nach der Schlussakte der Konferenz für Sicherheit und Zusammenarbeit von Helsinki 1975, mit der sich auch die Sowjetunion zur Einhaltung der Menschenrechte verpflichtete. Im Jahre 1977 wurden sie beide wegen „anti-sowjetischer Tätigkeiten“ verhaftet und zu langjährigen Strafen verurteilt. Kostawa verbüßte seine zehnjährige Haft und Verbannung in Sibirien, Gamsachurdia jedoch wurde nach einem Jahr auf freien Fuß gesetzt, nachdem er im russischen Fernsehen seine Taten bereut und die sowjetischen Behörden um Verzeihung gebeten hatte. Er sagte vor der Kamera: „Ich bedaure und bereue aufrichtig und ich verurteile mein Verbrechen. Aber ich bereue nicht, weil ich jetzt im Gefängnis bin. Nein, ich bin überzeugt davon, dass meine Tätigkeit falsch war und deshalb habe ich beschlossen, mit der Vergangenheit endgültig abzuschließen. Ich möchte mich künftig ausschließlich meinen künstlerischen und schriftstellerischen Tätigkeiten widmen und auf diese Weise meinem Volk Nutzen bringen.“ Dass er, der Großspurige, ohne triftigen Grund klein beigab, kam für viele nicht überraschend.

Zehn Jahre blieb Gamsachurdia nun politisch passiv und im gesellschaftlichen Abseits. Erst als der Musikwissenschaftler Kostawa, der vornehme und höfliche Herr, 1987 aus sibirischer Haft zurückkehrte und seinem Jugendfreund Gamsachurdia seinen Verrat und Kleinmut verzieh, betrat er wieder die politische Bühne. Beide waren nun die unangefochtenen Führer der nationalen Befreiungsbewegung.

Im Herbst 1989 starben Merab Kostawa und Surab Tschawschawadse unter ungeklärten Umständen bei einem Autounfall. Am Steuer saß Tamara Tschcheidse, die Ehefrau Kostawas. An dem Trauerzug Kostawas auf dem Rustaweli-Prospekt und seiner Beisetzung auf dem

Pantheon des Mtatzminda-Berges beteiligten sich einige zehntausend Menschen.

Der erste Präsident Georgiens wäre Gamsachurdia in jedem Fall geworden, auch wenn Kostawa nicht gestorben wäre. Mit Kostawa aber fehlte der Mann, der die politischen Gegner an einen gemeinsamen Tisch brachte und die Verständigung mit anderen Volksgruppen suchte.

Nachdem Gamsachurdia zum Vorsitzenden des Parlaments gewählt worden war und das Parlament an demselben Tag den „Beginn einer Übergangsperiode zur Unabhängigkeit Georgiens" erklärt hatte, traf Gamsachurdia einige innenpolitische Entscheidungen, die ihm bald von Seiten der Intellektuellen, der Jugendlichen und von der Opposition auf der Straße – Tschanturias „National-Demokratische Partei" hatte ja die Wahl boykottiert – den Vorwurf einhandelte, autoritär zu regieren. Nicht ganz zu Unrecht, aber auch keineswegs ganz zu Recht. Selbst die am heftigsten kritisierte Entscheidung, die Verwaltung der Provinzen durch Präfekte, die er persönlich ernannte, war ein nicht unpassendes Mittel, um zumindest für eine Phase des Übergangs das Land zu regieren. Die eine oder andere Maßnahme, wie die persönliche Ernennung des Rektors der Universität, waren anfechtbar, aber nicht geeignet, ihn als Diktator zu brandmarken.

Sein politisches Unvermögen als Präsident zeigte Gamsachurdia jedoch erstmals im Konflikt mit den Osseten.

Die Osseten hatten nach der Annektion im Jahre 1921 von den Bolschewiken im Kernland des Landes, in Kartli, um die Stadt Zchinwali herum, das „Autonome Gebiet Süd-Ossetien" erhalten. Gemeinsam mit Abchasien und Adscharien gefährdete das „Autonome Gebiet Süd-Ossetien" die Einheit und den Bestand des Landes. Wie Ardsinba in Abchasien sahen die radikalen Kräfte in Zchinwali Ende der achtziger Jahre ihre Chance auf Unabhängigkeit gekommen. Am 20. September 1990 riefen sie die „Sowjetische Demokratische Republik Süd-Ossetien" aus und führten am 9. Dezember 1990 in Süd-Ossetien Wahlen durch. Im Gegenzug annullierte das georgische Parlament am 11. Dezember 1990 den Status Süd-Ossetiens als autonomes Gebiet.

Auch für jeden anderen Präsidenten Georgiens wäre in dieser schwierigen Situation guter Rat teuer gewesen. Mit Augenmaß hätte ein kluger Staatsmann damals aber noch einen Ausgleich erreichen können. Stattdessen schürte Gamsachurdia diesen Konflikt weiter, indem er die georgische Miliz im Januar 1991 nach Südossetien entsandte.

Zwei weitere Ereignisse des Sommers 1991 führten schließlich die Regierung Gamsachurdias in eine Krise, aus der sie sich nicht wieder hinaus manövrieren konnte.

Das erste war der Moskauer Putsch der alten Kräfte gegen die Reformer (18.–21. August 1991), den Gamsachurdia erst verurteilte, als seine Aussichtslosigkeit offensichtlich wurde. Außerdem nahm Gamsachurdia den Moskauer Putsch zum Anlass, die Nationalgarde des Verteidigungsministers Tengis Kitowani aufzulösen und sie dem Innenministerium zu unterstellen. Kitowani zog daraufhin mit seinen Männern vor die Tore von Tiflis, wo er mit seinen Truppen in Schawnabada kampierte, um von dort die weiteren Ereignisse zu beobachten. Ein Freund Gamsachurdias war der ehemalige Künstler jetzt nicht mehr, genauso wenig wie Premierminister Tengis Sigua, der zurücktrat, und Außenminister Giorgi Choschtaria, den Gamsachurdia entließ.

Das zweite Ereignis war der Angriff der Polizei am 2. September 1991 auf friedfertige Demonstranten der „National-Demokratischen Partei“ auf dem Rustaweli-Prospekt, bei dem auf beiden Seiten mehrere Menschen verwundet wurden. Seit diesem Übergriff der Polizei verlegte sich die politische Auseinandersetzung vom Parlament auf den Rustaweli-Prospekt: Für Gamsachurdia demonstrierte die Bevölkerung vom Lande, die er aus entlegenen Provinzen in Bussen nach Tiflis karren ließ, und die „weibliche Garde“ des Präsidenten, die „*mdedrioni*“, die in einer Zeltstadt vor dem Parlament für ihn Wache hielten. Gegen ihn demonstrierten Tschanturias „National-Demokratische Partei“, Tseretelis „Nationale Unabhängigkeitspartei“ und die „Grünen“ mit Schwania an der Spitze. Vor Zehntausenden trat Sigua auf, Gamsachurdias ehemaliger Premierminister, und forderte den Rücktritt des Präsidenten. Der Ton zwischen den „Swiadisten“ und „Anti-Swiadisten“ war vergiftet. Gamsachurdia bezeichnete seine Gegner als „Verräter der Nation“ und „Agenten des Kremls“, ein Vokabular, das er schon seit längerer Zeit pflegte.

Es war aber nicht das Auf und Ab, das Hin und Her auf dem Rustaweli-Prospekt, das den Ausschlag für den Sturz von Gamsachurdia gab. Es war sein ehemaliger Verteidigungsminister Tengis Kitowani, der ihn stürzte. Als sich die Lage in Tiflis Ende des Jahres 1991 zu beruhigen schien, zog Kitowani mit seinen Mannen nach Tiflis, befreite Dschaba Josseliani – Gamsachurdia hatte ihn Anfang des Jahres inhaftieren lassen –, und beide gemeinsam stürzten mit den Soldaten der Nationalgarde und den Freischärlern der *mchedrioni* den Präsidenten, den eine überwältigende Mehrheit nur knapp ein Jahr zuvor gewählt hatte.

Argwohn und Misstrauen, Eigenschaften, die bei Gamsachurdia krankhafte Züge annehmen konnten – die Journalistin Marie-Elisabeth Denzer (Saarländischer Rundfunk) und Raymond Bonner (The New York Times) erzählten mir, wie er auf Pressekonferenzen aus dem Nichts heraus Journalisten als KGB-Agenten „entlarvte" und sie des Raumes verwies –, dieser Argwohn zusammen mit einem Gefühl der Unterlegenheit hatte ihn verleitet, Männer und Frauen zu seinen Vertrauten zu wählen, die im besten Fall ungebildet und unerzogen waren, im schlimmsten Fall dumm, feige und hinterhältig. So einer war der Windbeutel Tengis Kitowani, der den Putsch am 20. Dezember 1991 vom Zaun brach.

Knapp drei Wochen dauerten die Kämpfe auf dem Rustaweli-Prospekt zwischen den Anhängern Gamsachurdias einerseits und den Kämpfern der Nationalgarde und der *mchedrioni* andererseits. Am Heiligabend des Jahre 1991 blieben Gamsachurdia nur noch 300 Kämpfer, mit denen er im Regierungsgebäude eingeschlossen war. Zum Glück beschränkten sich die Feuergefechte auf die ersten hundert Meter des Rustaweli-Prospektes. Nur wenige Meter weiter saßen die Georgier im Café, tranken Wein und beobachteten den shakespearesken Kampf. Am 6. Januar 1992 war der Weihnachtskrieg auf dem Rustaweli-Prospekt beendet. Das Regierungshaus und die benachbarten Gebäude waren ausgebrannt oder zerstört. Gamsachurdia floh über Aserbeidschan nach Eriwan, wo ihn General Dschocha Dudajev mit einem Flugzeug abholte und nach Grosny brachte, in die Hauptstadt Tschetscheniens, dessen Unabhängigkeit Gamsachurdia schon im November 1991 anerkannt hatte.

Noch vor der Flucht Gamsachurdias hatten Sigua, Josseliani und Kitowani am 2. Januar 1992 einen Militärrat gebildet, der nun die Macht in der Hand hielt. Josseliani bemerkte: „Ein bekannter Dieb und ein unbekannter Bildhauer haben die Macht übernommen." Josseliani war es, der immerhin einsichtig genug war anzuerkennen, dass den Militärs Erfahrung und politische Klugheit fehlten, um das Land zu regieren.

Er bat Schewardnadse, der sich in Moskau befand, nach Georgien zurückzukommen. Am 5. März 1992 traf er auf dem Flughafen in Tiflis ein; am 10. März 1992 übernahm er den Vorsitz des Staatsrates, dem außer ihm Kitowani, Josseliani und Sigua angehörten.

Warum war Schewardnadse nach Georgien zurückgekehrt, in diesen Hexenkessel der Leidenschaften?

Wohin hätte er gehen sollen?

In Moskau war er als Totengräber des Sowjetimperiums nicht mehr gelitten. Nach Harvard oder Yale zu gehen, wäre seine Sache nicht gewesen. Er ist Vollblut-Politiker und kein Wissenschaftler. Und noch eines: Ein Georgier verlässt nur in größter Not seine Heimat. So gibt es im Gegensatz zu Armenien keine bedeutende georgische Diaspora. In Georgien gilt es als unehrenhaft, im Ausland bestattet zu werden.

Es ist sicher, dass Schewardnadse die Schwierigkeiten, auf die er in Georgien nach seiner Rückkehr traf, nicht unterschätzte: den wiedererwachten russischen Imperialismus, den intransigenten Separatismus der radikalen Kräfte in Abchasien und „Süd-Ossetien“, vor allem aber den zerstörerischen Kampf mit seinen beiden Nebenbuhlern um die Macht in Georgien, dem catalinarischen Tengis Kitowani und dem wendigen Dschaba Josseliani. Drei Jahre sollte es dauern, bis sich Georgien ihrer entledigt hatte.

Wir sind aber erst im Oktober 1992. Gut ein halbes Jahr führt Schewardnadse nun die Staatsgeschäfte Georgiens.

Was hat er erreicht?

Den Konflikt um „Süd-Ossetien“ konnte er durch das Abkommen von Sotschi vom 4. Juli 1992 entschärfen. Obwohl seine Politik des Ausgleichs von Kitowani und den rückwärtsgewandten Kräften in Moskau hintertrieben wurde, gelang es ihm, das Abkommen durchzusetzen. Seitdem sichert eine gemeinsame Friedenstruppe von ossetischen, russischen und georgischen Soldaten den Waffenstillstand in Zchinwali. De facto übt die georgische Regierung im weitaus größten Teil des ehemaligen „Süd-Ossetien“ die Staatsgewalt aus, nur in Zchinwali und der näheren Umgebung ist sie nicht präsent. Ungelöst ist das Problem der Rückkehr der georgischen und ossetischen Flüchtlinge, die ihre Wohnungen in Zchinwali und den umliegenden Dörfern verlassen hatten.

Schwieriger ist die Lage in Abchasien, das nördlich von Sochumi geteilt ist. Ob der Waffenstillstandsvertrag vom 3. September 1992 hält und Ardzinba seine Hoffnungen auf ein unabhängiges Abchasien begraben muss, ist ungewiss.

Seine Zusage, freie Wahlen in Georgien durchzuführen, erfüllte Schewardnadse am 11. Oktober 1992. Gleichzeitig fanden Parlamentswahlen und die Wahlen zum „Vorsitzenden des Parlaments" statt. Als einziger Kandidat erhielt Schewardnadse über 96 Prozent der Stimmen. Als die Georgier Gamsachurdia gewählt hatten, hatten sie jemanden gewählt, den sie nicht richtig kannten. Schewardnadses Schwächen und Vorzüge hingegen kannten sie gut. Das Parlament, in dem die Schewardnadse unterstützenden Parteien die Mehrheit erzielt hatten, übertrug ihm als Vorsitzenden des Parlaments die Vollmachten eines Staatsoberhauptes. Seit den Wahlen sind die politischen Aktivitäten der „Swiadisten", die die Wahlen boykottiert hatten, erheblich zurückgegangen. Noch im Frühjahr und Sommer hatte es in Westgeorgien und Tiflis zahlreiche Kämpfe zwischen Regierungstruppen und „Swiadisten" gegeben.

Die Wiederaufbauarbeiten an den Zerstörungen in der Mitte von Tiflis, die der „Bildhauer" Kitowani und sein „Theater-Regisseur" Josseliani nach dem Staatsstreich hinterließen, haben begonnen. Im Ersten Gymnasium, der vornehmsten Schule Georgiens, vor dem sich das Denkmal für die Dichter Ilia Tschawtschawadse und Akaki Zereteli befindet, werden die Lehrer bald wieder ihre Schüler unterrichten. Der klassizistische Palast, in dem einst Woronzow als russischer Statthalter residierte, hat die Kämpfe unbeschadet überstanden. In seinen Sälen lernt die Jugend georgischen Tanz und Gesang. Auch das Historische Museum „Simon Dschanaschia" wurde nur von einigen Querschlägern getroffen. Seine Gründung geht zurück auf das „Kaukasische Museum", dessen erster Direktor der deutsche Naturforscher Gustav Radde (1831–1903) war. Seine Büste steht im Hinterhof des Museums.

Wir sind im Herbst 1992. Es ist jetzt früher Abend. Ich spaziere auf dem Rustaweli-Prospekt in Richtung Wake. Die mächtigen Kronen der Platanen spenden Schatten vor der noch warmen Sonne.

Mir gegenüber steht ein leerer Trolley-Bus; der Strom muss ausgefallen sein. Autos fahren nur sehr wenige.

Vor dem Café „Love and Cocktail" neben dem fast zerstörten „Institut für georgische Kunstgeschichte" sitzen einige junge Männer auf roten Plastikstühlen. In ihren Gürteln stecken Makarow-Pistolen und

Kampfmesser. Auf dem weißen Plastiktisch steht ein Bund grüner Flaschen georgischen Champagners neben einer Kalaschnikow. Ein schwarzer Mercedes bremst vor dem Café. Zwei gutgekleidete Männer, hochgewachsen und rippendünn, begrüßen die Gruppe am Tisch mit Küssen auf die Wange.

Auf der Höhe des Opern-Hauses, dem „Staatlichen Sachari-Paliaschwili-Theater für Oper und Ballet“, das im maurischen Stil erbaut ist, kommt mir eine Gruppe junger und hübscher Mädchen entgegen. Eines von ihnen kenne ich. Sie heißt Maja und ist bezaubernd schön. Ihr schmales Gesicht ist vornehm weiß. Feine Brauen wölben sich über ihren braunen Augen. Sie trägt ein Stirnband, das ihre schwarzen Haare zusammenhält. Sanft gewellt fallen die langen Locken, die in der Sonne glänzen, auf ihre Schultern. Auf der Brust trägt sie als kleinen silbernen Anhänger das weinumrankte Kreuz der Heiligen Nino.

Mit ihren Freundinnen schlendern wir am „Institut für Marxismus-Leninismus“ vorbei, das vorübergehend das Parlament beherbergt. Ihre Freundinnen tragen schwarze hochhackige Schuhe, kurze Röcke und schwarze Sonnenbrillen. Eine heißt Nino. Sie hat die klassisch-schöne Nase der Nofretete, die mit der Stirn fast eine Linie bildet.

Hinter uns lachen einige Burschen, die auf schwarzen Sonnenblumenkernen knabbern. Sie zerknacken die schwarzen Schalen gekonnt mit den Zähnen und spucken sie dann in hohem Bogen aus. (In seinem Tagebuch „Kaukasische Aufzeichnungen“ zerbricht sich Ernst Jünger den Kopf, warum die Menschen im Kaukasus ewig Sonnenblumenkerne knabbern. Die Lösung ist einfach: Die Kerne der Sonnenblumen enthalten Niacin, das Glückshormone im Gehirn aktiviert).

Sonst sehen wir auf dem breiten Gehsteig nur vereinzelt Menschen, wie einen Greis, der einen schweren Sack Kartoffeln auf seinem gebeugten Rücken trägt, oder eine verhärmte Alte, die auf einer Eingangsstufe hockend Sonnenblumenkerne in kleine Tütchen aus Zeitungspapier füllt.

„Du hättest früher nach Tiflis kommen sollen, Fried“, sagt Maja auf englisch, das sie besser spricht als deutsch. „Früher konnten wir auf dem Rustaweli nicht gehen vor Menschen. Bis in den frühen Morgen gingen wir auf und ab, saßen in den Cafés, tranken Wein, lachten und sangen. Nie war der Rustaweli so menschenleer wie heute – nicht einmal zu Gamsachurdias Zeiten. Wir besuchten Konzerte in der Philharmonie und gingen dann in die Restaurants. Heute sind sie alle geschlossen, die Menschen sitzen zu Hause, haben kein Geld, und in der Dunkelheit ist es gefährlich, draußen zu sein."

Der „Rustaweli", das war der allabendliche Laufsteg für Maja und Nino, der Corso für den in schnelle Autos vernarrten Kacha, dessen Eltern schon immer Mercedes fuhren, und die Bühne für das Strohfeuer politischer Leidenschaften Gamsachurdias, das nichts hinterließ als Katzenjammer. Und eine Armbanduhr, die ich trage. Gamsachurdia ließ sie im Ausland produzieren. Auf dem Zifferblatt ist die georgische Flagge zu sehen und das Wort „Patriot" zu lesen.

In der Mitte des Boulevards geht die Straßen-Bühne über in die Bühne des „Schota-Rustaweli-Schauspielhauses", das in Tiflis und London seine größten Triumphe feierte mit den Dramen Shakespeares unter der Regie von Robert Sturua.

Wir haben schon den Rustaweli-Prospekt verlassen und stehen jetzt vor der „Staatlichen Philharmonie". Es ist ein schlichter, moderner Glasbau in Form eines Kreises.

Wir betreten den Großen Konzertsaal, in dem sich nur wenige Zuschauer eingefunden haben. Sie applaudieren dem Tanz- und Gesangensemble „Rustawi". Ich höre zum ersten Mal die mehrstimmige georgische Volksmusik. Die Arbeitslieder, die bei der Ernte auf dem Feld gesungen werden, und die Tafellieder werden seit Jahrhunderten von Generation zu Generation weitergegeben. Meinen Ohren klingen die Lieder fremd. Sobald ich glaube, eine Melodie erkannt zu haben, nimmt das Lied eine Wendung, als würden die Sänger ein neues anstimmen. Die Stimmen der Männer scheinen verschiedene Lieder zu singen. Die Harmonie währt immer nur kurz. Dann löst sich wieder eine Stimme aus dem Gleichklang heraus, entfernt sich von ihm oder singt gar gegen die anderen Stimmen an. Nur das Jodeln, das die georgische Volksmusik auch kennt, kommt mir bekannt vor.

Auf den Gesang folgt der Tanz. Zwei Männer in der knielangen „Tschocha", einem auf Taille geschnittenen Gewand, schlagen mit ihren silbernen Dolchen, den Kindschals, aufeinander ein. Von den scharfen Schneiden und den tellergroßen Schilden stieben die roten Funken. Im Hintergrund klatscht der Chor. Immer schneller und kräftiger folgen die Schläge aufeinander. Über den abgeduckten Kopf saust die Klinge hinweg, sticht ins Leere, wo eben noch der Gegner stand. Jetzt, da sich der Wirbel der Trommeln nicht mehr steigern lässt und die Schläge nicht mehr schneller geschlagen werden können, löst sich eine Tänzerin aus der Gruppe der Anfeuerer. Auf Zehenspitzen nähert sie sich mit zierlichen Schritten den Kämpfenden und wirft ein Taschentuch in ihre Mitte. Der Kampf ist vorbei.

Wir klatschen lange Beifall und verlassen dann die Philharmonie. Maja und ihre Freundinnen gehen nach Hause in die Agmaschenebeli-Straße. Ich gehe in der anbrechenden Dunkelheit auf der Paliaschwili-Straße nach Wake.

6. Im Labyrinth der Altstadt

Mai 1993

Nur eine Handvoll Ausländer überwinterte von 1992 auf 1993 in Tiflis. Einer von ihnen war Udo Hirsch aus Adenau in der Eifel, knapp fünfzig Jahre alt, ein sympathischer Weltenbummler, der seit einiger Zeit in Georgien lebt und für den „World Wildlife Fund" den Aufbau von acht Nationalparks betreut. Manchmal trafen wir uns im Chomli-Club, dem einzigen Restaurant außer dem Metechi-Hotel, das vom georgischen Außenministerium betrieben wird. Eines Abends erzählte uns Udo dort die Geschichte seines Fluges nach Deutschland. Die seltenen und unregelmäßigen Flüge nach Frankfurt waren im Winter sehr begehrt, aber nicht frei von Tücken. Udo Hirsch erlebte den interessantesten Flug:

„Als ich gegen Mittag am Flughafen ankam", beginnt er zu erzählen, „mussten wir zunächst warten, bis der Tankwagen kam und das Flugzeug mit Kerosin betankte. Der Tankwagen wurde natürlich erst bestellt, nachdem alle Passagiere auf dem Flughafen eingetroffen waren. Dann dauerte es noch drei Stunden, bis er endlich das Benzin brachte.

In der Zwischenzeit war auch die Maschine der „Orbi-Fluggesellschaft" aus Wien gelandet. Also wurde das Benzin von dem Tankwagen auf beide Flugzeuge aufgeteilt.

Als wir endlich unsere Maschine nach Frankfurt bestiegen, sahen wir einen italienischen Jet, den man doch tatsächlich auf den Kopf gestellt hatte, damit vorne das Benzin besser ausläuft. Das hatten sich die – wie heißen die Ritter bei euch? – ja, die mchedrioni, die hatten sich das abgetankt für ihre Panzer.

Unsere Maschine war also nur zur Hälfte betankt, so dass wir bereits in Sotschi – es war schon dunkel – zwischenlanden mussten. Dort regnete es in Strömen. Die anderen und ich, wir wollten nach draußen, durften aber nicht. Zwei Stunden haben wir so im Regen gewartet, bis fertig getankt war. Natürlich war der Zwischenstop unangemeldet; das

Flugzeug landete und erst dann rief die Besatzung: ‚Wir brauchen Benzin.'

Als wir in Sotschi wieder abflogen, hatten wir schon über acht Stunden Verspätung.

Vier Stunden später erreichten wir endlich Frankfurt. Dort durften wir aber nicht mehr landen, da die Georgier vergessen hatten, unseren Charterflug anzumelden. Deshalb flogen wir weiter nach Düsseldorf. Über Düsseldorf aber war dichter Nebel. So kreisten und kreisten wir über Düsseldorf, bis ich plötzlich ins Cockpit gerufen wurde, weil die Piloten das Englisch der Fluglotsen nicht verstanden.

‚In Düsseldorf ist Nebel, sie dürfen hier nicht landen', erklärten mir die Fluglotsen.

Wohin nun?

‚Nach München', sagt der Pilot.

‚Wo ist denn München?' fragt der Co-Pilot.

Ich zeigte dem Co-Piloten, der eine Straßenkarte auf seinem Schoß hielt, wo München liegt, und schon drehte der Pilot ab Richtung Süden.

Als der Pilot den Passagieren ankündigte, dass es nun nach München gehe, wurde mir zum ersten Mal bewusst, dass wir rund zwanzig Tamilen an Bord hatten. Eine schrie sofort: ‚Nein, nein, wir wollen nicht nach München! Wir wollen nach Deutschland!' Andere zerrissen ihre Pässe und verstopften die Toiletten damit. Schließlich beruhigten sie sich, nachdem wir ihnen erklärt hatten, dass München auch in Deutschland liege.

Als wir uns München näherten, wurde ich wieder ins Cockpit gerufen. Der Pilot zeigte auf die Benzinnadel: Sie stand kurz vor Null.

Der Pilot sagte nur: ‚Ich muss runter!'

Kurze Zeit später war die Uhr ganz auf Null und wir hatten noch sieben Minuten bis München.

Der Tower aber sagte mir: ‚Der Flughafen ist zu, Sie können hier nicht landen.'

Ich sagte dem Fluglotsen nur: ‚Egal. Unsere Benzinanzeige steht auf Null. Entweder wir landen auf dem Flughafen, oder wir gehen auf München runter. Runter müssen wir sowieso.'

Das haben die endlich begriffen, haben die Lichterreihe angemacht und wir sind mit Null runter.

Im neuen Flughafengebäude Münchens durften die bevorzugten Europäer auf die Bänke und die anderen auf den Fußboden. Der Coca-

Cola-Automat war in zehn Minuten leer. Bis zum frühen Morgen um halb sechs Uhr dösten wir. Dann kam der Tankwagen. Als das Flugzeug betankt war und der Pilot bezahlen sollte, sagte er nur: ‚Ich, ich habe kein Geld.' Drei andere und ich hatten zum Glück genug Geld. Wir kratzten knapp 5000 DM zusammen und bezahlten den Sprit. Dem Piloten sagten wir, dass wir ihn in Frankfurt nicht aussteigen lassen würden, bevor uns Air Georgia das Geld zurückgezahlt hätte. Die Passagiere, von denen keiner gezahlt hatte, waren auf unserer Seite und klatschten wie wild Beifall. Sie waren ganz begeistert. Nach 36 Stunden, sechsunddreißig langen Stunden – vier sind normal – landeten wir schließlich in Frankfurt. Die Tamilen blieben an Bord und mussten nach Tiflis zurückfliegen."

Nicht jeder erlebte einen so amüsanten Flug wie Udo Hirsch.

Ich verbrachte den ganzen Winter in Tiflis und flog nicht nach Hause.

Bis Mitte Januar blieb das Wetter mild. Meinen Geburtstag, den 14. Januar, feierten wir noch mit vielen, vielen Kerzen – wir hatten wieder einmal keinen Strom – im Hemd und im Pullover in meiner Wohnung in Wake. In den Nächten darauf begann es zu frieren. Mehrere Wochen blieb das Wasser, das die steilen Felsen zum Mtkwari herabrieselt, in bizarren Formen gefroren. Tagsüber schien aber meistens die Sonne.

In Tiflis selber gab es an den Winterabenden wenig Abwechslung. Nur die Philharmonie in der Agmaschenebeli-Straße bot uns Zerstreuung. In manchen Wochen besuchten wir fast täglich die Konzerte, die unter der Leitung von Wachtang Kachidse oder Wato Matschawariani wegen der Sperrstunden am frühen Nachmittag begannen. Im Konzertsaal, der nicht geheizt wurde, war es eiskalt. Wir saßen in unseren Lodenmänteln, die Hände tief in den Taschen vergraben. Die jungen Mädchen kamen in Nerzen und anderen Pelzen. Sie waren heiter, guter Laune, ja beschwingt. Der wirtschaftlichen Misere trotzten sie, indem sie ihr keine Beachtung schenkten, so taten, als gäbe es sie nicht. Die Musiker spielten im Smoking, die Damen in weißer Bluse. Sie mussten frieren, ließen es uns aber nicht merken. Ihre Hände waren blau und klamm von der Kälte. Sie spielten das klassische Repertoire, aber auch neue Werke des georgischen Komponisten Gia Kantscheli. Einige seiner Stücke zeichnen sich dadurch aus, dass nach langen Sequenzen leisester Töne plötzlich das gesamte Orchester mit einem lauten Fortissimo-Schlag einsetzt. Besonders gern beobachtete ich dabei den Paukisten, der bei seinen Schlägen Reihe für Reihe den schönsten Mädchen zuzwinkerte.

Nach den Konzerten waren wir oft zum Abendessen eingeladen bei Freunden, Bekannten oder Fremden, die uns eine Freude bereiten wollten.

Immer gern waren wir zu Gast bei Giwi und Ella Dauschwili in Saburtalo. Ihr Sohn Kote arbeitete im Protokoll des georgischen Außenministeriums und war der Freund unserer Sekretärin Marita Rademacher.

Giwi, den Hausherren, ernennen wir zum Tamada. Das Wort bedeutet auf Deutsch soviel wie „Zeremonienmeister". Er steht der traditionellen georgischen Tafel vor, der *supra*. Der Tamada wird – in einem mehr oder weniger demokratischen Akt – bestimmt. In der Regel fällt die Wahl auf den Gastgeber oder die gesellschaftlich ranghöchste Person. Der Tamada ist fast immer ein Mann, ich habe aber auch Frauen in dieser Rolle erlebt.

Heute sind wir eine lockere Runde von Freunden, so dass Giwi als Tamada nicht gezwungen ist, auf das Wohl eines jeden von uns zu trinken. Solch ein Abendessen würde länger dauern. Trotzdem bleibt ein Kanon von Trinksprüchen, die Giwi ausbringen muss: auf die Freundschaft, auf das Wohl der Gäste, auf die Eltern, auf die Toten, auf die Kinder, auf die Frauen am Tisch, auf die Liebe, auf die Mütter, auf den Frieden, auf Ella als Gastgeberin. Jetzt trinkt Giwi auf Georgien, auf seine große Geschichte und seine bessere Zukunft, auf die wir alle hoffen: „Auf Georgien!", erhebt Giwi sein Glas; wir stehen auf und trinken auf dieses wunderschöne Land, in dem es im Januar mit Heizung und Strom noch schöner wäre. In der grimmigen Kälte von Giwis und Ellas Wohnung verdampft unser Atem zu flüchtigen Wolken, als wären wir kleine Kraftwerke. Nur wenige Kerzen, in deren schwacher Schein Soppos hübsches Gesicht schimmert, erhellen das geräumige Wohnzimmer mit den in Georgien üblichen Schwarz-Weiß Photographien der Vorfahren an der Wand.

„*Alawerdi*", ruft Giwi und fordert damit jeden von uns auf, einen Trinkspruch auf Georgien auszubringen. Damit hat Giwi einen Redewettstreit eröffnet, der bei Null Grad und ohne Strom einiger rhetorischer Phantasie bedarf. Ich wandele das Thema ab und trinke auf die georgischen Frauen. Ein anderes Mal hatte ich in ähnlicher Situation

– sozusagen als Trost – darüber gesprochen, dass sich auch Deutschland in einer wirtschaftlichen Krise befinde. Ich glaubte, dass mir die Tischgäste gespannt zuhörten, bis sie plötzlich in ein schallendes Gelächter ausbrachen. Ich war als Redner blamabel gescheitert: eine „deutsche“ Krise hätten die Georgier gern einmal.

Plötzlich glimmen die Drähte der Glühbirnen dunkelrot auf. „*Schuki* – Strom!“, ruft Marita. Die Drähte verfärben sich in ein helleres Rot, dann leuchten sie im Orange der Apfelsinen auf. Aus der Nachbarwohnung klingt ein langgezogenes, erwartungsfrohes „Ooooh“ herüber, das langsam die Tonleiter erklimmt. Gespannt starren wir auf die Glühbirnen. Seit zwei Tagen sind wir ohne Strom! Soso Chudschiaschwili, unser Freund aus dem Außenhandelsministerium, der im Hintergrund Jazz auf einem Klavier aus der DDR spielt, feuert die Glühbirnen mit fetzigen Rhythmen an. Und tatsächlich erstrahlen sie mit einem Mal in einem hellen weißen Licht. In der Nachbarwohnung wird geklatscht; wir rufen bravo. Da gibt es ein „Klack“ und wir sitzen wieder im Kerzenschein. Soso spielt einen Trauermarsch, der von dem Geknatter der Maschinenpistolen im Hof und auf der Straße untermalt wird.

Wir bleiben guter Laune. Kote, der sich mit Merab Mikeladse in den Armen liegt, trinkt auf Marita. Merabs Bruder, Schalwa, hat sich nach Chatschapuri, Schaschlik und einigen Gläsern Manawi auf das Sofa zurückgezogen und döst ein wenig. Er wacht erst auf, als Ella mit einer großen, dampfenden Schüssel Chinkali das Wohnzimmer betritt. Chinkali sind Maultaschen, die wie kleine Tabaksbeutel aussehen und mit Schweine- oder Hammelfleisch gefüllt sind. Wir essen sie mit den Händen, indem wir sie an den kleinen, pilzähnlichen Stängeln fassen. Dazu schmatzen wir. Das ist beim Essen von Chinkali üblich und unvermeidlich.

Giwi hält nun einen Trinkspruch – er spricht deutsch, englisch und georgisch durcheinander – auf Samson Karbelaschwili, der wie Giwi Dozent am Institut für Fremdsprachen in Tiflis ist – Giwi für Englisch, Samson für Deutsch. Giwi spricht über Samsons unermüdlichen Einsatz für seine Studenten und seine wissenschaftlichen Arbeiten. (Samson schreibt ein Lexikon zur Wortbildung der deutschen Sprache). So sind die Trinksprüche in Georgien. Sie loben und preisen, sie huldigen und schmeicheln. In unseren Ohren klingt das manchmal wie Lobhudelei, aber eben nur in unseren. Weshalb sich diese Tischsitte über die Jahrhunderte bewahrt hat, können auch Samson und ich in unserem

Gespräch nicht klären. Vielleicht liegt ein Grund in der Geschichte Georgiens, die nie wieder an das „Goldene Zeitalter“ des Mittelalters anknüpfen konnte. Während der schweren Bedrängnis durch die Feinde aus dem Süden und Norden vergewisserten sich die Georgier ihrer sittlichen Werte und Tugenden durch die Trinksprüche auf den Gastmahlen. Die Trinksprüche preisen ja immer das moralisch Wertvolle, wie auch heute Abend. So wird die Tafel zum Hüter der Moral. Samson aber winkt über diese Gedanken müde ab. Er glaubt das alles nicht. Der Grund, warum es in Georgien einen Tamada gebe, sei viel einfacher: „Die Georgier brauchen einen Führer. Sonst klappt nichts.“ Giwi bemerkt dazu nur: „Auch mit Führer klappt nichts.“

Es ist wieder einmal spät geworden. Wir brechen auf und fahren durch die schneidend kalte Nacht über den menschenleeren Rustaweli-Prospekt nach Hause. Nur vor den staatlichen Brotgeschäften haben sich kleinere Gruppen älterer Männer versammelt. Vor ihren Holzfeuerchen stampfen sie von einem Bein auf das andere und schlagen sich in die Hände, um sich aufzuwärmen. Sie werden noch bis zum Morgengrauen warten müssen, bevor ihnen ein klappriger Lastwagen das staatlich rationierte Brot bringen wird.

In Wera haben vereinzelte Häuser Licht. Aber meine Hoffnung, dass Wake Strom haben könnte, wird enttäuscht. Im Innenhof meines Hauses steige ich aus meinem warmen Golf in die Kälte (in Georgien ist es im Winter im Auto am wärmsten). Bis zum Hauseingang leuchtet mir der Mond den Weg. Im stockfinsteren Flur sehe ich nichts mehr. Um mich herum ist es so schwarz, als hätte ich mir ein Tuch vor die Augen gebunden. Die Taschenlampe habe ich wieder einmal in meiner Wohnung vergessen. Aber die Stufen zu meiner Wohnung in der vierten Etage kenne ich auswendig: sieben, vier, fünf, sechs und in der dritten Etage ganz rechts halten, da die Stufen auf der linken Seite zerbröselt sind. Oben öffne ich die Eisentür, die meine Vermieter während der Wirren der Gamsachurdia-Zeit einbauen ließen, und zünde die beiden Kerzen an, die rechts neben dem Eingang auf der Garderobe stehen. In der Wohnung ist es frostig wie in einem Kühlhaus. Mit den beiden Kerzen, deren Wachs auf meine Jacke tropft, haste ich in das Bad und stelle sie auf das Regal unter dem Spiegel. Ich drehe den Wasserhahn auf, doch es kommt kein Wasser. Wieder einmal muss ich das Wasser aus der Badewanne, in der immer genug Vorrat ist, in das Waschbecken schöpfen. Mit dem eiskalten Wasser benetze ich mein

Gesicht und putze mir hastig die Zähne. Das Zahnfleisch schmerzt. Bibbernd gehe ich in das Schlafzimmer, wo ich mich flink entkleide. Meine Beine und Arme sind so kalt wie Eiszapfen. Über den Schlafanzug ziehe ich einen Pullover und eine Hose aus Fleece-Stoff. Die Ohren, die besonders viel Wärme abgeben, schütze ich durch ein grünes Stirnband mit der Aufschrift „Gudauri“. Ich spüre noch wie der eisige Wind durch die Ritzen der Balkontür über meine Nase streicht und bin schon fast eingeschlafen, als das Telephon klingelt. „*Maiko sachschia* – Ist Maiko da?“, brüllt mir eine helle Frauenstimme ins Ohr. „*Maiko ar aris* - Nein“, schreie ich zurück, knalle den Hörer auf und ziehe die Schnur aus dem Stecker.

So verbrachte ich meinen ersten Winter in Georgien. Er war kalt, aber kurz. Schon Anfang März wurde es wieder warm.

Heute ist Sonntag, der 9. Mai 1993. An diesem Tag feiert Russland den Jahrestag des Sieges im Großen Vaterländischen Krieg. Das russische Fernsehen hat uns am gestrigen Abend durch Spielfilme und Dokumentarsendungen auf diesen Feiertag eingestimmt, der in Georgien kaum beachtet wird.

Ich wache spät auf. Gegen Mittag kommt Marina Maisuradse, die mich in die Tifliser Altstadt begleiten wird. Marina ist eine georgische Schönheit, schlank, mittelgroß, dunkler Teint, ihr langes, lockiges Haar ist eine schwarze wilde Pracht, die schwer zu bändigen ist.

Gemächlich schlendern wir die Treppen des Hausflures hinunter und grüßen die verhärmte Alte, die unsere Stiege mit gebeugtem Rücken reinigt, da ihr Besen aus Reisig einen nur armlangen Stiel hat. Sie nickt zurück und grüßt uns: „*Gamardschoba*“ – wörtlich übersetzt etwa: „Sei siegreich“. Mahnung an alte Zeiten.

Auf der überbreiten Tschawtschawadse-Avenue, die im Schatten großer Platanen-Kronen liegt, halten wir einen klapprigen Wolga an, dessen Fahrer uns in die Engelsstraße bringt, die hinter dem Rathaus liegt.

Taxis fahren fast keine in Tiflis. Die Trolley-Busse sind bis zum Bersten gefüllt; Jugendliche hängen langgestreckt an der Karosserie, wo immer sie einen Halt finden können. Die U-Bahn meiden wir. Wenn der Strom ausfiele, müssten wir in gespenstischer Ruhe in den Waggons ausharren, die nur durch Kerzen und Feuerzeuge beleuchtet wären.

Am Freiheitsplatz, wo die Rosen des Rondells in der vergangenen Woche durch Hagelkörner so groß wie Kinderhände entblättert worden sind, biegen wir rechts ab.

Wir sind in Sololaki, im drittältesten Stadtteil nach den Altstadtvierteln Kala und Awlabar. Erbaut um die Mitte des letzten Jahrhunderts, war es das Quartier der wohlhabenden armenischen Kaufleute und der georgischen adligen Familien, der Orbelianis, Tschawtschawadses, Abaschidses und Eristawis. Die Häuser der rechtwinklig angelegten Straßen sind dreistöckige Bauten, deren klassizistische und neobarocke Fassaden rot, blau oder grün verputzt sind. Zur Straßenseite sehen wir schön geschmiedete Balkone; im Innenhof umlaufen hölzerne Veranden die Häuser. Wir fahren die Matschabeli-Straße hinauf. Hier wohnte auch der Menschenschlächter Lawrenti Beria in einem weißen landschlossähnlichen Gebäude. Von dem Haus soll ein Tunnel zum Regierungsgebäude führen. Der Garten ist heute verwildert, die Scheiben zerstört. Mehrere Flüchtlingsfamilien aus Abchasien hausen in den Sälen und Fluren des Gebäudes. Am Ende der Straße biegen wir links ab in die Engelsstraße, der früheren Assantiani-Straße, und halten auf der Höhe des Hauses Nr. 30. Schräg gegenüber, in der Dadiani-Straße wohnt eine mir bekannte Familie. Früher wohlhabend, ist sie heute verarmt. Der Familienvater ist von einer fortschreitenden Lähmung befallen, deren Ursache die Ärzte bisher nicht haben feststellen können. Seit einigen Monaten hat er keine Gewalt mehr über seine Beine. Da die Familie keine Einkünfte hat, bat mich seine Tochter, eine angehende Ärztin, einige Teile der sehr wertvollen Porzellansammlung der Familie in Deutschland zu verkaufen. So ließ ich die Figuren der Manufaktur Frankenthal, die Kavalier- und Schäfergruppen aus Nymphenburg und die Meißener Teller aus dem frühen 18. Jahrhundert in Hamburg auktionieren. Der Erlös hätte ausgereicht, um einige Jahre sorgenfrei in Tiflis zu leben. Einige Wochen später jedoch starb der kranke Mann. Kurz vorher hatte er das gesamte Geld durch Spekulation seiner Freunde verloren.

Wir zahlen dem Fahrer 500 Rubel, rund 30 Pfennige, und spazieren eine kleine Gasse hinauf, die zu einem Tunnel führt, der den Narikala-Höhenzug unterquert. Am Eingang des Tunnels tappen wir ins Dunkle. Nach rechts führt ein Gang, aber wir können nichts sehen und vor uns breitet sich eine große, modrige Pfütze aus. Wir wollen schon wieder hinausgehen, als ein junger Mann uns eine Tür weist, die sich gleich linker Hand im Gang befindet. Nun sind wir im straßenbreiten, kalten Tunnel, der nur schummrig beleuchtet ist. Unser Helfer sagt uns noch, bevor er davon eilt, dass der Tunnel auch der Eingang zu einem sowjetischen Atomlaboratorium sei. In jedem Fall durchqueren wir ihn schnell und werden auf der anderen Seite von der üppigen Pracht des Botanischen Gartens begrüßt. Bereits im Mittelalter vom georgischen Herrscherhaus Bagrationi angelegt, dient er seit 1845 als Botanischer Garten. Der Park umfasst 130 Hektar. Wer mag, kann länger als einen Tag lustwandeln. Nachdem wir ihn ein wenig kennengelernt haben, setzen wir uns auf eine Bank mit herrlichem Blick auf Zypressen, Zedern und Rosen. Im Dickicht des Gartens zirpen die Grillen und quaken die Frösche. Farbenfrohe große Schmetterlinge umfliegen uns. Die Luft riecht nach dem Duft der Rosen. Wir schauen auf die gesamte kaukasische Pflanzenwelt, die sich den Berg hinauf erstreckt. Wären nur alle Berge um Tiflis so grün!

Im ganzen Park, dessen Beschaulichkeit uns fast unwirklich vorkommt, haben wir nur ein junges Liebespaar getroffen. Wenige Georgier finden in diesen Zeiten die Muße, sich in diesem Schmuckstück Georgiens zu erholen.

Wir machen uns wieder auf die Beine. Da keine Wege ausgeschildert sind und wir niemanden fragen können, wandern wir durch das üppige Grün in Richtung Narikala-Festung. Später erfahren wir, dass es einen bequemeren Weg zur Festung gibt. Man wende sich hinter dem Tunnel rechts, überquere die Brücke über den Gebirgsbach und steige neben dem Wasserfall zur Anhöhe hinauf. Wir treffen zum Glück doch noch zwei junge Burschen, die uns zu einem kleinen Pfad führen, der am senkrechten Felsen der Festung entlang führt. Es sieht ein wenig gefährlich aus: über uns der lotrechte Felsen, unter uns die steile Böschung.

„Gefährlich?“ fragt Marina die Jungs.

„Nein“ grienen sie und stieben davon.

Mit vorsichtigen Schritten klettern wir den Trampelpfad hinauf.

„Schau nicht runter!“ schreit Marina. Stur blicke ich auf meine Schuhe. Erschöpft und mit klitschnassem Hemd erreiche ich schließlich die Festung.

So imposant sie von weitem wirkt, so enttäuschend ist sie bei näherer Erforschung. Im Jahre 1827 traf ein Blitz das Pulvermagazin der Kasematten und zerstörte ihre Rückwand. Die Georgier bauten die Burg, deren Ursprung auf die Perser zurückgeht, nicht wieder auf.

So zeigt sie sich uns nur wenig verschönt durch die Rekonstruktion, die 1988 begonnen und bald mangels Geld eingestellt wurde. Überall stehen hölzerne, verfallene Gerüste herum; ein Baukran, der früher Steine von der Altstadt zur Burg hievte, rostet vor sich hin. Es wird nicht mehr an der Restaurierung der Festung, sondern an einem neuen Gebäude gearbeitet: Inmitten der ziegelsteinernen Außenmauern gießen Bauarbeiter das Fundament einer Kirche, die hier erstehen soll.

Wir erklimmen den bröckeligen Turm. Von dort genießen wir einen Rundblick auf die grüne Stadt. Zur linken fällt unser Blick auf die klotzige Statue der Mutter Georgiens, der *„kartlis deda"*, deren spitze Aluminiumbrüste in der Mittagssonne glänzen. Das Schwert in ihrer rechten Hand soll dem Feind drohen, die Weinschale in ihrer linken den Freund willkommen heißen. Das Denkmal gefällt uns nicht. Es wirkt zu steif, zu streng und unbeweglich. Die georgischen Frauen sind anders. Zu unseren Füßen blicken wir auf das ochsenblutrote Dächergewirr der Altstadt. Ihr gegenüber, jenseits des trüben Mtkwari-Flusses, ruht majestätisch die Metechi-Kirche auf einem Felsenvorsprung, der steil zum Mtkwari abfällt. Rechts von der Kirche thront eine Reihe von Häusern, deren blau und weiß gestrichene Holzbalkone wie Schwalbennester hervorspringen. Wir verlassen nun die Festung, das weithin sichtbare Wahrzeichen der Stadt Tiflis. Wieder und wieder angegriffen und zerstört von den Besatzern Georgiens, von Mongolen, Persern und Türken, sollte es den Feinden Georgiens heute ein Mahnmal sein: Oft von seinen Feinden geschunden, wurde Georgien doch niemals bezwungen.

Wir beginnen unseren Spaziergang durch die Altstadt. Hinter der armenischen Kirche, die wie alle armenischen Kirchen dunkler und wuchtiger wirkt als die georgischen, treffen wir auf die Gasse „Samgebro", die Färbergasse. Hier waren früher die Färber zu Hause, die die von den alten Frauen in den Hinterhöfen gesponnene Wolle der Schafe aus Tuschetien einfärbten, aus der dann die kaukasischen Kelims und Teppiche gewoben und geknüpft wurden. Heute erinnert nur noch der Name an sie.

Eine Schar blonder, schwarz- und rothaariger Kinder begleitet uns mit viel Juchhe und Hurra den Kopfsteinweg hinauf zur Moschee. Wir gehen im Schatten der überstehenden, hölzernen Balkone, von denen hier und dort blau-rote kaukasische Teppiche herunterhängen.

Am Eingang zum Botanischen Garten steht linker Hand die Moschee, ein schlichter Backsteinbau mit gotischen Fenstern aus dem 19. Jahrhundert. Wenn nicht das Minarett mit seiner blau-weiß gekachelten Turmhaube wäre, der ein kleiner silberner Halbmond aufsitzt, könnte das Gebäude auch eine norddeutsche Turnhalle sein. Durch einen kleinen Vorraum, wo wir unsere Schuhe ausziehen, betreten wir die schmucklose Moschee. Durch einen Vorhang aus Teppichen getrennt beten Schiiten und Sunniten gemeinsam in dieser weißverputzten Halle. In der linken Hälfte sitzt ein Häufchen Männer, sunnitische Aseris, auf kaukasischen und persischen Teppichen. Sie lauschen den schwungvollen Worten des Imam.

Wieder im Vorraum unterhalten wir uns mit Ranzo, einem alten Aseri, der wie ein Küster die Moschee hütet. Er ist Sunnit, seine Frau Schiitin. Rafsandschani, der Staatschef des Iran, habe die Moschee während seines Aufenthalts in Georgien besucht und sei sehr zufrieden gewesen, dass Schiiten und Sunniten in einer Moschee beteten, erzählen sie uns. Sie seien ja alle Muslime.

Was nun eigentlich der Unterschied sei zwischen den beiden Glaubensgruppen, frage ich.

Die Iraner, die seien Schiiten, antworten sie und im Iran dürfe nur Imam werden, wer vom Propheten abstamme. Das gelte bei den Sunniten, der Mehrheit der Muslime, nicht.

Ob es in Georgien Abkömmlinge des Propheten gebe, frage ich.

Nein, nein, beteuern sie, auf keinen Fall.

„Besser Schewardnadse als die Ayatollah“, scherzt Marina, als wir hinter der Moschee die Stufen des Schwefelweges hinuntergehen. Sie will mich necken und zu meinem üblichen Vortrag über die politische Begabung Schewardnadses verlocken. Aber mir brennt die Sonne zu heiß auf den Nacken, so dass ich auf ihre Provokation nicht eingehe. Marina – wie die große Mehrheit der Georgier – achtet Schewardnadse, lieben oder gar verehren tut sie ihn aber nicht. Er bleibt für sie der „Kommunist“. Nie wird sie ihm verzeihen, dass zu seiner Zeit als kommunistischer Regierungschef im Jahre 1983 drei Jugendliche und ein Geistlicher zum Tode verurteilt und hingerichtet wurden. Die Jugendlichen, unter ihnen war auch ein Mädchen von 18 Jahren, hatten mit ihren Freunden versucht, ein Passagierflugzeug nach dem Start vom Tifliser Flughafen in die Türkei zu entführen. Nachdem der Pilot mehrere Stunden über Georgien gekreist hatte und ein Entführer, eine Stewardess und ein Steward im Handgemenge getötet worden waren, landete die Maschine wieder in Tiflis. Sowjetische Sondereinheiten stürmten das Flugzeug und befreiten die Passagiere.

Einer der Hingerichteten gehörte zu Marinas Freundeskreis. Als Kinder der „Intelligenz" und der reichen Nomenklatura waren sie wohlhabend. Es fehlte ihnen nicht an Landhäusern, Ferien in ihren Villen in Abchasien und westlichen Autos. Was sie nicht hatten war: Freiheit. So beschlossen sie, ein Flugzeug zu entführen und in die Türkei zu fliegen. Sie hätten der ganzen Welt die Leere und Trostlosigkeit ihres Lebens vor Augen geführt. Moskau antwortete darauf mit Todesstrafe. Ob Schewardnadse sie hätte verhindern können, weiß ich nicht. Und ob die georgische Intelligenz, wenn die Entführer zehn swanische Bauern gewesen wären, sie hätte verhindern wollen, möchte ich ebenfalls bezweifeln.

Unsere Aufmerksamkeit erfordern jetzt die steilen und unregelmäßigen Stufen des Schwefelweges. Hier und da zweigen sie ab und münden in eines der Wohnhäuser, die sich ineinander verschachtelt die Anhöhe hochziehen. Einige sind renoviert, andere verfallen. Viele der hölzernen Balkone sind morsch, nur wenige frisch gestrichen.

Der Schwefelweg endet beim Orbeliani-Bad, dessen spitzbogige Fassade blau-weiße Kacheln schmücken. Die bunten Arabesken und die beiden minarettähnlichen Türmchen sind die einzigen Überbleibsel islamischer Baukunst in Tiflis. Hinter dem prachtvollen Tor befinden sich unterirdische Schwefelbäder. Den Quellen, aus denen heißes Schwefelwasser sprudelt, verdankt Tbilissi seinen Stadtnamen. Das georgische Wort *„tbili"* heißt auf Deutsch warm. Die Legende will es, dass König Wachtang Gorgassali seine Residenz im V. Jahrhundert von Mzcheta nach Tiflis verlegte, nachdem er auf einer Jagd die heißen Quellen entdeckte hatte. Er hatte einen Fasan angeschossen, der in heißes Schwefelwasser fiel und kurze Zeit später, wieder gesundet, davonflog.

Dem König fiel seine Entscheidung sicherlich noch leichter, als er sich der strategischen Bedeutung der zukünftigen Stadt bewusst wurde. An diesem Ort schmiegt sich der Mtkwari wie eine Sanduhr durch die engen Felsen. Von der Narikala-Festung aus lässt sich die enge Talschneise, entlang derer der Weg vom Kaspischen zum Schwarzen Meer und vom nördlichen Kaukasus bis nach Persien führt, gut beherrschen.

Vor dem Orbeliani-Bad lungert eine Gruppe schwarzgekleideter, junger Männer. Einer schwenkt eine Kalaschnikow in seiner Hand, die anderen tragen Pistolen an ihren Hosengürteln, so wie sie früher den Kindschal trugen. Ob *mchedrioni*, Soldaten auf Heimaturlaub von der Front in Abchasien oder gewöhnliche Kriminelle, kein Polizist würde es wagen, sie zu kontrollieren. Sie leben außerhalb des Rechts. So nimmt das Volk das Recht selber in die Hand. Der deutsche Polizeiberater Dieter Pape, der seit einigen Wochen die georgische Regierung berät, berichtete uns von einem Fall, wie sich ähnliche täglich zutragen: Vier betrunkene Gardisten schossen auf den Besitzer eines Kiosk, der ihnen keine Zigaretten schenken wollte. Sie verletzten dabei ein junges Mädchen tödlich und seine Mutter schwer. Die Nachbarn konnten die Täter aufgreifen, lynchten den Schützen, verprügelten die anderen und übergaben sie dann der Polizei.

Solange der Krieg in Abchasien andauert und Chatschiaschwili, ein Vertrauter Josselianis, Innenminister bleibt, wird das Recht nicht in der Hand des Staates liegen. Solange werden wir auch kaum das Orbeliani-Bad und die anderen Schwefelbäder des Platzes besuchen, die sich unter Halbkugeln aus Backstein verbergen.

Auch die Geschäfte in den restaurierten mehrgeschossigen blauen und roten Häusern mit ihren rot-weißen geschnitzten Balkonen werden leer bleiben. Und der aserische Teppichhändler Eldar am Ende der Häuserreihe, der seine kaukasischen Teppiche gerade mit dem lauwarmen Wasser der Schwefelquellen begießt, wird noch längere Zeit auf Kunden mit Deutscher Mark oder Dollar warten müssen.

Durch die Färbergasse zurück kommen wir zum Gorgassali-Platz. Am Ende der Färbergasse, vor dem letzten Gebäude linker Hand, steht Ali mit seinen Freunden. Er ist der ältere und noch dickere Bruder Eldars. Ihre beiden Geschäfte, in denen sie mit alten kaukasischen Teppichen handeln, sind zwei der ganz wenigen Geschäfte in Tiflis, die es zu besuchen lohnt. Hin und wieder lässt sich noch ein Schnäppchen machen in dem Antiquitätenhandel auf dem Rustaweli-Prospekt oder bei dem einen oder anderen Teppichhändler im Souterrain, die ihre Geschäfte heute öffnen und morgen wieder schließen. Sonst gibt es nichts zu kaufen. Wer sich ein Bild machen möchte vom regen Handel und üppigen Angebot vor den Zeiten des Kommunismus, der muss Gemälde des vergangenen Jahrhunderts betrachten oder in dem wunderbaren Bildband „Alt-Tiflis“ durch vorrevolutionäre Zeiten blättern:

Teppichhändler in Tiflis, Anfang des 20. Jahrhunderts. Photo: Bildband „Old Tiblisi“

Darin feilschen westlich gekleidete Händler aus Konstantinopel und Wien mit georgischen Kaufleuten um die Preise für die bunten Kelims und Teppiche, die vom Balkon herabhängen oder über den gesamten Gehsteig ausgebreitet sind. Die georgischen Männer tragen die Tschocha, den schwarzen, auf Taille geschnittenen weiten Rock. Aus den länglichen Brusttaschen schauen die silbernen Patronenhülsen heraus. Im silbernen Gürtel steckt der Kindschal. Junge Knaben stapeln und entfalten Teppiche aus dem Kaukasus und Persien. Karawanen bringen die persischen Teppiche aus Teheran nach Tiflis. Die zweihöckrigen Kamele liegen in der benachbarten Karawanserei, einem großen, quadratischen überdachten Hof, der von einer doppelten Arkadenreihe umlaufen wird. Über den Maidan-Platz tragen tiefgebeugte Muchane Klaviere und schwere Kohlesäcke. Chewsuren im Kettenpanzer sind aus entlegenen Tälern in die Hauptstadt gekommen. Hochgewachsene Bergjuden, Derwische mit struppigen Bärten, Tuschen mit der pyramidenartigen Lammfellmütze und kräftig gebaute Schwaben bevölkern in buntem Gewoge den Platz und die benachbarten Gassen. Jede Gasse beherbergt ein anderes Handwerk. In einer sind die Kupfer-, Silber- und Waffenschmiede zu Hause. Hier gibt es die silbernen Dolche mit den berühmten georgischen Damaszenerklingen, Peitschen und Pistolen, die mit Perlmutt und Elfenbein verziert sind. Wir entdecken große Trinkhörner und vergoldete Frauengürtel für engste Taillen. In einer anderen Gasse gibt es Lederwaren: Reitstiefel, Sättel und Peitschen. In wieder einer anderen sind die Töpfer zuhause. Sie bieten die riesigen Rotunden feil, die *kwewri*, in denen, in den Erdboden eingelassen, der georgische Wein lagert. Und über all dem liegt der Geruch von Mokka und Schaschlik aus den Kaffeehäusern und Kneipen, wo Pirosmani das Ende dieser Zeit mit heiterer Melancholie malte.

Heute blicken wir auf einen fast menschenleeren Gorgassali-Platz, über den manchmal ein neuer Mercedes rast oder ein wackeliger Lada Schiguli holpert. Unter den Walnussbäumen am Eingang zum „Chardin-Fußweg“ hocken ältere Mütterchen auf dreifüssigen Schemeln vor einem Sammelsurium bescheidener Ware, das sie am Straßenrand auf Pappkartons ausgebreitet haben: Marlboro-Schachteln, Efes-Bierdosen, Bücher, Schrauben, Lollis, Melonen, Blumen. So mühsam erwacht der Handel wieder an einem Ort, wo Jahrhunderte lang die feinsten Waren des Orients und des Kaukasus ihren Weg nach Europa fanden. Nach sechs Jahrzehnten Kommunismus müssen die Handelswege neu gebaut werden: entlang des Mtkwaris über Aserbaidschan nach Zentralasien, von Poti über das Schwarze Meer nach Westeuropa und von Tiflis über Eriwan nach Persien und in die arabische Welt. Auch das Handwerk, die Kunst des Schmiedens, Drechselns und Webens, das in Kollektivbetrieben verkümmerte oder gänzlich ausgemerzt wurde (weshalb das Leben im Kommunismus so grau war), wird sich wieder beleben. Vielleicht webt noch eine alte Frau in einem entlegenen Dorf einen Kelim. Noch könnte sie ihre Fähigkeiten und Kenntnisse an ihre Enkelin weitergeben, die kein sozialistisches Dogma mehr auf eine Universität zwingt.

Wir sind in Alis Teppichgeschäft eingekehrt.

„Antik, antik“, beteuert Ali, der auf einem seiner wertvollsten Teppiche hockt, einem „Fachralo-Kasak“, über den er liebevoll mit seiner fleischigen Hand streicht. Der Teppich stammt aus Fachralo, südlich von Bolnissi. Er ist ein wirklich sehr altes Stück, wohl vom Anfang des 19. Jahrhunderts. Seine Farben – das milde Blau der Borte und das zarte Grün des Grunds – glänzen wie am ersten Tag. Es sind Farben, die aus der Natur gewonnen wurden, aus dem Granatapfel, dem Indigo und Safran. Sie lassen den Teppich wie neu erscheinen. Neue Teppiche hingegen, mit den Farben der Chemie gefärbt, wirken oft alt, struppig und glanzlos. Die klaren Farben unseres Teppichs, der noch in der freien Natur, zwischen zwei Bäumen gespannt, geknüpft wurde, bewahren die landschaftliche Schönheit des Kaukasus: das friedliche Grün der Gebirgswiesen, die sich unter der großen Weite des blauen Himmels wie endlos fortsetzen, und das tiefe Rot der Abendsonne, die auf die weißen Gipfel der Berge scheint.

Wir beugen uns über das museale Sammlerstück. Der hohe Flor fühlt sich in unseren Händen seidig an. In den cremeweißen Bändern, die zwei tiefrote Medaillons umrahmen, schimmert das Fell der zottigen Wolle. Aus den viereckigen blau-weißen Kartuschen in der Mitte der Medaillons strecken sich Linien wie die Klauen eines Adlers. Links und rechts davon sehen wir hochstilisierte Vogelköpfe. Hakenbesetzte Rauten und bunte Rosetten schmücken den Grund des Teppichs.

„Wie teuer?“, frage ich.

„Normal“, antwortet Ali.

Das heißt teuer, sonst hätte er mit „special price“ geantwortet. Ali besitzt mittlerweile Auktionskataloge und westliche Fachliteratur über kaukasische Teppiche, wodurch die Preise enorm angezogen haben.

„No defect“, beteuert Ali. Was soviel bedeutet wie, dass der Teppich keine Löcher habe und nicht nachgeknüpft wurde. An der rechten oberen Ecke ist er aber leicht ausgefranst.

„Kein Problem.“ Er habe einen Experten, der die Ecke reparieren würde.

„Tschai? Kawa?“, bietet er uns Tee und Kaffee an und tupft mit seinem Taschentuch die Schweißperlen auf seiner Stirn trocken.

Oder doch: „Wodka?“

„Nein“, winken wir ab; Wodka, der Ali zu einem schnellen Verkauf verhelfen könnte, Wodka auf keinen Fall.

Wir nehmen Kaffee, den eine dicke Frau aus Alis Sippe neben uns auf den umgestülpten Mafrasch stellt. Die Mafrasch waren die Kinderwiegen und Packtaschen der Nomaden. Heute kann man sie gut als Sitzgelegenheit benutzen. Während wir den heißen, sämigen Mokka schlürfen, der durch viele Löffel Zucker versüßt ist, überlege ich, ob ich mit Ali über den Preis des „Fachralo“ feilschen soll. Das hieße, sich in ein stundenlanges Wortgefecht einzulassen, das bis in die späten

Abendstunden dauern könnte und am nächsten Tag fortgesetzt werden müßte. Alis Verhandlungsposition wäre – wie immer – nicht schlecht. Als ersten Trumpf würde er den Amerikaner erwähnen, dem er den Teppich eigentlich schon versprochen habe. Er wisse gar nicht, wie er ihm, der Mittwoch den Teppich abholen wolle, erklären könne, dass er den Teppich schon verkauft habe. Nur mir zuliebe würde er den Amerikaner verprellen, denn ich sei sein Freund und vor allem guter Kunde. Nach diesem Vorgeplänkel würde Ali weiter an Terrain gewinnen, wenn er – ganz nebenbei – erwähnen würde, dass er das Stück verschiedenen Teppichmuseen anbieten könnte. Daraufhin würde Ali schließlich gestehen, dass er den Teppich überhaupt nicht verkaufen möchte, sondern für seine eigene Sammlung behalten wolle. Wir würden uns sehr enttäuscht zeigen. Jetzt wäre Ali gezwungen, seine Flanke etwas zu öffnen, um uns zum Angriff zu verlocken.

„Herr Konsul", würde er beginnen und mir von seinem großen Wunsch erzählen, einmal Deutschland zu besuchen. Ob ich helfen könne, ohne Einladung ein Visum zu erhalten. Bevor wir jedoch den Verkauf des Facharlo mit der Erteilung eines Visums verknüpfen könnten, wäre es – wie bei meinen bisherigen Teppichkäufen – Zeit zu gehen und die Verhandlung auf den nächsten Tag zu vertagen.

Heute jedoch ist uns gar nicht nach stundenlanger Feilscherei zumute. In Alis fensterloser Spelunke, wo sich Teppiche und Kelims an den Wänden meterhoch stapeln, ist es zwar kühl, aber die Luft muffig. Die Funzel an der Decke, die Strom aus dem kleinen türkischen Generator erhält, der draußen leise rattert, gibt nur ein schummriges Licht. Wir möchten aber an die Sonne und die frische Luft. Deshalb verabschieden wir uns und versprechen, mit Udo Hirsch wiederzukommen, der lange in der Türkei gelebt und mehrere Bücher über Teppiche geschrieben hat.

Wir verlassen Alis Geschäft und stehen wieder auf dem Gorgassali-Platz. Die Sonne brennt so stark, dass wir trotz Sonnenbrille unsere Hände vor die Augen nehmen müssen, bis wir uns wieder an das grelle Licht gewöhnt haben. Durch den „Chardin-Fußweg", wo sich früher die Geschäfte für die Touristen befanden, die heute geschlossen sind, treffen wir auf die „Sionistraße". Eigentlich hatten wir geplant, noch die Synagoge zu besuchen, die gegenüber in der Lesselidsestraße liegt. Sie ist ein schmuckloser backsteinerner Bau. Einige Zehntausend Juden leben in Georgien; mehrere Tausend sind jedoch in den letzten

Jahren ausgewandert, nach Israel und Deutschland. Ich besuche die Synagoge von Zeit zu Zeit, spreche mit David und anderen, deren Zukunftspläne in Deutschland liegen. Wir würden sie heute wieder treffen, im Schatten der Bäume vor der Synagoge hockend. Wir spüren aber, dass unsere Füße, die tiefe Abdrücke in dem von der Sonne aufgeweichten Teer hinterlassen, uns nicht mehr lange tragen werden. So entscheiden wir uns gegen den Besuch der Synagoge. Auch die steinernen Überreste des Feuertempels, in dem die Priester Zarathustras fünfmal täglich das Heilige Feuer schürten, werden wir heute nicht mehr sehen. Er liegt steil den Berg hinauf am Ende eines Gewirrs von Gassen und Treppen in der Gomi-Straße.

An der Karawanserei vorbei, die heute das „Museum für Geschichte der Stadt Tbilissi" beherbergt, gehen wir zur Sioni-Kirche. Architektonisch eine belanglose Kreuz-Kuppel-Kirche, gewinnt sie ihre Bedeutung dadurch, dass hier der Katholikos, so nennen die Georgier das geistliche Oberhaupt ihrer Kirche, seine Heiligkeit Ilia II., die Gottesdienste zelebriert.

Der Morgengottesdienst ist schon lange zu Ende; noch immer aber kommen viele Gläubige, Junge und Alte, und betreten durch ein niedriges Portal die Sioni-Kirche, deren Fassade aus gelbem Tuffstein golden in der Sonne glänzt. Wir gehen mit ihnen in das Kirchenschiff, in dem es angenehm kühl ist. Es riecht nach kaltem Stein und Weihrauch, den die Priester während des Gottesdienstes aus goldenen Kugeln verströmt haben. Er soll die Gebete der Gläubigen zu Gott aufsteigen lassen. Marina bekreuzigt sich. Dann treten wir vor zur steinernen Bilderwand. Sie trennt den Altarraum von der Gemeinde, trennt – und verbindet – die himmlische von der irdischen Welt. Links und rechts der mittleren Tür, der Königstür, hängen vier große Ikonen. Sie zeigen: die Heilige Nino, Maria, Christus und Johannes. Die Ikonen sind vergoldet, nur die Gesichter sind gemalt. Vor der Bilderwand stehen vier Pulte, auf denen ebenfalls Ikonen liegen. Eine Schar junger Mädchen schreitet an ihnen vorbei. Sie bekreuzigen sich und gehen küssend von Ikone zu Ikone; sie küssen mit geschlossenen Augen, ehrerbietig und mit einem inneren Lächeln. Es sind nicht eigentlich die Ikonen, die sie küssen. Mit ihren Küssen verehren sie die Erscheinung der Gottesmutter und der Heiligen. Durch die Ikonen hindurch sind die himmlischen Gestalten ihnen und der Gemeinde gegenwärtig und vereinigen sich mit ihnen. Die Ikonen sind das Fenster, das zwischen der himmlischen und der irdischen Welt angebracht ist; durch diese Fenster schauen die Bewohner der himmlischen Welt herab und die Gläubigen in die himmlische Welt hinauf.

In einer Aussparung der Kirchenmauer links neben der Bilderwand befindet sich die bedeutendste Reliquie der georgischen Kirche, das Weinrebenkreuz der Heiligen Nino. Das Kreuz ist durch ein vielstrebiges Kupfergeflecht verdeckt, so dass wir es kaum sehen können. Nur an Ninooba, dem Feiertag der Heiligen Nino am 14. Januar, wird es den Gläubigen gezeigt. Wir folgen den jungen Mädchen, die auch den Schrein der Reliquie küssen, und nehmen auf einer klapprigen Holzbank Platz, die an der Wand unter lauter Ikonen steht.

Das Kirchenschiff ist mittlerweile von Gesang erfüllt. Drei Nonnen preisen mit wunderbaren Stimmen den allmächtigen Gott. (Eine Orgel darf es in orthodoxen Kirchen nicht geben, denn der Mensch soll Gott nicht mit Metall und totem Holz loben, sondern ihn mit seinem eigenen Mund lobpreisen.) Die klaren und zarten Töne des mehrstimmigen Lobgesanges verfangen sich unter der Kuppel des Kirchenbaus. Die Stimmen klingen, als kämen die Hymnen vom Himmel, als würden Engel singen. Ich schließe die Augen und lasse den Gesang auf mich wirken. Er beruhigt und befriedet. Endlich öffne ich wieder die Augen. Aus dem Dunkel richtet sich mein Blick zur Kuppel hinauf. An ihrem Fuß bündelt ein Kranz von Fenstern das helle Tageslicht, das wie eine schimmernde Säule in die Kirche hineinstrahlt. Es erinnert mich an die Illustrationen in meiner Kinderbibel.

Wir stehen wieder auf. An einem Priester vorbei, der einer alten Frau sein Brustkreuz zum Kuß reicht, gehen wir zum Ausgang. An einem der großen, bronzenen Standleuchter zünden wir jeder eine Kerze an. Dann verlassen wir die Kirche. Viele der Gläubigen werden bis zum Abend bleiben, wo sie im Abendgottesdienst in der ewigen gleichen Liturgie – der orthodoxen Liturgie – dem gekreuzigten und auferstandenen Christus begegnen werden, wenn der Priester beim „Abendlichen Einzug“ die Kirche betritt.

Die Sioni-Straße führt geradewegs auf die Barataschwili-Straße. Ein alter Mann, der einen Ziegenbock an der Leine führt, ist einer unserer wenigen Begleiter. Wir überqueren den lauschigen Platz „Irakli II.“, einen der schönsten Plätze in Tiflis, und gehen an der herrschaftlichen Residenz des Katholikos vorbei bis zur Antschißchati-Kirche. Die dreischiffige Basilika ist die älteste Kirche der Stadt. Datschi I., der

Sohn Wachtang Gorgassalis, ließ sie Anfang des 6. Jahrhunderts, kurz nach der Gründung von Tiflis, errichten.

Wir treffen nun auf die Barataschwili-Straße, die rechts zum Mtkwari führt und links zum Rustaweli-Prospekt. Parallel zur Barataschwili-Straße verläuft die alte Stadtmauer, auf der sich dreistöckige Wohnhäuser mit großen Veranden aus Holz erheben. In die Mauer eingebaut ist auch das Restaurant Muchrantubani. Im Herbst vergangenen Jahres hatte ich dorthin einige georgische Freunde zum Abendessen eingeladen, denen es zu verdanken ist, dass viele Georgier sehr gut Deutsch sprechen und ausgezeichnete Kenner der deutschen Kultur und Literatur sind: Nelly Amaschukeli, die große alte Dame der deutsch-georgischen Freundschaft, Nodar Kakabadse, den berühmten Germanisten, David Laschkaradse, den Präsidenten der georgischen Goethe-Gesellschaft und viele andere mehr. Als wir nach einer langen Diskussion über die deutsch-georgischen Kulturbeziehungen aufbrechen wollten, gellten plötzlich Pistolenschüsse im Hof. Von der Straße her knatterte Gewehrfeuer und aus dem Raum unter uns knallten dumpfe Schüsse. Um nicht von den Querschlägern durch den Fußboden oder die Fenster getroffen zu werden, stellten wir uns an die Querwand. „In Georgien ist es jedenfalls nie langweilig", bemerkte Nelly. „Machen Sie sich aber keine Sorgen. Die Gemüter werden sich gleich wieder beruhigt haben. Der georgische Charakter ist wie das georgische Klima: kurzer Winter, langer Sommer." Während eine Kugelsalve auf das Blech eines Autos prasselte, betrat mit sorgloser Miene der Gastwirt den Raum und bat, die kleine Meinungsverschiedenheit im Hof zu entschuldigen. Unsere Rechnung sei jedenfalls bereits von den Herren beglichen worden. Wir bedankten uns höflich.

Auch heute würden wir kaum die richtige Gesellschaft im Muchrantubani treffen und gehen deshalb zum Abendessen nach Hause.

7. Bummel durch Awlabar

Juni 1993

Nach einer überreichen, georgischen Mittagstafel bei Nana Dsisgarischwili, unserer Dolmetscherin, machen wir uns auf, um im östlichen Teil der Altstadt zu bummeln.

Vom Friedensplatz schlendern wir die Barataschwili-Straße entlang, überqueren den Mtkwari und legen schon im Amphitheater, das der Brücke gegenüber an der Uferstraße liegt, eine Pause ein, erschöpft von der sengenden Juni-Sonne und der trockenen Luft. Vor uns steht in romantischer Pose das Denkmal Nikolaus Barataschwilis (1817–1845), den die Georgier als ihren größten romantischen Dichter verehren.

Wie die beiden anderen Dichter der georgischen Romantik, Alexander Tschawtschawdse (1786–1846) und Grigol Orbeliani (1804–1883), beteiligte er sich an der fehlgeschlagenen Verschwörung des georgischen Adels gegen die russischen Statthalter im Jahre 1832. In jenem Jahr besuchte er noch das Adelsgymnasium von Tiflis. Wegen eines körperlichen Gebrechens – er hinkte – konnte er nach seinem Schulabschluss nicht die militärische Laufbahn einschlagen. Auch war es ihm nicht vergönnt, die Universität zu besuchen, da seinen Eltern, Angehörigen des hohen Adels, dafür das notwendige Geld fehlte. So wurde er schließlich Kanzleigehilfe des Kreisvorstehers in Gandscha in Aserbeidschan, wo er mit nur achtundzwanzig Jahren an Lungenentzündung verstarb. Zu Lebzeiten blieben seine Gedichte unveröffentlicht und kursierten nur als Handschriften. Erst Ilia Tschawtschawadse machte sie der georgischen Nation bekannt. Sein bekanntestes Gedicht ist „Merani". In ihm beschreibt er sich selbst als den Reiter, der „den Pfad voller Schrecken" bezwingt, damit andere seiner Spur leichter folgen können. Das Gedicht – geschrieben im Stil des Sturm und Drang – ist ein Aufruf, nicht nur an das Gute zu glauben, sondern es auch zu tun. Doch Barataschwili schrieb auch bezaubernde Liebesgedichte wie „Der Ohrring":

Wie der Schmetterling
Leise schaukeln macht
Eine schöngewachsene Lilie
Spielt der Ohrring sacht
Spielt am Hals der Schönen
Mit dem Schatten, mit seinem Schatten.

O beneidenswert
Der sich Atem holt
Dir im Schatten, schaukelnder Ohrring.
Zart und bebend lässt
Einen Hauch du wehn
Leise kühlt er die Gluten der Herzens.

Ohrring! zauberisch
Regst das Blut du auf
Sag, wer stillt unter dir die Lippen?
Schlürft den Sorbet dort
Der Unsterblichkeit
Schmiegt an dich die begehrliche Seele?
(Nachdichtung von Rainer Kirsch)

Im Amphitheater ist es uns zu laut, die Akustik kommt nur dem Straßenlärm zugute. Wir steigen deshalb die Treppen zum Viertel Awlabar hinauf. Das klassizistische Schloss, das auf der Anhöhe von Awlabar thront, beherbergt heute eine Spezial-Einheit der Nationalgarde Kitowanis und ist nicht zugänglich, wie uns der wachhabende Offizier erklärt, unterstützt vom lauten Gekläff eines Kampfhundes. Von dem Vorplatz genießen wir einen schönen Blick auf die Altstadt, auf die Narikala-Festung und den Rustaweli-Prospekt.

Durch die schmuddeligen Gassen Awlabars, wo viele armenische Kinder spielen, erreichen wir den weiträumigen „Platz von Awlabar“. Er ist umstellt von einigen Dutzend grellroter Kioske, in denen sich die „commercial shops“ eingenistet haben. Diese Holzbuden, die alle Tifliser verabscheuen, sind keine Schmuckstücke für die Stadt. Ihr Angebot beschränkt sich auf amerikanische Zigaretten, deutsche Bierdosen und türkische Schokolade. Alle Waren werden viel billiger als in Westeuropa verkauft. Güter des täglichen Bedarfs aber, und sei es nur eine Zahnbürste, sind in Tiflis nicht zu finden (Sehr billig zu kaufen sind hingegen Pistolen und Maschinengewehre). Auch im Jahr vier nach dem Untergang des Kommunismus gibt es in Tiflis keinen einzigen Supermarkt, der über ein Grundsortiment westlicher Waren verfügte.

Ich sollte aber nicht zu sehr auf die Kioske schimpfen. Immerhin bieten sie uns die Annehmlichkeit, auch zu späten Abendstunden einkaufen zu können. Als ich gestern abend um Mitternacht nach Hause fuhr, stoppte ich noch an einem der Kioske in der Barnow-Straße – der Kiosk-Meile in Wake –, und bat auf Georgisch um zwei Flaschen Bier:

„*Ori ludi, tu scheidsleba.*"

Die Verkäuferin, die ihren Kopf mit den karottenrot gefärbten Haaren und ihren großen Busen unter dem weinroten Pullover durch den kleinen Fensterverschlag gezwängt und neugierig mit aufgelehnten Armen die nächtliche Straße beobachtet hatte, schaute ihren neuen Kunden fassungslos an. Kichernd aalte sie ihren Oberkörper in den Kiosk zurück und fiel erschöpft auf ihren Schemel. Gemeinsam mit einem verschrumpelten Gesicht, wohl das ihrer Mutter, das aus der dunklen Ecke hervorgekommen war, starrte sie mich an.

„*Ori ludi, tu scheidsleba*", wiederholte ich, wie ich fand, mit besonders guter Betonung.

Keine Reaktion.

„*Ludi*!", blieb ich standhaft.

Nur freundliches Grinsen. Ich lächelte auch und wartete. So verging die Zeit. Plötzlich jedoch schoss es aus ihrem Mund auf Russisch heraus:

„Pivo?", schrie sie mich mehr an als das sie mich fragte.

Ich ließ nicht locker und antwortete auf Georgisch: „*Cho, ori ludi, tu scheidsleba.*"

„Pivo", wiederholte sie zufrieden und erleichtert auf Russisch. Sie brabbelte dann längere Zeit mit ihrer Mutter auf Georgisch, benötigte einige Zeit, um mir die beiden Dosen auszuhändigen und noch längere Zeit, um auf ihrer altmodischen Rechenmaschine, einem Abakus, auf der sie hölzerne bunte Scheiben ungestüm hin und her klacken ließ, auszurechnen, dass zwei Dosen zu je 3500 Rubel insgesamt 7000 Rubel kosten.

Warum sie mir nicht auf Georgisch, sondern auf Russisch antwortete, wie manche Georgier es tun? Ich glaube, dass es ihnen noch sehr fremd ist, ihre Sprache von fremder Zunge zu hören.

Mein Mund ist durch die große Hitze ausgetrocknet. An einem der Kioske kaufen wir eine Flasche Coca Cola mit georgischer Aufschrift. Die Produktion von Coca-Cola in Georgien ist die erste ausländische Investition seit Erklärung der Unabhängigkeit. Sie liegt genauso in privaten Händen wie der Kleinhandel in den Kiosken. Deshalb werden die Kioske, die sich in manchen Straßen in Tiflis wie Perlen auf einer Schnur aneinanderreihen, nicht verschwinden, bis endlich die staatlichen Geschäfte, die ihren Kunden nur leere Regale anbieten, privatisiert sein werden. Leider wird darüber nur viel geredet, aber nichts getan.

Die Privatisierung in Georgien begann in der kurzen Ära Swiad Gamsarchurdias. Er privatisierte kurzerhand alle Wohnungen und Häuser, indem er die Besitzer zu Eigentümern machte. Es war ein gelungener Handstreich und sozial gerecht. Viele Tiflisser reparieren und verschönern nun ihre Häuser. Ein Wohnungsmarkt hat sich etabliert, obwohl es keine Makler gibt. Dieser Beruf ist im aristokratischen Georgien verpönt. Auch wenn ein Georgier kaum Geld für sein tägliches Brot hätte, so würde er nur ungern einem anderen gegenüber zugeben, dass er seine Wohnung vermieten muss.

Warum setzt Schewardnadse die Privatisierung nicht fort? Er selber sagte uns in diesen Tagen, dass er durch den Krieg in Abchasien so sehr in Anspruch genommen sei, dass er sich der Sache nicht in vollem Umfang annehmen könne. In jedem Fall gibt es starke Widerstände gegen die Privatisierung des Handels, der Industrie und Landwirtschaft. Vor allem die Direktoren-Kaste der landwirtschaftlichen und industriellen Betriebe, die den Staat die Löhne zahlen lässt und selber die Gewinne einsteckt – so es sie noch gibt –, verspricht sich von dieser Art des Kapitalismus nichts. Der Handel in den noch staatlichen Geschäften wird erst auf die Beine kommen, wenn sie endlich an georgische Geschäftsleute verkauft sein werden. Solange aber der Staat Quadratmeter-Preise wie in New York verlangt, wird sich keiner den Kauf der Geschäfte leisten können.

Wir kreuzen nun die Barataschwili-Straße und gehen durch das Altstadtviertel Issani zur mittelalterlichen Metechi-Kirche hinunter. Die Mutter-Gottes-Kirche, eine Kreuz-Kuppel-Kirche, erhebt sich auf einem Felsenplateau, das über mehrere Meter senkrecht zum Mtkwari abfällt. Da die Kirche fast mit der Felsenkante abschließt, strebt sie noch stärker zum Himmel als andere Kuppelbauten. Auf dem Plateau, auf dem die Metechi-Kirche thront, baute David Agmaschenebeli 1122 die Residenz der georgischen Könige. Sie wurde im Jahr 1795 zerstört, als die Perser Tiflis zum letzten Mal in Schutt und Asche legten. Als einziges Bauwerk der Residenz hielt die Kirche dem Ansturm stand. Statt die Residenz wieder zu errichten, bauten die zaristischen Statthalter ein Gefängnis, in dem sie russische und georgische Revolutionäre einkerkerten. Das Gefängnis wurde 1937 von den Sowjets abgerissen. So thront neben der Metechi-Kirche heute allein das Denkmal König Wachtang Gorgassalis, der seine erhobene rechte Hand gen Norden, gen Russland (!) richtet.

Wir betreten die Kirche, in der noch bis 1989 ein Jugendtheater spielte. Indem die Georgier ihre Kirchen in der sowjetischen Zeit als Theater oder Handballhalle nutzten, bewahrten sie die Heiligtümer vor der Zerstörung durch die kommunistischen Barbaren. Heute stehen wir in der Metechi-Kirche umgeben von vielen Jugendlichen, die beten und singen. Rechts neben dem Altar, in einem kleinen Seitenraum, befindet sich der Sarkophag der Heiligen Schuschaniki. Vor ihrer Ikone entzünden wir kleine, gelbe Kerzen.

Wir sind wieder im Viertel Issani. Durch kleine Gassen, deren Schlaglöcher mit jedem Regenguss tiefer werden, streifen wir an den einstöckigen, backsteinernen Häusern entlang. Nur vereinzelt sind die Häuschen noch verputzt und mit roter und blauer Farbe angestrichen. Wir biegen in die Ruissi-Gasse ein, deren dreistöckige Häuser über den Mtkwari hinausragen.

Ganz in der Nähe liegt mein Friseurgeschäft. Als ich mir das letzte Mal die Haare schneiden ließ, begrüßte mich Mischa, ein russischer Barbier, schon als alten Freund:

„Straswudje, gospodin Nielsen“.

Er ist eine runde Tonne mit einem runden kahlen Schädel; dafür trägt er lange Koteletten. Mit bestimmender Freundlichkeit zwängte er mich in den klebrigen Friseursessel aus den frühen zwanziger Jahren. Der Schweiß tropfte von seiner Stirn, sein Atem, den er mir ins Gesicht pustete, hätte mich betrunken machen können. Unsere Unterhaltung beschränkte sich auf seinen Redeschwall. Das gelbliche, stinkende, fettige Laken, das er mir um den Hals band, war sicherlich noch nie gewaschen worden. Dann nahm er eine Art Wasserpistole und spritzte mir das kalte Nass zweimal mitten ins Gesicht, statt meine Haare anzufeuchten. Höflich sich verbeugend, bat er um Entschuldigung und griff zur Schere, die er furchteinflößend schnippen ließ. Ich begriff zu spät: Heute morgen waren es zu viele Gläschen Wodka.

Friseursalon in Tiflis. Photo: Danetzki und Weidner

Dann setzte er zum Schnitt an. Noch hätte ich unter allen denkbaren Vorwänden fliehen können. Aber ich traute mich nicht. Die ersten Schnitte gingen gut, bis ich den Lufthauch der Schere um Haaresbreite an meinem Ohrläppchen vorbeisausen spürte. Der Schweiß brach mir aus, mein Gesicht färbte sich knallrot. Träumte ich? Viele Nächte liege ich wach und denke an Krebs, Aids und ich weiß nicht was. Und jetzt sollte ich beim Friseur mein Ohrläppchen verlieren? Nein! Aber jetzt aufstehen? Unmöglich! Während ich noch nachdachte, war es schon vorüber. Schmierig grinsend hielt mir Mischa den Spiegel, bürstete mich mit eiserner Hand und hartem Striegel ab, so dass rote Streifen im Gesicht zurückblieben. Kurzgeschoren stand ich auf, drückte ihm einige Dollarnoten in die Hand und rettete mich auf die Straße.

Wir stehen nun vor einem zweistöckigen Backsteinhaus, Ruissi-Straße Nr. 9. Victor Dschorbenadse begrüßt uns, ungestört von den Domino spielenden Männern auf den Eingangsstufen. Er bittet uns auf Deutsch in sein Palais, das früher die Fürstenfamilie Orbeliani bewohnte. Dschorbenadse, ein bekannter Architekt, der nun zurückgezogen lebt, zeigt trotz seiner schmierigen und schlotternden Hosen die feinen Umgangsformen alten Bürgertums.

Häuser über dem Mtkwari-Fluss, 1993. Photo: Gia Tschkataraschwili

Sein Palais hat er als Museum eingerichtet, in dem das Mobiliar der Jahrhundertwende einer fürstlichen georgischen Familie zu sehen ist. In seinem Vermächtnis hat er die Stadt Tiflis zu seinem Erben erklärt.

Wir kommen in den Genuss einer kurzen Führung. Durch das Esszimmer, das längste Zimmer des Hauses, mit einem mehrere Meter langen Eichentisch, auf dem kupferne kaukasische Wein- und Wasserkrüge stehen, gelangen wir in den Salon. Ihn schmücken Möbel des Rokoko und feines chinesisches Porzellan. Dem Salon folgt das Wohnzimmer mit einem Flügel und Stühlen, Sesseln und Tischen aus der Zeit des frühen russischen Empire. Das dunkelgoldene Holz aus karelischer Birke harmoniert gut mit den kaukasischen Teppichen und Kelims auf den schweren Eichenbohlen des Fußbodens. An den Wänden hängen lauter angedunkelte Porträts der Ahnen. Wir gehen weiter in Victors Arbeits- und Schlafzimmer. Über und über stapeln sich georgische, deutsche, französische und russische Bücher auf dem Boden und in den Regalen. Über einen verschlissenen Divan ist ein roter Kelim als Husse geworfen; auch an den Wänden hängen Teppiche und

Kelims, auf denen Victor große Schwarz-Weiß-Photos seiner Familie befestigt hat. An das Arbeits- und Schlafzimmer grenzt das kleine Studio, das gänzlich von einem einfachen Tisch ausgefüllt wird. Auf ihm steht ein großes Styropormodell, das Victor für den Neubau der Strandpromenade in Batumi, der Heimatstadt seiner Eltern, entworfen hat.

Auf der Veranda, die über den Mtkwari hinausragt, trinken wir den leckeren türkischen Kaffee. Unter uns rauscht der Mtkwari, gegenüber der Straßenlärm. Dschorbenadse bringt uns die Kopie eines großen Ölgemäldes mit dem Bildnis einer jungen persischen Tänzerin. Es soll einst Graf Schulenburg gehört haben, der von 1917 bis 1922 deutscher Konsul in Tiflis war. Dschorbenadse wird uns das Bild zur Eröffnung unserer Kanzlei schenken.

Vom Balkon haben wir Ausblick auf den wichtigsten Bau Dschorbenadses, das „Haus der Rituale". In dieser Ersatzkirche fanden bis zum Ende der Sowjetunion die Hochzeiten statt. Der weiße Bau hat in der Mitte eine weit in die Höhe ragende Stele, den Glockenturm, dessen Seitenwände spiralartig in zwei Nebengebäude übergehen. Der schwungvolle Bau erinnert mich an keltische Menhire. Dschorbenadse erklärt uns den Bau: „Weißt Du, Fried, meine Idee hier war Orient und Okzident, sie treffen sich einander. Ebenso wie Orient und Okzident sich im Leben treffen. Auch wie Mädchen und Jungen können sich einander treffen." Wer den Bau länger betrachtet, wird das überzeugend finden.

Während sich schon das Abendrot über Tiflis senkt, plaudern wir mit Victor über Architektur. Er erzählt uns von der Geburtsstunde des sowjetischen „Zuckerbäckerstils": In der Nähe des Kremls lag die Erlöserkirche, die Hauptkirche von Moskau. Zar Alexander I. hatte den Bau des Gotteshauses aus Dankbarkeit für den Sieg gegen Napoleon angeordnet. Fünfundvierzig lange, lange Jahre wurde an der Kirche gebaut; erst Zar Alexander III. weihte sie am 26. Mai 1883 ein. Nur ein halbes Jahrhundert später, im Jahre 1931, befahl Stalin, die Kirche abzureißen. Um sie auszuplündern und zu zerstören, brauchte er nur vier Monate. Am 5. Dezember 1931 fiel sie unter mächtigen Detonationen zusammen. Auf ihrem Schutt sollte der „Palast der Sowjets" entstehen. Dort, wo die Menschen zu Gott gebetet hatten, sollten sie nun der Regierung huldigen. Man schrieb einen internationalen Wettbewerb aus. Auch Walter Gropius und Le Corbusier reichten Pläne

Hinterhof in Tiflis. Photo: Guram Zibachaschwili

ein. Stalin gefielen aber die schmucklosen und zweckgerichteten Bauten nicht. Er wollte ein Gebäude mit einer Fassade und einem repräsentativen Dekor, wie er es in seiner Heimatstadt Gori beim Haus der Fürsten Orbeliani gesehen hatte. In diesem Haus war Stalin als Junge häufig eingeladen gewesen. Er liebte seine Pracht und die neoklassizistische Architektur. Der deutsche Architekt Leopold Bilfeld (1839–1919), der in Tiflis viele Gebäude gebaut hatte, darunter auch die Kaschweti-Kirche auf dem Rustaweli-Prospekt, hatte den Palast der Orbelianis entworfen. Sich an dieses Haus erinnernd, entschied sich Stalin für den Entwurf der Architekten Gelfreich und Schtschuko, die ein neoklassizistisches Gebäude entworfen hatten, dessen Fassade mit antiken Säulen verkleidet war. Damit hatte die Sowjetunion ihren Baustil gefunden.

So wurde der deutsche Architekt Leopold Bilfeld mit dem neoklassizistischen Gebäude in Gori zum Vater des „Zuckerbäckerstils", den man in Georgien in der Stadt Rustawi besichtigen kann.

Der monströse und gigantische „Palast der Sowjets", der wie die Abschußrampe einer Rakete ausgesehen hätte, wurde übrigens nie fertiggestellt. Unter Chruschtschow wurde aus der Baustelle ein Schwimmbad, wofür man die Fundamente der Erlöser-Kirche benutzte. Nach dem Zusammenbruch der Sowjetunion beschloss man den Wiederaufbau der Erlöserkirche, deren goldene Türme seit 1997 in neuem Glanz erstrahlen.

Es ist spät geworden. Ein angenehmer Wind weht über den Balkon. Wir verabschieden uns von Victor. Auf den Stufen des Hauseingangs stehend, winkt er uns mit einem gelben Zigarettenstummel in der Hand auf Wiedersehen.

Jetzt ist Tiflis am schönsten, wenn das Licht der Abendsonne einen roten, durchsichtigen Schleier um die Altstadt hüllt. Wir sehen nicht mehr, wie der Putz von den Hauswänden bröckelt, wie die blaue Farbe von den Balkonen abspringt. Schiefe Backsteinwände, die vom Einstürzen bedroht sind, stehen wieder senkrecht; die Veranden, deren Holz morsch ist, sehen aus wie frisch gestrichen. Wir hören die alten Weiber, die sich von Balkon zu Balkon ihre Geschichten erzählen, während sie die Wolle der tuschischen Schafe spinnen. Ich liebe die breiten Holzbalkone mit den gedrechselten Gittern, die sich über mehrere Hausfronten erstrecken. So wie die Balkone Haus mit Haus, Wohnung mit Wohnung verbinden, so verflechten sie die dort lebenden Familien seit Generationen. Aus den großen Innenhöfen knistern Feuer aus Weinrebenholz, auf denen das Schaschlik brutzelt. Von weit her weht der Gesang tiefer Männerstimmen zu uns herüber, irgendwo bellt ein Rudel Hunde. Der Wind raschelt in den Walnussbäumen.

8. Auf den Spuren der Deutschen in Bolnissi

Juni 1993

Heute folgen wir den Spuren der Deutschen im Kaukasus.

Unser Ziel ist die Kleinstadt Bolnissi, etwa sechzig Kilometer südwestlich von Tiflis gelegen. Im Jahre 1818 gründeten hier 135 schwäbische Familien in menschenleerer Einöde ein deutsches Dorf. Zu Ehren der Zarin Katharina II. (1762–1796), die aus dem deutschen Hause Anhalt-Zerbst stammte und 1745 mit Peter III. (1728–1762) verheiratet wurde, nannten sie ihre neue Heimat Katharinenfeld. Katharina II. war es, die als Zarin den alten Plan wieder aufgriff, die noch unerschlossenen Gebiete des südlichen Russlands und der von Russland besetzten Staaten zu kolonisieren.

Wir möchten erfahren, welches Schicksal die Auswanderer erlitten.

Über die Straße 7A verlassen wir Tiflis in einem geländegängigen Lada Niva in Richtung Marneuli. Wir fahren an fruchtbarem Ackerland vorbei, links und rechts erstrecken sich endlose Gemüsefelder. Am Straßenrand, wo eine Allee von Walnussbäumen gegen die Sonne schützt, verkaufen ältere Frauen die Ernte aus Blecheimern. Sie haben die Eimer in einer schnurgeraden Reihe aufgestellt, die der Farbpalette eines expressionistischen Malers ähnelt: tiefviolette Auberginen, sonnengelbe Melonen, feuerrote Tomaten, hellgrüne Gurken. Die Felder, die von den hochgewachsenen, eng stehenden Pappeln eingezäunt werden, machen einen wohlbestellten Eindruck. Es ist Mai und wir haben plötzlich Appetit auf Spargel, der aber in Georgien nicht angebaut wird. Auf dem Markt ist nur der grüne zu haben, der wild wächst.

Die grünen Felder kontrastieren scharf mit den braunen Hügeln und Höhen, auf denen weder Baum noch Strauch wächst. Jahrhundertelang hat man hier abgeholzt ohne aufzuforsten. Das Ergebnis ist ein versteinerter und verkarsteter Boden. Schwere Regengüsse, die auf diesen Boden trommeln, führen zu verheerenden Erdrutschen, da keine Wurzeln mehr die Erde zusammenhalten und sie schonungslos dem Regen ausgesetzt ist.

In Marneuli biegen wir rechts ab; geradeaus führt die Straße nach Armenien. Wir sind in der Kartoffelkammer Georgiens. Auf einigen Feldern ernten aserische Frauen in schwarzen Kleidern und bunten Kopftüchern Frühkartoffeln. Wie wir später vom Bürgermeister von Bolnissi erfahren, ist das gesamte Ackerland verpachtet. Er sagt uns offenherzig warum: In und um Marneuli wohnen hauptsächlich muslimische Aseris, an die man das georgische Land nicht verkaufen möchte. Die aserischen Frauen laden die Kartoffeln auf hölzerne Karren mit eisenbeschlagenen Holzreifen, die von Eseln gezogen werden. Auf anderen Feldern pflügen kräftige Männer mit einem Ochsengespann und einem einscharigen Holzpflug das fruchtbare Ackerland. So wie seit Jahrhunderten. Die Kartoffel, die Sulchan-Saba Orbeliani in seinem „Georgischen Lexikon" nicht erwähnt, ist nach allgemeiner Ansicht von den deutschen Auswanderern ins Land gebracht worden.

Kurz hinter Marneuli halten uns schwarzuniformierte Gardisten an, die mit Kalaschnikows, Pistolen und Kampfmessern bewaffnet sind. Wir lassen die Kontrolle in aller Ruhe über uns ergehen. Ein Gardist erzählt uns, dass heute ein Swane beerdigt werde, der bei Unruhen zwischen Georgiern und Swanen getötet wurde. Die Swanen, die im Hochgebirge des Kaukasus leben, mussten im Jahre 1988 zu Hunderten ihre Heimat verlassen. Schwere Erdrutsche in überweideten Gegenden Swanetiens hatten ihre Dörfer zerstört. Sie wurden in der Umgebung Bolnissis neu angesiedelt, wo es seitdem manchmal zu Spannungen kommt. Heute befürchtet die Regierung Ausschreitungen während der Beerdigung.

Nach zahlreichen weiteren Kontrollen erreichen wir Bolnissi. Es macht auf uns zunächst den farblosen Eindruck einiger georgischer Kleinstädte, die sich mit ihren zweigeschossigen, grauverputzten Häusern und den glänzenden Blechdächern kaum voneinander unterscheiden. Wir halten vor dem Rathaus, wo uns der stellvertretende Bürgermeister empfängt. Der Bürgermeister selbst wartet auf Verteidigungsminister Kitowani, der in Bolnissi seinen Wahlkreis hat. Sein Stellvertreter sitzt versteckt hinter einer Armada roter, gelber und blauer Plastik-Telephone und erzählt uns über die Industrie und Wirtschaft der Region: die Bevölkerung lebe von einem Eisenwerk und von der Landwirtschaft, vor allem dem Anbau von Kartoffeln, Gemüse und Wein. Außerdem werde Gold abgebaut. Plötzlich klingelt eines der Telephone. Der Bürgermeister schreckt auf und versucht dann gefasst zu orten, welcher der zwölf Apparate klingelt. Es ist der größte, das Regierungstelephon. Am anderen Ende der Leitung meldet sich seine Frau. Er teilt ihr kurz mit, dass heute abend deutsche Gäste zum Abendessen kommen würden.

Nach dem Telephongespräch einigen wir uns darauf, zuerst die Sehenswürdigkeiten Bolnissis zu besichtigen, bevor wir die verbliebenen Deutschen besuchen. Im Süden Bolnissis befinden sich drei bedeutende Kirchenbauten: eine kleine Saalkirche, eine Drei-Kirchen-Basilika und der Sioni-Dom.

Unter einer Eisenbahnbrücke hindurch verlassen wir Bolnissi. Wir fahren inmitten von Weizen- und Maisfeldern. Nur ein einziges Auto, ein alter Moskwitsch, kommt uns entgegen. Auf dem Hintersitz türmen sich bis zum Dach Auberginen, die zum Markt nach Tiflis gebracht werden. Wir hoffen für den geduckten Fahrer, dass er bis Tiflis keinmal scharf bremsen muss!

Bei der Einfahrt zum Dorf Kwemo-Bolnissi steht ein Brunnen, aus dem junge Mädchen mit großen Holzbottichen Wasser schöpfen. Mit aufrechtem Gang tragen sie die langstieligen Wasserkrüge auf der Schulter nach Hause. Um sie herum feixen Knaben, die in hohem Bogen die schwarzen Schalen der Sonnenblumenkerne ausspucken.

Nachdem wir einer Sau ausgewichen sind, die mitten auf der Straße in einer großen Pfütze suhlend ihre Ferkel säugt, halten wir am Ende des Dorfes und gehen zu der kleinen Saalkirche hinauf, die auf einer niedrigen Anhöhe liegt. Die Kirche ist sehr verfallen. Die eine Hälfte des tonnengewölbten Daches ist samt einer Außenmauer eingestürzt, auf der anderen wachsen Sträucher und Gräser. Im Innenraum liegen im Halbrund der Apsis einige schlafende Ziegen, die wir nicht vertreiben wollen. Ihr Stall ist nicht groß: die Kirche ist rund sechs Meter lang, zwei Meter breit, und vier Meter hoch. Die beiden Eingänge, die sich an der Stirnseite und der rechten Außenmauer befinden, sind allenfalls zwei Ziegen hoch.

Wie alt die Kirche ist?

Ich weiß es nicht. Dem Typus nach gehört sie zu den Saalkirchen, den ersten selbständigen Kirchenbauten, in denen sich die Christen zum Gottesdienst versammelten, nachdem sie sich zuerst in Privathäusern getroffen hatten. Nach Annahme des christlichen Glaubens bauten die Georgier zahlreiche dieser kleinen und schlichten Kirchen. Wie weiße Bojen auf der See überziehen sie das grün-blaue Land. Auch unsere Kirche dürfte im 4. Jahrhundert gebaut worden sein und damit zu den frühesten Zeugnissen christlicher Baukunst in Georgien gehören.

Meckernd verlassen nun die Ziegen ihren Stall. Mit Wehmut blicke ich zum Bürgermeister. Er lächelt. Ja, ja, beschwichtigt er, man werde sich jetzt wieder um die Kirche kümmern, sie schützen und restaurieren. Zugleich drängt er zum Aufbruch.

Unser nächstes Ziel ist die Drei-Kirchen-Basilika von Kwemo-Bolnissi. Unser Bürgermeister hatte uns schon auf der schaukeligen Schotteranfahrt stolz erzählt, dass es solche Kirchen nur in Georgien gebe! Sie liegt unmittelbar an der Straße, einem armenischen Friedhof gegenüber. Die Kirche besteht aus drei aneinander gebauten Kirchen. Von der ersten zur zweiten zur dritten Kirche gelangten wir durch kleine Türen, wenn die beiden Seitenkirchen noch erhalten wären. Sie sind es aber nicht; nur Reste der Außenmauern und der Dächer stehen noch. Auf den Dachvorsprüngen der Seitenkirchen und dem Dach des Mittelschiffes, das doppelt so hoch ist, wachsen zierliche Birken. Die Kirche ist jünger als die Saalkirche, wohl zwischen 500 und 550 erbaut. Als Grund, warum die Georgier Drei-Kirchen-Basiliken bauten, die es nicht einmal im benachbarten Armenien gibt, vermutet der Nestor der georgischen Kunstgeschichte, Giorgi Tschubinaschwili, dass die fürstlichen Bauherren Seitengebäude wünschten, um für die Andacht eigene Altarräume zu haben. Andere Kunsthistoriker vermuten hingegen, dass die Seitenräume für die Noch-Nicht-Getauften vorgesehen waren.

Marina Maisuradse hat sich mittlerweile einem traurig blickenden, gerippedünnen Esel zugewandt, dem die Fesseln durch enge Stricke aneinander gebunden sind. Ich mag das nicht ansehen.

Wir fahren südlich weiter zur dreischiffigen Basilika in Bolnissi, wo uns schon ein Geistlicher erwartet. Wir sind darüber nicht erstaunt; in Georgien spricht sich deutscher Besuch wie ein Lauffeuer herum. Er führt uns in die Kirche, wo wir von einem alten, gebeugten Mütterchen Kerzen kaufen. Sie freut sich zu hören, dass wir Deutsche sind.

Der letzte Tourist vor zehn Jahren war auch Deutscher. Er habe ein Buch über die Kirche geschrieben.

Der Geistliche führt uns um den Bau. Die Kirche wurde zwischen 478 und 493 erbaut. Es war die Zeit, als sich König Wachtang Gorgassali (472–522) gegen die Perser behaupten konnte und die feueranbetenden Sassaniden aus Georgien zurückschlug. Wehrhaft und streng wirkt die Kirche auf uns, nur die seitlichen luftigen Arkaden mildern diesen Eindruck. An der Ostwand neben der Apsis ist eine kleine Kapelle angebaut. Der Geistliche erklärt uns hinter vorgehaltener Hand, dass dieser Anbau als Folterraum für die Muslime benutzt worden sei.

Im offenen Arkadengang der Nordseite, der mir für eine Kirche ganz ungewöhnlich vorkommt und seinen Ursprung vielleicht in den großen Veranden des georgischen Wohnhauses hat, befindet sich über der Eingangstür ein Architrav mit der ältesten georgischen Inschrift auf georgischem Boden (Das Original befindet sich im Dschanaschia-Museum in Tiflis). Sie stammt aus den Jahren 493/494 und ist damit nur wenig jünger als das älteste Zeugnis der georgischen Schrift, der Mosaikinschrift in dem von Petrus dem Iberer gebauten georgischen Kloster bei Birk el-Qutt in Palästina, in der Nähe von Bethlehem (wohl um 433).

Die somit seit 433 nachweisbare georgische Schrift bezeichnet man als „Chutsuri-Schrift" (aus georgisch *chutsi* = der Priester). Die Priesterschrift ist zunächst, vom 5. bis zum 11. Jahrhundert, eine Majuskelschrift (georgisch: *asomtawruli)*, ab dem 9. Jahrhundert tritt sie auch als Minuskelschrift *(georgisch: nußchuri)* auf. Die georgische Kirche schreibt bis auf den heutigen Tag in der Priesterschrift.

Neben die Priesterschrift trat im 11. Jahrhundert die Mchedruli-Schrift (aus georgisch: *mcheduri* = der Ritter). Diese Schrift, in der die Georgier heute schreiben, erscheint erstmals um 1058 in einer Urkunde Bagrat IV. Sie hat vierzig Buchstaben, von denen sieben heute außer Gebrauch sind. Sie wird von links nach rechts geschrieben; jedem Buchstaben entspricht genau ein Laut.

Auf welche Vorbilder griffen die Schöpfer der georgischen Alphabetschrift zurück? Auf die griechische Schrift, erklärt mir später Professor Tamas Gamkrelidse, der berühmte Sprachwissenschaftler und Direktor des Orientalischen Institutes der Georgischen Akademie der Wissenschaften: Der Erfinder des georgischen Alphabets, dessen Namen wir nicht kennen, übernahm die Buchstaben in der Reihenfolge des griechischen Alphabets, der ersten vollkommenen Buchstabenschrift. Die im Griechischen nicht bekannten Laute setzte er mit neuen Zeichen an das Ende des neuen georgischen Alphabets. Die Formen der georgischen Buchstaben gleichen jedoch nur sehr entfernt den griechischen; sie wirken archaischer und heben sich damit bewusst vom Vorbild ab. Unbestritten hat sich der Erfinder für die Formung der Buchstaben von christlicher Symbolik inspirieren lassen. So gleicht das K, der Anfangsbuchstabe von Christus, einem Kreuz. Das lässt darauf schließen, dass die georgische Schrift im Zuge der Christianisierung erfunden wurde. Die eigene Schrift war notwendig geworden, um auf Georgisch den christlichen Glauben und das Evangelium zu verbreiten. Im Gegensatz zu Westeuropa, wo nur Latein als Kirchensprache erlaubt war, predigten die Länder der Östlichen Christenheit das Evangelium von Anfang an in ihren Landessprachen.

Die Sonne steht schon tief. Auf der Blumenwiese vor der Kirche liegen wir langgestreckt im Gras. Im Licht der Sonne schimmern die malachitgrünen Steine der Kirchenmauern wie durchsichtig. Die Kirche erscheint uns jetzt schwereloser und leichter. Die abwechselnd grünen und erdbraunen Farben der Mauern verschmelzen mit dem Hintergrund des bewaldeten Kleinen Kaukasus.

Auf einem der Hügel erhebt sich prachtvoll die Zugrugascheni Kirche, eine Kreuz-Kuppel-Kirche. Der sehr hohe und sehr schmale Tambour reckt sich mit einer kleinen Kuppel mahnend in den Himmel. Wie natürlich verwächst die Kirche mit der gebirgigen Landschaft und erhebt sich über sie hinaus; ganz im Gegensatz zu jedweder Basilika, die immer dem Erdboden verhaftet bleibt. Ich bin mir sicher: Der Zusammenklang zwischen Erde, Himmel und Bauwerk ist auch ein Grund, warum die georgischen Baumeister den überkuppelten Zentralbau vervollkommneten, während sie große Basiliken nach dem 10. Jahrhundert nicht mehr bauten (nur kleine Saalkirchen bauten sie weiterhin).

Wieder nach Bolnissi zurückgekehrt, fahren wir durch breite, ungepflasterte Dorfstraßen, wie wir sie in einer schwäbischen Kleinstadt in der Mitte des 19. Jahrhunderts vermutet hätten. Inmitten der zahlreichen Fachwerkbauten fühlen wir uns wie in einem Freilichtmuseum. Die Straßen reihen sich wie Zeilen aneinander. Am Ende der so deutsch anmutenden Straße halten wir vor dem Haus von Frau Hoffmann. Es ist ein gut erhaltener zweistöckiger Fachwerkbau mit einem sehr spitzen Schieferdach. Es gibt noch rund vierhundert Fachwerkhäuser, und auch neue Häuser bauen die Bolnisser im schwäbischen Stil.

Frau Hoffmann, eine zierliche Frau mit lebhaften blauen Augen, hat die achtzig schon überschritten. Sie sieht gut aus und muss eine große Schönheit gewesen sein. Strahlend kommt sie auf uns zu und bittet uns mit altdeutscher Höflichkeit in ihre reinliche, einfache Küche. Auf dem Küchentisch, wir mögen es kaum glauben, liegt ein Bund weißer Spargel! Frau Hoffmann versorgt uns mit rotem, fruchtigen Traubensaft, wie es ihn nur in Georgien gibt, dem Land der Trauben.

Warum zogen Frau Hoffmanns Vorfahren nach Georgien?

Anfang des 19. Jahrhunderts litten die Württemberger schwer unter der französischen Besatzung. Außerdem forderten die Kriege des Völkerschlächters Napoleon hohe Opfer. Von 18 000 Württembergern kamen aus dem Rußlandfeldzug nur 150 zurück. Die Kriegsnöte wurden erschwert durch verhängnisvolle Mißernten. Im Sommer 1816, dem schlimmsten Jahr, fiel die gesamte Ernte aus. Kälte, Regen und Hagel hatten sie zerstört. Die dadurch entstandene Not zwang einige tausend Menschen, das Land zu verlassen. Die fleißigen und frommen Schwaben verstreuten sich über viele entlegene Erdteile, von Chile bis in den südlichen Kaukasus.

In Russland setzte damals Zar Alexander I. (1801–1825) die Kolonisation des Reiches fort, die Katharina II. begonnen hatte. In seinem Manifest aus dem Jahre 1804 hatte der russische Zar den Einwanderern große Versprechungen gemacht. Alexander I., der Bruder der vom Volk verehrten Königin von Württemberg, war in Württemberg sehr populär, da das Volk ihm den Sturz Napoleons dankte.

Für die tiefgläubigen evangelischen Schwaben war vor allem wichtig, dass ihnen zugesichert wurde, in ihrem evangelischen Glauben leben zu dürfen. Viele ergriff eine religiöse Sehnsucht nach dem Osten, wo auf dem Heiligen Berg Ararat die Arche Noah stehen sollte. Einige Pietisten hatten für das Jahr 1836 die Wiederkunft Christi und den Anbruch des tausendjährigen Christusreiches errechnet.

So kehrten einige hundert schwäbische Familien im Spätsommer 1816 ihrer Heimat den Rücken und traten ihren langen Marsch nach Georgien an. Nach zwei Jahren beschwerlicher Wanderung entlang der Donau, über Odessa, wo sie überwinterten, und über den Großen Kaukasus erreichten die Schwaben im November 1818 endlich ihre neue Heimat. Den Strapazen der Reise waren viele erlegen, andere hatten unterwegs aufgegeben.

Südlich von Tiflis ließen sich die Neuankömmlinge nieder: ohne Nahrung, ohne Saatgut, ohne Ackergeräte.

Mit Gottvertrauen, schwäbischer Tatkraft und der finanziellen Unterstützung der zaristischen Verwaltung begannen die Katharinenfelder ihren Kampf um das schiere Überleben. Ihre erste Siedlung hatten sie bereits verlassen müssen, da dort viele Familien am schlechten Klima zugrunde gegangen waren. Katharinenfeld bot günstigere Voraussetzungen für die Landwirtschaft, und nach drei Generationen im Kampf mit Natur und Tataren gehörte dieses Dorf zu den reichsten im Kaukasus.

Der glücklichen Entwicklung Katharinenfelds setzte erst die Kollektivierung der Landwirtschaft unter Stalin in den dreißiger Jahren ein Ende. Ein sowjetischer Propagandafilm präsentierte die Kolchose Luxemburg, wie Katharinenfeld mittlerweile von Staats wegen hieß, als Vorbild für die neue Form der Landwirtschaft. Auch die anderen deutschen Dörfer, die schwäbische Auswanderer im südlichen Kaukasus seit 1818 gegründet hatten, verloren durch die Kollektivierung ihren Reichtum: Elisabethtal (Asureti); Neu-Tiflis (Tiflis); Marienfeld, Petersdorf und Freudenthal (Sagaredscho südlich von Tiflis), Annenfeld, Georgsfeld (Schamkir in Aserbaidschan) und Helenendorf (bei Gandscha in Aserbaidschan).

Der Untergang der deutschen Dörfer begann am Morgen des 18. Oktober 1941. Alle Deutschen – rund 30 000 Menschen – wurden auf Befehl Stalins in Viehwaggons aus dem Kaukasus nach Kasachstan verschleppt. Dasselbe Schicksal erlitten die Kalmücken, Balkaren, Karatschaier, Tschetschenen, Krimtataren und die Meßcheten.

Frau Torowski aus Sagaredscho, dem ehemaligen Marienfeld, die aus Kasachstan zurückgekehrt ist, erzählte mir über den 18. Oktober 1941: „Sie haben das Dorf mit Hunden umstellt. Alle Hunde haben laut gebellt. Und dann sind sie gekommen vom Geheimdienst, dem NKWD. Sie sagten uns: Drei Tage, und dann müsst ihr fort. Wir verschlossen unsere Sachen in den Schränken und hofften, sie bald wieder zu sehen. Mit dem Zug sind wir nach Baku gefahren. Alle sind im Waggon gestanden, wie Vieh. Dann ging es mit zwei Schiffen nach Krasnovodsk. Dann wieder im Zug nach Kasachstan. Nichts zu essen haben sie uns gegeben. Wir waren alle dick ohne Essen. Viele Kinder und die Alten starben unterwegs an Hunger. Im Dezember, mitten im Winter, kamen wir in Kasachstan an. Im Schnee und bei Frost. Mit Ochsenkarren zogen wir einige Hundert Kilometer zu unseren Lagern. Dort wurden wir in Hütten in der Erde untergebracht.“ Kasachstan wurde die neue Zwangsheimat, das offene Gefängnis, der Deutschen und der anderen Völker. Nach Georgien kehrten nach dem Tode Stalins nur einige Hundert Deutsche zurück.

Wie viele Deutsche leben heute noch in Bolnissi, fragen wir Frau Hoffmann. „Noch zwanzig alte Frauen. Wir mussten nicht fort, da wir mit Russen verheiratet waren“, antwortet sie uns auf Hochdeutsch. Untereinander jedoch schwäbeln die Katharinenfelder Frauen.

Die Ära der deutschen Dörfer im Kaukasus wird mit diesen Frauen zu Ende gehen. Sie wollten nicht nach Deutschland aussiedeln, sagt uns die bescheidene und fromme Frau Hoffman. Alte Bäume verpflanze man nicht.

Sie zeigt uns noch ihren Weinkeller mit den 150 Jahre alten Fässern, die ihre Vorfahren gezimmert haben. Dann verabschieden wir uns und versprechen, bald wiederzukommen.

Nach einem reichlichen Abendessen im Hause des Bürgermeisters, der ein Museum über die deutsche Zeit Bolnissis eröffnen will, verlassen wir das ehemalige Katharinenfeld. Die Gardisten am Stadtrand sitzen mittlerweile beim Schaschlik, was uns die Kontrolle erspart. Auffallend viele blonde und blauäugige Mädchen winken uns auf Wiedersehen.

Über Tetri-Tskaro und Manglissi fahren wir zurück nach Tiflis. Wir durchqueren Trialeti, Ur-Georgien, wo die erste Hochkultur während der Bronzezeit auf georgischem Boden entstand. Da es dunkel ist, müssen wir auf die Besichtigung der Hügelgräber in der Nähe der Ortschaft Trialeti verzichten. Tiflis erreichen wir wieder um Mitternacht.

9. Angespannte Sommerfrische in Adscharien

September 1993

Der Sommer ist noch so heiß, dass wir in den Nächten kaum Schlaf finden. Nackt, ohne Decke, liege ich im Bett und wälze mich von einer Seite zur anderen. Alle Fenster stehen sperrangelweit auf; aber kein Lüftchen regt sich. Nur die Mücken summen mit einem unheilvollen „ssssssss“ durch das Schlafzimmer, das warm ist wie ein Backofen. Erst mit dem Morgengrauen frischt eine leichte Brise auf, die von den Bergen durch Tiflis weht. Erlöst falle ich in einen kurzen Schlaf.

Ich sehne mich nach einigen Tagen Urlaub. Wir kommen aber kaum zur Ruhe: Der Krieg in Abchasien hält uns alle besorgt in Atem.

Was hat sich dort ereignet, seit wir im Oktober letzten Jahres in Sochumi waren?

Die Front verläuft immer noch entlang dem Gumista, dem Fluss, der in den kaukasischen Bergen entspringt und nördlich von Sochumi in das Schwarze Meer mündet. Dreimal haben die Abchasen seit Oktober vergangenen Jahres versucht, die Stadt mit größer angelegten Angriffen zu erobern: im Januar, im März und im Juli 1993. Die Angriffe konnten aber von den georgischen Truppen zurückgeschlagen werden.

Trotzdem: Nach dem letzten Waffenstillstand, dem mittlerweile vierten vom 27. Juli 1993, liegt eine Entscheidung in der Luft. Keiner kann sich vorstellen, dass sich Georgier und Abchasen mit dem jetzigen Patt, der Teilung von Abchasien, zufrieden geben werden. Die Stellung Ardzinbas, des Anführers der Abchasen, wird wackeln, wenn er nicht auch das südliche Abchasien erobert. So befürchten alle in den nächsten Tagen einen Großangriff auf Sochumi und keiner von uns ist sich sicher, ob die georgischen Truppen ihn werden abwehren können.

Der Krieg konnte uns aber nicht davon abhalten, in den vergangenen Tagen die bescheidene „1. Georgisch-Deutsche Kulturwoche“ zu organisieren, die von den Georgiern begeistert aufgenommen wurde. Die Georgisch-Deutsche Gesellschaft, die georgische Goethe-Gesellschaft in Tiflis und die Assoziation der Deutschen in Georgien, die „Einung", beteiligten sich mit zahlreichen Ausstellungen, Konzerten und Vorträgen.

In der „Einung" haben sich mittlerweile über die Hälfte der noch fünftausend deutschstämmigen Georgier zusammengefunden. Ein Georgier hatte die Vereinigung im Juli 1991 ins Leben gerufen, weil er sich von ihr bessere Geschäftsbeziehungen nach Deutschland versprach. Auf der von ihm einberufenen Gründungsversammlung musste er jedoch eingestehen, dass er kein Deutscher ist, und so wurde der deutschstämmige Physiker Nodar Kurdiani zum Vorsitzenden gewählt. Mit der „Einung" hat das deutsche Leben in Georgien wieder einen Mittelpunkt gefunden. Deutsche Dörfer gibt es zwar keine mehr, aber die Deutschstämmigen in Tiflis bilden ein besonderes Band zwischen Deutschland und Georgien. Der größte Wunsch der Deutschen ist, den Gottesdienst wieder in einer eigenen Kirche feiern zu dürfen. Die alte Kirche, von Leopold von Bilfeld erbaut, war in den vierziger Jahren von den Kommunisten abgerissen worden. Herr Hummel, Theologie-Professor in Saarbrücken, hat sich an den georgischen Fürsten des Mittelalters ein Vorbild genommen und versprochen, für den Neubau eine große Summe zu spenden. Die neue Kirche soll ihren Platz in der Terenti Graneli Straße finden. Dort hat die Stadt Tiflis der deutschen Gemeinde in einer außergewöhnlich großzügigen Geste ein Grundstück geschenkt. Schewardnadse selber hatte sich auch dafür ausgesprochen.

Ein besonderer Höhepunkt der Kulturwoche war eine Ausstellung deutscher Bücher. Die „Frankfurter Buchmesse" hatte uns tausend Bücher geschickt, die wir auf dieser Ausstellung präsentierten, die von Besuchern überlaufen war. Da georgische Schüler und Studenten keine Gelegenheit mehr haben, billig deutsche Literatur aus der DDR zu erwerben, beschlossen wir, ihnen die Bücher zu schenken. Wir baten Schüler des 6. Gymnasiums, der sogenannten Deutschen Schule, und einige Studenten in das Dschanaschia-Museum, wo sie am letzten Tag der Ausstellung Bücher ihrer Wahl erhalten sollten. Die Einladung musste sich aber wie ein Lauffeuer in Tiflis herumgesprochen haben. Es kamen nicht einige, sondern hunderte standen vor der Tür. Was tun? Zunächst barrikadierten wir den Eingang zur Ausstellung mit Tischen und Regalen. Kacha Samuschia und ich stellten uns dann auf die Tische und boten wie Marktschreier die Bücher an. Es gab einige fröhliche Gesichter, aber viele, viele traurige, die ohne ihr Wunschbuch nach Hause gehen mußten. Sonst war die Kulturwoche ein Erfolg. Sie zeigte wieder einmal, wie sehr sich die Georgier deutscher Musik und Literatur verbunden fühlen.

Um mehr lachende Gesichter zu sehen, gründete ich später mit Udo Hirsch und Helmut Glück in Tiflis eine deutsche Buchhandlung, die „Goethe-Buchhandlung" in der Kakabadseebi-Straße Nr. 3. Es war die erste private Buchhandlung Georgiens. Vielleicht wollten wir uns mit der „Goethe-Buchhandlung" auch dafür revanchieren, dass die georgische Regierung – wie selbstverständlich – bereit war, 20 000 Bücher, welche die Rote Armee im Krieg erbeutet hatte, den deutschen Eigentümern zurückzugeben. Helmut Glück war als erster auf die Bücher aufmerksam geworden, die im Keller der georgischen Akademie der Wissenschaften lagerten. Nie, und das finde ich besonders bemerkenswert, hatten die Georgier die Bücher als ihr Eigentum betrachtet. Sie gaben sie ohne Bedingungen zurück, darunter Ausgaben Luthers, die zu Lebzeiten des Reformators erschienen waren, und mehrere Wiegendrucke aus dem 15. Jahrhundert.

Nach der Kulturwoche nehme ich vier Tage Urlaub, um an die Küste des Schwarzen Meeres nach Adscharien zu fliegen, dem südlichsten Ferienparadies der ehemaligen Sowjetunion.

Das Flugzeug von Tiflis nach Batumi ist pünktlich. Es ist eine YAK–40, die wir durch das Heck besteigen. Die zweiundzwanzig Sitzplätze sind schnell besetzt, aber es quetschen sich noch zehn weitere Passagiere in die Maschine, die stehend nach Batumi fliegen werden. Fünfundvierzig wackelige Minuten später landet der Pilot nach einer schwungvollen Schleife über dem Schwarzen Meer in Batumi. Die YAK–40 holpert die Landebahn entlang, weicht am Ende einer interessiert blickenden Kuh aus und kommt vor dem niedrigen Empfangsgebäude des Flughafens zum Stehen. Am Fuße der Gangway begrüßt uns der junge Kluckowski, der als Deutscher früher Glück hieß, und strahlt uns fast zahnlos an. Nach einer freundlichen Begrüßung fährt er uns zuerst zum Regierungshaus der ehemaligen „Adscharischen Autonomen Sozialistischen Sowjetrepublik", die heute „nur" noch eine „Autonome Republik Adscharien" ist. Der endgültige Status dieser Region bleibt durch die zukünftige Verfassung zu regeln.

Auf dem Weg zum Regierungshaus zeigt uns Kluckowski die adscharische Hauptstadt Batumi. Durch die offenen Fenster des Wagens weht ein frischer Seewind. Wilde Rosenhecken begrenzen die Zitronen- und Apfelsinenplantagen, die links und rechts der Straße liegen. Ein wenig erstaunt sind wir über die vielen Kühe, die am Straßenverkehr teilnehmen. Der Fahrer lässt sich von ihnen nicht beirren und kurvt geschickt zwischen ihnen und den Schlaglöchern in Richtung Batumi. Am Ortseingang steht eine große Blechwand mit dem Portrait Ilia Tschawtschawadses und seinen Losungsworten: Glaube – Vaterland – Sprache.

Nun sind wir in Batumi mit seinen quadratisch angelegten Straßen. Der weiße Anstrich der neobarocken und neoklassizistischen Wohn- und Geschäftshäuser ist angegraut und verblichen. Aber die sonnige Stadt zieht mich sofort an. Jeden Sommer werde ich sie von nun an besuchen. Sie hat den Charme einer verschlafenen Hafenstadt des zaristischen Reiches in unsere Zeit gerettet. Ich liebe es, stundenlang in den zahllosen Cafes zu sitzen, in denen es herrlich nach Kaffeebohnen duftet, die fröhliche Mädchen in einer Art Geschoßhülse zerkleinern. In den Straßen riecht es nach Mandarinen und Zitronen, nach Heckenrosen und Magnolien. Im breiten Uferpark verbringen wir viele Abende bei Weißwein und Stör unter Palmen und Koniferen. Vom Schwarzen Meer weht immer ein leichter Wind, der nach Salz und Ferne schmeckt.

Kluckowski zeigt uns, wo das Lenin-Denkmal stand. Wir sind froh, dass wir es nicht mehr sehen müssen, da es abgerissen wurde. Auch in das Revolutionsmuseum, wo Stalins frühem Unwesen in Batumi gehuldigt wurde, können wir nicht mehr geführt werden. Es wurde in ein Kunstmuseum umgewandelt. Leider aber ist das Staatliche Museum Adschariens, das wir besuchen wollten, wegen Renovierung geschlossen. In diesem Museum wird der Goldschatz von Gonio aufbewahrt. Er wurde im Jahre 1974 in der römischen Festung Apsar, dem heutigen Gonio, gefunden. Die Festung liegt südlich von Batumi an der Mündung des Flusses Tschorochi. Nach der Eroberung der kaukasischen Länder (65 vor Chr.) ließ Pompeius Gonio als südlichste Festung des „Limes Ponticus“ bauen und stationierte dort fünf Kohorten.

Bevor wir in die Uferstraße einbiegen, kommen wir am Stadtpark vorbei, in dem eine neue Kirche gebaut wird, eine schlichte weiße Basilika mit blaulasierten Dachpfannen.

Die Uferstraße wird von einer Palmenallee gesäumt. In einigen der

Aslan Abaschidse im Jahre 1993. Photo: Sakinformi

Hotels wohnen Flüchtlinge aus Gudauta und Gagra. Auf den Gehsteigen und in den Parks bummeln Einheimische, Flüchtlinge und Urlauber sorgloser als in Tiflis auf und ab. Hier brauchen sie keine Angst vor jugendlichen Banden und Kriminellen zu haben: Adscharien ist fest in der Hand seines Regenten Aslan Abaschidse. Er ist – streng genommen – der Vorsitzende des „Obersten Sowjets", der wiederum dem „Sowjet" Adschariens mit seinen 284 Deputierten vorsteht. Noch hat es keine demokratischen Wahlen für eine neue Regierung gegeben.

Vor Abaschidses aristokratischem zweistöckigen Regierungshaus parken wir. Über eine geschmackvolle Marmortreppe kommen wir in den riesigen Empfangsraum hinauf. Wir müssen nur kurz warten, bis uns Abaschidse begrüßt. Er ist von kleiner, drahtiger Gestalt mit ebenmäßig geschnittenen Gesichtszügen. Wohl erst Mitte Fünfzig sind seine Haare schon schlohweiß. Seine stechend blauen Augen prüfen uns mit Wohlwollen. Das Volk nennt ihn den Löwen von Adscharien. Er selber vergleicht sich gern mit Franz Joseph Strauß.

Abaschidse stammt aus einem fürstlichen Haus, das im russischen „Gotha" erwähnt ist. Von 1462 bis zum Ende des 19. Jahrhunderts regierte seine Familie Adscharien. Seinen Großvater ließ Stalin erschießen, seinen Vater für zehn Jahre nach Sibirien verbannen. Nach einem Studium der Wirtschaftswissenschaften in Tiflis und einer Tätigkeit in einem Ministerium gründete er 1992 die Partei „All-Georgische Union der Wiedergeburt“ mit dem Motto: Ein reicher Mann bedeutet ein reiches Land. Abaschidse selber ist einer der reichsten Männer Georgiens. Er lässt auch uns nicht im Zweifel darüber, wer Herr in Adscharien ist:

„Das adscharische Parlament hat sich auf meinen Vorschlag für unbestimmte Zeit vertagt. Mit dem Parlament sind die Probleme nicht zu lösen. Dort sitzen intellektuelle Besserwisser. Diese Art von Demokratie führt zu Anarchie“, dolmetscht Marina.

Ich frage nach seiner Einstellung zur georgischen Regierung.

„Tiflis ist Tiflis, Batumi ist Batumi. Die georgische Regierung ist arrogant und überheblich. Die Regierung geht mit allen auf Konfrontation. Der Einmarsch in Abchasien war ein großer Fehler. Nun terrorisieren die *mchedrioni* Megrelien. Wie sollen die Georgier so friedlich zusammenleben? Ich schlage vor, dass die Vertreter aller georgischen Regionen eine Verfassung ausarbeiten. Die Ausarbeitung der Verfassung darf nur sechs Monate dauern, dann muss das Volk neu über die Regierung entscheiden. In Adscharien herrscht Ruhe und Ordnung. Keiner darf Waffen tragen. Auch Kitowani hat an der Grenze seine Waffen abgeben müssen.“

Er kommt dann auf Schewardnadse zu sprechen, beteuert mehrfach, dass er kein Separatist sei und den Präsidenten unterstütze, aber: „Wenn ich wie Schewardnadse 200 Berater hätte, würde in Adscharien auch nichts funktionieren.“

Am liebsten spricht er jedoch über ökonomische Fragen: „Die georgische Regierung versteht von der Wirtschaft nichts. Das ist ihr größter Fehler. In Adscharien arbeiten alle Fabriken. Arbeitslose werden zur Arbeit verpflichtet. Die Türkei ist für uns als Wirtschaftspartner besonders wichtig.“

Nur selten habe ich Gelegenheit, seinen gewaltigen Redefluss zu unterbrechen. So zieht sich das Gespräch noch über zwei Stunden hin. Er informiert uns ausführlich über den Ausbau des Hafens, die Verbesserung der Infrastruktur und den Tourismus. Marina ermüdet sichtlich. Auch ich fühle mich schlagartig müde und glaube, dass es an der Zeit ist, aufzubrechen.

Vor der Tür warten schon einige türkische Geschäftsleute auf den Löwen von Adscharien.

Wir werden zu einem Mercedes der S-Klasse geleitet, dem Privatwagen Abaschidses, mit dem uns sein Chauffeur nach Kobuleti fährt. Deutsche Autos werden im Kaukasus so geschätzt wie früher arabische Pferde. Mercedes-Benz gilt als die beste Rasse. Leider erhält sie in Georgien aber nur schlechtes Futter. Das Benzin ist von so miserabler Qualität, dass auch der Motor von Abaschidses Mercedes laut klötert und bergan nur schlecht zieht. Desto schneller fahren wir bergab. Von der Küstenchaussee, die sich als Serpentine von Batumi nach Kobuleti schlängelt, haben wir einen wunderbaren Blick auf die georgische Riviera: einen großen, grünen Garten, der sich mit Zitrusbäumen, kugeligen Teeplantagen und hochgewachsenen Eukalyptusbäumen vom tiefblauen Meer bis zu den hellgrünen Wiesen der adscharischen Berge erstreckt.

In den Kurven quietschen die Reifen und ich werde entweder gegen die Tür gepresst oder gegen Marina geworfen. Vorsichtig melde ich mich beim Fahrer mit einem bescheidenen Wunsch: „*Nela, nela* – langsam, langsam."

Er antwortet nur kurz: „*Problema ar aris* – Kein Problem."

Leider wissen wir zu gut, dass diese zwei Wörter oft das Gegenteil meinen. Mit Spannung beobachte ich die Überholmanöver, wenn ein entgegenkommendes Auto ebenfalls überholt. Da keines der vier Autos ausweichen will, muss die Straße, die schon für zwei Autos eng ist, auch für vier ausreichen. Adscharien meint es aber gut mit uns. Unverletzt passieren wir den Botanischen Garten mit seinen Erdbeerbäumen und abertausenden von subtropischen Pflanzen. Die Landschaft gleicht einer paradiesischen Orangerie, die sich spielend mit ihren französischen und italienischen Konkurrenten messen kann. Sie ist jedoch ursprünglicher, weniger von der Heckenschere gestutzt als die Landschaftsgärten des Mittelmeers.

Wir erreichen Kobuleti, ein Straßendorf, das sich über mehrere Kilometer erstreckt. Im ehemaligen Gästehaus der Nomenklatura, das sich neben gesichtslosen Hotel-Silos der aufgelösten Unionsaktiengesellschaft „Intourist" befindet, die früher alle touristischen Reisen von Ausländern in der UdSSR organisierte, beziehen wir großzügige Zimmer mit Blick auf das Schwarze Meer. Die Hotels sind überfüllt mit Flüchtlingen aus Abchasien.

Den ersten Abend genießen wir mit Efes-Pilsener bei lauschiger Brise auf dem Balkon. Am nächsten Morgen wollen wir in der Cafe-

Kühe am Strand von Kobuleti. Photo: Udo Hirsch

teria des Hotels frühstücken, müssen aber feststellen, dass uns das karge Frühstück für den Pauschaltouristen – Tee, Brot und Sulguni-Käse – nicht schmecken will. Die Stimmung unter den Gästen ist gedrückt. Alle wissen, dass in Abchasien eine Entscheidung bevorsteht.

Vier Tage faulenzen wir auf den heißen Steinen des Strandes, hin und wieder ein wenig gestört von den Kühen, die das Strandleben auch zu schätzen wissen. Auf dem kilometerlangen Strand, auf dem früher die Menschen dichtgedrängt lagen, sehen wir heute mehr Kühe als Badegäste.

Kluckowski, der immer um uns ist, zeigt sich betrübt, dass wir seine Vorschläge ablehnen, andere Errungenschaften Adschariens zu besichtigen, wie die Sowchose für tropische Heilpflanzen oder das Forschungsinstitut für Tee in Tschakwa. Wir laden ihn stattdessen zum Abendessen auf der Terrasse des Intourist-Hotels ein. Wie üblich gerät das Essen zu einer großen Schlemmerei: Rote Beete mit Meerrettich, Auberginen mit Granatapfelkernen, Käsekuchen Chatschapuri, Schaschlik vom Schwein, gekochter und gebratener Stör, gebratenes Hühnchen mit Walnusssoße, Lachsforelle, Karpfen und Kaviar, wobei mir der schwarze besser schmeckt als der rote. Wohlgemerkt: diese Gerichte werden nicht nacheinander, sondern gleichzeitig serviert. Angeregt wird unser Appetit durch einen köstlichen heugrünen Manavi-Wein. Kluckowski, der als Tamada nach seinen zahlreichen Trinksprüchen auf die wichtigen und weniger wichtigen Dinge des Lebens zuerst dem georgischen Champagner und dann dem georgischen Cognac zugesprochen hatte, verabschiedet sich schon nach einigen Stunden. Wir verabreden uns für später in der plüschigen Nachtbar im zwölften Stock. Bis dahin plaudern wir über Adscharien, während ein Schwarm von Delphinen durch das grünliche Meer vor der untergehenden Sonne hüpft. Die Sonne, in der ein glühendes Feuer zu lodern scheint, ist zum Greifen nah. Ihre roten Streifen liegen wie ein flammender Kranz auf dem Meer. So muss auch Homer Aufgang und Untergang der Sonne erlebt haben, wenn er in der Odyssee von der rosenfingrigen Abendröte spricht.

Das Essen, der Wein, der Sonnenuntergang, die lauschige Luft, alles stimmt mich milde, auch milde in meinem Urteil über Abaschidse. Mit seiner – zugegeben – autoritären Führung hat er es geschafft, in Adscharien den Bürgerkrieg, den Kampf eines jeden gegen jeden zu verhindern. Es gibt keine Mafia-Banden und halbstarken Jugendlichen, die Angst und Schrecken verbreiten wie in Tiflis. In Adscharien herrscht Ruhe und Frieden, allerdings ein Frieden von Abaschidses Gnaden. Wer Abaschidse und seinen „Hofstaat" abends auf der Mole von Batumi flanieren sieht, spürt, dass er und seine Familie Adscharien als ihr privates Eigentum betrachten. Daraus macht er auch gar keinen Hehl. So ist es nicht verwunderlich, dass viele Adscharen hinter vorgehaltener Hand Abaschidse auf den Mond wünschen.

Immerhin hat Abaschidse seine Macht nicht dazu ausgenutzt, um Adscharien von Georgien abzutrennen.

Adscharien, seit der Frühzeit Teil Georgiens, war im 17. Jahrhundert an das Osmanische Reich gefallen, nachdem Georgien durch die Vernichtungsfeldzüge der Mongolen und durch innere Zwistigkeiten seine Kraft zur Selbstbehauptung verloren hatte und in selbständige Regionen zerfallen war. Nach dem russisch-türkischen Krieg 1877/1878 erhielt Georgien auf dem Berliner Kongress Adscharien von der Türkei zurück. Die georgische Sprache hatten sich die Adscharen bewahrt. Auch der Islam hatte in Adscharien keine Wurzeln schlagen können, die Islamisierung blieb oberflächlich. Wie Kluckowski uns erzählt, orientiert sich die Jugend wieder hin auf die orthodoxe Kirche. Der Islam werde als aufgezwungene Religion empfunden, auch muslimische Eltern ließen ihre Kinder taufen. Davon konnte ich mir während meiner Besuche in Batumi und anderen adscharischen Orten in den nächsten Jahren ein Bild machen. In der Moschee von Batumi trifft man nur wenige, meist ältere Menschen. Die jungen Menschen hingegen gehen in die neu gebauten Kirchen.

Im Jahre 1918, kurz vor Ende des Ersten Weltkrieges, versuchte die Türkei noch einmal mit Hilfe turkophiler Organisationen in Batumi, Adscharien unter ihre Herrschaft zu bringen. In der Furcht, Adscharien ganz zu verlieren, erklärte sich die Regierung der demokratischen Republik Georgien bereit, dem Gebiet Autonomie zu gewähren. So bestätigte die Verfassung der Republik von 1921 die Autonomie Adschariens. Bevor jedoch die Regierung die Autonomie verwirklichen konnte, war Georgien von russischen Truppen besetzt und annektiert worden. Die Gründung der „Autonomen Sowjetrepublik Adscharien" am 16. Juli 1921 entsprach auch dem russischen Interesse. Durch die Zergliederung Georgiens konnte Moskau jederzeit Einfluss nehmen auf die georgische Politik. Etwaige Tiflisser Unabhängigkeitsbestrebungen sollten durch Aufwiegelung der Adscharen schon im Keim erstickt werden können. Da die Adscharen aber im Gegensatz zu Abchasen und Osseten Georgier sind, ist eine Unabhängigkeitserklärung, wie sie Ardzinba für Abchasien und die Osseten für „Süd-Ossetien" erklärt haben, nicht vorstellbar. Aber auch unterhalb der Schwelle der Unabhängigkeit wäre eine Politik Abaschidses, die sich gegen Tiflis gewandt hätte, der Todesstoß für die junge georgische Eigenstaatlichkeit gewesen. Für die Zukunft wird es entscheidend sein, ob Abaschidse den föderalen Weg, den Weg seines Vorbildes Franz Josef Strauß, wählt oder den der abtrünnigen georgischen Fürsten vergangener Jahrhunderte, die immer wieder Georgien in Gefahr brachten, indem sie sich gegen die Zentralmacht auflehnten. Die Auseinandersetzung zwischen der königlichen Macht, die für die Einheit des Landes stritt, und den Fürstentümern, die ihre Machtbefugnisse ausweiten wollten, zieht sich wie ein roter Faden durch die georgische Geschichte. Wer sich heute mit Aslan Abaschidse unterhält, versteht, dass diese Auseinandersetzung noch nicht beendet ist. Einer der schillerndsten geschichtlichen Figuren in diesem Mächtespiel war übrigens Giorgi Saakadse (1570–1629), der sowohl für die Einheit des Landes kämpfte als auch ein eigenes Fürstentum begründete.

Der Wind hat aufgefrischt. Die Wellen schwappen immer lauter gegen den Strand. Mit großer Wucht klatschen sie auf die großen und kleinen Steine, die sie scheppernd und rasselnd mit in das Meer ziehen.

Neben mir liegt aus der Tusculum-Reihe ein Band der „Naturalis Historia" von Plinius dem Älteren (23–79). Im fünften Buch schreibt er über das Schwarze Meer, „es habe eine große Fläche des Festlandes verschlungen, das sich vor ihm zurückzog."

Hinter diesem schlichten Satz verbirgt sich das Ereignis einer großen und gigantischen Flut, der Sintflut. So jedenfalls vermuten es die beiden amerikanischen Geophysiker Walter Pitman und William Ryan, die an der Columbia-University in New York lehren. Sie erforschten nach Ende des Kalten Krieges gemeinsam mit russischen und türkischen Ozeanographen das Schwarze Meer. Mit Sonar- und Bohrgeräten untersuchten sie den Meeresboden und entdeckten Hinweise darauf, dass dieses Salzwassermeer einst ein Süßwassersee war, der tief unter dem Niveau der Weltmeere lag. Heute hingegen liegen das Schwarze Meer und die Weltmeere auf demselben Wasserspiegel. Wie kam es dazu?

Um 6200 vor Christi Geburt brach eine letzte Mini-Eiszeit über Nordeuropa herein. Die Temperaturen stürzten, Niederschläge blieben aus. Durch die Trockenheit sanken die Wasserspiegel der Seen in Anatolien und in Vorderasien. Die Bewohner dieser Regionen zogen sich dorthin zurück, wo es noch Wasser gab. Eines dieser Gebiete war das Schwarze Meer, ein Binnensee, an dessen Ufer sich die Menschen niederließen. Sie waren Jäger, Hirten und auch Ackerbauern.

Seit 5800 erwärmte sich das Klima wieder und ließ das Eis der nördlichen Hemisphäre schmelzen. Dadurch stiegen die Pegel der Ozeane. Um 5600 war das Mittelmeer dann so hoch angestiegen, das es bis an den oberen Rand des Damms am Bosporus reichte. Das Salzwasser schwappte immer wieder über den Damm, bis der Pegel des Mittelmeeres hoch genug war, um ein kleines Rinnsal entstehen zu lassen, das über den Bosporus in das Schwarze Meer floss. Innerhalb weniger Tage wurde aus dem Rinnsal ein Bach und schließlich ein reißender Strom. Dieser Strom, der von nun an Europa von Anatolien trennte, ergoß jeden Tag eine Wassermenge vom Umfang des Bodensees in das Schwarze Binnenmeer. Tag um Tag stieg der See um 15 Zentimeter. Die Menschen ergriffen die Flucht; ihre Wohnstätten wurden von der Flut verschlungen. Die Flüchtlinge wanderten entweder entlang der Donau Richtung Norden oder über Anatolien in den Süden, wo sie sich im fruchtbaren Halbmond niederließen.

In der mündlichen Überlieferung derjenigen Menschen, die sich in Mesopotamien niederließen, wo es immer wieder zu Überschwemmungen kam, lebte die Erinnerung an die Große Flut fort. Sie stand Pate für die Sintfluterzählungen im 1. Buch Mose, im Gilgamesch-Epos und in den Mythen vieler anderer Völker.

Vier Ferientage in Adscharien, zu schnell sind sie vergangen. Die Yak-40, unser Transportvogel, erwartet uns schon auf der löchrigen Landebahn des Flughafens von Batumi. Wir verabschieden uns von Kluckowski. Das Flugzeug ist vollbesetzt, im Gang stapeln sich die Kisten mit Apfelsinen, Feigen und Mandarinen, die auf dem Markt in Tiflis verkauft werden sollen. Kurz bevor die Startbahn in das Meer fällt, hebt der Pilot die Maschine ab und wir überfliegen die Bucht von Batumi, eine der tiefsten am Schwarzen Meer. Als bunte Farbtupfer auf der spiegelglatten See erkennen wir die Frachter und Tanker, die auf Reede überliegen. Die häufig fremdbestimmte Geschichte Georgiens, die geprägt ist durch seine ferneren und näheren Nachbarn, lässt sich auch beschreiben anhand der Schiffe, die im Laufe der Jahrhunderte in Batumi anlegten: griechische und römische Galeeren, türkische Feluken und russische Korvetten. Nur die Mongolen und Perser kamen ausschließlich auf dem Landweg. Heute sehen wir Tanker. Sie veranlassen Marina zu einem längeren Vortrag über die wirtschaftlichen Perspektiven Georgiens. Das aserische Öl aus dem Kaspischen Meer werde Georgien reich machen, sehr reich. Das Öl müsse über Georgien in den Westen transportiert werden, da die Amerikaner den Bau einer Pipeline durch den Iran nicht zuließen und der Weg über Russland sowieso nicht in Frage komme. So werde Georgien die Erdölleitung bekommen und saftige Transitgebühren einstreichen. Während Marina die ökonomischen Perspektiven ihrer Heimat weiter ausmalt, sackt die Yak-40 plötzlich tief durch. Die Frauen kreischen auf, die Männer fallen in ein tiefes Brummen. Der Pilot bleibt uns eine Erklärung schuldig. Kaum haben wir uns auf die neue Flughöhe eingestellt, fällt die Maschine nach links ab, schüttelt sich ein paar Mal kräftig, bevor sie steil aufsteigt – nur, um unkontrolliert nach rechts abzugleiten. Alle Flugmanöver werden von einem angstvollen Jammergeschrei begleitet. Die Kinder, die nicht mehr zu beruhigen sind, schluchzen und weinen sich die Augen aus dem Kopf. Marina zittert und wimmert, krallt sich fest an mich. Nur deshalb bleibe ich selbst gelassen und versuche, sie zu beruhigen. Der Schwalbentanz der Maschine dauert bis zur Landung in Tiflis. Die Räder knallen so hart auf, dass die Maschine einen weiten Satz macht und erst bei der dritten Bodenberührung nicht wieder abhebt. Nun rollt sie sanft aus und mir ist, als hörte ich sie aufatmen. Unsere durch Angst und Anstrengung verkrampften Glieder lockern sich wieder. Alle sind schnell wieder guter Stimmung, freuen sich, ein Abenteuer erlebt zu haben und applaudieren dem Piloten.

Draußen, auf dem Vorfeld des Flughafens, bläst uns ein Sturmwind mit solcher Kraft entgegen, dass wir Mühe haben, uns auf den Beinen zu halten. Mit vorgebeugtem Oberkörper stemmen wir uns den Böen entgegen.

10. Einweihung der Gedenkstätte für deutsche Kriegsgefangene in Sairme

September 1994

16. September 1993. Seit den frühen Morgenstunden bombardieren die Abchasen mit Raketenwerfern und schwerer Artillerie Sochumi. Russische Militärs führen das Kommando.

Die georgischen Soldaten stehen dem Angriff wehrlos gegenüber. Sie können sich nur mit Pistolen und Maschinengewehren verteidigen. Ihre Panzer und Artilleriegeschütze haben sie aus Abchasien abgezogen, so wie es die Bestimmungen des Waffenstillstands vom 27. Juli 1993 fordern.

Ardzinba wiederholt mit diesem Angriff seinen militärischen Plan vom Herbst vergangenen Jahres, als er das nördliche Abchasien nur deshalb erobern konnte, weil die Georgier aufgrund der Waffenstillstände vom 3. und 23. September 1992 ihre Truppen zurückgezogen, die Abchasen hingegen ihre Truppen zum Angriff gerüstet hatten.

Schewardnadse war denn auch für die Unterzeichnung des Juli-Abkommens hart kritisiert worden. Nicht nur seine Gegner befürchteten, dass die georgische Unterschrift einer Kapitulation gleichkomme und den Verlust Abchasiens besiegeln könne. Allerdings wussten auch die Gegner des Abkommens, dass Georgien weder finanziell noch militärisch dazu in der Lage war, den Krieg fortzuführen.

Einen Tag vor Unterzeichnung des Abkommens bat Schewardnadse Botschafter Dahlhoff zu sich und erläuterte, warum er gezwungen sei, den Vertrag zu unterschreiben: „Wir sind zwischen zwei Feuern. Einerseits ist das Abkommen für uns sehr beleidigend, weil wir unsere Streitkräfte abziehen müssen, was sehr riskant ist. Alles wird davon abhängen, wie sich die russische Armee verhalten wird. Wir wissen, dass die reaktionären Kreise in Moskau nicht an einem stabilen Georgien interessiert sind. Andererseits haben wir keine Wahl. Wir haben keine Mittel, den Krieg fortzuführen. Keine Waffen, keine Munition;

Eduard Schewardnadse in Sochumi im September 1993. Photo: Sakinformi

kein Geld, um Waffen zu kaufen. Georgien hat keine Armee. Wir wollen Frieden, damit der wirtschaftliche Wiederaufbau des Landes beginnen kann. Wir wollen einen Frieden ohne Sieger und Besiegte. Erst dann wird das Land politisch stabil werden."

Am Tag darauf, dem 27. Juli 1993, unterzeichneten Wachtang Goguadse, der Präsident des georgischen Parlaments, Andrej Kosyrew, der russische Außenminister, und Viktor Eschendolia als Beauftragter der abchasischen Seite das Abkommen.

Die wenigen westlichen Beobachter in Tiflis waren sich aber einig, dass der Waffenstillstand neue Angriffe der Abchasen nicht verhindern würde. Ich wollte deshalb mit Verteidigungsminister Gia Karkaraschwili zusammentreffen, der im Mai 1993 den unfähigen Tengis Kitowani abgelöst hatte. Der junge Karkaraschwili, ein drahtiger Mann, hatte in der Sowjetunion als Berufsoffizier gedient und sich mehrfach im Afghanistan-Krieg ausgezeichnet. Am 11. August 1993 traf ich ihn und fragte ihn, was er tun würde, wenn die Abchasen nach Abzug der georgischen Streitkräfte Sochumi angreifen würden.

„Machen Sie sich keine Sorgen", antwortete er mir. „Wir haben einen Alarmplan. Innerhalb weniger Stunden können wir unsere Waffen, Panzer und Artillerie nach Sochumi zurückverlegen und den Angriff abwehren."

Vier Wochen nach unserem Gespräch, am 13. September 1993, verluden russische Transportschiffe das letzte schwere Gerät der georgischen Einheiten – Artillerie und Panzer – aus Sochumi.

Nur drei Tage später, am 16. September 1993, schlagen im Morgengrauen die Raketen und Granaten der abchasischen Artillerie in Sochumi ein.

Schewardnadse wird zu den georgischen Einheiten nach Sochumi fliegen. Vorher bittet er Botschafter Dahlhoff zu einem Gespräch. Sein Gesicht ist aufgedunsen, die Augen blicken melancholisch ins Leere. Mit kaum hörbarer Stimme flüstert er: „Man hat uns betrogen. Die abchasische Seite will keinen Frieden. Sie wollen Abchasien zerstören. Die Abchasen haben sich nicht an das Abkommen gehalten. Nur wir zogen unsere Waffen und Truppen ab. Sie blieben stehen und verdeckten ihre Absichten. Die russische Seite gab ihnen noch mehr Waffen und Munition. Wir haben keine Waffen und Munition mehr. In Sochumi stehen nur die einheimischen Soldaten.

Ich habe heute mit Jelzin telefoniert. Nur die russische Seite könnte den Angriff stoppen. Aber sie tut es nicht.

Ich glaube, es bleibt uns nichts anderes übrig, als die russische Karte zu ziehen. Man hat uns soweit geführt, damit wir gezwungen sind, sie auf den Tisch zu legen. So ist das Gesetz zwischen dem Starken und dem Schwachen."

Nach dem Gespräch fliegt Schewardnadse nach Sochumi.

Wieder fliegen sie alle mit ihm – wie bei den abchasischen Angriffen im März und im Juli: Der Räuberhauptmann Dschaba Josseliani mit seinen *mchedrioni*, Verteidigungsminister Gia Karkaraschwili, der Bürgermeister von Tiflis Konstantin Gabaschwili, Oppositionsführer Nodar Natadse und einige hundert junge Männer, die ihr Vaterland verteidigen wollen. Keiner von ihnen ist Soldat. Alle sind sie Freiwillige, die kaum wissen, wie ein Gewehr zu bedienen ist. Unter ihnen ist auch Lascha, der Bruder Nino Tkeschelaschwilis, die uns im Oktober 1992 nach Sochumi als Dolmetscherin begleitet hatte.

Den georgischen Kämpfern gelingt es, die Stadt einige Tage zu verteidigen. Langsam aber zieht sich der Ring der gegnerischen Truppen um Sochumi enger und enger. Mit russischen Schiffen sind die Abchasen südlich von Sochumi gelandet und kreisen die Stadt ein. Georgische Kräfte aus Otschamtschira und Gali können so nicht mehr nach Sochumi vordringen, um die Stadt zu entsetzen.

Nur der russische Präsident Jelzin hätte die Möglichkeit, den Angriff zu stoppen. Er tut es nicht. Ob er es getan hätte, wenn Schewardnadse in diesen Tagen den Beitritt Georgiens zur „Gemeinschaft Unabhängiger Staaten" (GUS) erklärt hätte, wissen wir nicht. Dieser „Ausweg" wurde im georgischen Hauptquartier in Sochumi immer wieder erörtert, wie mir Nodar Natadse erzählte. Aber was wäre die russische Gegenleistung gewesen? Hätte Jelzin den Angriff der Abchasen wirklich gestoppt?

Als es klar wird, dass die russische Regierung Georgien nicht zur Seite stehen wird, sendet Schewardnadse aus Sochumi an Jelzin ein Protestschreiben und bezichtigt Russland öffentlich des Betrugs. Er erklärt, dass der Angriff vom Generalstab der russischen Armee geplant worden sei.

Nach einigen ruhigeren Tagen werden die Angriffe nach dem 22. September wieder intensiver. Die ersten Infanterie-Einheiten des Gegners dringen in Sochumi ein. Lascha Tkeschelaschwili, zwanzig Jahre alt, fällt am 22. September 1993. Sein Freund, der Arzt Viktor

Schapatawa, Mitte zwanzig, der mit Lascha gemeinsam an die Front geflogen war, erzählte mir später von dem Gefecht, in dem Lascha fiel. Nino übersetzt:

„Ich war mit Lascha in Birzcha, einem Vorort von Sochumi, auf der nördlichen Seite. Die Angriffe der Abchasen wurden immer stärker. Die russische Hilfe hat den Abchasen sehr geholfen. Mit ihren eigenen Kräften hätten sie die Stadt nicht erobern können. Die Abchasen hatten keinen Mangel an Panzern und Artillerie. Das ganze Material hatten sie von der russischen Armee bekommen. Wir hatten nichts. Wir mussten uns mit Händen und Füßen verteidigen.

Keiner gab uns Befehle, was wir tun sollten. Auf der anderen Seite waren es die Kommandeure der russischen Armee, die den abchasischen und russischen Soldaten die Befehle gaben. Wie sollten wir gegen die russische Armee gewinnen?

Wir wollten nicht gegen die Abchasen kämpfen. Aber hinter den Abchasen standen die Russen, die unsere Gegner waren.

Nach zwei oder drei Tagen wollten wir eine Höhe besetzen, die auf Sochumi blickt. Früh morgens stiegen wir den Berg hinauf. Was wir nicht wussten, war, dass abchasische Soldaten auf der anderen Seite ebenfalls hinaufstiegen. Unerwartet gerieten wir auf der Bergspitze in ein Feuergefecht. Die Russen und Abchasen waren sehr gut ausgebildet und nahmen bessere Positionen als wir ein. Trotzdem leisteten wir lange Widerstand. Im Feuergefecht wurde Lascha von einer Kugel im Bein getroffen. Er starb in meinen Armen. Schließlich mussten wir uns zurückziehen. Erst am Abend, im Schutz der Dunkelheit, konnten wir Lascha vom Kriegsfeld holen. Auch die Russen und Abchasen hatten sich zurückgezogen.

Ich wollte Lascha nach Tbilissi bringen, aber Sochumi war schon umzingelt, und Flugzeuge flogen kaum noch. So mussten wir, wie die Flüchtlinge, die Sochumi panikartig verließen, über den Kodschori-Paß nach Mestia zu Fuß gehen. Der Pass ist sehr eng und führt über 2000 Meter. Nach drei Tagen mit dem Bus, dem Lastwagen und Traktor erreichten wir endlich Mestia. Nach dem Fall von Sochumi wurde Lascha wie die anderen Toten und Verwundeten aus Mestia mit dem Helikopter nach Tiflis geflogen.“

Die jungen Männer wie Lascha und Viktor, von denen viele im Kampf um Sochumi ihr Leben lassen mussten, standen von Anfang an auf verlorenem Posten. Gegen die Übermacht der abchasischen, tschetschenischen und russischen Soldaten, die mit Panzern und Waffen bestens ausgerüstet waren und von russischen Offizieren kommandiert wurden, waren sie wehrlos.

Zwei Tage nach Laschas Tod, am 24. September 1993, kehrt der ehemalige Präsident Swiad Gamsachurdia aus Grosny, der Hauptstadt von Tschetschenien, nach Georgien zurück. Er landet auf dem Flughafen von Senaki und zeigt sich wenige Stunden später vor mehreren Tausend seiner Anhänger in Sugdidi. In seiner Rede fordert er sie auf, die „Schewardnadse-Junta" zu stürzen. Er behauptet, dass er zurückgekehrt sei, „um Georgien zu retten, um seiner Bevölkerung den Frieden zurückzugeben und den Bürgerkrieg zu beenden und wieder eine legitime Regierung zu bilden". Während der Waffenlärm, der von Sochumi bis nach Sugdidi dringt, die georgische Niederlage im Kampf um Abchasien ankündigt, erklärt Gamsachurdia mit seiner Rede der georgischen Regierung den Bürgerkrieg. In seinem Exil in Tschetschenien hatte Gamsachurdia nie die Hoffnung aufgegeben, eines Tages als Präsident nach Georgien zurückzukehren. Während seiner Abwesenheit avancierte sein ehemaliger Chauffeur Loti (Wachtang) Kobalia, ein größenwahnsinniger Einfaltspinsel, der in normalen Zeiten als Chauffeur glücklich geblieben wäre, zu seinem Wortführer und „Stellvertreter" in Georgien. In Sugdidi gründete Kobalia eine „Miliz", seine private Armee und Polizei, die in Abchasien manchmal auch auf Seiten der Regierungstruppen kämpfte. Seit Juli aber brachte diese Miliz Dorf für Dorf in Megrelien unter ihre Kontrolle und nahm am Krieg in Abchasien nicht mehr teil. Mit ihren Aktionen versperren Kobalias Einheiten den Regierungstruppen den Landweg von Tiflis nach Abchasien. So ist jeder militärische Nachschub nach Sochumi nur mit Flugzeugen möglich; die georgischen Truppen in Sochumi sind damit vom Hinterland abgeschnitten.

Am 27. September 1993, drei Tage nach Gamsachurdias Rückkehr nach Georgien, fällt Sochumi.

Am selben Tag erst verlässt Schewardnadse mit einem der letzten Flugzeuge die Stadt. Die Einwohner fliehen zu Fuß, bei Regen und Schnee, über den Kodschori-Pass nach Swanetien.

Nach dem Fall von Sochumi können die gegnerischen Truppen ohne Gegenwehr Otschamtschira, Gali und das südliche Abchasien bis zum Enguri-Fluss einnehmen. Die gesamte Bevölkerung, mehr als hunderttausend Menschen, flieht vor der Soldateska.

Nach Tiflis zurückgekehrt, steht der erschöpfte und gedemütigte Schewardnadse vor einem Scherbenhaufen: Die Niederlage in Abchasien bedeutet nicht nur die militärische Kapitulation, sondern den Verlust dieser georgischen Region. Bis auf einige Hundert sind alle Georgier aus Abchasien vertrieben. Nur das Kodschori-Tal nördlich von Lata hoch oben in den Bergen des Großen Kaukasus, wo Swanen leben, können die Abchasen nicht erobern. Zweihundertfünfzigtausend Menschen, eine Stadt so groß wie Kiel, sind auf der Flucht und suchen Obdach und Brot in Gurien, Megrelien und Tiflis. Ob sie jemals nach Abchasien zurückkehren werden, ist ungewiss.

Nicht nur Abchasien ist verloren. Westgeorgien ist mittlerweile in den Händen von Swiad Gamsachurdia. Seine aufständischen Truppen haben fast die ganze westliche Hälfte Georgiens unter ihre Kontrolle gebracht, ohne auf Widerstand von Regierungstruppen zu treffen. Der zweite Bruderkrieg seit dem Winterkrieg von 1991 auf 1992 ist unvermeidlich. Schewardnadse, der noch vor fünf Jahren als Außenminister der Sowjetunion über Krieg und Frieden in Europa entschied, ist auf dem Tiefpunkt seines politischen Lebens angekommen.

Am 2. Oktober 1993 besetzen swiadistische Truppen die Hafenstadt Poti. Von dort beginnen sie ihren Vormarsch auf Tiflis. Einige Tage später schon stehen sie vor Kutaissi, der Hauptstadt Westgeorgiens.

Schewardnadse und seine Regierung können dem Vormarsch keine Gegenwehr leisten. Tiflis steht mit leeren Händen da, während für Gamsachurdia die Rückeroberung der Macht in Tiflis in greifbare Nähe gerückt ist.

Da fliegt Schewardnadse am 8. Oktober 1993 nach Moskau und verkündet auf einer Pressekonferenz, dass Georgien bereit sei, der „Gemeinschaft Unabhängiger Staaten“ (GUS) beizutreten. Damit greift Schewardnadse nach dem Rettungsring, der vielleicht – aber nur vielleicht – den Krieg in Abchasien, den Verlust Abchasiens und den zweiten Bruderkrieg verhindert hätte, wenn er ihn sofort nach seiner Rückkehr nach Tiflis im März 1992 ergriffen hätte. Aber dann hätten ihn wohl Tengis Kitowani und Dschaba Josseliani genauso verjagt, wie sie kurz vorher Gamsachurdia aus Tiflis verscheucht hatten. Damals mehr als heute hätte der Beitritt Georgiens zur „Gemeinschaft Unabhängiger Staaten“ für alle Georgier bedeutet, dass ihr Traum von einem Georgien, das unabhängig und losgelöst wie ein Luftschloß über den Wolken schwebt, von heute auf morgen wie eine Seifenblase zerplatzt wäre. Das hätte Schewardnadse politisch nicht überlebt.

Heute jedoch ist der Beitritt der einzige Ausweg, um die Zerstükkelung Georgiens zu verhindern, und so ist die Entscheidung Schewardnadses auch nicht wirklich umstritten. Zwar erklärt ihn Natadse zum Landesverräter, spricht Gia Tschanturia von politischer Kapitulation und der dickbäuchige Irakli Tsereteli ist auch dagegen, was er durch einen neuen Hungerstreik dokumentiert, aber jeder weiß, dass der Beitritt unumgänglich ist.

Eines Abends treffe ich Dschaba Josseliani an der Hotelbar des Metechi-Hotels und frage ihn, was der Beitritt zur „GUS“ nun für Georgien bedeute. Dschaba, nie um ein kluges Wort verlegen, antwortet:

„Nichts, gar nichts. Die „GUS“ gibt es doch nur auf dem Papier. Sie bedeutet für Georgien gar nichts. Und wenn sie uns nicht mehr paßt, treten wir aus.“

Diese Erkenntnis hätte man früher gewinnen können.

Während wir abends in der Hotelbar stehen, rücken die swiadistischen Truppen weiter nach Tiflis vor. Nachdem sich die Soldaten der georgischen Armee in alle Winde verstreut haben, muss sich die Regierung wieder auf die *mchedrioni* Josselianis und die Nationalgarde Tengis Kitowanis stützen, um den Bürgerkrieg gegen die swiadistischen Aufrührer unter ihrem Rädelsführer Loti Kobalia zu gewinnen. Schewardnadse ernennt Josseliani zum „Vorsitzenden des staatlich-provisorischen Notstandskomitees“ und Kitowani zum Ehrenkommandeur der „Nationalgarde“.

Am 22. Oktober 1993 beginnt der Gegenangriff der „Regierungstruppen“. Es ist kein schwerer Waffengang. Swiad Gamsachurdia steht irgendwo in Megrelien, keiner kann sagen, wo genau, auf verlorenem Posten. Er weiß, dass Moskau die Niederlage Schewardnadses und der Regierung in Tiflis nicht dulden wird, nachdem Georgien durch den Beitritt in die „Gemeinschaft Unabhängiger Staaten“ den Wünschen Russlands gefolgt ist. Im kaukasischen Machtspiel gibt es für Swiad Gamsachurdia keine Rolle mehr. Moskau will ihn abtreten lassen, nachdem er durch das Anzetteln des zweiten Bürgerkriegs seinen Part erfüllt und mit dafür gesorgt hat, dass Georgien den Krieg in Abchasien verlor und in die Knie gezwungen wurde. Auch Gamsachurdias Anhänger wissen nun, was die Stunde geschlagen hat. Sie leisten kaum Gegenwehr. Es gibt nur hier und da Geplänkel und Scharmützel, aber keine große Schlacht.

Dschaba erzählt Journalisten von den Kämpfen in Westgeorgien: „Vorgestern haben wir Chobi erobert. Als wir vorrückten, sind die Swiadisten weggelaufen.“

„Und dann?“

„Abends haben uns dann die Swiadisten angegriffen. Wir haben uns aus Chobi zurückgezogen. Am nächsten Morgen sind wir wieder vorgerückt, und die Swiadisten sind wieder weggelaufen."

„Gab es Verwundete oder Tote?"

„Nein."

Am 6. November 1993 ziehen die Regierungstruppen in die megrelische Hauptstadt Sugdidi ein. Ohne Kämpfe. Die Aufständischen haben ihre Waffen niedergelegt. Der Bürgerkrieg ist beendet.

In Megrelien, das fast ein Jahr in den Händen der Swiadisten war, begrüßten die Menschen Schewardnadse, der sich auf den Weg nach Sugdidi begibt, nicht mit Jubel, aber auch nicht mit Steinen und Flüchen, wie sie es nach seiner Rückkehr nach Georgien im Frühsommer vergangenen Jahres getan hatten. Sie sind der Plünderung, Verwüstung und der Kämpfe zwischen Swiadisten und *mchedrioni* leid. Über zweihundertfünfzigtausend Flüchtlinge aus Abchasien müssen untergebracht und versorgt werden.

Am 9. November kehrt Schewardnadse aus Megrelien nach Tiflis zurück. Er beschließt, das Taktieren zwischen den verschiedenen politischen Gruppierungen aufzugeben und eine eigene Partei zu gründen. Am 19. November 1993 gründet er die „Bürger-Union Georgiens", womit er sich – endlich – eine eigene Basis für seine Politik schafft. Generalsekretär wird der dreißigjährige Surab Schwania, der vorher Vorsitzender der Grünen Partei war.

Das neue Jahr ist gerade angebrochen, als am 6. Januar 1994 über die Agentur Interfax gemeldet wird, dass Manana Artschawadse-Gamsachurdia in Grosny bekanntgegeben habe, dass ihr Mann Swiad Gamsachurdia Sylvester in einem megrelischen Bergdorf Selbstmord begangen habe. Einige Tage später spricht sie nicht mehr von Selbstmord, sondern behauptet, dass er erschossen worden sei. Auch ich glaube nicht, dass der gläubige Swiad Gamsachurdia sich selber das Leben genommen hat; ich bin mir sicher, dass er erschossen wurde. Wer sein Mörder ist, werden wir allerdings kaum erfahren. (Die Swiadisten beschuldigen – selbstverständlich – die georgische Regierung.) Ohne dass wir wissen, wer ihn getötet hat, lässt sich jedoch feststellen, dass sein Tod für die altimperialen Kräfte in Moskau von Vorteil ist: Als Unruhestifter war er ihnen nützlich, um das wilde Georgien an die Kandare nehmen zu können; als Verbündeter des Fliegerobersten Dschochar Dudajew jedoch, des Präsidenten der nordkaukasischen Republik Tschetschenien, ist er ihnen gefährlich. Dudajew hatte Tschetschenien bereits im Jahr 1991 für unabhängig erklärt. Wie Moskau damit umgehen wird, ist ungewiss.

Am 24. Februar 1994 wird Swiad Gamsachurdia in Grosny zum zweiten Mal bestattet, nachdem man ihn zunächst in seinem Geburtsort Dschichaskari begraben hatte. „Held des Kaukasus“ lässt Präsident Dudajew in seinen Grabstein meißeln.

In den letzten Januartagen wird in Tiflis emsig der Besuch des russischen Präsidenten Boris Jelzin vorbereitet. Die Straßen sind repariert, die Häuser gestrichen und der Müll beseitigt. Am Tag des Besuchs, dem 3. Februar 1994, ist es ungewöhnlich kalt in Georgien. Eiskalter Wind peitscht über den Flughafen von Tiflis, auf dem wir die Ankunft des russischen Präsidenten erwarten. Der rote Teppich, auf dem er die militärische Ehrengarde abschreiten wird, bäumt sich unter kräftigen Böen immer wieder auf, als wolle er den Gast nicht willkommen heißen. Am Ende des Teppichs stehen wir, die vierzehn in Tiflis residierenden Botschafter und Geschäftsträger, und begrüßen den sichtlich geschwächten Präsidenten, der, auf zwei Begleiter gestützt, seine Arme und Beine wie eine Marionette bewegt. Zur russischen Delegation gehören Außenminister Andrej Kosyrew und Verteidigungsminister Pawel Gratschow.

Nach einem einstündigen Vier-Augen-Gespräch unterzeichnen Jelzin und Schewardnadse den Vertrag über Freundschaft, Zusammenarbeit und gutnachbarliche Beziehungen. Außerdem werden fünfundzwanzig weitere Abkommen unterzeichnet, darunter eine Erklärung über die Stationierung russischer Streitkräfte in Georgien, deren Details auszuarbeiten bleiben. Die Tatsache, dass nun doch russische Truppen in Georgien stationiert werden sollen, ist die bitterste Pille, die Georgien zu schlucken hat. Der endgültige Truppenstationierungsvertrag wurde am 22. März 1995 vom russischen Verteidigungsminister Gratschow und seinem georgischen Kollegen Nadibaidse unterzeichnet. Danach sollen die russischen Truppen für fünfundzwanzig Jahre in den Militärbasen von Gudauta, Wasiani, Achalkalaki und Batumi stationiert werden. Der Vertrag wurde jedoch von der georgischen Seite unter den völkerrechtlichen Vorbehalt gestellt, dass er erst dann in Kraft tritt, wenn Georgien seine Staatsgewalt wieder über sein gesamtes Territorium, also auch über Abchasien und „Süd-Ossetien" ausübt.

Die Stimmung des Jelzin-Besuchs fangen wir bei der nichtöffentlichen Unterzeichnung der Verträge ein: Die georgischen Minister bilden eine Trauergemeinde, die den Traum einer vollkommenen Unabhängigkeit ihres Landes zu Grabe trägt. Die russischen Minister strahlen wie auf einer Hochzeit: Nach mehreren Jahren haben sie endlich die widerspenstige Braut gewonnen.

Abends ist zum Staatsbankett im Metechi-Hotel geladen. Gela Tscharkwiani, der engste außenpolitische Berater Schewardnadses, erläutert mir seine Einschätzung des Jelzin-Besuches: Russland lebe noch in den imperialen Vorstellungen des 19. Jahrhunderts. Es sei noch nicht im 20. Jahrhundert angekommen. Den Verlust des Imperiums und seiner Macht wolle Moskau nicht wahrhaben. Deshalb versuche Russland, sich neuen Einfluss zu verschaffen und in Ländern wie Georgien seine Truppen zu stationieren. Das sei aber ein Anachronismus. Es gehe heute nicht mehr um Prestigepolitik, nicht mehr um Truppen und militärische Macht, sondern um wirtschaftliche Kooperation, von der alle Länder im Kaukasus profitieren müssten, und nicht nur Russland.

Gela Tscharkwiani trägt, wie alle georgischen Gäste, einen dunklen Anzug. Ein Georgier aber nicht: Dschaba Josseliani. Er zeigt Unabhängigkeit, indem er in der Tschocha erscheint, dem traditionellen georgischen Männergewand. In einem taillenengen Gurt steckt der kaukasische Dolch, der Kindschal.

Schon im März begann der Sommer, der wie meistens lang und heiß wurde.

Tiflis erwachte wieder zu Leben; zwei Jahre lang hatte der Abchasien-Krieg die Stadt gelähmt. Keine Restaurants waren mehr geöffnet, keine Bars und keine Geschäfte. Wenige Menschen hatten sich auf die Straßen getraut. Nur die *mchedrioni* hatten tags und nachts auf den Straßen herumgelungert. Nachdem der Krieg in Abchasien verloren war, brauchte sie aber niemand mehr. Wer jetzt *mchedrioni* bleibt, ist Krimineller. Deshalb kündigen viele junge Männer ihrem Anführer Josseliani die Gefolgschaft auf. Immer häufiger treffen wir auf Partys und Familienfeiern ehemalige *mchedrionis*, die beim Namen Dschabas nur müde abwinken. Die meisten von ihnen machen jetzt Geschäfte, „*businessi*". So ist es nicht verwunderlich, dass hier ein Restaurant eröffnet und dort eine Parfümerie. Der Rustaweli-Prospekt belebt sich wieder; in den Nächten gibt es nur noch wenige Schießereien.

Das tägliche Leben aber bleibt mühselig. Zwar gibt es im Sommer dank der Wasserkraftwerke mehr Strom als im Winter, aber nachts bleibt die Stadt meistens dunkel. Wasser gibt es nur hin und wieder.

Auf den Märkten kann man zum Glück wieder mehr Lebensmittel kaufen. Auf dem größten Markt der Stadt in der Nähe vom Bahnhof müssen wir uns stoßend und drängend einen Weg durch die wuselige Menge bahnen. In der Halle, in der es im Sommer eklig nach Fisch und Fleisch stinkt, ist es ohrenbetäubend laut. Mit fisteliger Stimme preist ein dickes Marktweib ihre zehn Hühner an, die sie wie Hunde an der Leine spazieren führt. Gegenüber ruft ein blutverschmutzter Fischverkäufer dröhnend die Preise seiner Fische aus. Die fünf Meter langen Störe, die so breit sind wie mein Unterarm, sind günstig zu haben. In Deutschland würden sie ein Vielfaches kosten. Neben den Tischen stehen große blaue Blecheimer mit schwarzem Kaviar.

Die Marktverkäufer und die Bauern, die ihre Ware von weit her nach Tiflis bringen, sind die Pioniere der Marktwirtschaft, die auf georgisch Basarwirtschaft heißt. Angebot und Nachfrage bestimmen den Preis. Leider sind die Preise jedoch für viele Georgier unerschwinglich hoch. Wer – wie dreiviertel aller georgischen Familien – sich von monatlichen Einkünften ernähren muss, die unter fünfzig DM liegen, der kann sich keinen Käse leisten, der pro Kilo zwanzig Mark kostet. Aber trotzdem: Irgendwie rollen Dollar und Mark doch. Woher kommt das Geld? Jede Familie muss ihren eigenen Weg finden. Die eine vermietet ihre Wohnung in der Stadt und zieht aufs Land. Eine andere verkauft ihren Schmuck oder wertvolle alte Möbel. Wieder andere machen aus ihrem Balkon einen Vorgarten und bauen im Hof Verschläge für Hühner. Wenn gar kein Geld da ist, wird getauscht: Autos gegen Schweine, die dann in der Garage gehalten werden, Nachhilfeunterricht gegen Käse und Tomaten.

Die georgische Familie ist groß. Fast jeder hat Verwandtschaft auf dem Lande, von wo Obst, Gemüse und Früchte kommen. Die Sippe lässt niemanden im Stich. Der Vater hilft nicht nur seinen Kindern, sondern auch seinem Großneffen in der Hoffnung und Gewißheit, dass dessen Kinder seinen Urenkeln helfen würden, wenn sie einmal in Not geraten sollten. So kommen alle irgendwie über die Runden.

Am schwersten ist es für alleinstehende alte Menschen ohne familiären Rückhalt. Und für die zweihundertfünfzigtausend Flüchtlinge, die notdürftig in Hotels und Sanatorien untergekommen sind.

Sie leben von der Hand in den Mund. Nur einige Dutzend durften bisher nach Abchasien zurückkehren.

Im September fahre ich mit Ia nach Bagdadi. In sowjetischen Zeiten hieß es Majakowski nach dem hier geborenen russischen Dichter Wladimir Majakowski (1893–1930). Sein Geburtshaus ist nun ein Museum, das aber geschlossen ist.

„Zu Recht“, meint Ia, „als er jung war, Herr Nielsen, besang er den schönen Kaukasus. Dann wurde er Kommunist und verherrlichte in seinen Gedichten die Oktoberrevolution. Die müssen Sie nicht lesen.“

In Deutschland werde ich mir die Werkausgabe bei Suhrkamp kaufen. Hymnen auf den Kaukasus kann ich darin nicht finden. Im Gegenteil. Im Gedicht „Wladikawkas – Tiflis“ heißt es: „Setzt an Stemmeisen und Hebel/Und stört der Kasbek, – so sei er gesprengt!“ Der Berg Kasbegi – das ist nicht schwer zu verstehen – , das ist Georgien. Darauf antwortete ihm der große georgische Dichter Josseb Grischaschwili (1889–1965) in seinem Gedicht „Abschied vom alten Tbilissi“:

> Altes Tbilissi! So hieß ein Programm, das zerfiel –
> Wo ich es verbarg, die Stelle im Herzen ist leer.
> Es ist entschieden! Ich such ein anderes Ziel!
> Altes Tbilissi! – Auf Nimmerwiederkehr!
> (Nachdichtung von Adolf Endler)

In Majakowskis Werken lese ich noch mit Widerwillen die Eloge auf Lenin, die mit den Zeilen endet: „Es lebe die Revolution, die baldige, lichte!“ Dass diese Revolution in den Arbeitslagern Millionen von Menschen töten würde, das erlebte Majakowski nicht mehr. Er nahm sich im Jahre 1930 das Leben. Übersetzer der Werke Majakowskis ist übrigens Hugo Huppert (1902–1982), der auch das ritterliche Nationalepos Rustawelis „Der Recke im Tigerfell“ übersetzt hat!

Auf einer Hochgebirgsserpentine kurven wir nun nach Sairme. Die Straße wurde im Zweiten Weltkrieg von deutschen Kriegsgefangenen gebaut, die in Sairme interniert waren. Sie ist noch in sehr gutem Zustand. Überall in Georgien stößt man auf Straßen, Häuser und Brücken, die von deutschen Kriegsgefangenen gebaut wurden. Außer in Sairme gab es noch rund fünfzig weitere Lager für deutsche Kriegsgefangene in Georgien.

Es ist Ende September. Unser Blick schweift über farbenprächtige, rot-goldene Buchenwälder, die steil zum Himmel klettern. Tengo, unser Fahrer, öffnet die Fenster. Wir atmen tief und kräftig die frische Luft ein, die nach Wald und Erde schmeckt.

Nach einer Stunde halsbrecherischer Fahrt erreichen wir den Kurort Sairme, der rund zweitausend Meter hoch liegt. Er besteht aus Hotels und Sanatorien, die ihre Existenz nicht nur der guten Luft, sondern vor allem dem berühmten Heilwasser „Sairme“ verdanken, das hier entspringt.

An der Einfahrt zum Kurort halten wir. Hier wird heute eine Ruhestätte für deutsche Kriegsgefangene feierlich eingeweiht. Wir haben uns etwas verspätet. Durch eine zweihundertköpfige Menschenmenge eilen wir zur Gedenkstätte, die auf dem Gebirgshang rechts oberhalb der Straße liegt. Sie ist würdig und schlicht angelegt. Fünfundsiebzig weiße Gedenksteine in Form einer Kerze, etwa kniehoch, ehren die in Gefangenschaft verstorbenen deutschen Soldaten. Drei Gedenksteine stehen mit einem schlichten Kreuz etwas abseits. Sie ehren die auf der Flucht erschossenen deutschen Gefangenen. In der Mitte der Gedenkstätte befindet sich ein Kreuz, das eigentlich aus Luft ist, und seine Konturen durch den umlaufenden Basaltstein erhält. Der Basaltstein ist oben nicht geschlossen. Diese kleine Öffnung symbolisiert, dass der Zweite Weltkrieg und seine Folgen Deutschland und Georgien nicht dauerhaft hat trennen können.

Auch in Tiflis, im Stadtteil Saburtalo, gibt es eine Ruhestätte für deutsche Kriegsgefangene, die ausschließlich auf Initiative eines Georgiers, Surab Macharadses, errichtet wurde. Außenminister Genscher und Schewardnadse hatten hier im April 1992 anläßlich der Aufnahme der diplomatischen Beziehungen Kränze niedergelegt.

Ia und ich stapfen durch den Schneeregen zur Gedenkstätte hoch. Wir begrüßen den Präsidenten des georgischen Parlaments, Wachtang Goguadse, den Vertreter des Patriarchen in Westgeorgien und den Abgeordneten des Bezirks, Giorgi Getsadse, dessen Sohn die Anregung gab, die Ruhestätte zu errichten. Alle drei haben schon gesprochen. Jetzt spricht ein georgischer Veteran des Zweiten Weltkrieges. Ia übersetzt: „Wir lieben Deutschland und die Deutschen. Wir lieben deutsche Musik und deutsche Literatur. Aber als Hitler uns angriff, mussten wir uns verteidigen!“, ruft er seinen Kameraden und dem Publikum zu. Als nächster spricht ein Deutschlehrer aus Bagdadi. Dann tragen Kinder auf Deutsch Gedichte von Goethe, Schiller und Heine mit wunderbarer Aussprache vor. Auch in Georgien ist Heine, wie in vielen anderen Ländern, die ich besucht habe, der beliebteste deutsche Dichter.

Ich spreche nur kurz, da mir leicht die Tränen kommen. Ich versuche zu sagen, dass auch diese Gedenkstätte ein Zeichen dafür ist, wie stark die Kraft und der Wille zur Versöhnung in Georgien ist.

Ia hatte mir im Auto gesagt, dass Georgien im Krieg dreihunderttausend Menschen verloren hatte. Die Dörfer waren wie leergefegt. Worüber soll ich sprechen, hatte ich Ia gefragt. Sie hatte mir daraufhin von dem Gedicht „Vom Tiger und dem Jüngling" erzählt, das zum Schatz jahrhundertealter georgischer Volkspoesie gehört: Im Zweikampf fallen sowohl der Tiger als auch der Jüngling. Den Schmerz über den Verlust ihres Sohnes verwindet die Mutter, indem sie sich mit der Tigermutter versöhnt:

Vielleicht ist der Tigermutter
Noch bittrer der Tränen Lauf
Da geh ich auch hin, bezeig ihr
Beileid, hör, was sie sprach
Sie auch erzählt mir Geschichten
Von meinem Sohn ich ihr sag
Auch ihr wirds ja leid sein um den
Den der Säbel erbarmungslos stach.
(Nachdichtung von Rainer Kirsch)

Nach der Einweihung der Gedenkstätte sehen wir uns die Sanatorien an, die renoviert wurden und einen gepflegten Eindruck machen. Nach vier Jahren Bürgerkrieg hoffe man jetzt wieder auf Gäste, sagt mir der Kurdirektor. Auch von dem Mineralwasser, das an allen Ecken aus Brunnen sprudelt, koste ich.

Georgien ist ein mit Wasser gesegnetes Land. Knapp vierhundert Flüsse gibt es in einem Land so groß wie Österreich. Viele von ihnen stürzen den Großen Kaukasus herab und die Fluten bewässern die fruchtbaren Tiefebenen. Hunderte von Mineralwasserquellen entspringen dem Boden. Nirgendwo anders in der Welt treffen wir auf solch einen Reichtum an Mineralwasserquellen wie im Kaukasus. Die südlicher gelegenen arabischen Nachbarländer hingegen sind wasserarm. Dorthin könnte Georgien seine Wasserschätze exportieren, wenn es nicht Probleme bei der Abfüllung des Wassers gäbe. Die Flaschen kamen aus einem anderen Teil der Sowjetunion. So waren in dem riesigen Wirtschaftsraum der Sowjetunion alle Völker ökonomisch aneinander gefesselt. Wer sich loslöste, sollte wissen, was ihm fehlen würde.

Wir kosten das Wasser, das eiskalt ist und so eisenhaltig schmeckt, als würde man an einer Eisenstange lutschen. Ia und ich trinken nur wenig. Nach knapp zwei Stunden in der Kälte sind wir durchgefroren.

Wir fahren nach Bagdadi zurück. Im Restaurant des Dorfes, einem modernen grauen Betonbau, warten rund zweihundert Gäste auf uns. Bei neun Grad gibt es ein großes Festmahl, ohne Fensterscheiben. Ia, noch ganz sommerlich gekleidet, bibbert erbärmlich. Ich wärme mich auf, indem ich mit den neunzigjährigen Veteranen den *lesguri*, den kaukasischen Volkstanz, tanze. Sie sind noch sehr rüstig, haben rote, gesunde Gesichter, kräftige Stimmen, ordensbewehrte Brust. Nach zwei Stunden brechen wir auf. Zum Abschied umarmen und küssen mich alle Veteranen mit ihren leuchtenden Augen.

Es ist schon dunkel und leichte Schneeflocken fallen vom Himmel. Auf dem Surami-Pass, auf dem kniehoch Schnee liegt, begegnen uns Autos, auf deren Hauben junge Männer sitzen, die ihr Geld mit dem Verleih von Schneeketten verdienen.

11. Im Kloster David Garedschi

Oktober 1995

Wer war David von Garedschi?

David von Garedschi kam als einer der „Dreizehn syrischen Väter" aus Syrien nach Georgien, um den christlichen Glauben zu stärken und das georgische Mönchtum und Klosterwesen zu reformieren.

Über die genaue Anzahl der „Syrischen Väter", über die Zeit ihrer Ankunft in Georgien und über ihre Nationalität sind sich die beiden georgischen Kirchenhistoriker Cornelius Kekelidse und Gregor Peradse nicht einig. Folgen wir der Auffassung von Gregor Peradse, so waren die „Väter" syrische Asketen, die in der Mitte des 5. Jahrhunderts nach Georgien kamen. Ihre besondere Leistung bestand darin, dass sie dem mönchischen Leben als Einsiedler entsagten und in Georgien zu den Stiftern des streng geordneten, gemeinschaftlichen Lebens der Mönche wurden. So entstanden in dieser Zeit um die Hauptstadt Mzcheta herum einige bedeutende Höhlenklöster wie Schio-Mgwime und auch David Garedschi.

Über die ersten Mönche in Georgien können wir Näheres lesen in Peradses Bonner Dissertation aus dem Jahre 1922: „Die Anfänge des georgischen Mönchtums". Peradse, Sohn eines kachetischen Priesters, kam Anfang der zwanziger Jahre zum Studium nach Deutschland. Nach seiner Promotion in Bonn legte er im Jahre 1931 das Mönchsgelübde in London ab. Anschließend lebte er in Paris, wo er georgische Emigranten als Priester seelsorgerisch betreute, dann wieder in Deutschland und in Warschau. Dort verhaftete ihn im Jahre 1942 die Gestapo, weil er Juden unterstützt hatte. Einige Monate später gab er in Auschwitz für andere Häftlinge sein Leben. Im Jahre 1995 sprach ihn die georgische Kirche heilig.

Das Kloster David Garedschi ist nicht leicht zu finden, auch nicht für Einheimische. Für Georgier war es Sperrgebiet, da die sowjetische Armee das riesige, unbewohnte Gelände zum Truppenübungsplatz für die russische Artillerie erklärt hatte. Dass dadurch eine der ältesten Klosteranlagen der christlichen Welt in Gefahr geriet, diesem Einwand schenkte man in Moskau keine Notiz. Immer wieder trafen und beschädigten die Geschosse die Klosterbauten. Swiad Gamsachurdia war es, der in den siebziger Jahren den Mut hatte, öffentlich gegen diese Barbarei zu protestieren.

Wir haben diesmal den Weg über Rustawi genommen. Rustawi war nur ein kleines Dorf, bis Stalin hier in den dreißiger Jahren eine Industriestadt aus dem Boden stampfte. Heute ist Rustawi eine der größten Städte Georgiens. Um die Innenstadt, die aus barocken stalinistischen Zuckerbäckerbauten besteht, hat sich ein Kranz unansehnlicher Wohnsilos gelagert.

Die meisten Männer und Frauen Rustawis arbeiten im Industriekombinat „Asot“. Es sieht dort aus wie im Chemie-Werk Bayer in Leverkusen: Ein riesiges Areal mit verschiedenen Produktionsstätten, die alle durch ein oberirdisches Gewirr von Leitungen und Rohren verbunden sind. Wann immer ich „Asot“ mit deutschen Geschäftsleuten besuchte, stand alles still. Kein Rädchen rührte sich, kein Kessel dampfte. „Für uns ist alles wie ein Alptraum“, sagte mir Konstantin Saldastanaschwili, Vertreter deutscher Firmen in Tiflis. „Wir wollen nicht wahrhaben, was wir sehen. Wir verschließen unsere Augen und glauben, es sei ein schlechter Traum, aus dem wir bald aufwachen.“ – „Früher waren wir so reich, reicher als alle anderen Republiken der Sowjetunion“, fügte ein Direktor von Asot hinzu. „Wir konnten uns alles leisten. Sehen Sie,“ sagte er mir, „meine Frau, die flog immer nach Moskau, um zum Friseur zu gehen!“ – „Alles steht still, alles“, klagt ein Betriebsleiter. „Kasachstan liefert uns kein Gas mehr, und ohne Gas kein Strom. Aber selbst, wenn wir produzieren würden, wer würde unsere Produkte kaufen? Es hat doch keiner Geld!“ Zum Abschluss unserer Besuche gingen wir immer in die Kantine, wo wir mit allen erdenklichen Leckereien bewirtet wurden.

In Rustawi wissen wir nicht, wohin weiter. Ein Hinweisschild nach David Garedschi gibt es nicht. Wir halten an, um zwei Männer am Straßenrand nach dem Weg zu fragen. Wir sprechen sie auf Georgisch an, worauf sie auf Deutsch antworten. Sie sind Ingenieure der Siemens AG, die daran mitarbeiten, das Wärmekraftwerk in Gardabani instandzusetzen. Das Geld für die Reparaturen wird von der deutschen Regierung in Form eines sehr günstigen Kredits zur Verfügung gestellt.

In Gardabani, das kurz vor Rustawi liegt, befindet sich das einzige bedeutende Wärmekraftwerk Georgiens. Gardabani könnte ungefähr ein Drittel der Energieversorgung sicherstellen; die übrigen zwei Drittel könnten die über ganz Georgien verbreiteten Wasserkraftwerke leisten, die allerdings ebenfalls reparaturbedürftig sind. Wir unterhalten uns einige Zeit mit den Ingenieuren. Sie machen uns Mut: Bis zum Winter sei der Block 9 repariert, dann werde es mehr Strom geben. Überhaupt sind sie optimistisch. Sobald die Kraftwerke repariert seien, werde Georgien sogar Strom exportieren können! Bis dahin sind wir Diplomaten sicher alle auf neuen Posten!

Schließlich erfahren wir von Einheimischen, die zum Gespräch hinzukommen, welchen Weg wir nach David Garedschi nehmen müssen.

Unter einem verwirrenden Gestrüpp von Stromleitungen, die ganz Georgien überziehen, fahren wir auf ein Hochplateau hinauf. Vielleicht gehört noch einer der alten Holzmasten zu der indo-europäischen Telegraphenlinie, welche die Gebrüder Siemens von London – über Tiflis – nach Indien in den Jahren 1867 bis 1869 erbauten. Die beiden jüngsten Brüder des großen Erfinders, Wissenschaftlers und Unternehmers Werner von Siemens, Walter und Otto, lebten und starben in Tiflis, wo sie in einem gemeinsamen Grab ruhen sollen, das wir bisher nicht gefunden haben.

Mit hoher Geschwindigkeit brausen wir über die Schotterpiste. Endlos zieht sich vor unseren Augen die georgische Steppe hin. Wellenartige Kämme, die mit vertrockneten Gräsern und Sträuchern bewachsen sind, wechseln sich ab mit tief eingeschnittenen Schluchten aus rotbraunen Steinen und kahlen, steinigen Gebirgskuppen. So sieht sie aus, die Landschaft des christlichen Vorderen Orients.

Wir halten vor dem Kloster Lavra. Aus einer armseligen Blechhütte, der einzigen Behausung weit und breit, kommt ein Mann mit einem Hund auf uns zu und fordert eine Parkplatzgebühr von 2 Lari! Wir freuen uns über diese seltsame Art der Geschäftstüchtigkeit an einem der entlegensten Orte der Erde, wo es an Parkplatzraum wahrlich nicht mangelt.

Am Eingangstor des Klosters Lavra treffen wir Ilia, einen von zwölf Mönchen, die hier wieder seit Ende der achtziger Jahre leben. Das Kloster liegt eingeschnitten zwischen zwei senkrechten Felswänden. Auf der nordöstlichen Seite sehen wir die Höhlen, die David Garedschi und seine Jünger aus dem weichen Sandstein kratzten. „Und sie gingen hierhin und dorthin und fanden einen Felsüberhang, unter dem sie sich niederließen. Ihre Nahrung aber gewannen sie aus Wurzeln des Feldes“, berichtet uns die Vita über „Leben und Wirken unseres heiligen Vaters David von Garedschi“. Höhlenunterkünfte waren in Georgien nicht fremd. Wir finden einige aus der Bronzezeit in Samschwilde und andere aus dem ersten vorchristlichen Jahrhundert in der großen Stadt Uplisziche.

Von Lavra aus gründeten die Schüler David von Garedschis elf neue Höhlenklöster, darunter Udabno und Bertubani, das heute auf aserbaidschanischer Seite liegt. Die zwölf Klöster David Garedschis erstrecken sich über eine Fläche von mehr als 25 Quadratkilometern. Die Klöster waren Hort georgischer Kultur und Bildung, bis die Mongolenstürme im 13. und 14. Jahrhundert ihren Niedergang einleiteten. Den größten Schlag gegen das Kloster führte Schah Abbas I. im Jahre 1615, als seine Krieger, angelockt durch das Feuer von Fackeln, sechstausend Mönche töteten und alle Manuskripte und Kunstgegenstände zerstörten. Im 18. und 19. Jahrhundert blieben nur wenige Mönche in David Garedschi. In den zwanziger Jahren unseres Jahrhunderts schließlich zwang das kommunistische Regime, das Gott und Muße nicht dulden wollte, die letzten Mönche, David Garedschi zu verlassen. Erst vor einigen Jahren kehrten Ilia und seine Brüder zurück. Sie leben heute wieder in denselben Höhlen, die vor Hunderten von Jahren ihre Vorgänger gebaut haben. Gegen den eisigen Wind im Winter und die stechende Sonne im Sommer schützen sie sich mit einem Verhau aus Steinen oder Holz. Im Kloster Lavra betreten wir die schlichte, in den Fels gehauene Auferstehungskirche, wo David von Garedschi begraben liegt. Danach steigen wir die steinerne Treppe zur einzigen Quelle der Gegend hinauf. In der kühlen Höhle fallen „Davids Tränen“ Tropfen für Tropfen vom nassen Stein: „Einst aber kam David von Garedschi zu einem Bruder, der am Fuße eines Felsens wohnte, und er fragte ihn und sprach: ‚Wie geht es dir Bruder?‘ Der antwortete: ‚Gut, dank deines heiligen Gebetes, nur das Wasser, das aus dem Felsen tropft, ist so überaus bitter, und wenn ich davon nehme, verbittert es mir die Sinne‘. Als er aber so zum heiligen David sprach, erbarmte er sich seiner und sprach: ‚Betrübe dich nicht, Bruder. Sondern wir wollen zum Herrn beten, und der dem Ross das Wasser versüßt, der Gütige wird auch dieses süßmachen‘. Und sie erhoben sich und beteten zum Herrn. Und er füllte einen Wasserkrug und schlug das Kreuz darüber und gab ihn dem Mönch. Und als er den Geschmack des Wassers spürte, war es süßer als jedes andere Wasser." Auch wir trinken durstig das weiche Wasser. Nach einer kurzen Rast stapfen wir eine steile Anhöhe zum Höhlenkloster Udabno hinauf. Eine deutsche Dogge, die uns begleitet, keucht mit hängenden Lefzen unter der sengenden Oktobersonne; ich muss alle hundert Schritte erschöpft eine Pause einlegen. Ilia ist uns indessen mit schwebenden Schritten in seiner langen schwarzen Kutte vorausgeeilt. Endlich erreichen wir den Bergkamm, von dem wir einen wunderbaren Ausblick auf die Steppe haben, die sich bis zum Horizont erstreckt. Ilia legt seinen Zeigefinger an die Lippen: „Pst!" Dann fasst er mich am Arm und wir setzen uns nieder und schweigen. Um uns herum ist vollkommene Stille. Keine menschliche Stimme, kein Ruf eines Vogels, kein Rascheln der Blätter im Wind. Nur eine hochgiftige Schlange zischelt durch die vertrockneten Gräser. So weit das Auge reicht, blicken wir auf eine stumme und scheinbar leblose Landschaft, die wie versteinert vor uns liegt. Endlose grüne Dünen und rote Steinklippen strecken sich unter gleißendem Licht dem Horizont entgegen. Das Licht schmerzt, so grell ist es. „Hier ist der Platz, um nah bei Gott zu sein. Um Gott zu finden", flüstert Ilia.

Unter uns fällt der Fels, in den das Höhlenkloster Udabno eingehauen ist, wie ein Lot senkrecht in die Tiefe. Seitlich der Felswand steigen wir einen Berg hinab zum unteren Ende des Felsens. Hier führt uns ein schmaler Pfad, auf dem wir wie Seiltänzer mit ausgestreckten Armen einen Fuß vor den anderen setzen, zur anderen Seite der Felswand. Rechter Hand blicken wir einige Hundert Meter in die Tiefe. Einige der Höhlen, die hoch über uns in den Felsen eingeschlagen wurden, sind so klein, dass ein Mönch nur sitzend in ihr Platz fand; kein Weg führt zu diesen Klausen der Eremiten. Der Mönch ließ sich mit einem Seil hinab, und mit sich allein verbrachte er das Leben auf der Suche nach Gott. Wer kann sich diesen Glaubenseifer heute vorstellen? Nur Brot und Wasser erhielten die Eremiten von ihren Klosterbrüdern. Die Mehrzahl der Mönche aber lebte gemeinsam. Die Mahlzeiten nahmen sie im Refektorium ein, einer geräumigen Höhle, die wir jetzt betreten. Am Eingang retten wir einer alten Schildkröte das Leben, die auf ihren Panzer gekugelt war.

An den Wänden des Refektoriums, über die flinke Eidechsen huschen, haben sich eindrucksvolle Malereien mit Darstellungen zum Alten und Neuen Testament aus der Wende vom 10. zum 11. Jahrhundert erhalten. Wir betrachten die großflächige Wandmalerei „Das letzte

Abendmahl". Die verhaltenen Farben auf dem kalkweißen Hintergrund passen sich der Natur an. Sie sind von einem hellen Ockerton, dem Boden der Steppe gleich, und einem blassen Kupfergrün, das der Farbe der Sträucher ähnelt. Leider haben russische Soldaten einige der Fresken mit Graffiti übermalt.

In der Hauptkirche sind Fragmente eines großen Wandmalerei-Zyklus zu sehen, der Episoden aus dem Leben und Wirken David von Garedschis darstellt. Am Eingang sehen wir einen Hirsch: „Und es erschienen alsbald drei Hirschkühe, denen ihre Kälber folgten, und sie blieben vor ihnen stehen wie zahme Schafe. Und der Vater David sprach: ‚Lukiane, Bruder, nimm deine Schüssel und melke die Hirschkühe'. Er aber stand auf und melkte, und als die Schüssel voll war, brachte er sie dem Mönch. Er aber machte das Kreuzzeichen darüber und es wurde Quark daraus. Und sie aßen und sättigten sich und priesen Gott. Und der heilige David sprach: ‚Gebenedeit sei Gott, der dein Herz stark gemacht hat, und gesegnet sei der heilige Name seiner Herrlichkeit in Ewigkeit'."

Mit der Malerei in David Garedschi, die das Leben der Nationalheiligen darstellt, löste sich Georgien aus dem üblichen Kanon byzantinischer Malerei. Es war die Zeit des 8. und 9. Jahrhunderts, als Georgien im Kampf gegen die Araber seine nationale und religiöse Einheit gewann. So wirkt die christliche Malerei auf mich wie ein Abwehrschild, das in den Süden weist, woher aus den unmenschlichen Weiten der Steppe die Reitertruppen der Mongolen und Araber zur Strafexpedition herangaloppierten.

12. Archäologische Ausgrabungen in Dmanissi

Juni 1996

Enso, der aussieht wie ein Boxweltmeister im Mittelgewicht, zieht an meinen Beinen, als wollte er sie ausreißen. Bei jedem Ruck schreie ich laut auf: Meine „Aus“ und „Ohs“ verhallen jedoch ungehört im Gewölbe des Schwefelbades. Während ich bäuchlings auf dem heißen Marmor liegenbleibe, stellt sich der aserische Masseur – nur mit einem leichten Lendenschurz bekleidet – gegrätscht über mich und schaukelt und verdreht meine Arme mit solcher Kraft, dass ich bald glaube, sie gehörten nicht mehr zu meinem Körper.

Wieso bin ich nicht zu Olga in das Metechi-Hotel gegangen? Ihre Massage ist so sanft und zart, dass ich mir immer vorstelle, ich würde auf einer weißen Wolke schweben.

Enso hat sich jetzt einen kratzigen Handschuh übergezogen, mit dem er mich wie mit Schleifpapier abbürstet. Stolz zeigt er mir die Hautkrümel, die er von Bauch und Rücken rubbelt. Danach darf ich mich aufsetzen. Wohltuend streift er mit seinen Fingerkuppen über Gesicht und Nacken. Dann gebietet er mir, mich wieder hinzulegen. Ich entspanne und genieße die Ruhe, als plötzlich heißes Wasser auf meinen Rücken klatscht. Wieder und wieder taucht er einen Holzkübel in das große Bassin und übergießt mich mit dem brennendheißen Wasser. Rotgeschwollen treten meine Adern hervor. Auf georgisch und deutsch brüllend verfluche und verwünsche ich meinen Peiniger. Wie tut es gut zu brüllen! Enso lacht nur, gönnt mir aber doch eine kleine Ruhepause.

Unbeobachtet formt er indes aus einem Handtuch einen kleinen Ballon. Mit einem Mal knallt er diese Tüte gegen meinen Kopf, gegen meine Brust und Beine. Es tut nicht weh, denn aus der Wundertüte kugelt nur Seifenschaum. Die weißen Flocken und Kugeln legen sich wie ein Schneegewand um mich und schnell sehe ich aus wie ein Nikolaus im Schneegestöber. Enso zwingt mich nun unter die Dusche. Der dicke Strahl ist knüppelhart und siedendheiß. Nur kurz halte ich das aus. Abgetrocknet lege ich mich wieder auf den Marmor. Während ich noch denke, dass endlich alles vorbei ist, springt Enso jählings auf meinen Rücken. Er muss mich mit einem Trampolin verwechseln: Fröhlich springt er auf und ab; alle Knochen meines Rückgrats krachen. Dann stolziert er vom Schulterblatt zum Steißbein, springt auf und ist flugs verschwunden.

Am nächsten Tag brechen die deutsche Archäologin Antje Justus, Margot Mezchi und ich bei strahlendem Sonnenschein nach Dmanissi auf. An der Stadtausfahrt von Tiflis, in Krzanissi, halten wir an einer der vielen neuen Tankstellen.

Nur wenige hundert Meter entfernt liegt das Gefängnis von Tiflis, das mit seinem roten Dachstein wie ein Industriegebäude aussieht. Vor einigen Monaten hatte ich es besucht, um mit einigen Gefangenen zu sprechen. In den Zellen, die sehr klein sind, wird es im Sommer unerträglich heiß und im Winter bitterkalt.

Hier – in „Krzanissi“ – „sitzen“ sie nun alle gemeinsam: der elegante Räuberhauptmann Dschaba Josseliani, der vierschrötige Möchtegern-Feldherr Tengis Kitowani und der trottelige Heiduck Gamsachurdias, Loti Kobalia. Die wichtigsten Köpfe der *mchedrioni* und der Nationalgarde sind ebenfalls inhaftiert oder untergetaucht.

Drei Jahre hat es Schewardnadse gekostet, um über seine beiden Kontrahenten Josseliani und Kitowani die Oberhand zu gewinnen. Wieso hat er so lange gebraucht? Um diese Frage beantworten zu können, müssen wir noch einmal einen kurzen Blick in die Vergangenheit werfen.

Nach dem Winterkrieg 1991/1992, der Präsident Gamsachurdia aus Tiflis vertrieb, übernahm im März 1992 ein Triumvirat die Macht in Georgien: Eduard Schewardnadse, Tengis Kitowani und Dschaba Josseliani. Der schwächste von ihnen war der ehemalige Außenminister der Sowjetunion, Eduard Schewardnadse. Josseliani hatte Schewardnadse ja nur deshalb nach Georgien zurückgerufen, um mit ihm die Anerkennung und Unterstützung der westlichen Staaten für Georgien zu gewinnen. Unter der Regie von Josseliani und Kitowani sollte Schewardnadse die Rolle Sulchan-Saba Orbelianis (1658–1725) spielen, der im 17. und 18. Jahrhundert zur Kurie und an den Hof Ludwigs XIV. reiste, um Hilfe für das bedrängte Georgien zu erbitten. Während damals Orbeliani aber vergeblich an die Tore im Westen klopfte, blieben diesmal die telephonischen Einladungen Schewardnadses an die Außenminister Hans-Dietrich Genscher und James Baker nicht unbeantwortet. Sie kamen nach Tiflis und mit ihnen wirtschaftliche Investitionen und humanitäre Hilfe. Georgien war auf die politische Landkarte zurückgekehrt!

Dieses unabhängige Georgien aber, das nicht nur mit unverfrorenem Hochmut glaubte, der „Gemeinschaft Unabhängiger Staaten" fernbleiben zu können, sondern auch die Aufmerksamkeit des Westens fand und den Abzug der russischen Truppen forderte, dieses sonnenverwöhnte Land mit seinen sinnenfrohen Einwohnern geriet bei den altimperialen Kräften in Moskau mehr und mehr in Ungnade. Es zeigte sich, dass Georgien während der Regierung Gamsachurdias wertvolle Zeit verloren hatte, in der das Land sich hätte stärken und stabilisieren müssen, um gegen die zu erwartenden imperialen Ambitionen Moskaus gewappnet zu sein. Nun – im Jahre 1992– war Moskau, das die ersten Wirren des Untergangs der Sowjetunion überwunden hatte, nicht mehr bereit, ein Georgien zu akzeptieren, das sich gänzlich aus der russischen Umklammerung lösen wollte. So machte Moskau Abchasien zum Einfallstor seiner Interessen; Ardzinba wurde der willfährige Handlanger Moskauer Politik. Wie in einem ferngesteuerten Spiel bewegte Moskau ihn und seine Krieger auf dem Schachbrett Abchasien. Der Krieg mit Moskau war für Georgien nicht zu gewinnen: Im September 1993 war Schewardnadse in Abchasien besiegt.

Im Krieg um Abchasien blieben jedoch Schewardnadse und Georgien sich selbst überlassen. Die westliche Hilfe, die sich Josseliani, Kitowani und ganz Georgien von Schewardnadse erhofft hatten, war ausgeblieben. Nur Beobachter schickte der Westen, die Soldaten der UNOMIG, die „United Nations Observer Mission in Georgia" (Diese Mission erhielt ihr erstes Mandat am 24. August 1993 durch die Resolution 858 des Sicherheitsrats der Vereinten Nationen). Die Militärbeobachter, darunter auch deutsche, die im August 1993 in Sochumi eintrafen, gerieten nur wenige Wochen später zwischen das Feuer beider Seiten.

Auch Schewardnadses Bitte an den Generalsekretär der Vereinten Nationen, Boutros Boutros Ghali, eine „Friedenstruppe" der Vereinten Nationen in Abchasien zu stationieren, wurde nicht entsprochen. Schließlich beugte sich Schewardnadse dem Druck Moskaus, in und um Abchasien eine „Friedenstruppe" der „GUS" aufzustellen. Im

April faßte das oberste Gremium der „GUS“ einen entsprechenden Beschluß. Unter dem Deckmantel der „GUS“ wurde so eine Friedenstruppe Moskaus entlang des Enguris aufgestellt, die fast ausschließlich aus russischen Soldaten besteht. Am 28. Juni 1994 bezogen die russischen Truppen Stellung. Am selben Tag noch fuhr ich nach Sugdidi und sah, mit welch ehrlicher Freude die Einwohner und Flüchtlinge die russischen Panzer begrüßten. Vor allem die Flüchtlinge hofften, dass die „Friedenstruppe“ ihnen die Rückkehr in ihre Heimatdörfer ermöglichen würde.

So erlitt Schewardnadse in Abchasien doch dasselbe Schicksal wie Suchan-Saba Orbeliani. Auch ihm blieb die westliche Unterstützung – im Gegensatz zu den baltischen Ländern – versagt. Georgien musste sich russischem Druck beugen; es verlor Abchasien, aus dem Hunderttausende von Flüchtlingen in das übrige Georgien flohen. Damit nicht genug, kehrte Gamsachurdia nach Georgien zurück. Um ihn zu besiegen, war Schewardnadse auf russische Waffenhilfe angewiesen. Diese erhielt er aber erst, nachdem er am 8. Oktober 1993 erklärt hatte, dass Georgien der „Gemeinschaft Unabhängiger Staaten“ beitreten werde. Wenige Tage später waren die swiadistischen Aufständischen mit russischer Hilfe besiegt. Mit dem Tod Swiad Gamsachurdias im Januar 1994 verschwanden die Swiadisten fast gänzlich von der Bildfläche. Der Kommandeur der swiadistischen Truppen, Loti Kobalia, wurde am 6. Juli 1994 in Kiew verhaftet, nach Georgien ausgeliefert und sitzt seitdem im Gefängnis Krzanissi.

Innenpolitisch entscheidend war nun, dass Schewardnadse nach der Niederlage in Abchasien nicht mehr auf die Waffen und Männer der Nationalgarde und der *mchedrioni* angewiesen war. Schritt für Schritt unterhöhlte er ihre Positionen. Hierbei stützte er sich auf die Polizei unter dem Innenminister Schota Kwiraia. Der Kampf gegen die Kriminalität, den Schewardnadse täglich beschwor, war vor allem der Kampf gegen Kitowani und Josseliani. Keine Woche verging ohne eine Razzia gegen die „Weinmafia“ in Telawi, gegen eine „Brüderschaft“ in Mzcheta oder eine Verbrecherbande in Rustawi. Tausende von Handfeuerwaffen, aber auch Panzer und Artilleriegeschütze, wurden von der Polizei beschlagnahmt. Die Nächte wurden endlich ruhiger.

Den ersten großen Schlag führte die Polizei im Januar 1995 gegen Tengis Kitowani.

Tengis Kitowani und Tengis Sigua, der Ministerpräsident Gamsachurdias, hatten am 12. Oktober 1994 die „Nationale Befreiungsfront“

gegründet. Zum Vorsitzenden wurde Kitowani gewählt. Das Ziel der Befreiungsfront war, die territoriale Integrität Georgiens wiederherzustellen. Mehr oder weniger offen erklärte man, dass Abchasien nur durch Waffengewalt zurückerobert werden könnte.

Am 14. Januar 1995, an *ninooba*, hielten Kitowani und seine Mannen den Tag für gekommen, um erneut nach Abchasien zu marschieren. Als ihren geheimen Verbündeten betrachteten sie den Präsidenten der Republik Tschetschenien, Dschochar Dudajew, der am 14. Dezember 1994 die Tschetschenen und die benachbarten Völker des Nordkaukasus zum „Krieg gegen Russland" aufgerufen hatte. Im Schatten des Krieges zwischen Tschetschenien und Russland, der seitdem mit erbitterter Härte in Grosny und den tiefen Schluchten des Kaukasus geführt wurde, glaubte nicht nur Kitowani, dass er Abchasien im Handstreich nehmen könnte. Es war auch nicht nur Kitowani, der hoffte, dass Moskau einsehen würde, dass seine offene Unterstützung der Abtrünnigkeit Abchasiens ein Fehler gewesen war. Wie ein Bumerang war diese Politik auf Moskau zurückgeschnellt: Der Kampf der Abchasen um Unabhängigkeit hatte den Willen der Tschetschenen und der anderen nordkaukasischen Völker gestärkt, für ihre eigene Unabhängigkeit gegen Russland zu kämpfen. Die tschetschenischen Soldaten, die jetzt im Häuserkampf in Grosny auf russische Soldaten schossen, hatten auf abchasischer Seite ihre Feuertaufe erhalten. Einer von ihnen war Schamil Basajew, der Russland im Kampf um Grosny auf die Kniee zwingen würde.

Im Vertrauen auf diese größeren politischen Zusammenhänge versammelte sich Kitowani mit 700 schwach bewaffneten Gleichgesinnten auf dem Platz der Republik vor dem Hotel Iveria. Die bunt uniformierten Freiwilligen verteilten sich auf klapprige Busse und starteten Richtung Senaki. Dort wollten sie kampieren und sich auf den Waffengang vorbereiten. Böse Stimmen in der Stadt behaupteten, dass Schewardnadse persönlich Kitowani mit den besten Wünschen verabschiedet hätte. Ob das stimmt, weiß ich nicht. Jedenfalls ließ er den ganzen Tross noch vor Senaki anhalten und Kitowani verhaften. Seine Kumpanen mussten den Heimweg zu Fuß antreten. Kitowani wurde des Landfriedensbruchs angeklagt. Da er in flagranti erwischt wurde, konnte er sich auf seine Immunität als Abgeordneter nicht berufen. Seitdem sitzt der Absolvent der Tiflisser Kunstakademie im Gefängnis und wartet auf seinen Prozess. Noch kurz vor seiner Verhaftung hatte er mir gesagt, dass sein größter Fehler im Leben gewesen sei, sich in die Politik eingemischt zu haben, und er nun endlich seine Memoiren schreiben wolle.

Seit der Verhaftung Kitowanis im Januar 1995 spürte auch Josseliani, dass ihm der Wind stärker ins Gesicht blies. Jeder wusste, dass Josseliani über kurz oder lang die Kommandobrücke des georgischen Staatsschiffs verlassen musste, damit es in ruhigeres Fahrwasser gleiten konnte.

Im Spiel um die Macht standen sich mit Eduard Schewardnadse und Dschaba Josseliani zwei Altmeister der Kabale gegenüber: Eduard Schewardnadse, der weiße Fuchs, der gewiefte Taktiker aus Gurien, der es zum Außenminister der Sowjetunion gebracht hatte, und Dschaba Josseliani, der furchtlose Verbrecher und gerissene Filou, der Schriftsteller und Experte für georgische Folklore, der seine Machtposition den *mchedrioni* verdankte, die er im September 1988 gegründet hatte.

„Damals herrschte Chaos und Anarchie im Land", erklärte er mir in einem Gespräch. „Deshalb gründete ich die *mchedrioni*. Wie im Mittelalter die adligen Krieger am Hofe, sollen sie für die Regierung das Land verteidigen. Wir beschützen die Unabhängigkeit und Demokratie Georgiens und leisten unseren Eid auf den heiligen St. Georg." Er öffnete sein weiß-blau gestreiftes Hemd und zeigt mir sein Medaillon mit dem heiligen Georg.

Ohne offiziellen Status kämpften die *mchedrioni* für die georgische Regierung in „Süd-Ossetien" und Abchasien. Beim Putsch gegen Gamsachurdia gaben sie den entscheidenden Ausschlag, um den Präsidenten aus Tiflis zu vertreiben. Anschließend war Josseliani der eifrigste Fürsprecher für die Rückkehr Schewardnadses nach Tiflis. Am Ende des Krieges in Abchasien, als die *mchedrioni* die einzige bewaffnete Kraft für den Kampf gegen den zurückgekehrten Gamsachurdia geblieben waren, erhielten sie endlich den erwünschten offiziellen Status eines „Staatskomitees" mit der Bezeichnung „Georgisches Rettungskorps". Außerdem wurde Josseliani zum Vorsitzenden des „Provisorischen Notstandskomitees" ernannt (4. Oktober 1993).

Nur kurz darauf aber, nachdem Gamsachurdias Truppen besiegt waren, war Josseliani nicht nur entbehrlich, sondern ein überflüssiger Störenfried.

Anfang des Jahres 1994 begann die georgische Polizei ihren Kreuzzug gegen die *mchedrioni* und das organisierte Verbrechen. Die Operationen, die von Innenminister Kwiraia geführt wurden, verliefen immer nach demselben Plan. Nur der Minister und ein oder zwei Eingeweihte wussten am Tag zuvor, in welchem Dorf oder welchem Bezirk in der folgenden Nacht die Razzia stattfinden sollte. Dann umzingelte in der Nacht eine Hundertschaft der Polizei das Einsatzgebiet. So wurden in den Tagen vom 7. bis 9. Januar 1994 in der Region Bolnissi-Dmanissi 76 Personen festgenommen (darunter der Bürgermeister von Dmanissi), die wegen Mordes, Raubes oder Drogenhandels gesucht wurden. Außerdem stellte die Polizei sicher: 81 Maschinengewehre, 47 gestohlene Autos, 9 gestohlene Lastwagen, 11 Panzerabwehrraketen, 39 Panzerabwehrminen, 456 Handgranaten und 4340 Stück Munition.

Mit diesen Razzien wurde das Band um Dschaba fester und fester gezogen. Je mehr große und kleine Fische der Polizei ins Netz gingen, desto nervöser wurden die *mchedrioni*. Dutzende von ihnen starben durch nicht aufgeklärte Attentate. Einer der verhaßtesten, der Anführer der *mchedrioni* in Rustawi, starb durch eine Bombenexplosion beim Rasieren im Geschäft seines Friseurs.

Am 14. Juli 1994 beseitigte Schewardnadse mit dem Dekret „Dringende Maßnahmen zur Bekämpfung der Kriminalität“ das „Provisorische Notstandskomitee“, dessen Vorsitzender Josseliani war. Statt dessen wurde am 27. Juli 1994 die „Koordinierungseinheit der Notstandskommission“ ins Leben gerufen – mit Schewardnadse als Vorsitzendem und Josseliani als Stellvertreter. Darüber hinaus blieb Dschaba jetzt nur noch sein Status als Abgeordneter des Parlaments; einige Male genoß er außerdem das Privileg des georgischen Unterhändlers für die Verhandlungen über Abchasien, die unter der Ägide der Vereinten Nationen in Genf und in Moskau stattfanden. Zwei Monate später, Ende September 1994, gründete Josseliani seine eigene Partei „*Artschewnebi*“ (Wahlen), mit der er für die Parlamentswahlen im November 1995 kandidieren wollte. Er erklärte mir, dass er die Partei gegründet habe, „um endlich den anständigen und ehrenhaften Menschen in Georgien die Möglichkeit zu geben, für das Parlament zu kandidieren.“ Schewardnadse, dem es an Humor nicht mangelt, beglückwünschte ihn zu dieser Entscheidung.

Im März 1995 kam es dann zum offenen Bruch zwischen Schewardnadse und Josseliani. Anfang des Monats waren in Rustawi 20 Mitglieder des „Rettungskorps“ verhaftet worden. Das nahmen 200 *mchedrioni* zum Anlass, am 3. März 1995 das Büro von Lewan Mamaladse, dem Gouverneur der Region Kwemo-Kartli, zu überfallen. Die Anführer des Überfalls waren Giga Gelaschwili, Vorsitzender des „Rettungskorps“, und Temur Kachiaschwili, langjähriges Mitglied der *mchedrioni* und stellvertretender Minister des Staatssicherheitsministeriums.

Schewardnadse reagierte ungewohnt scharf auf diesen Vorfall. Erstmals kritisierte er in der Öffentlichkeit das „Rettungskorps“. Der Angriff auf den Gouverneur war auch ein Angriff auf das Staatsoberhaupt. Die Gouverneure, von Schewardnadse ernannt, sollten die Stellung der Regierung in der Region stärken. Mit ihrer Ernennung beseitigte die Regierung die sowjetischen Verwaltungseinheiten und gliederte das Land wieder nach seinen historischen Provinzen.

Josseliani, Ehrenvorsitzender des „Rettungskorps“, hielt sich zurück und erklärte nur, dass Schewardnadse es nicht wagen würde, gegen die *mchedrioni* vorzugehen, da er ihnen die Rückkehr nach Georgien verdanke.

Im Gegensatz zu dem, was wir erwarteten, wurden die Töne nicht schriller, sondern stiller. Schon am 9. März erklärten der verwundete Mamaladse und Gelaschwili, der ihn beinahe erschossen hätte, dass der ganze Vorfall auf einem Missverständnis beruhe. Igor Giorgadse, der Minister für Staatssicherheit, von dem noch zu sprechen sein wird, verstieg sich zu der Behauptung, dass sein Vertreter Kachiaschwili am Überfall auf den Gouverneur habe teilnehmen müssen, um größeres Blutvergießen zu vermeiden!

Das Tauziehen um die Macht zwischen Josseliani und Schewardnadse ging weiter.

Am 4. Mai 1995 durchkämmte das Innenministerium mit 2500 Polizisten Kachetien. Über einhundert Verdächtige wurden nach teils schweren Kämpfen verhaftet, darunter 45 Mitglieder des „Rettungskorps“. Eine Eskalation der Feuergefechte zwischen *mchedrioni* und der Polizei konnte nur dadurch verhindert werden, dass Schewardnadse und auch die Anführer des „Rettungskorps“ nach Telawi fuhren. Noch am selben Tag erließ Schewardnadse ein Dekret, mit dem er die Entwaffnung des „Rettungskorps“ anordnete. Er widerrief damit die Verordnung vom 16. September 1993, die dem „Rettungskorps“ das Tragen von Waffen erlaubte. Am nächsten Tag wurde das Dekret im Parlament diskutiert. Nach einem heftigen Rededuell, in dem Josseliani damit drohte, dass er eine neue Diktatur in Georgien nicht dulden werde, er aber außer durch Irakli Tsereteli und seiner „Nationalen Unabhängigkeitspartei“ keine Unterstützung fand, streckte Dschaba die Waffen. Ende Mai hatten die *mchedrioni* der Armee die meisten Waffen übergeben, darunter elf gepanzerte Transportwagen.

Josseliani wusste, dass ihm nun endgültig der Boden unter den Füßen entzogen werden sollte. Noch residierte er zwar im ehemaligen Institut für Marxismus-Leninismus am Ende des Rustaweli Prospektes, wo provisorisch das Parlament untergebracht worden war. Nur ein Stockwerk unter Schewardnadses Büro hielt er Hof. Aber lange würde man ihn dort nicht mehr dulden.

In diesen sommerlichen Tagen des Jahres 1995 tauchten immer wieder Gerüchte auf, dass ein Attentat auf Schewardnadse geplant sei. Die Luft in Tiflis knisterte. Sollte Josseliani es tatsächlich wagen, seine eigene Haut durch ein Attentat auf Schewardnadse zu retten? Das Land würde dann wieder ins Chaos stürzen. Ich hielt das nicht für möglich. Ich dachte, dass Schewardnadse diese Pläne durch eine Verhaftung Josselianis durchkreuzen würde.

Ich sollte mich irren.

In den Tagen des Juli und August verfolgten wir mit Spannung und Erwartung die abschließenden Beratungen des Parlaments über die neue georgische Verfassung. Nach zähen und mehrmonatigen Verhandlungen verabschiedete das Parlament endlich am 24. August 1995 die Verfassung von Georgien. Stark an das amerikanische Vorbild angelehnt, ist Georgien verfassungsrechtlich eine Republik mit präsidentieller Demokratie. Die mächtige Stellung des Präsidenten zeigt sich in den folgenden Bestimmungen: Der Präsident ist zugleich Staatsoberhaupt, Regierungschef und Oberbefehlshaber der Streitkräfte. Das Volk wählt ihn in direkter Wahl für fünf Jahre; einmalige Wiederwahl ist zulässig. Er ernennt mit Zustimmung des Parlaments die Minister, Botschafter und – ohne Zustimmung – drei der neun Obersten Richter. Er hat das Recht, dem Parlament Gesetzesvorlagen vorzulegen (Art. 67 Abs. 2). Gegenüber Gesetzesentwürfen des Parlaments verfügt der Präsident über ein Veto, das jedoch vom Parlament mit qualifizierter Mehrheit überstimmt werden kann (Art. 60). Der territoriale Aufbau des Staates ist im wesentlichen geregelt in Art. 1. Danach ist Georgien ein einheitlicher Staat – also kein Bundesstaat. Allerdings erhalten Abchasien und Adscharien einen besonderen Status, der ebenso wie die übrige rechtliche Gliederung des Staates erst dann im einzelnen geregelt werden soll, wenn Georgien wieder die Rechtsprechung auf seinem gesamten Territorium ausüben wird (Art. 3), also auch über die abtrünnigen Regionen.

Am 29. August 1995 sollte die Verfassung im Jugendpalast unterzeichnet werden. In der ehemaligen Residenz des russischen Gouverneurs Fürst Woronzow am Anfang des Rustaweli-Prospekts erhalten heute Kinder Unterricht in georgischem Tanz und in georgischer Musik.

Gegen 18.30 Uhr verließ Schewardnadse das Büro und ging zu seinem Wagen, der im Innenhof des Parlaments parkte. Wenige Sekunden nachdem Schewardnadse im Fond des Wagens Platz genommen hatte, detonierte einige Schritte entfernt eine Autobombe. Die Ausmaße der Explosion zeigten sich in der Wohnung von Antje Justus, die sich gut hundert Meter entfernt in der Tabukaschwili-Straße befand: Die Fenster waren zerborsten, das Geschirr und die Gläser zerbrochen. Auf dem Fußboden lagen zwei Zentimeter hoch Glasscherben.

Leibwächter befreiten Schewardnadse aus dem brennenden Auto. Wäre die Explosion einige Sekunden früher erfolgt, hätte sie ihn getötet. Da aber die Fernzündung zu spät erfolgte, wurde er nur durch Splitter leicht verletzt. Im Krankenhaus wurden seine Wunden verarztet. Danach trat er im Unterhemd vor die Kamera und wandte sich über das Fernsehen an das Volk.

Am nächsten Morgen trat das Parlament zu einer Sondersitzung zusammen. Gemeinsam zeigten Opposition und Regierung mit dem Finger auf Josseliani und den jungen Minister für Staatssicherheit, Igor Giorgadse, als Drahtzieher des Attentats. Beide wiesen die Anschuldigung zurück. Giorgadse bat um Zeit, um die Ermittlungen durchzuführen. Schon drei Tage später aber, am 2. September 1995 entband ihn das Parlament auf Vorschlag Schewardnadses von seinen Pflichten als Minister. Ihm wurde zunächst nur vorgeworfen, bei der Bekämpfung des Terrorismus versagt zu haben. Nach seiner Entlassung blieb Giorgadse für zwei Tage bei Spezialeinheiten des Sicherheitsministeriums. Nachdem diese jedoch ihre Loyalität zum Staatsoberhaupt bekundet hatten, flog er vom russischen Militärflughafen Wasiani nach Moskau zurück. Dort hatte er auch die Sommermonate verbracht; erst am Tage des Attentats war er in Tiflis eingetroffen.

In den nächsten Tagen verhaftete die Polizei den Stellvertretenden Sicherheitsminister Timur Kachiaschwili und den Chef des „Rettungskorps“, Giga Gigaschwili. Beide gehörten zur Führungsspitze der *mchedrioni*; einige Dutzend weiterer *mchedrioni* wurden ebenfalls inhaftiert.

Vier weitere Wochen vergingen, bevor Generalstaatsanwalt Hamlet Babilaschwili und Innenminister Schota Kwiraia auf einer Pressekonferenz am 1. Oktober 1995 öffentlich erklärten, dass der ehemalige Sicherheitsminister Igor Giorgadse das Attentat geplant und durchgeführt habe. Giga Gigaschwili und Hauptmann Papukaschwili wurden beschuldigt, die Autobombe ferngesteuert gezündet zu haben.

Der Generalstaatsanwalt beschrieb das Attentat als den ersten Schritt zu einem Staatsstreich, der die Macht an ein „Nationales Rettungskomitee" übertragen sollte. Mit dem Komitee hätten kommunistische Kräfte und verbrecherische Banden die Macht im Staate an sich reißen wollen. Schewardnadse beschuldigte „reaktionäre" Kräfte in Moskau und Gegner des Präsidenten Jelzin als Hintermänner des Attentats.

Am selben Tag noch wurde Haftbefehl gegen Igor Giorgadse erlassen und wurden die russischen Behörden um seine Auslieferung ersucht. Die Polizei verhaftete zwanzig hohe Offiziere im Sicherheitsministerium, die gestanden, auf seine Anweisung das Attentat vorbereitet zu haben. Schewardnadse verfügte außerdem die Auflösung des „Rettungskorps". Damit waren die *mchedrioni* ihres offiziellen Status beraubt. Die Verhaftungswelle gegen die *mchedrioni* rollte unterdessen weiter. Einige Hundert von ihnen wurden verhaftet. Dschaba aber blieb auf freiem Fuß.

Das fehlgeschlagene Attentat hatte Georgien nicht wirklich erschüttern können. Das politische Leben ging seinen Weg. Am 5. September 1995 wurde die Verfassung unterzeichnet. Die nächsten Wochen gehörten der Vorbereitung der Parlaments- und Präsidentschaftswahlen, die am 5. November 1995 stattfinden sollten.

Ich hatte Georgien im August 1995 verlassen. Nach einem dreijährigen Einsatz in Tiflis war ich wieder in die Zentrale nach Bonn versetzt worden.

Zur Beobachtung der Wahlen kehrte ich noch einmal für drei Wochen nach Georgien zurück. Mit dem britischen Journalisten Simon Sebag-Montefiori und Margot Mezchi als Dolmetscherin fuhren wir nach Achalgori, wo wir uns davon überzeugen konnten, dass die Wahlen ordnungsgemäß durchgeführt wurden.

Aus den Präsidentschaftswahlen ging Schewardnadse mit 72 Prozent der Stimmen als Sieger hervor. Sein größter Konkurrent, der parteilose Dschumber Patiaschwili erhielt 19 Prozent, der Kandidat der „Vereinigten Kommunistischen Partei" Pantaleimon Giorgadse, der Vater Igor Giorgadses, weniger als 1 Prozent. Patiaschwili, der Georgien von 1985 bis 1989 als Nachfolger Schewardnadses regiert hatte, war der Kandidat der kommunistischen und sowjetischen Nostalgie. Blaß und ohne Ausstrahlung war er jedoch chancenlos. Wer weiß, vielleicht hätte der junge und machthungrige Igor Giorgadse das Rennen gegen Schewardnadse machen können, wenn er nicht den Weg zur Macht über das Attentat hätte abkürzen wollen. Ich glaube es aber nicht. Diejenigen, die ihn kennen, wissen, dass er dumm ist und vor keiner Gewalttat zurückschreckt. Nicht nur das Attentat gegen Schewardnadse wird ihm zu Last gelegt, sondern auch die Ermordung von Gia Gulua (April 1994), dem stellvertretenden Innenminister, von Giorgi Tschanturia (Dezember 1994), dem Vorsitzenden der „Nationaldemokratischen Partei", und von Soliko Chabeischwili (Juni 1995), dem Präsidenten der „Schewardnadse-Stiftung für Demokratie und Wiedergeburt".

Die Parlamentswahlen konnte Schewardnadse ebenfalls für sich entscheiden. Seine Partei, die „Bürgerunion", errang 23 Prozent. Ihr folgten die „Nationaldemokratische Partei" mit 8 Prozent und Aslan Abchaschidses Partei, die „Allgeorgische Union für Wiedergeburt", mit knapp 7 Prozent. Alle anderen Parteien scheiterten an der 5-Prozent-Hürde.

Dschaba Josseliani hatte als Direktkandidat kandidiert, war aber unterlegen. Einige Tage nach der Wahl, am 15. November 1995, wurde er in seiner Wohnung verhaftet. Die Staatsanwaltschaft beschuldigte ihn, am Attentat auf Schewardnadse beteiligt gewesen zu sein. Seitdem sitzt er im Gefängnis „Krzanissi".

Drei Jahre und acht Monate sind vergangen, seitdem Schewardnadse im März 1992 nach Georgien zurückkehrte. Solange hat Georgien gebraucht, um sich aus den Klauen der *mchedrioni* und der Nationalgarde zu befreien. Wie gefährlich Josseliani noch immer war, zeigte sich daran, dass mit seiner Verhaftung gewartet wurde, bis dreihundert seiner Leute inhaftiert waren. So wurden ihm die Männer genommen, mit denen er im Winter 1992 den Präsidenten Gamsachurdia vertrieben hatte.

Wir beenden hier unseren Rückblick auf die politischen Ereignisse der letzten Monate und kehren zu unserer Exkursion im Jahre 1996 nach Dmanissi zurück.

Der Tankwart hat den Lada-Niva vollgetankt. Wie Pilze nach dem Regen wuchsen die neuen Tankstellen aus dem Erdboden, nachdem Tengis Kitowani im Januar 1995 verhaftet worden war. Er und seine

Nationalgarde hatten über Jahre das Geschäft mit dem Benzin in ihrer Hand, das sie nur über Tankwagen verkaufen ließen, von denen man nie genau wusste, wann und wo sie gerade standen. Jetzt tanken wir an einer Tankstelle Diesel, wie wir es in jedem anderen Land der Welt täten. Bevor wir bezahlen, werfen wir einen letzten Blick auf die vergitterten Fenster der Zellen, in denen Kitowani und Josseliani auf 2 × 2 Meter auf ihren Prozess warten. Seitdem sie im Gefängnis sitzen, sind die Straßen von Tiflis in der Nacht fast so belebt wie früher. Die nächtlichen Schießereien haben aufgehört. Straßensperren gibt es nur noch durch die Polizei.

Wir bezahlen den Tankwart in Lari. Der Lari wurde am 25. September 1995 als nationale Währung eingeführt. Er ersetzte die erfolglose Übergangswährung „Kuponi“, mit der Georgien im April 1993 die Rubelzone verlassen hatte. Der „Kuponi“ hatte sich gegen den Dollar, die Deutsche Mark und den Rubel nie behaupten können. Er war so schwach, dass man zuletzt für einen US-Dollar 1 300 000 Kuponi bezahlen musste!

Aliko, unser Fahrer, braust nun mit uns über die neugeteerte Chaussée nach Marneuli. Bis dorthin passieren wir mehr als zwanzig Tankstellen. In Marneuli biegen wir ab nach Bolnissi. Hinter Bolnissi, auf der Höhe von Kweschi, verlassen wir die Hauptstraße und fahren über eine nasse Schotterpiste zur Kirche Pitareti. Linker Hand liegt das Wohnhaus von Sulchan-Saba Orbeliani, das heute ein Museum ist. Wir haben die letzte Dorfschaft hinter uns gelassen und fahren durch das unberührte Chrami-Tal. Den Chrami überqueren wir auf einer klapprigen Holzbrücke. Kurz dahinter lassen wir den Lada stehen, da der Feldweg zu eng und zu glitschig ist. Am rauschenden Chrami entlang gehen wir den schattigen Feldweg bergauf. Schließlich lichtet sich das Laub über uns. Wir haben eine einsame Hochebene erreicht, die von dicht bewaldeten Bergkämmen eingeschlossen wird. In der Mitte steht wie verlassen die Kirche Pitareti. Wie Bethania wurde Pitareti als fürstliche Hof- und Begräbniskirche erbaut (1213–1222). Sie ist besonders reichhaltig mit Ornamenten geschmückt. Auf der Wiese vor der Kirche legen wir uns in das hohe Gras. Nicht weit entfernt schwirren hunderte und aberhunderte von Schmetterlingen in der Luft, die ihre bunten Bahnen durch den blauen Himmel ziehen. Leider ist uns aber der Blick auf das reiche Ornament der Kirche durch ein Baugerüst verstellt, das den Tambour und die Kuppel umschließt.

Ein Schäfer hat sich mit seinem Wachhund und vier Schafen zu uns gesellt. Er ist achtundneunzig Jahre alt. Schnellen Schrittes begleitet er uns zu unserem Auto. Wir fahren zur Hauptstraße zurück, die uns nach Dmanissi führt.

Dmanissi ist nur wenige Kilometer von der armenischen Grenze entfernt. Die mittelalterliche Ruinenstadt liegt auf einem Geländesporn, auf einer „Nase", die zwei Flüsse im Laufe der Jahrtausende aus der Landschaft herausgesägt haben. Im Mittelalter (10.–12. Jahrhundert) war Dmanissi eine bedeutende Stadt, die an der Handelsroute von Georgien nach Persien lag. Die ältesten Bauten gehen auf das 5. Jahrhundert zurück. Im 14. Jahrhundert wurde sie von den Truppen Timur Lengs zerstört und verlor ihre Bedeutung; seit Anfang des 17. Jahrhunderts ist sie unbewohnt. Von der Burg aus können wir unseren Blick bis zu den schneebedeckten Gipfeln des Großen Kaukasus und den Bergen des Kleinen Kaukasus im Süden schweifen lassen. Zu unseren Füßen liegen die Ruinen der mittelalterlichen Stadt: eine Karawanserei, Häuser und öffentliche Gebäude. Die Bäder haben das gleiche Runddach wie die Schwefelbäder in Tiflis. Nur die Kirche, erbaut zwischen 1213 und 1222, ist gänzlich erhalten geblieben. Sie ist wie Bolnissi als dreischiffige Basilika erbaut. Seit 1988 werden hier sonntags wieder Gottesdienste gehalten.

Hinter der Kirche liegt die Ausgrabungsstätte, wo meine Begleiterin seit 1991 vier Sommer verbrachte. Es ist ein Gelände, auf dem sich mehrere tiefe Gruben befinden. Die Menschen im Mittelalter bauten die Gruben in die Fußböden ihrer Häuser, um sie als Kühlschränke zu nutzen. Diese Schächte, die bis zu drei Meter tief sein können, haben eine so gute Statik, dass wir noch heute ohne Gefahr in sie hinabsteigen können. In der Tiefe der Schächte bietet sich uns dasselbe Bild wie den Menschen im Mittelalter; nur sehen wir es heute mit anderen, mit historischen und archäologischen Augen.

Wir sind nun in einer der Gruben und Antje kratzt an der kühlen, sandigen Wand, wo plötzlich Knochen sichtbar werden. Antje sagt, dass es sich um Knochen von Nashörnern und Elephanten handele, Tiere, die in Georgien lange vor der Antike ausgestorben sind.

So wie wir jetzt in der Grube graben, haben georgische Archäologen 1983 altsteinzeitliche Schichten in Dmanissi entdeckt, die älter als 1 Million Jahre alt sind. Seit 1991 wird der Fundplatz im Rahmen eines deutsch-georgischen Projektes systematisch untersucht. Auf deutscher Seite ist der „Forschungsbereich Altsteinzeit des Römisch-Germani-

Der „Unterkiefer von Dmanissi". Photo: Antje Justus

schen Zentralmuseums" in Mainz und auf georgischer Seite das „Archäologische Zentrum der georgischen Akademie der Wissenschaften" beteiligt. Gleich zu Beginn der Zusammenarbeit fand Antje Justus den „Unterkiefer von Dmanissi". Und zwar am 24. September 1991– drei Tage vor dem offiziellen Ende der Expedition. An diesem Tag sollten nur noch die letzten Tierknochen geborgen und das Profil der Grabung gezeichnet werden.

„Ich war seit zwei Stunden allein auf dem Fundplatz. Gegen neun Uhr stieß ich auf einen weiteren Knochen und war überhaupt nicht erfreut. Kurz vor der Abfahrt! Der Knochen fiel durch seine komische Halbkreisform auf und zwar so sehr, dass ich ihn als ersten frei präparierte. Das erste, was ich sah, war ein Schneidezahn. Es war also ein Kieferknochen. Dann sah ich den zweiten Schneidezahn. Es war das erste Mal, dass es in meinen Augen zuckte, weil der Schneidezahn eine geringere Größe hatte. Es konnte also ein Mensch oder ein Affe sein. Jetzt guckte ich, ob eine Lücke zwischen Schneidezahn und Eckzahn war. Wenn keine Lücke da ist – die Affenlücke – , dann ist es ein Mensch. Und es war ein Mensch!"

Das war eine Sensation! Warum?

Es handelt sich bei dem Unterkiefer um den ältesten Menschenknochen außerhalb Afrikas. Heute wissen wir, dass die Wiege der Menschheit in Afrika stand. Hier entwickelten sich vor mehr als 3,5 Millionen Jahren unsere Urahnen. Fundstellen zur Entstehungsgeschichte des Menschen konzentrieren sich im ostafrikanischen Hochland. Zu nennen ist die weltberühmte Olduvai-Schlucht in Ostafrika. Hier kann man in den mehreren hundert Meter tiefen Ablagerungen die Entwicklung zum Menschen durch Fossilienfunde belegen. Die ältesten Funde außerhalb Afrikas waren vor der Entdeckung in Dmanissi mit circa 800 000 Jahren die Fundplätze in China in der Nähe von Peking und in Europa der Fundplatz Maurer bei Heidelberg (600 000 v. Chr.). Bis 1991 war man deshalb der Meinung, der Mensch habe erst nach 1 Million Jahren Afrika verlassen. Das hat jedoch der Fundplatz Dmanissi widerlegt. Wie in Olduvai hat sich in Dmanissi vulkanisches Material erhalten, das auf 2 Millionen Jahre datiert werden kann. Außerdem wurden die Menschenknochen zusammen mit Tierknochen gefunden, zum Beispiel der Säbelzahnkatze, von der wir wissen, dass sie weltweit vor 1 Million Jahren ausgestorben ist. Damit ergibt sich über die physikalische Datierung des Untergrundes von mehr als 2 Millionen Jahren und den gefundenen Tierknochen ein Alter von ungefähr 1,5 Millionen Jahren für den Unterkiefer von Dmanissi. Der älteste Mensch außerhalb Afrikas ist also ein „Georgier".

Darüber hinaus hat der Fund in Dmanissi, das am Scheideweg zwischen Europa und Asien liegt, bestätigt, dass die Fundplätze auf dem Weg von Afrika nach Dmanissi wirklich menschliche Siedlungsreste sind. Gleichzeitig hat er einen entscheidenden Beweis für den Wanderweg des Menschen von Afrika über den Vorderen Orient und den Kaukasus nach Europa und Asien geliefert.

13. Trauer in Uschguli

Juni 1996

Zum zweiten Mal in Swanetien.

Wir sind als Gäste von Schota Tschartolani nach Mestia gekommen. Schota ist Archäologe und arbeitet am Institut für Archäologie in Tiflis. Die Sommermonate verbringt er mit Grabungen in den Bergen Swanetiens, seiner Heimat. Wir sitzen auf der geräumigen Veranda von Schotas Haus und genießen den Blick auf die blauen Berge des Kaukasus. Uns gegenüber ragt der Tetnuldi mit seinem ewigen Eis spitz in den samtblauen Himmel. Die Jungen der Nachbarschaft führen jetzt ein Kalb in den Hof. Schota hat es gekauft, um uns ein gutes Essen bereiten zu können. Unter der Veranda bleiben die Jungs mit dem Kalb stehen. Sie streicheln es einige Zeit, bis plötzlich einer von ihnen ein Messer aus dem Schaft zieht. Mit einer ansatzlosen Bewegung setzt er es an die Kehle des Kalbs und schneidet sie durch. In hohem Bogen platzt das Blut aus der Ader und spritzt auf das Gras. Ein Zittern geht durch den Körper des Tiers, dann sackt es tot zusammen. Männer aus Schotas Verwandtschaft häuten und schlachten das Tier, das die Frauen in der Küche für uns zubereiten werden.

Am nächsten Morgen fahren wir nach Uschguli. Der Weg führt uns am Enguri entlang. Die Blumenwiesen, die sich steil die Berge hinaufziehen, prangen in den bunten Farben des Frühlings. Wie Teppiche liegen sie vor der dunklen Silhouette der Tannen und Fichten ausgebreitet. Immer wieder treffen wir auf steinerne Wehrtürme und einsam liegende Gehöfte. Anderen Autos begegnen wir nicht. Aber Holzschlitten, die von Ochsen gezogen, Baumstämme für den Winter in die Dörfer transportieren. In einer spitzen Kurve, wo Schotas Freund mit dem Auto in die Tiefe stürzte und im Enguri ertrank, halten wir und trinken einige Gläser Schnaps, Tschatscha, auf den Verstorbenen. Die Flaschen lassen wir am Gedenkkreuz zurück. In Uschguli angekommen, erfahren wir, dass Ansor Radiani gestern gestorben ist. Er war der einzige Arzt für

Klageweiber in Swanetien, 1995. Photo: Gia Tschkataraschwili

die Dörfer Ober-Swanetiens. Wir lassen unser Auto am Eingang des Dorfes stehen und gehen zu Fuß den engen Weg zwischen den Wehrtürmen und Häusern zum Hof der Familie Radiani.

Dort haben sich die Männer von Uschguli versammelt. Wir betreten die hölzerne Veranda eines kleinen Hauses aus Felsstein, wo zwei Frauen auf alten Singer-Maschinen schwarze Trauerkleider nähen. Von der Veranda gehen wir weiter in das einzige Zimmer des Hauses. In der Mitte des Zimmers liegt Radiani in einem offenen Sarg aufgebahrt, der auf einen Tisch gestellt ist. Der Verstorbene ist in seinem besten Anzug mit weißem Hemd und schwarzer Krawatte gekleidet. Ein kleiner Ventilator spendet frische Luft. Auf seiner Brust liegen Fotos seiner drei Töchter, seines Sohnes und seiner Frau. Im Sarg liegen außerdem seine Brille, sein Notizbuch, ein medizinisches Lehrbuch, das er geschrieben hat, sowie Zahnbürste und Zahnpasta. Am Kopfende befindet sich ein Tisch, auf dem Wodka, Schnaps, Birnen, Kuchen, Blumen, sein Arztkoffer, Schokolade und eingelegte Früchte stehen. Sie werden Ansor Radiani auf seinem letzten Weg begleiten.

An der Stirnseite des Raumes sitzen auf einer Holzbank mehrere junge und alte Frauen. Sie tragen alle schwarze Kopftücher und schwarze Kleider. An ihren Halsketten haben sie ein schwarz-weißes Foto des Verstorbenen befestigt. Als wir den Raum betreten, erhebt sich eine von ihnen. Sie ist Radianis Witwe. Gebeugt tritt sie an den Sarg, küsst die Stirn des Verstorbenen, streichelt seine Hände und wehklagt in eindringlicher Melodie:

„Steh jetzt auf! Begrüße Deine Gäste! Tschartolani ist mit seinen Freunden aus Deutschland gekommen. Steh jetzt auf und begrüße sie!" Am Ende der Melodie fallen die anderen Klageweiber in ein tiefes Schluchzen. Ein junges Mädchen im Hintergrund ruft jetzt ihren Schmerz aus: „Mein Onkel, warum bist Du von uns gegangen?" Wieder antworten ihr alle mit einem tiefen Schluchzer. Während einige Klageweiber mit Tränen in den Augen leise wimmern und weinen, steht nun eine andere auf: „Du hast immer allen geholfen, aber niemand kann Dir jetzt helfen ... Du warst ein swanischer Patriot ... Du hast alle geliebt, deshalb hält Dich jeder für seinen Bruder ... Wenn Du Swanetien verlassen hättest, wärest Du noch am Leben. Aber Deine Liebe zu den Menschen hat Dich in Uschguli gelassen ... Hättest Du Dich mehr geschont, wärest Du noch am Leben ... Immer wolltest Du allen helfen."

Bevor wir den Raum verlassen, geben wir den Klageweibern die Hand und sagen: *„scheni tschiri me."* Wörtlich: „Dein Leid mir."

Sieben Tage lang werden die Klageweiber vom Aufgang der Sonne bis zu Anbruch der Nacht mit ihren Klageliedern für Ansor Radiani „die Erde erweichen". Während der Nächte jedoch werden sie so tun, als wäre er noch am Leben, werden sich mit ihm unterhalten und Gespräche führen.

Indem die Klageweiber „mit der Stimme laut weinen", *„chmit matirlebi"* wie es im Georgischen heißt, vertreiben sie ihre Trauer und teilen ihren Schmerz. Durch das gemeinsame Wehklagen werden die freundschaftlichen und familiären Bande der Frauen gestärkt. Für die Kinder, die um uns herumstehen und laufen, sind die Klagelieder zugleich Ermahnung und Bestärkung. Wenn die Klagelieder die Menschlichkeit und Güte des Arztes Ansor Radiani preisen und loben, sehen die Kinder darin ein Vorbild der Tugend, dem sie nacheifern.

Wir werden noch zu einem kleinen Abendessen eingeladen, das wir im Wehrturm der Familie Radiani zu uns nehmen. Dann brechen wir auf. Im Hof zimmern die Männer meterlange Tafeln. Für den Tag der Trauerfeier werden Hunderte von Gästen erwartet, die unter offenem Himmel essen und trinken werden.

14. Fahrt nach Kasbegi

Oktober 1996

Mit Sophie Sakwarelidse werde ich zwei Tage nach Kasbegi fahren. Soppo, einundzwanzig Jahre alt, hat an der Universität in Tiflis Germanistik studiert. Das vergangene Jahr verbrachte sie in Bochum, wo sie sich an der Universität mit der deutschen Nachkriegsliteratur beschäftigte. In Tiflis arbeitet sie nun als Journalistin und als Dolmetscherin für Englisch und Deutsch.

Bevor wir abfahren, tauschen wir in einer der vielen Wechselstuben 100 DM gegen 85 georgische Lari. Der Lari ist zum Glück so stabil geblieben, dass er auch als Bakschisch für die Straßenpolizisten in Armenien und Aserbaidschan taugt. Die Kassiererin beeilt sich mit der Herausgabe der Lari-Scheine, damit sie weiter in Ruhe ihre Fingernägel rot lackieren kann.

Auf der breiten Uferstraße am Mtkwari entlang verlassen wir Tiflis. Am Straßenrand ist eine Kette von roten Kiosken aufgebaut. Wo kein Kiosk steht, da stehen Frauen und Männer, die in der linken Hand Marlboro-Zigaretten anbieten und in der rechten den Regenschirm halten, der sie gegen die stechende Sonne schützt.

Bis nach Mzcheta sind es nur zwei Kurven. Wir fahren auf der rechten Uferseite des Mtkwari, der sein Becken tief zwischen die Berge gefräst hat. Hinter der ersten Kurve, einer Linkskurve, fällt unser Blick auf das Wasserkraftwerk „W. I. Lenin“ in Semo Awtschala. Es wurde im Jahr 1927 erbaut und war – nach dem Kraftwerk in Wolchow – das zweite Wasserkraftwerk der Sowjetunion. Lenin war es, der die Elektrifizierung der Sowjetunion gefordert hatte: „Kommunismus – das ist Sowjetmacht plus Elektrifizierung des ganzen Landes“. Wie Spinnen überzogen die Ingenieure daraufhin die Erde mit einem Netz von Stromkabeln.

Mit dem Licht kam aber auch die Finsternis. Es war ebenfalls im Jahre 1927, dass Stalin auf dem 10. Jahrestag der Oktoberrevolution, am 7. November, sein neues Programm bekanntgab: Die rücksichtslose

Kollektivierung der Bauern und den Aufbau einer mächtigen Industrie. Mit Einschüchterung und Gewalt, der Millionen von Menschen zum Opfer fielen, wurden beide Ziele in den Fünf-Jahres-Plänen verfolgt. Terror und Repression blieben seitdem das Charakteristikum kommunistischer Herrschaft. Das Schwarzbuch des Kommunismus spricht von 20 Millionen Menschen, die unter dem kommunistischen Regime der Sowjetunion seit 1917 zu Tode kamen. Auch in Georgien gibt es keine Familie, die nicht ein Opfer der kommunistischen Schreckensherrschaft zu beklagen hätte. Erst im Jahre 1991, als die Sowjetunion wirtschaftlich Bankrott erklären musste, ging der Spuk vorbei. Jugendliche aus Tiflis zertrümmerten damals Lenins riesiges Denkmal, das einige Hundert Meter vom Wasserkraftwerk entfernt am Straßenrand stand.

Wir biegen um die nächste Kurve, eine langgestreckte Rechtskurve. Vor uns liegt Mzcheta, die alte Hauptstadt Iberiens. In ihrer Mitte strahlt in weißem Glanz die mittelalterliche Kathedrale Sweti-Zchoweli. Der Name „Sweti-Zchoweli" bedeutet „Lebende Säule". Für diese Bezeichnung gibt es zahlreiche Erklärungen. So soll eine der Säulen in der Kirche einen Balsam ausgeschieden haben, der alle Wunden heilte. Eine andere Deutung ist, dass sich beim ersten Kirchenbau eine Säule von allein aufgerichtet habe. Auf den Fundamenten dieser ersten Kirche aus dem 4. Jahrhundert wurde zu Beginn der Blütezeit Georgiens im 11. Jahrhundert eine mächtige Kathedrale errichtet. Der Baumeister war der Architekt Arsukidse. An ihn erinnert ein Relief an der nördlichen Fassade, das eine Hand mit einem Winkelmaß zeigt. Darüber lesen wir: „Die Hand des Gottesknechtes Arsukidse. Vergebung." Diese Inschrift soll belegen, dass der Lehrer Arsukidses seinem Schüler aus Neid über seine große architektonische Leistung die Hand abhacken ließ. Ob Mär oder Wahrheit, Konstantin Gamsachurdia (1891–1975) hat das Leben des Baumeisters Arsukidse seinem großen historischen Roman „Die rechte Hand des Meisters" zugrunde gelegt.

Auch weit aus der Ferne strahlt der mächtige Kirchenbau wie eh und je vor den blauen Bergen des Kaukasus. Eine trutzige Gottesburg, von großartiger Einfachheit und Geschlossenheit. Auch wer nicht in den Psalmen liest: „Du bist für mich Zuflucht und Burg, mein Gott, dem ich vertraue", wird beim Anblick der Kirche ein Gefühl des Schutzes empfinden.

Gegenüber von Mzcheta ragt ein kahler Felsen in den Himmel, auf dessen steiler Spitze die Kreuzkirche thront. Wir lassen den Fahrer halten und steigen aus, um den Anblick der Kirche zu genießen. Hier,

Händlerin an der „Georgischen Heerstraße“. Photo: Danetzki und Weidner

wo die beiden Flüsse Aragwi und Mtkwari zusammenfließen, befinden wir uns an dem Ort, wo sich die Wege durch den Kaukasus von Nord nach Süd und von West nach Ost kreuzen. Wer bis Anfang des 4. Jahrhunderts diesen Weg nahm, der bekam ein Götzenbild auf dem Felsen zu Gesicht. Die Heilige Nino ließ es umstürzen und ein mächtiges Kreuz, auf georgisch *dschwari*, errichten, das von weither zu sehen war. Der Sockel dieses Kreuzes ist in der Kirche erhalten geblieben. Zweihundert Jahre später, in den Jahren 586 bis 608 erbaute König Stephan I. die Dschwari-Kirche, nachdem sein Vater Guram bereits eine Kapelle neben dem Kreuz hatte errichten lassen.

Wie ein Leuchtturm des Glaubens wacht die Kirche auf dem Berg. Die gelben Steine des Außenbaus, in dessen Grundmauern sich ein Kreuz abzeichnet, blitzen im hellen Licht der Sonne. Die massige Tambourkuppel, die sich organisch aus der Baumasse herausschält, erweckt den Eindruck von Kraft und Sicherheit. Der Baumeister, dessen Namen wir nicht kennen, der aber sein Portrait in einem Relief auf der Trommel hinterlassen hat, hatte eine besondere Begabung für Proportionen. Dadurch erhält der Bau seine Harmonie und Würde.

Das Wahrzeichen Georgiens, eines der wichtigsten Bauwerke der mittelalterlichen Welt, überlebte die Einfälle der Mongolen und Perser, wenn auch nicht gänzlich unversehrt. Erst die russischen Besatzer verriegelten im Jahre 1811 das nationale Heiligtum der Georgier. Im Jahre 1989, als die Georgier ihre Freiheit wiedergewonnen hatten, wurde die Kirche zum zweiten Mal geweiht. Seitdem steht ihre Tür, über der zwei Engel – ein Kreuz tragend – die Himmelfahrt Christi symbolisieren, den Gläubigen wieder offen. Vor drei Jahren feierten wir hier die Hochzeit von Marita Rademacher und Konstantin Dauschwili.

Mzechta und seine Kathedrale lassen wir links liegen. Wir sind nun auf der „Georgischen Heerstraße“, die bis zum Skiort Gudauri dem Aragwi folgt.

Die „Georgische Heerstraße“ verläuft auf dem Handelsweg, der in Tiflis beginnt und in der Hauptstadt Nordossetiens Wladikawkas jenseits des Kaukasus endet. Schon Strabon erwähnt diesen beschwerlichen und unbequemen Pfad, der den Großen Kaukasus an seiner schmalsten Stelle überwindet. Aus dem Handelsweg wurde eine Heerstraße, nachdem sich Russland Georgien im Jahre 1801 einverleibt hatte. Zar Alexander I. beauftragte den General Alexei Jermolow (1772–1861) den Weg zu einer Straße auszubauen, um Truppen und militärischen Nachschub schneller in den Kaukasus transportieren zu können. Heute ist die Straße wieder der wichtigste Handelsweg zwischen Russland und den Ländern Georgien und Armenien. Die andere Route entlang des Schwarzen Meers durch Abchasien ist für den Transit gesperrt. Endlose Konvois aus Lastwagen müssen sich deshalb mühsam den Berg hinauf quälen. Wir überholen einen armenischen Konvoi mit sechzig Tankwagen, die aus Wladikawkas das Benzin nach Eriwan bringen werden. Am Stadtrand von Tiflis warten weitere siebenhundert (!) Lastwagen auf ihr Visum für Russland.

Links und rechts der Straße sehen wir Gemüsegärten und Obstplantagen. Die Tomaten, Feigen und Auberginen werden an der Straße verkauft. Eingezäunte Weiden für das Vieh gibt es nicht. Die Sau mit ihren Ferkeln, die Kuh mit ihren Kälbern, alle trotten und zotteln gemächlich durch die Dörfer. Die Schweine, die am Straßenrand liegen und den Verkehr beobachten, sind das größte Verkehrshindernis. Ihnen scheint es ein diebisches Vergnügen zu bereiten, immer dann die Straße zu überqueren, wenn man glaubt, man sei schon an ihnen vorbei. Dann erheben sie sich, schauen weder nach links noch nach rechts und schreiten mit königlicher Langsamkeit zur anderen Straßenseite. Der Fahrer muss scharf bremsen, um nicht mit der Sau zusammenzustoßen. Er hupt und verflucht sie, die doch den ganzen Tag Zeit gehabt habe, die Straße zu überqueren. Die Tiere bilden aber ein weniger zeitraubendes Hindernis als die „Kontrollen“, die früher hinter jeder Kurve lauerten. Ob Polizei oder Verbrecher oder beide gemeinsam, sie ließen nur denjenigen passieren, der seinen Wegezoll zahlte. Heute gibt es nur Kontrollen an zwei Polizeistationen, an denen wir ungehindert vorbeifahren.

Am Ende des Muchrani-Tals treffen wir auf einen gewaltigen Wehrdamm. Dahinter liegt der große Stausee, der die alte Siedlung Schinwali verschluckt hat. Am Ende des Sees steht die mittelalterliche Burg Ananuri. Auf dem großen Vorplatz parken wir das Auto und gehen zur Oberburg hinunter. Die Ruinen der unteren Burg liegen nun im Stausee. Die Burg ist die ehemalige Residenz der Fürsten von Aragwi. Die Festung, die im 17. Jahrhundert errichtet wurde, schützte vor den Überfällen der nordkaukasischen Völker und der Perser, die immer wieder in Georgien einfielen. Durch ein Tor in der Wehrmauer betreten wir die Anlage und sind überrascht, wie klein sie ist. Auf engstem Raum zwängen sich ein Glockenturm und zwei Kirchen, die große Marienkirche und die kleinere Erlöserkirche.

Die gesamte Anlage ist von großer Schönheit. Am stärksten beeindrucken uns die Arbeiten der Steinmetze auf der Südfassade der Marienkirche. Das mächtige Triumphkreuz und die beiden Paradiesbäume machen dem Gläubigen anschaulich, dass die Kirche das erneuerte Paradies auf Erden ist: Wer in Georgien eine Kirche betritt, der wähne sich im Paradies. Diese Vorstellung ist in Georgien von den Anfängen bis heute lebendig geblieben. Schon König Mirian, der in seinem Garten die erste Kirche auf georgischen Boden errichten ließ, verwandelt damit der Überlieferung nach den „irdischen“ Garten in ein „ewiges Paradies“. Als er darüber nachsinnt, wo er die erste Kirche bauen soll, sagt er zu Nino: „Da ist der Traum, den du gesehen hast von den Vögeln, die ihre schmutzigen Flügel in Wasser badeten, und wie sie blendend weiß wurden, und wie sie sich auf den Bäumen des Gartens niederließen, und mit süßer Stimme sangen – wahrhaftig, diesen irdischen, vergänglichen Garten wollen wir in ein Paradies verwandeln, und dort wollen wir das Gotteshaus als unsere Gebetsstätte erbauen, bevor die Priester aus Griechenland ankommen.“

In der Mitte der Fassade erhebt sich ein großes Kreuz, das Kreuz des Lebens. Im Verständnis der Georgier ist das Kreuz kein Zeichen des Leides, sondern ein Symbol des Lebens, das die Herrlichkeit Gottes versinnbildlicht. Es ist der erneuerte Baum des Lebens, der im Paradies stand. In keiner anderen christlichen Kirche hat das Kreuz als Zeichen des Sieges, das die Mächte der Finsternis und des Todes besiegt hat, eine ähnlich große Bedeutung erlangt wie in Georgien.

Das Triumphkreuz von Ananuri, das von einem feingegliederten Netzwerk überzogen wird, ist am unteren Ende angespitzt und in die Erde gerammt. Die Spitze zermalmt die Schlange, den Satan, der Adam und Eva zu Fall brachte. Links und rechts des Kreuzes prangen die Paradiesbäume, an deren Blättern und Weinbeeren sich Hirsch, Bär, Reh und Vogel genüsslich tun. Unter den Bäumen ruhen friedlich zwei Löwen. Die beiden geflügelten Engel, die unter den Paradiesbäumen stehen, versinnbildlichen die Nähe Gottes und weisen uns einladend den Weg in die Kirche, in das erneuerte Paradies.

Hinter der Festung Ananuri wird aus dem Tal des Aragwi eine enge Schlucht. Am weißen Strom entlang durchfahren wir kleine Dörfer, die von Viehzucht und Ackerbau leben. Auf den Bergspitzen stehen die Wehrtürme, die uns daran erinnern, dass diese Landschaft, die uns wie eine friedliche Schäferlandschaft erscheint, immer wieder der Schauplatz von Kämpfen und Kriegen war. Von den Spitzen der Wehrtürme konnte mit Feuerzeichen der Einfall feindlicher Truppen von Turm zu Turm bis in die Ebene gemeldet werden. Die Türme des Mittelalters sind noch heute besser erhalten als das ehemalige Luxushotel aus den siebziger Jahren unseres Jahrhunderts, das wir rechts auf einer Wiese stehen sehen. Es ist zerstört und ausgeplündert. Die Einwohner holten sich zurück, was ihnen der Kommunismus nahm. So schnell wird hier niemand mehr seinen kollektiven Jahresurlaub verbringen.

Bis Passanauri, einem langgezogenen Gebirgsort, ist die Straße neu asphaltiert. Wir sind schnell vorangekommen. Früher brauchten wir schon bis hierher fünf Stunden, als wir uns von Schlagloch zu Schlagloch vorbremsen mussten. In Passanauri kaufen wir an einem der vielen Kioske Borjomi-Mineralwasser und setzen nach einer kurzen Rast die Fahrt fort.

Je höher wir kommen, desto wilder schäumen und spritzen die Wellen des Aragwi. Hier und da brechen sie sich an großen Betonquadern. Sie sollten den Fluss eindämmen, um den Bau einer Eisenbahnlinie von Wladikawkas nach Tiflis zu ermöglichen. Moskau griff damit alte Pläne aus dem 19. Jahrhundert wieder auf, als österreichische Ingenieure nach dem Vorbild der St. Gotthard Bahn eine Eisenbahnlinie durch den Kaukasus bauen wollten. Im Jahre 1985 wurde auf Geheiß Moskaus mit den Bauarbeiten der zweigleisigen Trasse der „Transkaukasischen Eisenbahn" begonnen. Da die Schlucht des Aragwi gerade noch Platz für die Straße lässt, hätten die Gleise neben, vor allem aber über und unter dem Aragwi verlegt werden müssen. Was aber wäre aus den Baudenkmälern geworden, die im Wege gestanden hätten? Was aus der Festung Ananuri?

Die landschaftliche Schönheit des Tals wäre in jedem Fall zerstört worden. Das Wasser des Aragwi wäre wohl kaum so rein geblieben, dass wir es – so wie heute morgen – in Tiflis aus dem Wasserhahn hätten trinken können. Es war der Intellektuelle und Literaturkritiker Akaki Bakradse, der im März 1987 zum ersten Mal öffentlich in der Zeitschrift „Georgische Literatur" gegen den Bau protestierte. „Die Eisenbahn-Linie hätte eine ökologische Katastrophe bedeutet. Die Eisenbahn sollte aber auch eine militärische Funktion haben. Russland hätte mit der Bahn seine Panzer schneller in den Kaukasus verlegen können. Der Protest gegen die Eisenbahn wurde zum Katalysator für die nationale Bewegung in Georgien", erzählte er mir.

Im April 1988 gab das Zentralkomitee der Kommunistischen Partei Georgiens bekannt, dass die Bauarbeiten eingestellt würden. Die Partei und Moskau mussten sich dem Widerstand der Öffentlichkeit geschlagen geben. Der Protest gegen die Eisenbahnlinie hatte zum ersten Mal wieder ein loses Band zwischen Hunderten von Georgiern unterschiedlicher Bildung und Herkunft geknüpft, die sich gegen die Fremdbestimmung aus Moskau und gegen ihre Rechtlosigkeit im kommunistischen Staat wandten. Viele von ihnen fanden sich in der „Ilia Tschawtschawdse-Gesellschaft" zusammen, dem Sammelbecken der nationalen Befreiungsbewegung.

Das Geld, das für den Bau der Eisenbahn verschwendet wurde, hätte man lieber für den Unterhalt der Straße verwenden sollen, meint unser Fahrer. Zwischen Passanauri und Mleti ist die Straße an manchen Stellen durch reißende Gebirgsbäche weggeschwemmt, die ihren Weg in den Aragwi suchen.

An der Dorfeinfahrt von Kwescheti halten wir und fragen eine alte Frau nach dem Weg nach Chadar. Dort sollen noch Kelims gewoben werden, wie mir Tengis, ein Fahrer der Botschaft, erzählte. Die Frau hat eine riesige Hakennase und ganz tiefliegende blaue Augen. Sie sitzt, wie Dutzend andere, Tag für Tag an der Straße, um Obst, bunte Socken und turmartige Schaffellmützen zu verkaufen. Wir wollen ein Pfund Pflaumen kaufen, die sie uns aber schenkt, was wir erwarten mussten. Nun sitzt sie den ganzen Tag am Straßenrand und wartet auf den – vielleicht einzigen – Kunden, dem sie dann ihre Ware schenkt! Rustaweli hat gedichtet: „Was man verschenkt, hat man gewonnen, was man versteckt, hat man verloren."

Sie zeigt uns den Weg nach Chadar, der über den Aragwi führt, den wir auf einer morschen Holzbrücke überqueren. Plötzlich beginnt es zu regnen. Ein Wolkenbruch. Die großen Tropfen plattern laut auf das Dach des Autos, das der Fahrer mühsam den glitschigen Feldweg hinaufsteuert. Links und rechts des Weges weiden Schafe. Noch weit von uns entfernt sehen wir am Berghang ein kleines Dorf, das unter einer geschlossenen Wolkendecke liegt, die sich wie eine weiße Lawine keilförmig in das Tal hineinschiebt. Das Dorf, es heißt Skerer, besteht aus knapp zwanzig Häusern und einem Wehrturm. Nur vier Familien bleiben den Winter über hier. Schon jetzt im September ist es empfindlich kalt. Zum Glück hat der Regen aufgehört. Durch Matsch, Geröll und Kuhmist stapfen wir zu den dichtstehenden Häusern hinauf. Wir steigen die steile hölzerne Treppe zu einer Veranda hinauf, wo uns einige junge Mädchen begrüßen. In der Ecke steht ein großer Webstuhl, an dem Annika Bekauridse sitzt und einen Kelim webt. Wir fragen nicht, wie alt sie ist; sie wird wohl um die achtzig sein. In ihrem Gesicht, das freundlich blickt, sehen wir die vielen langen Winter eingeschnitten. Sie hat einen großen scharfen gekrümmten Eckzahn und viele, viele kleine Zähne.

Ob noch andere Frauen Kelims weben, frage ich.

Nein, sie sei die letzte, antwortet sie. Die jungen Frauen hätten dazu keine Lust mehr. Es sei ihnen zu anstrengend. Aber die Kinder lernen noch das Weben, fügt sie hinzu. Vielleicht werde sie doch nicht die letzte sein, lacht sie.

Für einen Kelim brauche sie ungefähr einen Monat. Die Muster, die seien tausend Jahre alt, die habe sie im Kopf. Die Wolle komme von ihren eigenen Schafen. Nur die Farbe komme aus Tiflis, das sei Chemie, das tauge nichts, sagt sie mit einer wegwerfenden Handbewegung. Sie hat recht. Der Kelim, an dem sie webt, wäre schön, wenn er andere Farben hätte. Die Farben, die wir sehen, sind grell und kalt.

Auf der Rückfahrt ins Aragwi-Tal müssen wir sehr langsam fahren, da die Schotterpiste durch den Regen mittlerweile so glitschig wie ein

Stein im Wasser geworden ist. Im Tal regnet es zum Glück nicht mehr.

Bei Mleti überqueren wir zum letzten Mal den Aragwi. An der neuen Betonbrücke nimmt der Fahrer Anlauf für die achtzehn Kurven der steil ansteigenden Serpentine, die uns nach Gudauri führt. Dort steht auf 2000 Meter Höhe das österreichisch-georgische Skihotel „Marco Polo Gudauri", wo im Winter Helikopter starten, um die Skifahrer auf einsamen Bergspitzen abzusetzen. Von dort können sie in endlosen Schwüngen die unberührten Hänge des Kaukasus hinabwedeln. Der Ausblick auf das Bergmassiv, das sich bis zum Horizont hinzieht, ist grandios.

An der Kaminbar trinken wir einen Kaffee. Wir schwelgen in Erinnerungen. Welch ein Gefühl der Erleichterung war es in den vergangenen Wintern, am Freitagabend das graue Tiflis zu verlassen, in dem geschossen wurde, wo es keine Heizung, keinen Strom und kein Wasser gab! Und dann dieses Hotel zu betreten, das warm und gemütlich ist, ein warmes Bad zu nehmen und morgens in einem warmen Zimmer aufzustehen!

Die Wolken haben sich über dem Hotel wieder dicht zugezogen. Es ist dunkel wie am späten Abend, obwohl es noch früher Nachmittag ist. Nur knapp unter der Wolkendecke, die grau in grau über uns hängt, winden wir uns die langgezogenen Kehren zum Kreuzpass (2395 Meter) hinauf. Hier ließ David Agmaschenebeli im Mittelalter ein großes Holzkreuz errichten. Dort, wo es früher stand, steht jetzt ein Kreuz aus rotem Stein, das der russische General Jermolow im Jahr 1824 erbauen ließ. Die Schaschlik-Bude, die weiter unten am Straßenrand dem Unwetter trotzt, ist geschlossen. Der Regen ist jetzt in Hagel übergegangen. Die talergroßen Körner prasseln auf das Blech der Hütte und die tischgroßen eisernen Grills. Wenn wir es nicht wüssten, erführen wir es heute: Wir haben die Wetter- und Wasserscheide des Kaukasus überquert. Hinter uns liegt das liebliche Georgien mit seinen grünen Tälern und seinem blauen Himmel, vor uns liegen unbedeckte Berge, nackte schroffe Felsen und dunkle Schluchten. An den engsten Stellen der Schluchten, durch die wir uns nun Kasbegi nähern, schützen uns überirdische Tunnel gegen herabstürzende Felsen und Steine, die sich durch den trommelnden Regen aus dem Gebirge lösen. Der schwarze Stein der Felsen ist häufig rotbraun gefärbt von den eisenhaltigen Mineralquellen, die hier und dort dem Gebirge entspringen.

Auf der Höhe des Dorfes Chobi haben wir das Ende des Kreuzpasses erreicht. Wir fahren jetzt das Tergi-Tal entlang, der breit und gemächlich neben uns nach Norden fließt und 600 Kilometer später im Kaspischen Meer mündet. Er entspringt weiter östlich im dunklen Trusso-Tal, wo im Sommer einige ossetische Familien leben, die aus Wladikawkas dorthin kommen.

Endlich erreichen wir Kasbegi, die Hauptstadt der Region Chewi. Der Regen will nicht aufhören; alle Schleusen des Himmels sind geöffnet. Wie eine Sturzflut bricht das Wasser über die graue Stadt herein. Das Denkmal des Schriftstellers Alexander Kasbegis (1848–1893), nach dem die Stadt benannt wurde, ist von reißenden Bächen umspült. Kasbegi, der daran glaubte, dass die eingeborenen kaukasischen Völker – die Tschetschenen, die Tscherkessen, die Georgier – von den Geheimnissen des guten Lebens wüssten, entstammte einer adligen Familie in Chewi. Sieben Jahre seines Lebens verbrachte er als Schafhirt in den Bergen seiner Heimat. Dann ging er nach Tiflis hinunter, wo er als Schriftsteller lebte. Berühmt und populär wurde er durch seine naturalistischen Volkserzählungen, die in seiner Heimat Chewi spielen. In ihnen kämpfen seine Landsleute gegen die russischen Besatzer für die Befreiung der Heimat und gegen den sittlichen Verfall des Landes. So wie in der Novelle „Elgudsch“ der Held im Kampf gegen russische Truppen fällt, nehmen die meisten seiner Geschichten ein tragisches Ende.

Von Kasbegi bis zur russischen Grenze sind es nur zwölf Kilometer durch die Darial-Schlucht. Diese enge, tausend Meter tiefe Klamm lässt gerade genug Raum für die Straße, die an manchen Stellen in den Felsen hineingetrieben wurde, und den schwarzen Tergi. Von den Bergen aus betrachtet sieht es aus als habe ein grober Keil einen tiefen Spalt in die Berge am Fuß des Kasbegi geschlagen. Unter uns tost und schäumt der Tergi, der so schwarz ist wie Vulkanasche. Über uns sehen wir durch den Regen hindurch die Ruinen von Festungen und Wehrtürmen, mit denen die Schlucht übersät war. Von ihnen aus konnte eine Handvoll Krieger die feindliche Übermacht aus dem Norden abwehren und den Zugang nach Georgien verteidigen. Das Ende der Schlucht heißt auf der Weltkarte von Ptolemäus aus dem Jahre 1478 „Porta Albania“, nach dem untergegangenen Staat Albanien. Heute stehen dort der georgische und der russische Schlagbaum. Auf der anderen Seite liegt Ossetien; bis zur Hauptstadt Wladikawkas sind es fünfunddreißig Kilometer. Einige Dutzend Lastwagen und Autos warten am Grenzübergang. Der russische Grenzer will uns nicht passieren lassen. Wir haben kein Visum. Soviel Macht muss sein, wir zeigen Verständnis. Durch die gespenstische Schlucht, in der alles grau und schwarz ist, fahren wir zurück nach Kasbegi. Dort halten wir bei den Kiosken auf dem Marktplatz, von denen einer Luisa gehört. Ich steige aus und frage mich nach ihr durch. Bis ich sie gefunden habe, bin ich klitschnass. Bei Regen haben Kioske zuviele Nachteile. Es wird Zeit, dass man auch in der Provinz die Geschäfte und Läden privatisiert. Luisa freut sich, uns zu sehen. Sie bringt uns zu ihrer Freundin Leila, wo wir zu Abend essen. Die Familie Leilas, die in einem typischen zweistöckigen Haus aus grauem Felsstein wohnt, lebt von einer Viehherde und der Schafzucht. In der großräumigen Küche, wo die Familie sich meistens aufhält, erhalten wir eine heiße Kraftbrühe. Mir ist so kalt und schlottrig, dass ich nicht mehr schmecken kann, welche Zutaten Leila außer Zwiebeln, Tomaten, Petersilie, Knoblauch, Eiern und Kartoffeln in die Suppe getan hat. Sicherlich ein Huhn, vielleicht aber auch die Knochen und das Fleisch von Auerochsen, Gänsen, Steinböcken, Birkhühnern, Ziegen und Hammeln. Das gibt Kraft. Jedenfalls ist der schwarze Kochtopf, in dem die Suppe leise vor sich hinkocht, so groß, dass man eine ganze Kompanie bewirten könnte. Er steht dort schon seit Jahren; und die Suppe kocht und kocht und kocht. Langsam wird mir wärmer. Schon schmecke ich den Koriander, das Lieblingsgewürz der Georgier, das ich nicht mag. Neben mir steht zittrig ein Steingeißkitz, dem ich mit der linken Hand die Flasche reiche, an der das junge Tier gierig saugt. Gewärmt und gesättigt brechen wir zu unserem Nachtquartier auf.

„Luisas Hotel", freut sich Luisa und zeigt auf ein Wohnhaus. Durch den Regen huschen wir in den Hausflur und beziehen die Wohnung im 2. Stock. Während wir unsere pitschnassen Klamotten ausziehen, fängt es draußen an zu gewittern. Wie Pfeile stehen die Blitze über dem Dorf.

Am nächsten Morgen wache ich durch die Sonne auf, die mir warm auf das Gesicht strahlt. Ich gehe hinaus auf die Veranda: die Luft ist kristallklar und rein, der Himmel lichtblau. Keine Wolke ist zu sehen. Das Tal liegt noch im Schatten, der bis zum Fuß der Dreifaltigkeitskirche „Zminda Sameba" reicht. Deshalb sieht es so aus, als würde die Kirche über dem Schatten in der Luft schweben. Hinter der Kirche erhebt sich wie zum Schutz die Eiskugel des Kasbegi (5033 Meter).

Wir könnten lange so sitzen und den Anblick genießen. Luisa bringt uns Chatschapuri, Tee und kalte Tomaten. Sie erzählt uns von dem georgischen Helden Amirani, der den Menschen das Feuer wiederbrachte, nachdem ein Ungeheuer das Feuer vernichtet hatte und der Mensch seitdem in Not und Kälte leben musste. Amirani sei ein Freund und Wohltäter der Menschheit gewesen, doziert Luisa und lässt uns glauben, er habe gestern noch gelebt. Viele Abenteuer habe er erlebt und großes Leid überstanden. Als er sich aber gegen Gott auflehnte und ihm nicht mehr gehorchen wollte, habe Gott ihm gezürnt und ihn mit schweren Ketten an den Kasbegi schmieden lassen. Dann türmte er Eis und Schnee über ihn, damit er Himmel und Erde nicht mehr sehen konnte. Seitdem sitzt Amirani in der dunklen Höhle. Nur sein treuer Hund Qurscha ist bei ihm. Tag und Nacht leckt der Hund an der rostigen Kette und schabt das Eisen dünner. Wann immer aber die Kette fast zerbersten will, schlägt ihn der Schmied in neue Ketten.

Dass der griechische Prometheus-Mythos der georgischen Amirani-Sage entlehnt sei, das gelte als sicher, erzählt mir später der vornehme griechische Botschafter Anastasios Kriekoukis (Er ist vorher Konsul in Westfalen – mit Sitz in Dortmund – gewesen und spricht mit seinem Dackel Waldi nur Deutsch, weil sich der Hund angeblich weigert, Griechisch zu lernen). Die Amirani-Sage weise aber auch auf die uralte Kenntnis der Metallbearbeitung in Georgien hin, denn das Wort Messing stamme von der georgischen Landschaft Meßcheti, der Heimat der Kupferschmelze.

Der berühmteste georgische Amirani-Forscher, Micheil Tschikowani, teilt die Auffassung des griechischen Botschafters nicht. Seiner Ansicht nach sind Prometheus und Amirani „Doppelgestalten", deren Sagen sich unabhängig voneinander entwickelt haben.

Eine andere Legende, von der uns Luisa erzählt, will, dass auf der Spitze des Kasbegi ein Eispalast steht. In ihm befindet sich das Zelt Abrahams und Jesu Krippe. Nur wer reinen Herzens sei, erklärt Luisa mit erhobenem Zeigefinger, könne den Palast und seinen Reichtum sehen. Wir können es nicht.

Wichtiger als alle Legenden ist für Luisa aber heute, dass wir ihr Hotel anderen Touristen empfehlen. Sie zeigt uns eine Visitenkarte, auf der steht: Vortragender Legationsrat I. Klasse Axel Körting, Bundespräsidialamt. Wenn ein Mitarbeiter des „großen Bundeskanzlers" Kohl in ihrem Hotel übernachtet habe, dann könnten andere Touristen doch nicht ausbleiben. Wir stimmen ihr zu und versprechen, unser Bestes zu tun. Hier ihre Anschrift: Luisa Robakidse, Kasbegi, Amirani Straße, Einzelzimmer 20 Lari pro Nacht.

Wir brechen auf. An einen Aufstieg zur Dreifaltigkeitskirche ist heute nicht zu denken. Der Boden ist so glitschig und glibberig, dass wir keinen Meter weit kommen würden. So beschließen wir, nach Tiflis zurückzufahren. Wir verabschieden uns von Luisa, die uns mit ihren wasserblauen Augen anstrahlt. Den Weg nach Tiflis verkürzt uns Soppo, indem sie Bergsteigergeschichten aus ihrer Familie erzählt.

Bevor wir den Kreuzpaß erreichen, müssen wir eine lange Rast einlegen. Der pausenlose Regen hat in der Nacht einen Erdrutsch ausgelöst. Vor uns türmt sich ein großer Berg aus Geröll und brauner Erde. Außerdem ist die Hälfte der Straße am rechten Rand über zwanzig Meter tief abgebrochen. Riesige Raupen versuchen schnell und mit viel Geschick den Berg abzutragen und mit seiner Erde den Abbruch aufzufüllen. Soppo gesellt sich zu den Bauarbeitern und interviewt sie für ihre Radiosendung, in der sie über unsere Fahrt berichten will. Auch der Leiter des Bautrupps kommt auf uns zu. Zweimal im Jahr, sagt er, im Frühling und im Herbst, passiere dieses Unglück. Ob man nicht mehr Bäume gegen die Erosion pflanzen müsse, frage ich. Er winkt ab, dann gebe es nicht mehr genug Weideland für die Schafe. Aber wir könnten das doch in seinem Haus in Passanauri weiterbesprechen, fordert er uns auf. Er wolle seine Freunde einladen und ein Fest für uns geben. Wieso nicht, denke ich, aber Soppo möchte nicht, sie ist müde. So fahren wir zurück nach Tiflis.

15. In Wardsia und Tao-Klardschetien

Juni 1997

Bordschomi ist das georgische Ischl. Jeden Sommer reiste der kaiserliche Hof in diesen malerischen Gebirgsort, um sich von dem lausig kalten Winter in St. Petersburg zu erholen. Mehrere Wochen verbrachte die Familie des Zaren in ihrer Residenz, die in einem großen Park am Ende des Städtchens liegt. Mit den Romanows kamen der Adel und die Industriellen aus allen Rayons des Reiches nach Bordschomi. Sie wohnten in prächtigen Palais und Hotels, von denen die meisten heute noch stehen. Nach der Oktoberrevolution waren es dann die Arbeiter und Bauern, die sich in der Schlucht von Bordschomi erholen durften. Für sie wurden zahlreiche Sanatorien errichtet, in denen jetzt Flüchtlinge leben, die auf ihre Rückkehr nach Abchasien hoffen.

Die Residenz der Zaren, an welcher der Mtkwari träge vorbei fließt, und der Park bleiben uns heute verschlossen. Die georgische Regierung hat sich über das Wochenende hier einquartiert.

Wir fahren deshalb weiter zum Mineralpark, in dem russische Offiziere im 18. Jahrhundert warme Quellen entdeckten. Dort treffen wir Giorgi Kandelaki, der uns Unterkünfte in Bakuriani und Wardsia besorgen wird. Er erweist uns diesen Gefallen, da Nino Tkeschelaschwili, die mich wieder begleitet, ihm im letzten Jahr dabei behilflich war, in Bonn einen VW-Bus zu kaufen und nach Georgien zu überführen.

Im Mineralpark sprudeln mehrere warme Quellen; das Wasser schmeckt sehr gesund, nicht ganz so schwefelig wie damals im Flugzeug von Frankfurt nach Tiflis. Bordschomi, das die Georgier gern mit Vichy vergleichen, könnte sich mit Fug und Recht Bad Bordschomi oder Bordschomi-les-Bains nennen. Es bedarf dieses kleinen Zusatzes aber gar nicht; Bordschomi wird in jedem Fall wieder zu Ansehen und auch zu Geld kommen. Das Mineralwasser aus Bordschomi steht schon wieder auf den Tischen Moskauer Restaurants, jetzt in neuen Flaschen und mit neuen Etiketten. Kurgäste werden ebenfalls wieder in diese Stadt kommen, die den aristokratischen Charme des 19. Jahrhunderts bewahrt hat. Die Heilwasser Bordschomis werden bei Leberleiden und bei Störungen des Verdauungstraktes empfohlen. Ich jedenfalls würde mich für eine Kur in Bordschomi entscheiden.

Giorgi Kandelaki bringt uns mit dem VW-Bus nach Bakuriani, einem früher beliebten Wintersportort. Er baut hier ein Hotel und hofft auf deutsche Gäste. Der Weg auf die Hochebene nach Bakuriani bietet uns einen weiten Ausblick auf eine großartige Waldlandschaft. Wälder soweit das Auge reicht: Buchen, Eichen, Fichten und Tannen. Von hier stammen die meisten deutschen Weihnachtsbäume, die Nordmanntannen, denn Deutschland ist ein Hauptabnehmer georgischer Tannensamen.

An Bakuriani vorbei fahren wir zunächst nach Zichisdschwari, einem Dorf, wo weit abgeschieden in den Wäldern pontische Griechen wohnen.

Griechenland und Georgien berührten sich der Legende nach das erste Mal, als Jason ausgeschickt wurde, um mit den Argonauten das Goldene Vließ aus der Kolchis zu holen. Das war im 14. Jahrhundert vor unserer Zeitrechnung. Einige Jahrhunderte später gründeten die Griechen während der „Großen Griechischen Kolonisation" von 800 bis 600 vor Christi Geburt die ersten Handelsniederlassungen an der Schwarzmeerküste der Kolchis. Aus antiken Quellen sind uns drei Städte bekannt: Phasis, Dioskurias und Gienos. Die Vorfahren derjenigen Griechen aber, die heute in Georgien wohnen, wanderten erst in der Neuzeit ein. Sie sind die „Pontischen Griechen", benannt nach dem Pontischen Gebirge, das sich am Schwarzen Meer entlang von Istanbul bis Batumi erstreckt. Hier gründeten die Griechen vor 2500 Jahren ebenfalls zahlreiche Kolonien. Hundert Generationen pontischer Griechen waren seitdem in Trabzon und in anderen Städten und Dörfern bis zum Jahre 1829 zu Hause. In diesem Jahr erfolgte der erste Exodus der Griechen aus dem Pontosgebiet. Nach dem russisch-türkischen Krieg war durch den Frieden von Adrianopel (1829) zwischen Russland und der Hohen Pforte das Gebiet zwischen Trabzon, Kars und Erzurum wieder an die Türkei zurückgefallen. Tausende von christlich-orthodoxen Griechen flohen mit den sich zurückziehenden russischen Truppen aus Trabzon und Erzurum nach Georgien und in das Russische Reich. In Georgien ließen sie sich vor allem in Tsalka und auch in Zichisdschwari nieder, wo wir uns jetzt mit ihren Nachfahren unterhalten. Nach dieser ersten Flüchtlingswelle waren nur drei Generationen später alle Griechen aus der Türkei vertrieben. Die Vertreibung und Umsiedlung der Griechen wurde infolge des türkisch-griechischen Krieges von 1920 bis 1922 abgeschlossen, in dem die griechischen Truppen von dem türkischen Feldherrn Mustafa Kemal, dem späteren Kemal Atatürk, vernichtend geschlagen wurden. Die Türkei und Griechenland kamen daraufhin im Frieden von Lausanne (1923) überein, ihre jeweiligen Minderheiten auszutauschen und umzusiedeln.

Für die pontischen Griechen, die vorher in das Russische Reich gegangen waren, war die Leidensgeschichte jedoch noch nicht zu Ende. In den dreißiger und vierziger Jahren ließ Moskau fast alle Griechen in der Sowjetunion nach Zentralasien in die Verbannung schicken. Darunter waren die vielen Tausend Griechen, die an der georgischen Schwarzmeerküste lebten, vor allem in Abchasien. Weshalb? Der griechische Botschafter in Tiflis, Anastasios Kriekoukis, vermutet, dass Stalin keine fremdländische Bevölkerung an den Außengrenzen der Sowjetunion dulden wollte. Erst nach Stalins Tod im Jahre 1953 durften sie nach Georgien zurückkehren.

Die Griechen, mit denen wir uns unterhalten, hatten in Georgien bleiben dürfen. Die älteren von ihnen wollen jetzt auch bleiben und nicht nach Griechenland gehen, wo sie aufgenommen würden – 2500 Jahre, nachdem ihre Vorfahren Griechenland verlassen haben. Sie sprechen ein altmodisches Griechisch, das dem Altgriechischen nahe ist. Als ich aber das Lukas-Evangelium auf Griechisch in der Aussprache aufsage, die ich in der Schule gelernt habe, hören sie zwar, dass ich Griechisch spreche, aber verstehen es nicht. Auch ihre Kinder lernen jetzt Neugriechisch. Sie wollen nach Griechenland „zurückgehen". Ob noch Griechen in zwanzig, dreißig Jahren in Zichisdschwari leben werden, frage ich. Wohl kaum, antworten sie.

Zurück in Bakuriani finden wir Nachtquartier bei Guram Abulischwili und seiner Frau Samira, einer Ossetin. Sie wohnen in einem geräumigen zweistöckigen Haus; die Küche befindet sich, wie auf dem Lande üblich, in einem Wirtschaftsgebäude im Hof. Das Wohnhaus der Abulischwilis gehört zu rund hundert Häusern und Hotels, die sich aufgelockert über das Hochbassin von Bakuriani verteilen. Bakuriani, knapp 2000 Meter über dem Meeresspiegel gelegen, war der bevorzugte Wintersportort der Sowjetunion. „Ski und Rodel gut", hieß es – und wird es wohl bald wieder heißen – von November bis April. Guram und Georgi hoffen beide, dass die Touristen – auch Deutsche – nach Bakuriani zurückkehren. Guram möchte mehrere Zimmer als

Pension vermieten und Georgi zeigt uns sein Hotel, das noch nicht ganz fertig ist.

Samira und ihre beiden hübschen Töchter laden uns zum Abendessen ein. Im Innenhof nehmen wir an einem runden Plastiktisch auf Holzpflöcken Platz. Samira serviert Schaschlik und Kartoffeln. Dazu gibt es frische Gemüsezwiebeln, Petersilie und andere Kräuter. Bis spät in die Nacht sitzen wir beim Licht des Mondes und sprechen über die touristischen Perspektiven Bakurianis. Mich fröstelt, die Luft ist kühl, aber aromatisch. Sie riecht nach dem Harz und den Nadeln der Tannenwälder, die Bakuriani auf höher gelegenen Bergen umrunden. Spät nachts verabschieden wir uns von der fröhlichen Runde, die bis in den frühen Morgen sitzen bleibt.

Am nächsten Morgen möchten Nino und ich 40 Lari für die Übernachtung bezahlen. Samira lehnt es aber ab, das Geld entgegenzunehmen.

Wir brechen auf, um zu dem Höhlenkloster Wardsia zu gelangen, das in der Provinz Dschawachetien liegt. Dschawachetien bildet heute zusammen mit den benachbarten Regionen Adscharien und Meßchetien die Grenzregion zur Türkei. Auf türkischer Seite ist es die ehemalige georgische Provinz Tao-Klardschetien, die an Georgien grenzt.

Wir fahren den Mtkwari flussabwärts, dessen Tal sich immer weiter verbreitert. Schließlich erreichen wir Achalziche, die „Neue Burg", die Hauptstadt Meßchetiens. In der Burg befindet sich heute ein archäologisches Museum, in dem die Ausgrabungen der Umgebung zu sehen sind.

Achalziche ist ein verschlafenes Provinzstädtchen mit einem Markt, auf dem wir Proviant kaufen. Gegenüber liegt eine Garnison, in der heute nicht mehr russische, sondern georgische Soldaten kaserniert sind.

Die Georgier, die in Achalziche und Umgebung leben, sind keine Meßcheten. Sie sind zugewandert oder wurden aus anderen georgischen Regionen umgesiedelt.

„In ganz Georgien leben nur noch sechzig meßchetische Familien", hatte mir vor meiner Abfahrt in Tiflis Marat Barataschwili gesagt, einer der wortführenden Meßcheten in Georgien. Außerhalb Georgiens, in anderen Staaten der ehemaligen Sowjetunion, leben jedoch rund 300 000 Meßcheten.

Wie kam es dazu? Welches Schicksal mussten die Meßcheten durchleiden?

Zur Zeit der Königin Tamara (1184–1212) stand Meßchetien in voller kultureller Blüte. Sie ließ das Kloster Wardsia und die Festung Chertwissi errichten. Besonderen Ruhm erlangte die Region durch den Dichter Schota Rustaweli, der angeblich aus dem kleinen Dorf Rustawi, in der Nähe von Achalziche, stammt. Die Blütezeit Meßchetiens wurde durch die Feldzüge der Mongolen jäh unterbrochen. Sie erschöpften Georgien, das in mehrere selbständige Fürstentümer zerfiel, die leichte Beute ihrer Nachbarn wurden. Seit dem 16. Jahrhundert waren es die Osmanen, die für fast dreihundert Jahre Meßchetien und das westliche Georgien unter ihrer Herrschaft hielten. Die Türken zerstörten Kirchen und Klöster; die Wirtschaft ruinierten sie, indem sie den Weinbau aus religiösen Gründen verboten. Die Georgier wurden gezwungen, den fremden Glauben des Islam anzunehmen; das Türkische verdrängte mit der Zeit die georgische Muttersprache. Ende des 18. Jahrhunderts versuchte König Irakli II., das Gebiet den Türken zu entreißen. Obwohl er die Türken im Jahre 1770 bei Aspindsa vernichtend schlagen konnte, gelang es den Georgiern nicht, das Gebiet wieder in ihre Hände zu bekommen. Erst nach dem russisch-türkischen Krieg im Jahre 1829 wurde die Region durch den Frieden von Adrianopel wieder georgisch.

Das Los der Meßcheten sollte sich dadurch jedoch nicht verbessern. Sie wurden nun zum Spielball der Politik Russlands, das Georgien ja Anfang des 19. Jahrhunderts besetzt hatte. Die zarische Politik war es, die muslimischen Meßcheten von ihren georgischen Landsleuten zu entfremden. So wanderten Tausende von ihnen in die Türkei aus, andere wurden gewaltsam ausgesiedelt. Die Dörfer und Siedlungen, die von den Meßcheten verlassen wurden, besiedelte die russische Verwaltung mit christlichen Kurden, Griechen, Armeniern und russischen Sektierern, den Duchoborzen. Achakalaki, die Hauptstadt Dschawachetiens, ist seitdem mehrheitlich armenisch besiedelt. Die Armenier, die Russland im Krieg unterstützt hatten, kamen aus den armenisch besiedelten Gebieten Kars und Erzurum, die im Friedensschluss von 1829 dem Osmanischen Reich zugesprochen wurden.

Das schwerste Unheil brach über die Meßcheten aber erst mit der Errichtung der Sowjetmacht herein. Am 15. November 1944, in nur einer Nacht, ließ Stalin 125 000 Meßcheten in Viehwaggons pferchen und nach Mittelasien deportieren.

Warum, fragte ich Marat Barataschwili.

„Die Wahrheit kennt keiner“, antwortet er. „Als häufigste Version wird gesagt, dass die muslimischen Meßcheten an der Grenze zur Türkei wohnten, und die Türkei war im Zweiten Weltkrieg ein Verbündeter Deutschlands. So bestand die Gefahr einer neuen Front in Georgien. Das ist aber Unsinn, da Deutschland 1944 schon besiegt war. Der wirkliche Grund ist, dass Moskau in der Nähe der Türkei keine Muslime haben wollte."

Unter den Deportierten war auch Latifschach Barataschwili, der Vater von Marat. Er überstand die Tortur; viele anderen verdursteten oder verhungerten auf dem Weg in die Verbannung. Marat Barataschwili wurde in Usbekistan geboren. Er kehrte im Jahre 1989 mit seiner Frau und seinen Kindern nach Georgien zurück; mit seiner Familie sind es jetzt einige Dutzend meßchetischer Familien, die wieder in Georgien leben. Die übrigen Meßcheten, die in Usbekistan geblieben waren, mussten von dort fliehen, nachdem im Jahre 1989 usbekische Extremisten einige Hundert von ihnen in einem grauenhaften Massaker getötet hatten. Seitdem leben die annähernd 300 000 Meßcheten verstreut über Russland, die Ukraine und Aserbaidschan. Werden sie je nach Georgien zurückkehren können?

„Wer es wünscht, kann zurückkehren", meint Marat Barataschwili. „Aber viele sind schon in anderen Ländern verwurzelt."

Wir haben Achalziche verlassen und fahren über Aspindsa weiter nach Wardsia. Leichter Wind streicht über endlose Mohnfelder, die sich am Ufer des Mtkwari entlang ziehen. Das Wetter trübt sich ein; es fängt an zu nieseln.

Vor uns erhebt sich auf einem Felsmassiv die Burg Chertwissi, eine der ältesten und am besten erhaltenen Festungen Georgiens. Hier biegen wir rechts von der Hauptstraße ab und folgen weiter dem Lauf des Mtkwari. Die Gebirgszüge, die sich links und rechts des Flusses entlang ziehen, sind Teil des Hochlandes, das sich von Anatolien bis in den Iran erstreckt. Wir dürfen uns sicher sein, dass auf dem nackten Fels und der Geröllandschaft, über die unsere Augen streifen, früher Buchen, Eichen und Tannen wuchsen. Erst in den letzten viertausend Jahren wurden die Wälder abgeholzt. Über das gerodete Land zogen dann tausende und abertausende von Schafen und Ziegen, die den Boden bis zur Versteinerung abgrasten. Ich träume davon, die grün-grauen Berge wieder zu bewalden, weiß aber gar nicht, ob es überhaupt noch möglich ist. In windgeschützten Senken sehen wir zaghafte Versuche der Aufforstung. Hoffen wir, dass aus ihren Samen bald wieder Wälder wachsen!

Nach der nächsten Kurve fällt unser Blick auf ein steiles Kliff, in das hunderte von kleinen und großen Höhlen eingeschlagen sind. Aus großer Entfernung sehen sie aus wie Nistplätze. Das ist Wardsia.

Der Gründer von Wardsia war König Georg III. (1156–1184), der die Anlage als Festung gegen die Feldzüge der türkischen Sultanate plante. Seine Tochter, Königin Tamara (1184–1213), vollendete den Bau. Sie änderte den ursprünglichen Plan: Nachdem sie in der Schlacht von Basiani im Jahre 1203 ein riesiges muslimisches Heer vernichtend geschlagen hatte, stand Georgien auf dem Gipfel seiner Macht. Sie bestimmte nun, dass Wardsia ein Kloster werde, dem sie zahlreiche wertvolle Geschenke machte.

Nino, Gia und ich steigen bei leichtem Regen die steinernen Stufen zum Glockenturm hinauf, dem einzigen freistehenden Gebäude des Höhlenklosters. Über ein Gewirr von steinernen Treppen, das uns an den Gemächern der Mönche vorbei hinauf und hinab führt, gelangen wir zur Mariä-Himmelfahrts-Kirche. Die Decken und Wände der Kirche, die in den weichen Tuffstein hineingehauen wurde, sind mit weltlichen und religiösen Malereien ausgeschmückt. An der Nordseite sehen wir die Portraits von König Georg III. und seiner Tochter Tamara. Königin Tamara hält das Modell der Kirche in ihren Händen, das sie Maria als Stifterin darbringt.

Ich muss daran denken, was mir damals in Bethania Professor Nodar Lomouri über die georgische Kunst gesagt hat: Auch in Wardsia ist das Bild Tamaras bewegter und wärmer als die starren Portraits der byzantinischen Kunst, die immer eine kühle Eleganz ausstrahlen. Die noch junge Königin Tamara trägt auf ihrem Haupt eine große weiße Krone, die mit kostbaren Edelsteinen verziert ist. Ihr Gewand ist reich mit Perlen bestickt und mit Brokat besetzt. Mit zusammengepressten Lippen blickt sie uns gebieterisch an. Das Antlitz strahlt aber auch Sanftmut und Charme aus. Wenn wir uns in ihr Portrait vertiefen, können wir uns leicht vorstellen, wie Königin Tamara mit ihren Kriegern auf schlanken Rössern im gestreckten Galopp über die Höhen und Weiten von Meßchetien und Dschawachetien ritt. So lebendig steht sie in Wardsia vor uns.

Ein Mönch reicht uns Kerzen, mit denen wir in das innere Labyrinth von Treppen und Passagen hineinsteigen, die über neunzehn Stockwerke mehr als zweihundert Mönchsklausen und Kapellen, Festsäle und Weinkeller miteinander verbinden. Die Gänge sind stockduster; nur das Licht der Kerzen flackert hell an den Steinwänden. An einer Quelle vorbei steigen wir geduckt vom vierten in das achte Geschoß hinauf. Wir sehen das Refektorium, die Bäckerei, eine Apotheke und die Gemächer der Mönche. Eine ganze Stadt ist wie ein Bergwerk in den Felsen gehauen worden. Die Wohnungen der Mönche sind nicht mehr die kargen Einsiedeleien wie in David Garedschi, sondern bestehen aus drei oder vier Zimmern mit einer privaten Kapelle. Im vierten Stock, in den wir wieder hinunter gestiegen sind, treten wir durch eine Höhle wieder an das Tageslicht.

„Jetzt kannst Du sehen, was damals passierte, Fried", zeigt Gia in die Tiefe. „Ein Erdbeben hat im Jahre 1283 den vorderen Teil des Klosters zerstört. Er brach ab und stürzte in die Tiefe. Siehst Du das Geröll am Fluss?" Erst seit dem Erdbeben sind die Höhlen dem freien Blick der Passanten ausgesetzt. Davor lag das Kloster versteckt im Felsen.

Nach dem Erdbeben spiegelt sich im Schicksal Wardsias die georgische Geschichte. Im Jahre 1552 plünderte Schah Tachmasp (1524–1576) das Kloster. Ein persischer Chronist dieser Zeit, Hassan Bek Rumlu, schreibt, dass Schah Tachmasp „unglaubliche Schätze erbeutete und unzählige Wertgegenstände". Nachdem die Türken im Jahr 1578 Meßchetien erobert hatten, mussten die Mönche fliehen. Aus dem Kloster wurde ein Lagerplatz für türkische Schäfer. Erst Ende des Jahres 1994 erhielten georgische Mönche Wardsia zurück. Es sind jetzt drei Brüder, die hier leben. Einer von ihnen ist der Novize Georgi, der uns durch das Kloster geführt hat. Wir verabschieden uns von ihm in der Hoffnung, dass Wardsia wieder eine lebendige Stätte des Glaubens wird.

Der Regen hat aufgehört. Es bleibt aber ein grauer Tag, der die düstere Landschaft nicht aufhellen kann. Wir kehren nach Aspindsa zurück, wo wir im Balneologischen Zentrum übernachten. In einem der großen Gästehäuser, das nur wenige Schritte vom Mtkwari entfernt liegt, beziehen wir geräumige Zimmer. Vor dem Abendessen gehen wir in das Kurhaus, wo wir jeder ein Badezimmer mit einer Wanne für 1 Lari mieten. Das Wasser ist sehr heiß und wohltuend.

Am nächsten Morgen fahren wir zum Kloster Sapara, das etwa zehn Kilometer südlich von Achalziche liegt. In Sapara öffnet sich vor unseren Augen die Landschaft wie eine breite Bucht, die sich tief in die Ebene zieht. Wir sind eingekreist von einem dichten Wald, der alle

Schattierungen der Farbe Grün zeigt, vom tiefen Schwarz der Tannen bis zum Hellgrün des jungen Laubes. Obwohl Wardsia und Sapara nur knapp eine Autostunde auseinander liegen, könnte der landschaftliche Kontrast nicht größer sein. Um die Kirche wuchert ein breites Band gelber und roter Blumen.

Durch das westliche Portal, das von einem breiten, unendlich wirkenden Flechtwerk umrahmt wird – ein Hinweis auf das ewige Leben – betreten wir die Kirche St. Sabas, die Ende des 13. Jahrhunderts vom Baumeister Paresasde erbaut wurde. Wir begrüßen Vater Sergi, der 1989 als erster Mönch nach Sapara zurückkehrte. Er erklärt uns die religiösen und weltlichen Fresken der Kirche, die zu den am besten erhaltenen Georgiens gehören. Mit glänzenden Augen spricht er von der großen Zeit des Klosters im Mittelalter. Er lädt uns zum Essen ein. Leider müssen wir aber ablehnen, da wir heute noch bis Artvin in der Türkei kommen wollen.

Ein kleines Frühstück, Chatschapuri und Tee, nehmen wir im Restaurant Oasis in Achalziche ein. Arthur Pir-Dalirn, unser armenischer Fahrer, kauft literweise Bordschomi-Flaschen. Er meint, dass man das Wasser in der Türkei nicht trinken dürfe. Nachdem er sich auch noch mit Chatschapuri eingedeckt hat, nehmen wir Kurs auf die neue Grenzstation Vale, wo Schewardnadse erst vor einigen Wochen den Übergang zur Türkei eröffnet hat.

Zuerst treffen wir auf russische Soldaten. Sie gehören zu den russischen Grenztruppen, die Georgien auch sieben Jahre nach der Unabhängigkeit noch nicht verlassen haben. Die Soldaten sind sechzehnjährige Armenier und Georgier, die sich gegen harte Dollar für einige Monate anwerben lassen. Für 10 Dollar möchten sie mein Diktaphon kaufen, auf das ich aber nicht verzichten kann.

Als nächstes passieren wir den georgischen Grenzposten, wo wir schnell abgefertigt werden, da Gia uns bereits telephonisch angekündigt hatte. Dann kommt wieder ein russischer Posten und endlich die türkische Grenzstation.

Mustafa, ein schlaksiger Kerl, desinfiziert zunächst die Reifen des Lada Niva; wogegen weiß er nicht, aber das sei Vorschrift. Für diesen Dienst fordert er vier Dollar. Arthur, der etwas „Tartarisch" spricht, wie er das Türkische nennt, handelt ihn auf vier Lari herunter. Nur weiß Mustafa nicht, was er mit den georgischen Lari anfangen soll, woraufhin Arthur ihm vorschlägt, die vier Lari bei den Georgiern, die auf ihre Einreise warten, in Dollar umzutauschen. Mustafa zieht zufrieden von dannen.

Jetzt schlägt es zwölf Uhr und die türkischen Grenzbeamten machen für eine Stunde Mittagspause. Auch die Bar wird geschlossen; wir warten im Auto und machen ein Nickerchen. Um ein Uhr betreten Arthur und ich das neu erbaute Zollgebäude, in dem wir von einem Büro in das nächste verwiesen werden. Eine Stunde lang erhalten wir eine Unmenge von Papieren und Stempeln, für die jeder von uns sechzehn Dollar bezahlen muß. Beruhigt steigen wir in das Auto und nähern uns dem Schlagbaum. Ein eleganter Grenzbeamter tritt an das Fahrerfenster:

„My friend, control!“, bedeutet er uns, stellt fest, dass uns ein wichtiges Papier fehlt, schickt uns zur Grenzstation zurück, die uns bereitwillig ein weiteres Papier ausstellt, und lässt uns dann passieren.

Die versprenkelten Dörfer auf türkischer Seite sind ärmlicher als in Georgien. Die meisten Häuser sind zur Hälfte in die Erde gebaut; die Dächer sind flach und mit Gras bewachsen. Auch aus der kleinsten Ansammlung von Hütten blinkt der weiße Pfahl des Minaretts.

Wir überqueren einen baumlosen Pass – links und rechts sehen wir Ruinen georgischer Burgen – und werden noch vor Ardahan von der Polizei angehalten. Uns soll eine Versicherungspolice fehlen. Erst nach drei Stunden und gegen sechzig Dollar lässt man uns weiterfahren. Ich hatte schon befürchtet, man werde uns zurückschicken. Schließlich gelangen wir nach Ardahan, das wie eine verlassene Frontstadt auf uns wirkt. In einer Werkstatt lassen wir einen Reifen reparieren, der kurz vor der Grenze geplatzt war. Hinter Ardahan schleichen wir den nächsten Pass hinauf, der uns auf der anderen Seite in ein schönes Flusstal führt. Auf der Höhe von Hamamliköy biegen wir rechts ein. Ein sehr abschüssiger Sandweg bringt uns zur Kirche Doliskana. Die letzten hundert Meter der Auffahrt sind so steil, dass die Reifen des Niva plötzlich durchdrehen. Das Auto schafft die Steigung nicht mehr, bleibt stehen und beginnt dann langsam rückwärts zu rutschen. Ich springe aus dem Wagen und beobachte entsetzt, wie sich der Niva mit durchdrehenden Reifen auf den Abhang zubewegt, der einige hundert Meter tief ist. Plötzlich, nur wenige Zentimeter vor dem Abgrund, fassen die Reifen wieder und Arthur bringt das Auto zum Stehen. „Glück gehabt“, springt Nino aus dem Wagen.

Doliskana ist eine kleine georgische Kreuz-Kuppel-Kirche, erbaut in der Mitte des 10. Jahrhunderts, deren oberes Geschoss heute als Moschee dient. Der untere Raum ist ein Heuschober. Der Imam, ein junger, großer blonder Mann mit blauen Augen, schließt uns die Tür auf. Die Kirche ist fast schmucklos, alle Fresken sind mit weißer Farbe übertüncht. Auf einem großen, modernen Wandteppich ist Istanbul zu sehen. Der Imam sagt uns, dass seine Frau Georgierin sei. Ich frage ihn, ob er nicht auch georgischer Herkunft sei, vom Stamm der Lasen. Er lacht nur und weicht der Frage aus. Jetzt gesellt sich seine Frau zu uns. Mit ihren vier Kindern spricht sie georgisch. Sie erzählt uns, dass noch viele Georgier in den Dörfern leben würden. Leider können wir uns nur kurz mit ihr unterhalten, da es schnell dunkelt. Wir müssen aber noch das letzte Tageslicht ausnutzen, um den kurvigen und unwegsamen Feldweg zur Hauptstraße hinunterfahren zu können.

Bis Artvin sind es nur wenige Kilometer. Die Stadt liegt sehr schön an einem Berghang. Wir finden ein Fünf-Sterne-Hotel, fallen müde in die Betten und schlafen mit dem Sing-Sang des Muezzin ein.

Der nächste Tag führt uns zu den Klöstern und Kirchen der ehemals georgischen Provinz Tao-Klardschetien. Diese Region erstreckte sich im Süden bis zur Quelle des Flusses Tortum (auf georgisch Tschorochi) und im Osten bis zur Residenzstadt Ardahan.

Nach dem Einfall der Araber in der Mitte des 7. Jahrhunderts wurde Tao-Klardschetien bis zur Einigung des Reiches im 11. Jahrhundert das kulturell wichtigste Gebiet Georgiens. In der ersten Hälfte des 9. Jahrhunderts gründete der Mönchsvater Grigol von Chandsta in Tao-Klardschetien mehrere Klöster. Von Opisa aus, dem ersten Kloster, entstanden schließlich elf weitere: Chandsta, Schatberdi, Midsnadsoro, Mere, Daba, Parechi, Baretelta, Dschmerki, Zqarostawi, Berta und Doliskana. Sie wurden bekannt als „Die Zwölf“ oder als „Der georgische Sinai“. Später wurden noch Oschki, Chachuli und Parchali gegründet. Diese Klöster, denen Akademien, Bibliotheken und Skriptorien angegliedert waren, entwickelten sich zu bedeutenden Zentren der Wissenschaft, der Literatur und des Kunsthandwerks. Im Mittelpunkt stand das Kloster Opisa, wo viele bedeutende Handschriften vervielfältigt wurden. Auch die anderen Klöster wurden zum Hort georgischer Kultur: In Schatberdi entstand die älteste erhaltene Evangelien-Handschrift (aus dem Jahre 897); im Kloster Chandsta verfasste der Mönch Giorgi Mertschuli um 951 das hagiographische Geschichtswerk „Das Leben und Wirken des Grigol von Chandsta“, eines der bedeutendsten Werke der georgischen Literatur, das uns ein detailreiches Bild des damaligen Tao-Klardschetien überliefert; und aus Chachuli schließlich stammt das „Triptychon von Chachuli“, das heute das Glanzstück der Schatzkammer des Kunstmuseums in Tiflis ist. Der dreiflügelige Altar misst 202 mal 147 Zentimeter und ist damit das monumentalste Werk mittelalterlicher Metalltreibarbeit und Emaillekunst überhaupt. Das großartige Werk der Goldschmiedekunst ist über und über mit perlenumrandeten Email-Ikonen, bunten Edelsteinen und Gemmen überzogen. Das Triptychon bildet den Höhepunkt der georgischen Goldschmiedekunst, die, wie Giorgi Tschubinaschwili schreibt, „neben der Architektur die einzige Gattung der georgischen Kunst ist, die im Verlauf einer tausendjährigen Entwicklung, soweit diese uns zugänglich ist, den Gipfel künstlerischer Vollendung erreichte.“ Rund 3000 weitere Goldschmiedearbeiten haben sich erhalten, von denen die wichtigsten in der Schatzkammer von Tiflis zu sehen sind.

Politisch betrachtet war Tao-Klardschetien die Keimzelle für die Vereinigung aller georgischen Provinzen im Mittelalter. Im Windschatten des georgischen Kernlandes und an der Grenze von Byzanz gelegen, konnte die Dynastie der Bagrationi von hier aus seit dem 8. Jahrhundert die Einigung des Reiches herbeiführen. Im 9. und 10. Jahrhundert blieb Tao-Klardschetien das Zentrum des Reiches. Erst nachdem Bagrat III. (1008–1014) seine Residenz nach Kutaissi verlegt hatte, sank die politische Bedeutung Tao-Klardschetiens. Die Region blieb aber georgische Provinz. Königin Tamara (1184–1212) konnte ihr Reich sogar bis nach Erzurum ausdehnen. Nach dem Ende des „Goldenen Zeitalters“, das mit Königin Russudan (1223–1245) ausklang, entglitt Tao-Klardschetien langsam dem georgischen Reich. Im 13. und 14. Jahrhundert litt die Provinz schwer unter den Feldzügen der Mongolen. Seit Anfang des 16. Jahrhunderts geriet es in die Auseinandersetzung zwischen den Osmanen und Persern. Im Jahre 1545 okkupierten dann die Osmanen die georgische Provinz. Seit dem 17. Jahrhundert wurde die Bevölkerung zur Annahme des Islams gezwungen. Im Jahre 1878 wurde Tao-Klardschetien durch den Frieden von Berlin, der die Ergebnisse der Berliner Konferenz zusammenfasste, dem Zarenreich und damit wieder Georgien angegliedert. Im Jahr 1921 ging es jedoch durch den Vertrag von Moskau endgültig an die Türkei verloren. Seitdem haben sich die Grenzen zwischen der Türkei einerseits und Georgien und Armenien andererseits nicht mehr verändert.

Dass noch Georgier in Artvin und Umgebung beheimatet sind, erfahren wir, als wir an einer Reparaturwerkstatt in Artvin halten, bevor wir zu den georgischen Kirchen aufbrechen. Die jungen Burschen, die einen verschlissenen Reifen des Lada Niva wechseln und das Auto volltanken, sprechen untereinander Georgisch. Sie zeigen auf ihre Dörfer, die zur georgischen Grenze hin gelegen sind. Dort wohnten nur Georgier, erklären sie. Mehrere Tausend von ihnen würden hier in und um Artvin und bis nach Ardahan leben. Offiziell hätten sie alle türkische Namen und seien Muslime, grinsen sie. Mehr ist ihnen nicht zu entlocken.

Auf dem Wege zur Kirche Chachuli, die auf der halben Strecke nach Erzurum liegt, treffen wir keine Georgier mehr. Aber einen Armenier, der in der Nähe von Demirkent einen kleinen Gemüsehandel am Straßenrand betreibt. Seine Vorfahren haben den Völkermord, den die Türken in den Jahren 1915 bis 1917 an den Armeniern verübten, überlebt. Auch Arthurs Großvater, der aus Kars stammte, überlebte das Gemetzel der Türken und floh nach Georgien. Die Brüder seines Großvaters und ihre Familien entkamen dem Blutbad nicht. Sie wurden alle getötet.

Als der armenische Gemüsehändler, der mit seiner Familie einen türkischen Namen und den islamischen Glauben angenommen hat, erfährt, dass Arthur Armenier ist, fallen sich beide in die Arme und klopfen sich minutenlang auf die Schultern, als hätten sie sich seit Jahren gesucht und nun endlich gefunden. So sind die Armenier. Wir legen eine längere Rast ein. Endlich – nachdem alle Adressen ausgetauscht sind – verabschieden wir uns unter den wachsamen Augen eines türkischen Polizisten.

Die Landschaft, die wir durchfahren, gleicht einem riesigen faltigen Gewand: Bergrücken folgt auf Bergrücken. Zwischen den kahlen Bergzacken verlaufen tiefeingeschnittene, fruchtbare Flusstäler.

Nördlich von Erzurum biegen wir in ein Seitental ein. Nach einigen Kilometern stoßen wir auf das ehemalige Kloster Chachuli, das versteckt im Wald liegt. Die Kirche wird heute als Moschee genutzt. Ganz in der Nähe reckt sich ein neu erbautes Minarett, ein nackter Betonpfeiler, an dessen Spitze vier Lautsprecher angebracht sind, in den Himmel. Als „Lanzen der Landnahme“ hat Carl Jakob Burckhardt die Minarette in seiner „Kleinasiatischen Reise“ bezeichnet. Kaum haben wir die Kirche betreten, als schon der Muezzin zum Mikrophon greift und mit markdurchdringender Stimme die Gläubigen zum Gebet ruft.

Die Kirche ist baulich in gutem Zustand; von den Fresken sind jedoch nur wenige erhalten. Sehr gut gefällt uns die alte Bedachung der Kuppel, die aus rot-braunen und grünlich gelb lasierten Ziegeln besteht. Beeindruckend ist auch ein Skulpturengebilde an der südlichen Außenwand. Es zeigt einen großen Adler, der mit ausgespreizten Flügeln einen Stier in seinen Fängen hält. Es könnte sich um eine Art Adelswappen handeln.

Auf dem Weg zur Klosterkirche von Oschki durchfahren wir viele kleine Ortschaften. Auch im kleinsten Dorf steht eine weißgestrichene Moschee. Manche von ihnen scheinen erst vor kurzem fertiggestellt worden zu sein.

Oschki, von den Ausmaßen einer Kathedrale, ist dem Verfall preisgegeben. Die großartige Kuppel, die den Bau kraftvoll zusammenfasst, steht zwar noch, das Dach ist aber zum großen Teil eingestürzt. Wie lange wird sich die Kuppel noch halten können? Auf den Außenmauern wachsen Büsche und Sträucher, deren Wurzeln das Steinwerk auseinanderbrechen. Im großräumigen Schiff der Kirche, die um 963 erbaut wurde, ruht unter freiem Himmel eine Ziegenherde. Wir vertreiben sie nicht. Auf den Mauerresten einer eingestürzten Wand lassen wir uns nieder. Es ist ein merkwürdiges Gefühl, die Türken des umliegenden Dorfes zu beobachten, die achtlos durch die Ruine der noch prachtvollen Kathedrale hindurchgehen, so tun, als existiere sie nicht. Arthur, unserem armenischen Fahrer, ist jedoch nicht bange: Auch der Parthenon sei einmal eine Moschee gewesen. An der Außenwand der Kirche, in der Ecke zwischen dem Kreuzarm und der Apsis, liegt achtlos ein großes Mauerrelief auf dem Boden, das Maria zeigt, die fürbittend ihre Hände erhebt. Das Relief ist aus der Fassade herausgefallen. Die anderen Reliefs halten sich noch in der Wand der Kirche. In der Mitte sehen wir den segnenden Jesus Christus und zu seiner Rechten mit fürbittender Geste Johannes den Täufer. Die Figuren sind fast einen Meter und fünfzig Zentimeter hoch. Sie gehören damit zu den sehr seltenen monumentalen Darstellungen des Fürbitte-Motivs. Sie werden eingerahmt durch Reliefs von König David III. und König Bagrat. Zwei der Reliefs werden durch Holzpfeiler gestützt. Die Mauer darunter ist weggebrochen. Lange wird das Ensemble nicht mehr zu sehen sein.

Die letzte Kirche, die wir besuchen, ist Ischchani. Sie liegt gut tausend Meter hoch in der Nähe einer Bergoase. Von der Schotterpiste, die wir in langen Windungen den Berg hinauffahren, haben wir einen wunderbaren Blick über die weite, mondartige Berglandschaft. In der Kirche Ischchani, die im Jahre 1032 entstand, wurde noch im 17. Jahrhundert christlicher Gottesdienst gefeiert. Jetzt steht die Kirche leer und verfällt. Das Dach ist eingestürzt; durch die Außenwände ziehen sich lange breite Risse. Aber die Kuppel leuchtet noch wie eine Fackel über der tristen Landschaft. Selbst im trüben Licht des heutigen Tages schimmern die Steine wie rotes Gold. Die Steine der Kuppel sind mit feinen Reliefs verziert, eine Wohltat für das Auge inmitten einer endlosen steinigen Gebirgswüste. Diese Reliefs sind ein Höhepunkt der georgischen Bauskulptur des Mittelalters.

Auf dem Weg nach Hopa, einer Kleinstadt am Schwarzen Meer, unterhalten wir uns über die baufälligen und vom Einsturz bedrohten georgischen Kirchen, die wir heute aufgesucht haben. Nino ist skeptisch, ob die türkische Regierung es genehmigen würde, wenn sich Georgier der Sanierung und Erhaltung ihrer bedeutenden Kulturdenkmäler auf türkischem Boden annehmen wollten.

Zwischen Artvin und Hopa sind wir davon überrascht, dass sich noch viele alte Holztürme erhalten haben, wie sie Xenophon in seiner „Anabasis“ beschreibt. Die mehrstöckigen ehemaligen Wohntürme, die auf massiven Holzpfeilern ruhen und nur durch eine Treppe zu erreichen sind, werden heute als Scheune genutzt. Wir sehen auch moderne turmartige Steinhäuser, die auf Stelzen gebaut sind. Viktor Dschorbenadse erklärte mir, dass der Grund für diese Bauweise im Klima der Region zu finden sei: Dadurch, dass man das Erdgeschoss offen lässt, blieben die oberen Stockwerke im Sommer kühl und im Winter warm. Auch sei man so vor der sehr hohen Feuchtigkeit der Gegend geschützt.

In Hopa, einer gesichtslosen Kleinstadt am Schwarzen Meer, übernachten wir in einem neuen Hotel an der Uferstraße. An der Rezeption werden wir von Ender Güngör empfangen. Er ist Lase. Wie viele Lasen ist er groß, blond und hat blaue Augen. Die Lasen sind ein georgischer Stamm. Einige tausend von ihnen leben in Georgien, südlich von Batumi in Sarpi, der Stadt, die 1921 zwischen Georgien und der Türkei geteilt wurde. Die große Mehrheit jedoch, rund 250 000, leben an der nördlichen Küste des Schwarzen Meeres in der Türkei, in Hopa und Umgebung. Die lasische Sprache – auf Lasisch *lasuri* – gehört, wie das Megrelische und Swanische, zur georgischen Sprachfamilie. Die georgische und die lasische Sprache liegen heute jedoch soweit auseinander, dass sich ihre Sprecher nicht mehr miteinander verständigen können. Megrelisch und Lasisch sind hingegen noch so eng verwandt, dass eine Verständigung möglich ist. Wenn Nino, die auch Megrelisch spricht, da ihre Mutter Megrelin ist, jetzt mit Ender Güngör Megrelisch spricht und er Lasisch, verstehen sie sich mit Müh und Not.

Lasisch ist – wie das Megrelische und Swanische – keine Schriftsprache. Die Lasen in Georgien schreiben Georgisch, die Lasen in der Türkei Türkisch. Ob er wisse, frage ich Ender Güngör, dass ein Deutscher, Wolfgang Feuerstein, ein lasisches Alphabet entwickelt habe.

Nein, behauptet er. Weder von Herrn Feuerstein noch von einem lasischen Alphabet habe er je etwas gehört.

Schade. Jedoch nicht verwunderlich, da Herr Feuerstein das Alphabet unter einem türkischen Pseudonym veröffentlichte, damit es in der Türkei eher Akzeptanz finde. Wolfgang Feuerstein, der in Schopfloch, einem kleinen Dorf im Schwarzwald, lebt, ist ein großer Freund der Lasen. In den sechziger Jahren bereiste er erstmals ihr Land. Er lernte Lasisch und schrieb eine umfangreiche – leider unveröffentlichte Arbeit – über die lasische Kultur. Da er davon überzeugt ist, dass die lasische Sprache aussterben werde, wenn sie nicht auch geschrieben würde, entwickelte er ein lasisches Alphabet. Es ist eine lateinische Schrift in türkischer Schreibung mit Zusatzzeichen. Er gründete außerdem einen Verlag, den „Kaukasus-Verlag“, in dem auch ein lasisches Schulbuch veröffentlicht wurde. Ob jedoch die lasische Sprache überleben wird, vermag heute keiner vorherzusagen.

Am Abend brechen wir nach Sarpi auf, der türkisch-georgischen Grenzstadt. Auf georgischer Seite treffen wir auf Omar Kagnadse und Mira Tscherwadse. Wie viele Lasen sind sie Fischer. Sie sind sich sicher, dass die Lasen in Georgien weiter Lasisch sprechen werden. In der Türkei jedoch sei das Lasische bedroht, meinen sie. Die Kinder ihrer Verwandten in Ardahan und anderswo sprächen schon besser Türkisch als Lasisch. Die türkische Regierung wolle die lasische Sprache nicht unterstützen, da sie Angst vor einem Separatismus der Lasen habe.

Ich frage sie, ob sie wie die Lasen in der Türkei Muslime seien. Nein, antworten sie, sie glaubten an gar nichts. Ihre Kinder hätten sie aber taufen lassen. Alle lasischen Kinder in Georgien würden jetzt getauft. So könnten die Lasen wieder gute Christen sein, wie sie es bis zum 15. Jahrhundert gewesen seien, bevor sie gezwungen wurden, zum Islam überzutreten. Die Lasen in der Türkei könnten jedoch nicht wieder Christen werden; das sei in der Türkei verboten.

Bevor wir nach Batumi aufbrechen, laden sie uns in ihr kleines Restaurant ein, wo wir Kaffee trinken und süßen Kuchen probieren. Unsere lasischen Gastgeber fahren aufs Meer zum Fischen.

16. Bei den Chewsuren in Schatili

Juli 1999

Radde, Gustav Ferdinand Richard, berühmter Reisender und Naturforscher, geboren am 27. November 1831 in Danzig, wurde zunächst Apotheker. 1852 bis 1855 bereiste er mit Unterstützung der „Danziger Naturforschenden Gesellschaft“ die Halbinsel Krim. Danach schloss er sich einer Expedition zum Baikal-See an, die von der „St. Petersburger Geographischen Gesellschaft“ ausgerüstet wurde. Von dort kehrte er nach fünf Jahren mit großen Sammlungen zurück. Zwei Jahre später begleitete er den baltischen Zoologen und Naturforscher Karl Ernst von Baer (1792–1876) nach Russland und in die kaukasischen Länder. Dort gründete er 1867 in Tiflis ein historisches und naturgeschichtliches Museum, das heutige „Dschanaschia-Museum“, dem er bis zu seinem Tod im Jahre 1903 in Tiflis vorstand. Das Kaukasische Museum war das erste Museum der Welt, in dem Flora und Fauna eines Landes und die Lebensweise eines Volkes (Inneneinrichtung von Gutshöfen und Bauernhäusern) in Vitrinen mit Originalgegenständen präsentiert wurden. Als Direktor des Kaukasischen Museums unternahm Radde zahlreiche Forschungsreisen: 1865 bereiste er Abchasien, 1866 durchwanderte er Megrelien und 1870 untersuchte er den Südwestwinkel des Kaspischen Meeres und durchquerte die turkmenischen Steppen. Noch mit sechzig Jahren begleitete er 1896/97 den russischen Großfürsten Georg Alexandrowitsch auf seinen Seereisen an die nordafrikanische Küste. Über die Ergebnisse seiner Forschungen schrieb Radde mehrere Bücher und zahlreiche Beiträge für „Petermanns Geographische Mitteilungen“. Radde starb als berühmter und international anerkannter Naturforscher 1903 in Tiflis.

Eines der interessantesten Bücher Raddes ist die Monographie „Die Chewsuren und ihr Land“ (Cassel 1876). Es ist heute nur noch in Antiquariaten aufzustöbern, wo es für rund 1000 DM gehandelt wird. In diesem Buch beschreibt Radde die Eindrücke einer sommerlichen

Reise im Jahre 1876 zu den georgischen Bergvölkern der Pschawen, Chewsuren und Tuschen. Pschawi ist die Bergregion nordöstlich von Tiflis und rechts vom weißen Aragwi-Strom. Nördlich von Pschawi, jenseits des Chachmati-Passes liegt im kaukasischen Hochgebirge Chewsuretien mit dem Hauptort Schatili. Von Schatili aus ist Omalo, der Hauptort des östlich gelegenen Berglandes Tuschetien, nur zu Fuß über hohe Pässe und durch tiefe Schluchten zu erreichen.

Über Schatili, das größte Dorf Chewsuretiens, berichtet Radde, dass dort im Sommer 1876 im ganzen 38 Familien lebten. Die gesamte Einwohnerzahl der Bergdörfer Chewsuretiens schätzt er auf 5996 Menschen.

„Wie viele Menschen leben heute in Chewsuretien?", fragen wir unsere Gastgeberin Tina Tschintscharauli, die uns für einige Tage in Schatili bewirtet.

„Nicht mehr als Tausend. Mehrere Hundert ja, aber nicht mehr als Tausend", antwortet sie.

„Und in Schatili?"

„Bis zum Jahre 1951 wohnten noch 15 Familien in Schatili. Im selben Jahr mussten alle Chewsuren Schatili verlassen und nach Tiflis oder Kachetien umsiedeln. Ich bin mit meinem Mann nach Kachetien gegangen."

„Warum mussten alle fortgehen?"

„Das weiß ich nicht. Das weiß nur die Regierung", sagt sie lachend.

In Tiflis erfahren wir von Alexi Tschintscharauli, Tinas Schwager, der Professor für Volkskunde ist, dass die Kommunistische Partei die aufsässigen Chewsuren in das Flachland umsiedelte, um sie besser kontrollieren zu können. Sie sollten jetzt auch in Kolchosen leben, und das war in den Bergen nicht möglich. So mussten die Chewsuren ihre Heimat, in der sie seit Jahrtausenden gelebt hatten, verlassen. Sie durften nur mitnehmen, was ihre Pferde tragen konnten.

„Ich kehrte 1981 nach Schatili zurück", fährt Tina fort. „Jetzt leben wieder 15 Familien, im ganzen 76 Menschen, in Schatili. Auch auf die Bauernhöfe, die außerhalb von Schatili liegen, kehren die Chewsuren aus Tiflis zurück. Jahrzehntelang lagen die Höfe verwaist. Jetzt werden sie wieder bewirtschaftet."

Wir unterhalten uns mit Tina auf einem großen Holzbalkon, der wie eine Kommandobrücke die obersten Stockwerke zweier freistehender

Wehrtürme verbindet. Die beiden Wehrtürme gehören zur Festung Schatili, die aus vierzig weiteren Türmen besteht, die eng ineinander verschachtelt eine steile Felswand hinaufklettern. Wenn man mit dem Hubschrauber über die Gipfel und Gletscher des Kaukasus fliegt und diese Festung erspäht, sieht sie aus wie ein mächtiger Adlerhorst, der aus dem Felsen herauswächst. Tina ist die letzte Bewohnerin dieser Festung. Von ihrem Balkon aus blicken wir hinauf zu den viertausend Meter hohen Bergkämmen, die das dunkle Tal von Schatili einklemmen. Nur auf die welligen Rücken der Berge scheint die Sonne. Die grünen Abhänge, die steil und schroff in die Tiefe fallen, liegen schon im Schatten. Im dunklen Tal tost der Arguni-Strom, der Schatili uneinnehmbar umklammert. Schatili liegt nur 1400 Meter hoch, ist aber von Oktober bis April von der Außenwelt abgeschnitten, da der knapp 3000 Meter hohe Chachmati-Paß, der nach Tiflis führt, in den Wintermonaten nicht zu befahren ist. Dann liegt drei bis vier Meter Schnee in Schatili und die Sonne scheint für Wochen nicht mehr in das Arguni-Tal hinein. Die chewsurischen Kinder verbringen diese Monate im Internat von Schatili, an dem Tina als Deutschlehrerin arbeitet. Neben ihr liegt ein georgisches Deutschlehrbuch, mit dem sie sich auf ihre Stunden vorbereitet, die sie ab September wieder an der Schule von Schatili geben wird. An der Wand über dem Bett, einem Drahtgestell mit uralter Matratze, hängen alte Rüstungen der Chewsuren, Kettenpanzer, kurze Dolche und spitze Schwerter. Daneben sehen wir die alten blau-roten chewsurischen Trachten, die mit zahlreichen weißen Kreuzen, Dreiecken und Sternen bestickt sind. Sie sind vorchristliche Symbole und versinnbildlichen das Weltall, das Feuer und die Sonne.

Über eine Holzleiter verlassen wir Tinas Turm und verirren uns in dem steilen Gewirr von Gassen und Wegen der Festung, die Anfang des 17. Jahrhunderts erbaut wurde. Alle Türme und Wohnhäuser dieses Felsennests sind aus großscheibigen Schieferplatten errichtet, die ohne Lehm oder Mörtel aufeinandergelegt sind. Die meisten Türme haben hölzerne Balkone. Die Dächer sind flach und manche dienen den höhergelegenen Türmen als Terrasse. Noch ist die Festung in einem guten Zustand, wenn auch an der einen oder anderen Stelle eine Wand eingebrochen oder ein Dach eingestürzt ist.

„Die UNESCO hat uns 300 000 Dollar gegeben", erklärt uns Tina, zu der wir zurückgekehrt sind. „Damit können wir die Wände und Dächer, die kaputt sind, reparieren." Aber nur noch solange Tina in ihrem Turm wohnt und arbeitet, wird Schatili leben. Dann wird es nicht mehr lange dauern und Schatili wird eine Ruine und ein Denkmal sein.

Wir sitzen auf Baumstämmen im vierten Stockwerk des Wehrturms und unterhalten uns mit Tina über das Leben in Schatili. Ihr Arbeitstag ist lang und hart. Schon vor Sonnenaufgang treibt sie die Kühe hoch auf die Matten und Bergwiesen. Die Zick-Zack-Pfade, die zu den Weiden der Kühe hinaufführen, sind sehr steil und steinig. Danach muss sie die abschüssigen Felder bestellen, auf denen Gerste und Hafer wachsen. Die Felder, die aus der Ferne nur wie kleine goldgelbe Punkte zu erkennen sind, liegen am Rande der Gipfel, wo länger als im Tal die Sonne scheint. Später kehrt sie in ihren Wehrturm zurück, wo neben uns auf einem Holztisch große runde Käselaiber liegen. Tina, deren Hände dreimal größer sind als meine, buttert und käst selber. Die Butter ist für den Bedarf der Familie, der Käse wird auch verkauft.

Tina ist mit ihrem Leben zufrieden. Nur dass ihre beiden Töchter in Tiflis leben, ist bitter für sie. Ihr Trost ist, dass ihr Sohn in Schatili geblieben ist, der – wie fast alle Männer in Schatili – in den georgischen Grenztruppen dient, die die Grenze nach Tschetschenien überwachen.

„Wo steht eigentlich eine Kirche?“, frage ich.

„Kirchen gibt es in Schatili nicht. Auch Priester haben wir keine“, antwortet Tina.

„Aber die Chewsuren haben auch Heiligtümer“, schaltet sich Giorgi Sosanidse ein, der mich auf meiner Reise begleitet. „Sehen Sie dort drüben“, zeigt er auf eine Schieferhütte, „auf der anderen Seite des Flusses. Das ist ein *dschwari*.“

Ein *dschwari* ist eine Kultstätte, wo heidnischen Göttern und dem christlichen Gott geopfert wird. Es gibt sehr unterschiedliche *dschwaris*. Einige bestehen nur aus einem Mal, das aus übereinandergehäuften Schieferplatten errichtet ist, andere sind wie kleine Hütten gebaut, die von einem heiligen Hain umgeben sind. Auf diesen vorchristlichen Kultstätten feiern die Chewsuren heute ihre traditionellen Festtage und die Feiertage der christlich-orthodoxen Kirche. Das Amt des Priesters wird vom *chuzessi* übernommen. Priester der orthodoxen Kirche gibt es in Chewsuretien nicht. Als Radde 1876 Chewsuretien bereiste, lebte jedoch ein Priester der rechtgläubigen Kirchen in Schatili. Aber ihm erging es sehr schlecht, wie Radde schreibt: „Wir suchten den Priester der rechtgläubigen Kirche auf. Wir sahen einen imeretischen

Greis, der elendiglich installirt war und schon seit drei Jahren in den dürftigsten Verhältnissen bei den wilden Schatilern lebte. Neben seiner etwas besser gebauten Winterhütte stand ein ärmliches Häuschen, zu dessen oberer Etage man auf einem zahnig ausgehackten Baumstamme hinaufklettern konnte. Ein wenig schlechtes Mehl, ein paar alte chewsurische Festkuchen, so hart wie Stein, etliche Zicklein- und Lammfellchen, die uns bewiesen, dass der Greis doch ab und zu Fleisch speist und einige schmutzige Käseklumpen, das war die ganze Habseligkeit des Priesters.“ Dieser Greis war der letzte Priester in Schatili.

„Aber wir sind Christen“, beteuert Tina stolz.

„Doch die Riten sind heidnisch geblieben“, fügt Georgi hinzu. „Das Christentum, Herr Nielsen“, erklärt er,“ zu dem sich die Georgier im 4. Jahrhundert bekehren ließen, konnte sich in den abgeschlossenen Gebirgsregionen von Pschawi, Chewsuretien und Tuschetien nur langsam durchsetzen. So gingen der christliche Glaube und das heidnische Brauchtum eine harmonische Verbindung ein.“

Die Sonne ist untergegangen. Tina muss jetzt aufbrechen, um ihre sieben Kühe, die auf den Almen der Berge weiden, für die Nacht in den Stall zu treiben. Der Stall befindet sich unter uns im Erdgeschoss des Wehrturmes. Über dem Stall befindet sich die Scheune und im dritten Stockwerk der Vorratsraum.

Giorgi und ich steigen den Berg hinter der Festung hinauf, wo sich der Friedhof und ein *dschwari* befinden, das dem Erzengel Gabriel geweiht ist. So wie dieses *dschwari* sind heute viele *dschwari* entweder Heiligen oder Engeln geweiht. Das *dschwari*, eines von dreien in Schatili, ist ein kleiner offener Schuppen aus Schieferplatten. In der Mitte hängt ein großer hölzerner Zuber, in dem am 19. Juli zu Ehren des Erzengel Gabriel Bier gebraut wird. Auf dem Boden liegen verstreut kupferne Trinkgefäße und Holzbecher. Am 19. Juli feiert Schatili eine Woche lang das Fest *atengenoba*. Es ist das Sommerfest, ein mehrtägiges Kultfest, dessen heidnischen Ursprung wir nicht mehr kennen. Zu diesem Fest kommen die Männer und Frauen aus ganz Chewsuretien, aber nur die Männer dürfen das *dschwari* betreten. Dort hausen während der Feiertage die *chuzessi* und brauen das heilige Bier. Wenn sich die Männer vor dem *dschwari* versammelt haben, kommen die *chuzessi* heraus und segnen sie. Dann werden die Opfertiere, meistens Hammel, dem Erzengel Gabriel dargebracht. Die *chuzessi* töten die Opfertiere und sprechen dann Gebete für die Opferspender, indem sie

Die „Vierzig Märtyrer von Sebaste“ Georgische Ikone aus dem 12. Jh. Photo: Udo Hirsch

Kirche Bethania. Photo: Staatliches Photolabor

Niko Pirosmani: Eisenbahnzug in Kachetien (1926)

Kathedrale von Alawerdi über den Weinfeldern von Kachetien. Photo: Fried Nielsen

Häuser in der Abendsonne von Tiflis, 1993. Photos: Udo Hirsch

Marktszenen in Tiflis im Jahre 1995. Photo: Udo Hirsch

Marktszenen in Tiflis im Jahre 1995. Photo: Jürgen Hoff

Marktszenen in Tiflis im Jahre 1995. Photo: Jeanette Richter

Kloster David Garedschi, Herbst 1995. Photo: Udo Hirsch

Kirche von Sweti-Zchoweli, 1995. Photo: Staatliches Photolabor

Kirche Dschwari, 1996. Photo: Jeanette Richter

Kirchenfassade von Ananuri, 1996. Photo: Udo Hirsch

Kirche Zminda Sameba in Kasbegi. Photo: Jeanette Richter

Annika Bekauridse am Webstuhl. Photo: Fried Nielsen

Wardsia. Photo: Staatliches Photolabor

Das Triptychon von Chachuli. Photo: Staatliches Photolabor

Schatili 1999. Photo: Udo Hirsch

Bierzuber in Chewsuretien. Photo: Udo Hirsch

Kirche von Nikorzminda. Photo: Staatliches Photolabor

„Baum der Wünsche". Photo: Udo Hirsch

Kloster Gelati. Photo: Staatliches Photolabor

Kachetischer Schnapsbrenner im Jahr 1995. Photo: Udo Hirsch

Weinbauer in Kachetien. Photo: Fried Nielsen

Landschaft in der Bergsteppe Schiraki. Photo: Staatliches Photolabor

den Herrn und die Engel anrufen. Am Abend kommen alle zu einem großen Festschmaus zusammen, auf dem sie das Fleisch der Opfertiere essen und sehr, sehr viel Bier trinken. Feste dieser Art, bei denen das heilige, wohlschmeckende Bier eine besondere Rolle spielt, kennen alle chewsurischen Dörfer in den Sommermonaten. Giorgi und ich bedauern, dass wir nicht bis zum Fest *atengenoba* bleiben können.

Der Friedhof von Schatili ist von einem Schieferwall eingefriedet. Die Gräber bestehen aus größeren und kleineren Schieferplatten, die von alten Eschen beschattet werden. Um die Gräber herum wächst eine große Wiese mit bunten Wildblumen. Die Chewsuren betreten den Friedhof nur an hohen Feiertagen. Auch wir bleiben außerhalb des Walls.

Unten am Fluss Arguni stoßen wir auf eine Gruppe tschetschenischer und georgischer Soldaten. Sie überwachen die tschetschenisch-georgische Grenze, die nur ein paar Kilometer nördlich von Schatili verläuft.

In früheren Zeiten lernten sich die Tschetschenen und die Chewsuren meistens durch gegenseitige Raubüberfälle kennen. Das sei jedoch alles sehr alte Vergangenheit, meint Giorgi, es gebe heute keinen Grund mehr, sich zu streiten. Beide Völker lebten – vom Kamm des Kaukasus getrennt – friedlich nebeneinander.

Ob ich nach Tschetschenien einreisen wolle, fragt mich der tschetschenische Feldwebel Musa Itajeff. Er trägt blaue Jeans und einen schwarzen Kapuzenpullover, auf dem mit großen roten Buchstaben „Titanic“ geschrieben steht. In der rechten Hand hält er eine Kalaschnikow. Im Krieg Tschetscheniens gegen Russland hat er in der Artillerie gekämpft und ist dabei gewesen, als die tschetschenischen Truppen Grosny zurückeroberten. Heute sei Tschetschenien unabhängig, erklärt er selbstbewußt und feuert eine Salve aus der Kalaschnikow.

Ob ich nun Tschetschenien besuchen wolle oder nicht, fragt er mich erneut. Ein Visum bräuchte ich nicht.

Es würde mich schon reizen, die tschetschenische Hauptstadt Grosny zu besuchen, aber der Weg ist weit und der Urlaub kurz. Man müsste zunächst zwanzig Kilometer auf einem gefährlichen Fußpfad entlang des Arguni die Grenze überqueren, bevor wir wieder Straßen auf der anderen Seite erreichen würden. Wir bedanken uns deshalb für die Einladung, lehnen sie aber ab. Es ist schon fast dunkel, als wir zu Tina zurückkehren. Wir sind jetzt nicht in Tinas Wehrturm, sondern in einem neugebauten Wohnhaus, das oberhalb der Festung von Schatili in einer Reihe mit fünfzehn anderen Häusern liegt. Gegen den Bau der Häuser, die im Jahre 1985 an dieser Stelle gebaut wurden, wo sich früher ein heiliger Hain befand und die Gerste für das Bierfest angebaut wurde, hatten Tina und die anderen Einwohner erfolglos protestiert.

Die Nacht war laut. Immer, wenn ich aufwachte, dachte ich, es würde sich ein Gewitter über Schatili entladen. Was ich aber hörte, war nur das Brausen und Tosen des Arguni-Stromes.

Noch bevor die Hähne krähen, stehen wir auf und treten auf den Balkon. Von dort bietet sich uns ein Bild wie auf einer bruegelschen Bauernlandschaft: Tina und andere Frauen treiben die stämmigen, kleinen Bergkühe auf die Alm; junge Männer angeln im Fluss nach Forellen; ein alter Mann schlachtet und häutet ein Kalb; kleine Mädchen scheuchen Hühner auf die Wiese und kräftige Buben hauen mit Holzschwertern aufeinander ein. Im Garten unter dem Balkon jagen Katzen erbost freche Mäuse und am Zaun patrouillieren stolze Truthähne und halten die Pferde und Esel auf der Wiese in Schach.

Noch früh am Tage brechen wir auf und fahren das Tal hinauf nach Anatori, wo sich die schäumenden Wellen des Arguni in den noch wilderen Strom des Ardoti Zkali ergießen. Genau an dem Dreieck, wo die Flüsse zusammenfließen, erhebt sich ein über hundert Meter hoher steiler Schieferfelsen, auf dem wir jetzt stehen. Hinter uns befinden sich – von einzelnen Birken umstanden – drei langgestreckte Schieferhäuser. Es sind Leichenhäuser. Die Häuser haben nur eine kleine Öffnung an der Frontseite, eine Art Fenster, das leicht mit einer Schieferplatte geschlossen werden kann. Wenn die Fenster heute nicht mit einem Eisengitter verriegelt wären, könnten wir uns mit einigen Verrenkungen leicht hineinigeln.

„Schauen Sie hinein!“, fordert mich Georgi auf. Im Halbdunkel sehen wir Gebeine von Verstorbenen auf zwei Steinbänken liegen. Auch auf dem Boden liegen Schädel, Hüftbecken, Rippen und andere Knochen herum.

„Wenn Todkranke kamen, um in diesem Haus zu sterben, dann haben sie einfach die Skelette auf den Boden gefegt und sich selber auf die Bänke gelegt“, erklärt Giorgi. Die Skelette sind älter als hundert Jahre. Seitdem gab es keine Epidemien mehr, die es notwendig gemacht

Kinder in Muzo. Photo: Gia Tschkataraschwili

hätten, dass sich die Kranken von ihren Familien trennen, damit kein anderer angesteckt würde. Wenn sie sich nicht zum Sterben zurückgezogen hätten, wäre das Überleben der Sippe und der wenigen tausend Chewsuren bedroht gewesen.

„Hoffentlich brauchen wir die Häuser nie wieder, aber wer weiß", schüttelt Giorgi den Kopf.

Talaufwärts geht es nach Muzo. Das Tal wird immer enger, und die Berge fallen häufig senkrecht zum Fluss hinab. Ich fühle mich bang und beklemmt. Über uns hängen die Wolken tief in das Tal hinein. Alles ist düster und finster.

Muzo ist eine verlassene Bergfestung, die aus einem steinernen Felsen in den Himmel wächst. Die windschiefen Türme haben kein Dach und die halbhohen Häuser sind nur noch Stümpfe.

„Wann wurde Muzo verlassen?", frage ich den Bauern Surab Daiauri. Er weiß es nicht, und sein Vater, der über neunzig Jahre alt ist, weiß es auch nicht.

„Also muss es um 1800 gewesen sein", folgert Surab Daiauri.

Mit seiner Frau steht er im Garten und hackt Kartoffeln. Er hat sieben Kinder, zwei davon sind hellblond und blauäugig. Sie bewohnen eine armselige Hütte am Fuße der Festung. Die Kinder sind ungewaschen und schmuddelig, obwohl zwei Quellen hinter dem Haus entspringen.

„Die Chewsuren lieben nicht waschen. Sie lieben kämpfen", bemerkt Giorgi anerkennend.

In Muzo müssen wir den Lada Niva zurück lassen. Es geht zu Fuß weiter, rund acht Kilometer am Arguni entlang bis nach Ardoti. Zunächst begleiten uns zwei georgische Soldaten, damit wir die einzige Brücke über den Fluss finden. Die Brücke besteht aus zwei langen Baumstämmen und Trittbrettern aus Holz. In der Mitte mache ich den Fehler, auf die reißenden Stromschnellen zu blicken, die mich fast nach unten ziehen. Bevor ich jedoch das Gleichgewicht verliere und den Weg schwimmend hätte fortsetzen müssen, ergreifen meine Hände im letzten Moment Giorgis Schultern, der mich sicher an das andere Ufer führt.

Ein Pfad auf dem linken Ufer führt uns bergauf nach Ardoti. Alle fünfhundert Meter pflückt Giorgi irgendwelche Kräuter, deren Wirkung er mit ausschweifender Gestik und mit einem sehr amüsanten deutschen Vokabular zu erklären versucht.

Nach einigen Kilometern weitet sich das Tal. Vor uns liegt ein Friedhof.

Einige Meter dahinter erhebt sich ein Kliff, eine steile Felswand, auf dem die Festung Ardoti thront. Um auf die Festung zu gelangen, müssen wir sie weiträumig umgehen und dann von Norden her einen schmalen und steilen Pfad hinaufsteigen. Am Fuße des Berges kommt uns ein junger Mann mit einem Pferd entgegen. Er will nach Schatili, um dort Mehl zu kaufen.

„Woher kommst du?", fragt er mich. „Aus Westdeutschland oder aus der DDR?"

„Aus Deutschland ", antworte ich. „Die DDR gibt es nicht mehr."

Lachend antwortet er: „Das hat Schewardnadse gemacht", und geht seines Weges.

Nach einem mühevollen Aufstieg begrüßen uns auf der Festung einige fröhliche Kinder. Während in den Wohntürmen von Muzo niemand mehr wohnt, leben hier in den Sommermonaten auf gut zweitausend Meter Höhe noch zwei Familien. Sie sind Bauern. Wie seit Jahrhunderten ernähren sie sich von der Viehzucht und dem Anbau von Kartoffeln und Gerste. Einer der beiden Familienväter ist Niko

Murguewi. Kaum dass wir angekommen sind, führt er uns zur äußersten Spitze der Festung, wo der Felsen einige hundert Meter senkrecht zum Fluss hinabfällt. Niko erzählt uns, dass sein jüngster Sohn, der gerade erst vier Wochen alte Giorgi, schwer erkrankt sei. Seine Frau ist deshalb mit Giorgi in ein Krankenhaus nach Tiflis gefahren. Noch wüssten die Ärzte aber nicht, was ihm fehle. Niko und seine Familie fürchten um das Leben des Kindes. Sie wollen deshalb ein Kalb opfern und Gott um Beistand bitten.

In schwindelerregender Höhe stehen wir am Rande der Festung. Ein eisiger Wind, der von den Gletschern herüberweht, lässt mich frösteln. Ich ziehe einen Pullover über; Niko und die anderen Männer tragen nur aufgekrempelte Hemden. Zwei Männer führen nun ein zitterndes Kalb zum *chuzessi*, der die heilige Handlung vornehmen wird. Der *chuzessi* ist ein fünfzigjähriger kräftiger Mann, der blaue Jeans und ein braunes Polo-Hemd trägt. Wie alle chewsurischen Männer ist er auffallend hager und hat ungeheuer große Hände. Unter einer hohen Stirn liegen tiefe, dunkle Augen. Die Oberlider sind immer halb gesenkt, wohl als Schutz gegen die Sonne. Die Wolken haben sich verzogen, wir stehen unter strahlend blauem Himmel. Um uns gegen die grellen Strahlen der Sonne zu schützen, müssen wir die Augen zusammenkneifen. Nachdem wir uns alle um das Kalb versammelt haben, hebt er seine gewaltigen Hände. Sonnenstrahlen glitzern auf seinen grauen Bartstoppeln. Mit metallener Stimme, die weit über die eisbedeckten Gipfel des Kaukasus hallt, ruft er den Hausengel der Familie Murguewi an, den *pudsis angelosi*, wörtlich den „Engel des Hofes“:

„Erhöre das Gebet der Bittenden! Gewähre dem Vater und der Mutter Beistand! Lass ihren Sohn gesunden! Wenn sie sich versündigt haben, so schenke ihnen Gnade! Sei dem Sohn gnädig! Schenke ihm Gesundheit und ein langes Leben!“

Mit geschlossenen Augen richtet er sein Gebet zum Himmel. In einen erdfernen Wortrausch versunken, fleht er um das Wohl des Kindes, indem er die Bitten mit Inbrunst hervorstößt. Dann verharren wir alle in Stille. Ein junger Mann reicht dem *chuzessi* ein Messer, mit dessen scharfer Klinge er die Kehle des Kalbes durchschneidet, das zitternd zu Boden sackt. Der junge Mann fängt das tiefrote Blut, das dampfend aus der Wunde spritzt, in einem Plastikbecher auf.

„Müssen wir das Blut trinken?“, frage ich Giorgi.

„Mögen Sie es nicht?“, fragt er mich zurück.

Der Chuzessi in Ardoti. Photo: Fried Nielsen

„Für gewöhnlich trinke ich es nicht“, sage ich.

Es stellt sich schließlich heraus, dass wir es nicht trinken müssen. Stattdessen trinken wir alle einen Becher Schnaps, den Araqi, auf das Wohl des Kindes.

Der *chuzessi* fasst mit seiner Hand in die Wunde des Kalbs und zeichnet mit dem Blut ein Kreuz auf Nikos Stirn. „Empfange die Gnade des Herrn!“, spricht er zu ihm. Zwei Männer legen Grasbüschel in die Wunde und besprengen mit dem Blut die Häuser und Wehrtürme.

Wir gehen nun in das oberste Stockwerk von Nikos Wehrturm und nehmen dort an einem einfachen Holztisch Platz. Seine Mutter und Schwester servieren uns einen starken Schnaps, Lauch, Kartoffeln, Radieschen, kleine Forellen und kachetischen Wein. Im Kamin brutzelt das Fleisch des Kalbes, das geopfert wurde. Ich esse einige von den winzigen Forellen, die ganz köstlich schmecken. Die Männer trinken sehr viel, aber keiner zwingt mich, mitzutrinken. Niko erzählt mir – von Giorgi übersetzt –, dass seine Frau den Sohn in Rustawi zur Welt gebracht hat. Der chewsurische Brauch erlaube es nicht, dass die Frauen ihre Kinder zu Hause gebären. Erst sechs Wochen nach der Geburt dürfe seine Frau nach Ardoti zurückkehren. Hoffentlich werde Giorgi bis dahin gesund sein! Dann werde der *chuzessi* ihn auf einem *dschwari* taufen.

Wo er geheiratet habe, frage ich ihn.

„Auf dem *dschwari* von Ardoti“, antwortet er. Und der *chuzessi* habe ihn getraut. Der schaltet sich nun in das Gespräch ein. Sein Urgroßvater, sein Großvater und Vater, alle seien *chuzessi* in Ardoti gewesen. Seine Vorfahren hätten als *chuzessi* auch Recht gesprochen und Truppen befehligt. Er sei jedoch nur noch für kultische Aufgaben zuständig. Ich versuche, das Gespräch noch einmal auf die religiösen Vorstellungen der Chewsuren zu lenken, komme mir aber albern vor, Menschen, die immer wieder buchstabierend beteuern, Christen zu sein, nach ihrem Glauben zu fragen. Einige Tage in Chewsuretien reichen nicht aus, um sich ein wirkliches Bild vom christlichen Glauben und von den heidnischen Riten der Chewsuren zu machen. Man müsste zumindest den Sommer bleiben, müsste an den Festen im Juli und August teilnehmen, müsste Geburt, Hochzeit, Taufe und Beerdigung miterleben. Sicherlich aber sind unter dem Firnis des Christentums naturreligiöse Vorstellungen stark verwurzelt. Fast gänzlich abgeschlossen von der Außenwelt leben die Chewsuren seit Jahrhunderten im Kampf mit der unbändigen und gefährlichen Natur des Hochkaukasus. So versuchen die Chewsuren auch heute noch, durch die Anbetung zahlreicher Engel und Naturgötter die Natur gefügig zu machen. Jede Familie hat ihren *pudsis angelosi*, den Schutzgott der Sippe, des Hauses und des Hofes. Man erbittet von ihm Gesundheit für die Familie und das Vieh. Der *pudsis angelosi* ist eng verwandt mit den Göttern *kopala* und *iaqsari*, die gemeinsam gegen die Ungeheuer, die *dewis*, kämpfen. Die *dewis* sind die Feinde des Menschen. Sie bringen großes Leid unter die Menschen. Deshalb sendet der *morige ghmerti*, der oberste Gott, seine „Gotteskinder", die *ghwtischwili*, auf die Erde, um dem Menschen zu helfen und die *dewis* zu bekämpfen. Es gibt viele Gotteskinder, sehr viele, ja man spricht davon, dass es 3000 sind.

Niko Murguewi hat sich erhoben und deklamiert nun einige Gedichte, die er selber geschrieben hat. Wie alle Pschawen und Chewsuren ist er Dichter. Er schenkt mir seinen Gedichtband „Morgenmond", den er in Tiflis unter seinem Künstlernamen Murgwa Ardoteli veröffentlicht hat. Auf der Vorderseite des Büchleins ist die Abbildung eines daghestanischen Auls zu sehen aus Gottfried Merzbachers (1843–1926) zweibändigem Werk „Aus den Hochregionen des Kaukasus".

„Gottfried Merzbacher hat meinen Großvater photographiert", sagt uns Niko stolz und erhebt sein Glas auf den großen deutschen Naturforscher.

Dann trägt er weitere Gedichte vor, die er an den langen Winterabenden verfasst hat. Das große dichterische Vorbild aller Chewsuren und Pschawen ist Wascha Pschawela (1861–1915), der „Bursche aus Pschawi", der bürgerlich Luka Rasikaschwili hieß. Auf dem Weg nach Schatili hatten wir seine armselige Berghütte in Tschargali, in der Provinz Pschawi, besucht, wo uns sein Enkel durch die Hütte führte. Dort lebte der Dorfschullehrer Wascha Pschawela die längste Zeit seines Lebens und führte ein Leben wie alle Bauern in Pschawi und Chewsuretien: Er pflügte das Feld, mähte das Gras, fütterte die Kühe und jagte die Steinböcke. Abends aber setzte er sich an einen einfachen Holztisch und schrieb im Schein des Herdfeuers wunderbare Gedichte und Erzählungen. In seinen Werken beschreibt er immer wieder den Kampf des Einzelnen, des Rebellen, der sein Leben für Güte und Liebe einsetzt und sich gegen Hass und gegen unmenschliche Tradition auflehnt. So berichtet er in seinem Epos „Aluda Keteleauri" von dem Chewsuren Aluda, der seinen Feind, den Tschetschenen Muzal, besiegt, ihm aber aus Achtung vor dessen Mut nicht die rechte Hand abschlägt, wie es die Tradition forderte. Indem er mit der alten Sitte bricht, bringt Aluda seinen Stamm gegen sich auf, der ihn zwingen will, die jahrhundertalte Sitte einzuhalten. Aluda aber weigert sich und wird deshalb aus der Gemeinschaft ausgestoßen und dem Untergang preisgegeben.

Die Sonne neigt sich tiefer und tiefer. Wir verabschieden uns und treten den Rückmarsch an. Niko begleitet uns südwärts bis zu einem Felsvorsprung, von dem wir auf einem kürzeren Weg in das Tal zurückkehren. Fast schon unten am Wildbach angekommen, höre ich plötzlich seine Stimme rufen: „Ich weiß nicht, was soll es bedeuten/dass ich so traurig bin/ein Märchen aus uralten Zeiten/das kommt mir nicht aus dem Sinn". Wir blicken zurück und sehen droben auf dem Felsen Niko, der die Loreley in den hohen und weiten Bergen des Kaukasus erklingen lässt. Heinrich Heine würde sich freuen.

17. Ein Sommer in der Kolchis

Juli 1999

Wer die Langsamkeit sucht, der begebe sich nach Ratscha. Ganz langsam. So langsam wie Giorgi uns fährt. Im Schneckengang. Selbst zu Fuß wären wir schneller. Auch das neben uns tosende Wasser des Rioni fließt schneller in die kolchische Tiefebene als wir talaufwärts in die Berge schleichen. Erst spät am Abend – es dunkelt schon – erreichen wir Oni, den größten Ort von Ratscha. Oni, das ungefähr tausend Meter über dem Meeresspiegel liegt, besteht aus drei langen Straßen, die parallel zum Fluss verlaufen. Der grüne Ort liegt eingezwängt zwischen zwei bewaldeten Gebirgszügen. Am Ende der Hauptstraße halten wir unter einem hundertjährigen Walnussbaum. Hier wohnt Temo Dgwareli, Konstantin (Kote) Dauschwilis Onkel, der seinen Neffen Kote, den er seit vielen Jahren nicht mehr gesehen hat, mit großer Freude und Herzlichkeit begrüßt. Minutenlang umarmen sie sich und küssen sich schmatzend auf die Wangen. Die Vorfahren Konstantin Dauschwilis stammen aus Ratscha, genauer aus Schkmeri, einem Dorf im Hochgebirge, das wir in den nächsten Tagen besuchen wollen. Als Kind hat Kote jedes Jahr die Sommermonate in Ratscha verbracht.

Temo, der Richter in Ambrolauri ist, führt uns in sein Haus, das wie alle Häuser Onis am Ende eines langen Obstgartens liegt. Beim gelblichen Schein von Öllampen und Kerzen nehmen wir an einem großen Holztisch Platz. Konstantins Onkel, ein großer breitschultriger Mann mit einem beständigen Lächeln auf dem Gesicht, ist der Tamada. Die Trinksprüche spricht er langsam, sehr langsam. Zwischen den Trinksprüchen macht er sehr, sehr lange Pausen. Er spricht überhaupt wenig. Als ich ihn frage, was die Menschen in Ratscha besonders auszeichne, lacht er, sinnt lange nach und sagt dann bedächtig: „Trägheit“. Damit ist Paul, der eigentliche Wortführer am Tisch, gar nicht einverstanden. Paul Bereschwili ist weit über sechzig Jahre alt, sieht aber viel jünger aus und hat das Gesicht einer Eule. Zu kommunistischen Zeiten war er im Wohnungsbau beschäftigt. In Oni ist er bekannt und geachtet, da er nach dem schweren Erdbeben 1985 in Windeseile eine neue Siedlung bauen ließ, die nach ihm „Paul-Siedlung" benannt ist. Das Erdbeben hat auch Temos Haus tiefe Risse in den Wänden zugefügt. Wir sitzen neben starken Holzpfeilern, die das brüchige Dach stützen müssen.

Paul Bereschwili ist heute arbeitslos. In Oni habe es nie viel Arbeit gegeben, und jetzt gebe es gar keine mehr. Man hoffe auf den Tourismus, sagt Paul. Wenn der Kommunismus nicht gewesen wäre, dann wäre Ratscha heute so bekannt wie das Tessin. Mit dieser Einschätzung gehen wir zu Bett. Wir übernachten im Freien, auf der Veranda. Tief atmen wir die frische Gebirgsluft ein, bevor wir müde in den Schlaf fallen.

Die nächsten Tage werde ich in guter Erinnerung behalten. Wir haben nur noch gefaulenzt. Es waren wundervolle Tage. Wir wanderten den Oberlauf des Rioni hinauf und genossen eine der schönsten Landschaften des Kaukasus, die an das obere Rheintal erinnert. Wir gingen bis nach Schowi, einem Luftkurort, wo auf zweitausend Meter Höhe leere Sanatorien und ein großes Chalet auf Touristen warten. Das Chalet, das von deutschen Kriegsgefangenen aus Holz errichtet wurde, wirkte auf uns wie ein Märchenschloss, wie ein Zauberberg, in dem wir jeden Moment Hans Castorp begegnen müssten. Vom Balkon unseres Zimmers blickten wir ringsum auf Berge, die verschwommen in einem bläulichen Dunst vor uns lagen. Auf der Kuppe der Berge liegt ewiger Schnee, der in der Sonne wie Diamanten funkelt. Abends beobachteten wir mit dem Fernstecher die Steinböcke und Gemsen, wie sie auf den Bergwiesen ästen. Wir sogen die reine Luft ein, die nach Schnee schmeckte, und ließen uns von der milden Bergsonne bestrahlen. Die Einwohner des Dorfes brachten uns saures Mineralwasser, das hier an jeder Ecke aus dem Boden blubbert. Wir fühlten uns gesund, vergnügt und unbeschwert.

Dann schwammen wir im kalten Rioni-Fluss und durchstreiften die kühlen, einsamen Buchenwälder. Die dichten Wälder aus Eichen, Fichten und Tannen wachsen in dieser Gegend auch noch in großer Höhe. In kleinen Bergbächen versuchten wir erfolglos mit Holzangeln Forellen zu fangen. Auch waren wir immer sehr aufmerksam, um ja keinen Picknickplatz zu übersehen. Leider kamen uns keine Bären in den Weg, von denen noch viele in den Bergen Ratschas leben. Dafür umsummte uns die große Biene des Kaukasus, die graue Bergbiene. Papuna, der „Dorftrottel" aus Oni, der dafür verantwortlich war, dass uns nie der imeretische Wein ausging, meinte, dass die graue Bergbiene mehr zum Bruttosozialprodukt Georgiens beitrage als alle Georgier zusammen. Das ging Paul entschieden zu weit. Er tadelte ihn, nicht so einen Unsinn zu reden.

Zurück in Oni besuchen wir die Synagoge. Dort sind wir verabredet mit Schalwa Chachaschwili, einem Juden, der uns die Synagoge und eine Weinfabrik zeigt. Die moderne Synagoge ist ein großer, klobiger Bau, architektonisch nichts Besonderes.

„Früher waren zwei Drittel der Bevölkerung in Oni Juden", erzählt Schalwa. „Schon seit 500 vor Christus leben Juden in Georgien. Georgien ist das einzige Land, wo Juden nie verfolgt wurden. Hier in Oni gab es über achthundert jüdische Familien. In den siebziger Jahren erlaubte uns dann Schewardnadse, das Land zu verlassen. Viele gingen nach Israel. Heute sind wir hier noch dreißig Familien."

Schalwa will mit seiner Familie in Oni bleiben. Dank deutscher Hilfe haben er und seine Freunde eine Weinfabrik gegründet, in der sie den „Schoda" herstellen. Der „Schoda" ist ein „Koscherer Bergwein aus Oni", wie auf dem Etikett auf Deutsch zu lesen steht. In der Weinfabrik, die uns Schalwa stolz zeigt, lagern 30 000 Flaschen, die in aller Welt ihre Käufer suchen.

„Noch haben wir nicht so viele Käufer. Wir sind aber mit einigen Importeuren in Europa in Verhandlungen", hofft Schalwa. Der Wein, den wir kosten, ist ein halbtrockener Rosé. Uns fällt an ihm kein besonderer Geschmack auf.

„Was ist daran koscher?", fragen wir.

Schalwa erklärt uns, dass sie den Wein keltern wie andere Weingüter auch. Aber die Herstellung sei mit bestimmten religiösen Zeremonien verbunden, in die er uns nicht einweihen möchte. Durch sie erst werde der Wein koscher.

Spät am Abend bummeln wir zu Temos Haus, halten hier und dort ein Schwätzchen, spielen mit den Kindern Fußball und fachsimpeln mit ihnen, ob der holländische Fußballtrainer Boskamp die georgische Nationalmannschaft zum Weltmeister machen könnte. Die Kinder jedenfalls hätten sich für Franz Beckenbauer als Trainer entschieden.

Oni hat keine besonderen kunsthistorischen Sehenswürdigkeiten, die wir noch besichtigen müßten. Das kleine landesgeschichtliche Museum ist geschlossen. Der Wärter ist verreist und keiner weiß, wo der Schlüssel ist. Aber die Häuser von Oni haben einen besonderen Schmuck. Auf den Dachrinnen und den Firsten erheben sich kleine

Skulpturen aus Blech: Sterne, Kreuze und Teufelsfratzen, Rehe und Fabeltiere. Die Wasserspeier sind mit vielerlei Rosetten und Rauten verziert.

Unter der Krone des Walnussbaumes vor Temos Grundstück sitzen, wie jeden Abend, die Großmütter Onis. Sie sind alle über neunzig Jahre alt, sehen aber höchstens wie Sechzigjährige aus.

Es ist ein bekanntes und von Wissenschaftlern gern untersuchtes Phänomen, dass es nirgendwo auf der Welt so viele Hundertjährige gibt wie im Kaukasus. Warum?

Domina und Keti, zwei der Großmütter, glauben, dass der Grund in der reinen Luft im Gebirge zu suchen sei. Meine Mutter hingegen versichert, dass der georgische Joghurt, der Manzoni, sehr gesund sei und ein hohes Alter verspreche (das glaubt auch die amerikanische Werbung des Danone-Joghurts). Kote meint, es liege daran, dass die Georgier so gerne feiern würden. Paul widerspricht ihm aufgeregt und behauptet, den Grund zu kennen: die Georgier hätten den richtigen Weg gefunden, um harte Arbeit und fröhliches Feiern harmonisch zu verbinden. Udo Hirsch wiederum schwört auf den swanischen Bockshornklee, um das Leben zu verlängern (Er verkauft ihn in Deutschland mit gutem Erfolg). Den esse ich auch, bleibe aber trotzdem verwundert, wie vielen Hundertjährigen ich in den letzten Tagen wieder die Hand geschüttelt habe.

Am Abend beschließen wir, Kotes Heimatdorf Schkmeri doch nicht zu besuchen. Wir wollten eigentlich auf dem Bauernhof der Dauschwilis nach dem Rechten sehen, der seit zwei Jahren wieder Eigentum der Familie ist.

Die Regierung Schewardnadses hat es möglich gemacht, dass die Georgier wieder Eigentum an Grund und Boden erwerben können und ihre alten Ländereien zurückerhalten. Das entsprechende Gesetz wurde im März 1996 vom Parlament verabschiedet. Innenpolitisch war das Gesetz eine der wichtigsten Entscheidungen Schewardnadses überhaupt. Nur wenige der ehemals kommunistischen Staaten sind bisher über ihren Schatten gesprungen und haben das Privateigentum an Grund und Boden erlaubt.

Gut erholt brechen wir am nächsten Morgen auf. Kote wird noch einige Tage in Oni bei seinen Verwandten bleiben. Unser erstes Ziel ist die Kirche Nikorzminda, die Anfang des 11. Jahrhunderts erbaut wurde. Die St. Nikolaus Kirche liegt im Vorgebirge des Kaukasus auf einer kleinen Anhöhe an der Straße von Ambrolauri nach Kutaissi.

Hier wird in der Vorzeit einer der Bäume gestanden haben, die von den Georgiern vor der Christianisierung in einem heidnischen Kult verehrt wurden. Der Grundriss der Kirche ist wie ein griechisches Kreuz gestaltet. Im Inneren erkennen wir das Kreuz aber nicht wieder, so verwirrt sind wir durch eine Vielzahl offener Räume: Die Eingangshalle mündet in das Sechseck des Kuppelunterbaus, dem fünf halbrunde Räume angelagert sind. Mit dem Sechseck versinnbildlicht das Bauwerk das Mysterium der Erlösung: Am Freitag, dem sechsten Tag, ist Christus gestorben, um die Menschen mit Gott zu versöhnen. Der Kuppelbau ist sehr klein und eng. Unwillkürlich biegt man den Kopf nach hinten und blickt in die herrliche Kuppel hinauf. Die Kuppel ist, wie die gesamte Kirche, mit Fresken ausgemalt, die Szenen aus dem Neuen Testament zeigen. Sie sind leider durch die Feuchtigkeit und die Folgen des Erdbebens in einem sehr schlechten Zustand. Dass sich der Bau mit aller Kraft nach oben in den Himmel reckt, ist der stärkste Eindruck, den wir im Inneren der Kirche erfahren. Der bedeutendste georgische Lyriker des 20. Jahrhunderts, Galaktion Tabidse (1891–1959), schrieb in seinem Gedicht „Hohes Lied auf die Kathedrale Nikorzminda“:

Die Gewölbe bilden
einen Strauß aus Säulen,
hier in den Gefilden
scheint's ein Traum zuweilen.
Wer nur, wer erschuf dich,
welche Gnade schuf dich.
Säule – Nikorzminda!
(Nachdichtung von Annemarie Bostroem)

Die Pracht und Üppigkeit der Bauplastik, die wir an den Außenwänden der Kirche betrachten, macht Nikorzminda zu einer Perle der georgischen Steinmetzkunst. So sind die Türen und Fenster mit endlosen Freskenbändern umrahmt, die von Silberschmieden gearbeitet sein könnten. Die Fenster des Kuppeltambours sind mit breiten Steingirlanden geschmückt, aus denen Tiere der Fabelwelt herausschauen. Große Reliefs auf der südlichen und östlichen Fassade dienen der Verherrlichung Christi. Auf der Südfassade hat der Künstler in einer einzigen Darstellung die Himmelfahrt und die Wiederkehr Christi vereint. Zwei Engel, die den sitzenden Christus umschweben, geleiten ihn in den Himmel. Unter dem Thron sehen wir ebenfalls zwei Engel, die mit Posaunen die Toten für den Tag der Wiederkunft Christi erwecken. In der morgendlichen Sonne mit dem langsam wandernden Schatten erscheint uns die Darstellung lebendig und lebhaft.

Bei großer Mittagshitze überqueren wir den Nakeralo-Pass und schlängeln uns in das liebliche Tal von Imeretien hinein. Die sanften Hügel Imeretiens, die das ganze Jahr über von der Sonne erwärmt werden, sind dicht an dicht mit Weinstöcken bepflanzt. Die starke Sonne macht den imeretischen Wein leicht und bekömmlich. Die Weingärten sind durch lange Baumreihen von Zedern und Pappeln eingezäunt. Dörfer gibt es keine, sondern nur Höfe, die aus zweistöckigen Häusern mit großer Veranda und Vorgarten bestehen. Am Straßenrand liegt ein Bauer im Schatten der Nussbäume und hält Mittagsschlaf. Seine zwei Kühe hat er am Baum festgebunden. Nino erzählt die Anekdote von dem imeretischen Bauern, der von einem Deutschen gefragt wird, warum er nicht härter arbeite, um reich zu werden. Warum soll ich reich werden, fragt der Bauer zurück. Damit du mehr Freizeit hast, sagt der Deutsche. Die habe ich doch schon, sagt der Bauer und schläft weiter.

Die Hauptstadt Imeretiens, Kutaissi, die zweitgrößte Stadt Georgiens, umgehen wir südlich und fahren den Rioni hinauf zum Kloster Mozameta. Mozameta liegt abseits der Landstraße. Da die Kirche des Klosters nicht von kunsthistorischer Bedeutung ist, finden kaum Touristen ihren Weg hierher. Die landschaftliche Lage aber ist einmalig. Nur ein schmaler Pfad führt zum Kloster, das auf einem Felsvorsprung liegt. Der Pfad ist einen Kilometer lang und wird auf beiden Seiten von Wunschbäumen eingefasst. An den großen Sträuchern flattern hunderte von bunten Papierschnitzeln und Stoffetzen, die ihre Wünsche nur dem Wind preisgeben. Mögen sie alle in Erfüllung gehen! Am Ende des Pfads liegt die Kirche Mozameta und eine Einsiedelei. Rund um die Kirche fallen die Felswände mehrere hundert Meter tief zum Fluss hinunter. Der Name des Klosters, Mozameta, stammt vom georgischen Wort *mozame*, das Martyrium bedeutet. Diese Bezeichnung geht auf die Geschichte zweier adliger Brüder zurück, David und Konstantin Mcheidse, die in dieser Gegend ihren Besitz hatten. Da sie sich unter der Herrschaft der Araber weigerten, zum Islam überzutreten, wurden sie gefangengenommen und gefoltert. Dann legte man ihnen Steine um den Hals und warf sie in den Rioni. Die Georgier bestatteten sie als Märtyrer in der Krypta der Kirche, die aber kurz darauf von

Arabern zerstört wurde. Auf den Ruinen dieser Kirche ließ Bagrat III. im 11. Jahrhundert das heutige Mozameta-Kloster erbauen. In der neuen Kirche fanden die beiden Brüder ihre letzte Ruhestätte.

Wir stehen in dem engen Kirchenschiff, in dem es nach Weihrauch und kaltem Stein riecht. „Knien Sie nieder und zeigen Sie Demut vor den Märtyrern Konstantin und David“, herrscht mich Gia Moseschwili an, der Abt von Mozameta. Auf allen Vieren krieche ich unter dem Marmor-Sarkophag der Brüder hindurch. Der Fußboden jedenfalls ist sehr sauber; die Steinplatten sind abgewetzt und glänzen wie gebohnert. Ich richte mich wieder auf und betrachte die beiden Schädel der Märtyrer, die auf der Grabplatte liegen. „Im Jahre 1923 kamen die kommunistischen Barbaren und haben die Gräber der Brüder geschändet“, wettert Gia, dessen Stimme die Kirche wie eine Orgel durchdringt. „Sie haben die Schädel und Skelette geplündert und sind mit ihnen gröhlend und johlend durch die Straßen von Kutaissi gezogen. ‚Euer Gott ist tot‘, haben sie gerufen. ‚Wir haben jetzt die Macht und werden über euch richten.‘ Dann haben sie die Schädel und Skelette in die Menge geworfen. Die Menschen aber haben die Schädel und Knochen eingesammelt und wieder nach Mozameta gebracht.“ Unter ihnen war auch der heute dreiundachtzigjährige Gia Moseschwili. Als Sohn eines Landadligen war er 1916 in der Nähe von Kutaissi zur Welt gekommen. Sein Taufpate war der Romancier Grigol Robakidse, der seine Romane später auf deutsch schrieb. „Nach dem Abitur studierte ich Medizin. 1947 aber beschloss ich, Jesus Christus zu folgen, und bin in ein Kloster gegangen, ohne aber ein Gelübde abzulegen“, berichtet uns Gia über sein Leben. Wir sind mittlerweile in ein Holzhaus hinter der Kirche gegangen. Gia, der uns Äpfel bringt, ist ein Riese, so breit und hoch wie ein Barockschrank. Über seine Kutte fällt ein dichter, weißer Bart. Seine hellblauen Augen blicken so wach wie die eines Kindes. „Aber auch im Kloster haben mich die kommunistischen Häscher verfolgt, wie sie alle verfolgten, die gegen die Diktatur gekämpft haben. Im Jahre 1950 wurde ich im Kloster Bethania verhaftet und für sechs Jahre in ein Lager geworfen. Schon 1958 wurde ich wieder verhaftet. Diesmal war es schlimmer. Sie gaben uns nichts zu essen und schlugen uns. Die fürchterlichste Folter war, wenn sie uns anketteten und über Tage nur noch stehen ließen, bis wir die Besinnung verloren und ohnmächtig umfielen. Nach der Haft war ich nur noch Haut und Knochen. Ilia II., heute unser Katholikos, sagte mir, wenn Du nicht sterben willst, darfst Du nicht wieder ins Kloster gehen. So ging ich

Abt Gia Moseschwili, 1999. Photo: Fried Nielsen

als Heilpraktiker in das Militärsanatorium Zchaltubo, wo ich die pflegte, die mich gefoltert haben.“ Gia sitzt jetzt am Klavier. Wir haben an einer langen Tafel Platz genommen und trinken Walnussschnaps, den Gia selber gebrannt hat. Gia spielt traurige und fröhliche Musik, wie es gerade zu seiner Lebensgeschichte passt. „Dann habe ich geheiratet und einen Sohn bekommen. Als meine Frau 1987 starb, bin ich hierher in das Kloster Mozameta gegangen. Seitdem lebe ich hier.“ Gia spielt sich in ein fröhliches Furioso hinein. Über die große Veranda klingen die Töne über das Rioni-Tal. „Und weißt Du, Fried, worauf ich stolz bin? Dass wir die Kommunisten besiegt haben. Wir haben gewonnen! Der Satan ist bezwungen! Kein Kommunist wagt es heute, nach Mozameta zu kommen, Gräber zu schänden, uns zu verhaften, zu foltern und zu töten!“ Mit seiner kräftigen Bariton-Stimme singt er mehr als er spricht, begleitet von fanfarenartigen Akkorden. Plötzlich bricht er abrupt ab: „Was aber bleibt, ist Traurigkeit“, flüstert er und spielt eine Trauersonate von Mendelssohn-Bartholdy.

Zur Übernachtung fahren wir in den Kurort Zchaltubo, der zehn Kilometer nordwestlich von Kutaissi liegt. Zchaltubo liegt in einem grünen hügeligen Tal und ist umgeben von dem Naturschutzgebiet Sataplia. *Sataplia* heißt „dort, wo man Honig macht“ und weist darauf hin, dass hier früher wilde Bienenvölker zu Hause waren. Auf fünfhundert Hektar bewahrt ein Naturpark den kolchischen Wald so, wie er im Altertum aussah. Der Park ist undurchdringlich. Alpine Pflanzen mischen sich mit subtropischen Blumen und Büschen. Wir sehen Kiefern, Buchsbäume, Kastanien, riesige Buchen, Lorbeerbäume und Eichen. Ein Schleier von Efeu und Kletterpflanzen versperrt die Sicht. In der feuchten Luft liegt das Zwitschern und Pfeifen zahlreicher Vögel, die uns glauben lassen, wir seien im Vogelkäfig eines zoologischen Gartens. Nur Dinosaurier hätten wohl eine Chance, dieses Dickicht zu durchdringen. Die Abdrücke ihrer Pfoten finden wir im Eingang des Naturparks, wo sie sich im versteinerten Uferschlamm erhalten haben. Tellergroß sind die Pfoten dieser prähistorischen Lebewesen, die hier nach Nahrung suchten.

Zchaltubo war die Perle der sowjetischen Kurorte. Wir parken vor dem Sanatorium, das für hohe sowjetische Militärs reserviert war. Seinen Ruhm verdankt Zchaltubo radioaktiven Quellen, die Tausende von Rheumakranken gesunden ließen. Ihre Rollstühle und Krücken konnten sie hier zurücklassen. Täglich sprudeln zwanzig Millionen

Liter Wasser aus den Quellen, die rund 35 Grad heiß sind. Es gibt insgesamt acht Sanatorien mit Heilbädern und Schwimmbecken. Heute stehen sie fast vollkommen leer. In dem wunderbaren Park – fast hundert Hektar groß –, in dem herrliche Wildrosen blühen und duften, hüpfen nur Eichhörnchen über die Wege von Baum zu Baum. Menschen sehen wir fast keine. Nur einige Rekruten der georgischen Armee, die das Sanatorium von der Roten Armee übernommen haben, trotten über die Parkwege.

Tiniko Abchadse, Empfangsdame und Krankenschwester, führt uns auf unsere Zimmer. Für 40 DM habe ich die Suite genommen: zwei Schlafzimmer, ein Besprechungszimmer, ein Wohnzimmer, ein Empfangszimmer und zwei Bäder. Es riecht muffig. Die Möbel sind aus dunkler Eiche im Stil des sowjetischen Barocks. Auf dem Boden liegt der ewig gleiche rot-weiße maschinengewebte Teppich aus Baku mit kaukasischem Muster. An der Decke hängt der standardisierte Plastikleuchter, und die Sicht nach draußen ist durch weiße, gebauschte Trevira-Gardinen verwehrt. „Hier wohnten früher nur russische Generäle“, schmunzelt Tiniko. Sie führt uns durch und um das Gebäude. Alles ist so bombastisch wie hässlich. Der Architekt hat das Sanatorium einem griechischen Tempel nachempfunden. Mächtige, dorische Säulen umlaufen das gesamte Gebäude. Ihre schlanken hohen Schäfte enden in einem klassischen Kapitell. Über den Rundbögen verläuft ein schmückendes Fries. Darüber – auf dem Sims – steht eine Phalanx griechischer Jünglingsstatuen, von denen manche aber keine Arme oder Beine mehr haben. Das Militärsanatorium wurde 1947 erbaut und symbolisierte Macht und Größe der Roten Armee: „Tausende von russischen Offizieren haben hier mit ihren Familien gekurt. Heute bekommen sie keinen Sold mehr und können sich eine Kur in Zchaltubo nicht mehr leisten. Wir haben kaum mehr Gäste“, bedauert Tiniko.

Die wenigen georgischen Gäste sitzen mit uns im Restaurant des Sanatoriums, einem riesigen Rundbau, der fast so groß wie das Pantheon ist. Auf einem inneren Kranz aus Marmorsäulen ruht ein riesiges kuppelartiges Gewölbe. Seit 1989 speisen in diesem Tempel keine russischen Offiziere mehr. „Sie haben durch den Zusammenbruch der Sowjetunion am meisten verloren“, meint Tiniko.

Am nächsten Morgen holt uns Giorgi, unser Fahrer, sehr früh vom Sanatorium ab.

„Wohin fahren wir?“ fragt er.

„Nach Mamati“, antworte ich.
„Mamati? Was wollen Sie denn da?“
„Schewardnadses Geburtshaus ansehen!“
„Was? Nach Mamati, um Schewardnadses Geburtshaus anzusehen? Diese verrückte Idee kann nur ein Deutscher haben“, lacht er lauthals auf. Während der langen Fahrt schüttelt er immer wieder den Kopf und flüstert vor sich hin: „Mamati, Mamati.“

Bei Lantschchuti biegen wir links in Richtung Orsurgeti ab und fahren die gurischen Berge hinauf. Die Schotterpiste ist scheußlich. Nur Schlaglöcher. Nach einigen Kilometern treffen wir auf eine eingestürzte Brücke und müssen einen großen Umweg machen. „Schewardnadse sollte sich schämen“, flucht Giorgi. Endlich erreichen wir Mamati. Die Häuser des Dorfes verlieren sich im dichten Grün der Laubbäume. Grüner kann man sich eine Landschaft nicht vorstellen. Eine alte Frau, die vor ihrem Haus sitzt, fragen wir, wo Schewardnadses Geburtshaus steht.

„Das weiß doch jeder hier“, antwortet sie stolz.
„Ah ja“, erwidere ich, „aber wo steht es nun?“
„Jeder hier im Dorf weiß es“, belehrt sie uns resolut.
Ihr Ton ist vorwurfsvoll. Darum bitten wir um Entschuldigung und fragen noch einmal, wo sich das Haus befinde.

„Wir wissen es alle“, sagt sie und erklärt uns endlich den Weg zu Schewardnadses Elternhaus, das wir in Kürze erreicht haben. Vor dem Haus, einem typischen georgischen Haus mit zwei Stockwerken und einer großen offenen Veranda, lagert eine ansehnliche Viehherde. „Schewardnadse ist clever“, lobt ihn Giorgi. „Die Kühe sind seine Altersversicherung. Er weiß genau, dass er, wie wir alle, keine Rente bekommen wird.“

Hier in Mamati, in der Provinz Gurien, wurde Eduard Schewardnadse am 25. Januar 1928 als das jüngste von fünf Kindern geboren. Sein Vater, Ambrossii, war Russischlehrer an der Dorfschule, seine Mutter Sofia, geborene Pateischwili, Hausfrau. Schewardnadse heißt „Sohn des Falken“.

Kein Bewohner dieses beschaulichen Dorfes kann erahnt haben, dass unter ihnen mit Eduard Schewardnadse einer der größten Staatsmänner des 20. Jahrhunderts heranwuchs, der sechzig Jahre später die Sowjetunion von innen heraus zerstören würde. 1928 war es gerade fünf Jahre her, dass die Sowjetunion gegründet worden war. Und nur vier Jahre lag der Aufstand der Georgier gegen die sowjetischen Besatzer zurück, der in Gurien begonnen hatte. Über Gurien, dessen Bewohner als besonders aufmüpfig und unfügsam gelten, wurde ein hartes Strafgericht verhängt.

Die Menschen in Gurien sind seit jeher besonders an Politik interessiert. Wenn wir am Straßenrand halten, werden wir sofort in ein politisches Gespräch verwickelt. Die große Mehrheit der Gurier sind Sozialdemokraten. Auch Schewardnadse wäre wohl früher schon Sozialdemokrat geworden – aber erst im Jahre 1993 konnte er mit der „Bürgerunion“ eine sozialdemokratische Partei gründen. Im Jahre 1948 – er war gerade zwanzig Jahre alt geworden – blieb ihm nichts anderes übrig, als Mitglied der „KPdSU“, der „Kommunistischen Partei der Sowjetunion“ zu werden. Es war damals die einzige Partei des Landes. Wer politisch und gesellschaftlich Einfluss nehmen wollte – und das wollte Schewardnadse von Jugend auf –, der musste dieser Partei beitreten. Seine Eltern blieben ihm wegen seiner Entscheidung, Politiker zu werden, immer gram. Seine Mutter hatte sich gewünscht, dass aus ihm ein Arzt würde, von denen es in Gurien viel zu wenige gab.

Nachdem er das Lehrer-Institut in Kutaissi besucht hatte, machte er in der Partei schnell Karriere. Wie mit Siebenmeilenstiefeln stieg er die Karriereleiter hinauf: Vom Sekretär des Gebietskomitees Kutaissi des georgischen Komsomol im Jahre 1952 brauchte er nur 15 Jahre bis zum Minister des Inneren der Georgischen Sozialistischen Sowjetrepublik im Jahre 1968. Nur gut vier Jahre später, im Jahr 1972, wurde er zum Ersten Sekretär des Zentralkomitees der Kommunistischen Partei Georgiens ernannt. Für fünfzehn Jahre bestimmte er von nun an die Geschicke Georgiens, bis er 1985 zum Minister für Auswärtige Angelegenheiten der Sowjetunion aufrückte.

Als Führer der Kommunistischen Partei und Chef der Republik Georgien war Schewardnadse verantwortlich für die politische Unterdrückung in Georgien. Die Dissidenten und alle Menschen, die gegen das kommunistische Unrechtsregime und für die Würde und Freiheit des Menschen kämpften, wurden verfolgt und bestraft. In seinen Memoiren „Die Zukunft gehört der Freiheit“ schreibt er dazu: „Der Kampf gegen anderes Denken lief im ganzen Land unter der Fahne des Kampfes gegen Antisowjetismus und Nationalismus. Das war selbstverständlich eine gesamtstaatliche Politik, die sich weitgehend des Unterdrückungs- und Propagandaapparats bediente. Konnte ich dieser Politik Einhalt gebieten? Selbstverständlich nicht. Es wäre aber meine Pflicht gewesen, mich dagegen zu wenden. Doch damals, in den sechziger Jahren, war ich weder innerlich, also psychologisch, noch politisch darauf vorbereitet."

Wie für jeden Menschen muss es auch für Schewardnadse schwierig gewesen sein, eine einmal gefasste Ansicht nicht nur aufzugeben, sondern sich von der gegenteiligen Meinung bekehren zu lassen. Und es ging ja nicht um eine politische Lapalie, sondern um die grundsätzliche Frage, wie Menschen zusammenleben wollen. Sollte weiterhin der Kommunismus mit seiner Ein-Parteien-Diktatur herrschen oder die Demokratie, die das Recht und die Freiheit des Einzelnen schützt? Es wird ein langer Weg gewesen sein, den Schewardnadse zurückgelegt hat: vom Glauben an den Kommunismus – „der Kommunismus war meine Religion", schreibt er in seinen Memoiren – bis zur Taufe durch den Katholikos Ilia II. im Jahre 1992, vom kommunistischen Parteichef zum Präsidenten eines demokratischen Landes.

Die Abkehr vom Kommunismus erfolgte sicherlich nicht durch ein einziges Ereignis, sondern war die Summe zahlreicher Erlebnisse und Erkenntnisse. So schreibt Schewardnadse über den Großen Terror (er war damals neun Jahre alt): „1937: Aus Mamati und den umliegenden Dörfern verschwanden plötzlich nach und nach Menschen. Und zwar die angesehensten! Jeden Tag ging die Kunde durch das Dorf, es sei noch ein „Volksfeind" verhaftet worden. Eines Tages verschwand auch mein Vater, Mitglied der Partei seit 1924, der damals die Eröffnung einer Mittelschule in Mamati durchgesetzt hatte, einer der gebildetsten und meistgeachteten Menschen des Dorfes. Einige Tage später kehrte mein Vater zurück. Erst dann erfuhr ich, dass gegen ihn zwar ein Haftbefehl ausgestellt worden war, er aber der Verhaftung entgehen konnte, und zwar dank eines ehemaligen Schülers, der inzwischen in der Rayon-Abteilung des NKWD arbeitete. Der hatte ihn vor der geplanten Inhaftierung gewarnt und ihm geraten, sich in den Wäldern zu verstecken und dort die Zeiten der Wirren zu überdauern. So hielten es damals viele Verfolgte und Bedrohte. Die Repressalien von 1937 nahmen aber solche Ausmaße an, dass es bald niemanden mehr gab, der die erforderlichen Arbeiten verrichten konnte, und deshalb wurde im Februar/März 1938 die Maschinerie des Terrors gedrosselt. Das begriff ich damals noch nicht und freute mich, dass mein Vater nun doch kein „Volksfeind" war. Schon damals fing ich jedoch an, mir mehr über die Politik Gedanken zu machen, die Familien zerriss und Misstrauen in den eingestimmten „Chor“ der Dorfgemeinde brachte. Als Hauptursache wurde der Klassenkampf genannt, dessen Gesetze höher stehen sollten als die Gesetze der Verwandtschaft, der Menschlichkeit, der einfachen und lebendigen Beziehungen zwischen einander nahestehenden Menschen.“

Auf den Großen Terror folgten die Deportationen der Vierziger und Fünfziger Jahre. 1944 ließ Stalin die Meßcheten in einem barbarischen Akt aus Südgeorgien deportieren; 1951 wurden einige tausend georgische Familien nur deshalb zwangsweise umgesiedelt, weil sie Verwandte im Ausland hatten. Die Ereignisse im März 1956 waren dann die entscheidenden, die Schewardnadse und viele andere auch der Illusion beraubten, dass mit der Diktatur ein Land regiert werden könnte. Er und viele andere waren davon entsetzt, dass sowjetische Soldaten hunderte von friedlichen Demonstranten mit Maschinengewehren niederschossen. Schewardnadse schreibt dazu: „Meine Generation trug seitdem den „Komplex des Jahres 1956“, den Komplex der Ablehnung von Gewalt als Methode und Prinzip der Politik.“

Soweit ich es beurteilen kann, hat sich Schewardnadse aber erst in seinen Jahren als „Chef“ der Republik Georgien seit den siebziger Jahren Schritt für Schritt vom Gedankengut des Kommunismus gelöst. Wie in einem venezianischen Maskenspiel wurde hinter der Maske des kommunistischen Alleinherrschers das Gesicht des Menschen sichtbar, der das russische Imperium zerstören und den Weg zum demokratischen Nationalstaat freimachen würde. Als Parteichef von Georgien war Schewardnadse tagtäglich den Anfeindungen seiner Mitmenschen ausgesetzt. Er wurde bekämpft von politischen Dissidenten wie Swiad Gamsachurdia und Merab Kostawa. Er wurde angefeindet von Intellektuellen, Historikern und Geisteswissenschaftlern, die der kommunistischen Lügenmärchen und Wahrheitsverdrehung müde waren. Und er wurde beschimpft von gewöhnlichen Menschen, die doch nur einmal ins Ausland fahren wollten. (Nelly Amaschukeli pflegt zu sagen: „Weißt Du, Fried, wir lebten hier wie in einem großen Gefängnis. Es war leichter, Astronaut zu werden und den Mond zu besuchen, als eine Erlaubnis für eine Reise nach Deutschland zu erlangen.“) Und es gab all die anderen, die das ganze System einfach satt hatten. Für all diese Menschen waren der Kommunismus und seine Repräsentanten eigentlich gar keine Feinde mehr, sondern nur noch Opfer ihres Spotts. Der Kommunismus ohne die Todeslager in Russland war nur noch ein Possenspiel. Seine Schauspieler wurden zur Zielscheibe des Gelächters.

Ein politisches System aber, für das die Menschen nur Spott und Hohn übrig haben, kann nicht überleben.

Durch die Gespräche mit Dissidenten und vielen gewöhnlichen Menschen hat Schewardnadse schließlich seinen Glauben an den Kommunismus und das Ein-Parteien-System aufgegeben. Er schreibt: „Meine eigene Position gegenüber diesen Menschen entwickelte sich in einem qualvollen Kampf mit mir selbst. Möglicherweise gerade als Ergebnis dieses inneren Kampfes langte ich dort an, wo ich angelangt war. Das war es, was mich zu einem aktiven Kämpfer der Perestroika gemacht hatte. Dieser Kampf, wie auch die Kenntnis der Wahrheit über die Situation im Lande führten mich zu der Erkenntnis, dass das Übel nicht im einzelnen Menschen, sondern im System liege. Und wenn sich einige Menschen diesem System gegenüber feindselig verhalten, dann nur deshalb, weil es die menschliche Persönlichkeit verachtet. Weil es unter den Bedingungen des Totalitarismus nicht möglich ist, die Erhaltung der Rechte des Menschen, seiner Freiheit, folglich auch eine normale Entwicklung des Landes zu sichern."

Schließlich – im Winter des Jahres 1984– sagte er zu Gorbatschow: „Alles ist durch und durch faul. Man muss es verändern."

Gut ein halbes Jahr später, am 30. Juli 1985, klingelte das Telefon in Schewardnadses Dienstzimmer in Tiflis. Am anderen Ende der Leitung, in Moskau, war Gorbatschow, der Schewardnadse den Posten des Außenministers der Sowjetunion anbot. Am nächsten Tag flog Schewardnadse nach Moskau und stimmte im Gespräch mit Gorbatschow der Ernennung zu. Beide Männer kannten sich seit Ende der fünfziger Jahre, als sie sich zum ersten Mal in Moskau getroffen hatten. Seitdem entwickelte sich eine politische Partnerschaft, wohl aber kaum eine wirkliche Freundschaft. Als Politiker waren sie sich darin einig, dass die Sowjetunion wirtschaftlich am Abgrund stand und es nicht zu verhindern war, den Menschen ein politisches Mitspracherecht zu gewähren. Sie wussten, dass die Sowjetunion ohne Reformen nicht würde überleben können.

Die wichtigste Antriebsfeder für die Reformen war die desaströse wirtschaftliche Lage der Sowjetunion. Über dem Imperium schwebte der Pleitegeier. Die gesamtwirtschaftliche Leistung ging immer weiter zurück. „Wir tun so, als ob wir arbeiten, und ihr tut so, als ob ihr uns bezahlt", war nicht nur ein Witz, sondern Wirklichkeit. Das Ergebnis war, dass die Sowjetunion kein einziges Produkt herstellte, dass jemand in Russland oder Estland hätte kaufen wollen, wenn er ein westliches hätte kaufen können. Noch schwerer wog aber, dass die Sowjetunion unaufhaltsam in eine Versorgungskrise schlitterte. Als Schewardnadse der georgischen Landwirtschaft privates Eigentum erlaubte, tat er es auch, um die Schlangen vor den Lebensmittelgeschäften in Georgien zu beseitigen. In Moskau hingegen wurden die Schlangen länger und länger. Gorbatschow hatte Schewardnadses „Experimente“ in Georgien aufmerksam verfolgt und seine Erfolge anerkannt. Im Kampf für die notwendigen Reformen war Schewardnadse Gorbatschow so zum Verbündeten geworden. In den fünfundzwanzig Jahren ihrer Bekanntschaft hatte Gorbatschow den außerordentlichen politischen Instinkt und den Pragmatismus Schewardnadses erkannt, Eigenschaften, die ihn letztlich dazu bewogen haben, den diplomatischen Laien einer Phalanx von rund 15 000 Berufsdiplomaten vorzusetzen.

Am 2. Juli 1985 betrat Schewardnadse sein Dienstzimmer Nr. 706 des sowjetischen Außenministeriums am Smolensker-Platz. Er löste dort den russischen Außenminister Andrej Gromyko ab, der seit 1957 die sowjetische Außenpolitik geleitet hatte.

Nur sechs Jahre später – im Dezember 1991– war der Kalte Krieg beendet, die Sowjetunion zusammengebrochen, die Staaten des Baltikums, des Kaukasus und Zentralasiens unabhängig, die Länder Osteuropas wieder souverän und Deutschland wiedervereint. Die beiden wesentlichen Gründe, warum diese radikale Veränderung der politischen Landkarte möglich war, heißen Schewardnadse und Gorbatschow.

Freilich – 1985 konnte Schewardnadse noch nicht ahnen, dass seine Außenpolitik zu diesem Ergebnis führen würde. Das hatte er sicherlich, zumindest am Anfang, auch nicht gewollt. Aber bestimmt hat er bereits im Sommer 1985 die Möglichkeit gesehen, dass die Sowjetunion zusammenbrechen könnte und Deutschland sich wiedervereinigen würde.

Wenn wir auf die Außenpolitik der Sowjetunion seit Dienstantritt Schewardnadses zurückblicken, folgen die wichtigsten Ereignisse aufeinander, als hätte es gar nicht anders kommen können.

Der Ansatz von Schewardnadses außenpolitischem Beginn fußte auf einem neuen Konzept für die nationale Sicherheit der Sowjetunion. Er war davon überzeugt, dass die Sicherheit und Stärke eines Landes nicht in der Summe von Panzern und Raketen besteht, sondern sich auf eine gesunde und dynamische Volkswirtschaft gründen muss. Damit widersetzte er sich der sowjetischen Tradition und machte sich bis auf den heutigen Tag das russische Militär zum Feind. Im Gegensatz zum Militär waren Schewardnadse und Gorbatschow bereit, das Wettrüsten mit den Vereinigten Staaten zu beenden und auch einseitige Abrüstungsschritte zu unternehmen. Sie wollten damit die sowjetische Wirtschaft von den Fesseln der exorbitant hohen Ausgaben für das Militär befreien.

Die Verhandlungen zwischen Schewardnadse und seinen amerikanischen Kollegen führten schließlich zu einer Reihe von Verträgen über Abrüstung, Rüstungskontrolle und Truppenreduktionen. Einer der wichtigsten war das INF-Abkommen vom 8. Dezember 1987, in dem sich beide Länder verpflichteten, auf ihre nuklearen Mittelstreckenwaffen zu verzichten. Es war nur ein Jahr später, dass Gorbatschow am 7. Dezember 1988 vor der Vollversammlung der Vereinten Nationen ankündigte, in den nächsten beiden Jahren 200 000 Soldaten, 10 000 Panzer, 8 500 Geschütze und 800 Kampfflugzeuge aus den Staaten Osteuropas abzuziehen. Zugleich erklärten Schewardnadse und Gorbatschow den Führern der kommunistischen Regime in Osteuropa, dass sie nicht bereit seien, die Sowjetarmee zu ihrer Machterhaltung einzusetzen. Das Ergebnis war, dass bis zum Ende des Jahres 1989 alle kommunistischen Regime gestürzt waren und im Laufe des Jahres 1990 durch demokratisch gewählte Regierungen ersetzt wurden.

In Deutschland, das noch geteilt blieb, war die Berliner Mauer schon am 9. November 1989 gefallen. Auf die Frage, wann er zu der Überzeugung gelangt sei, dass eine Vereinigung Deutschlands unvermeidlich sei, behauptet Schewardnadse in seinen Memoiren: „Schon 1986. Ich sagte damals, in der allernächsten Zukunft werde die deutsche Frage zum wichtigsten für Europa ausschlaggebenden Problem. Eine Frage der Einheit der Nation, die durch Mauern, Technologie, Waffen und Stahlbeton nicht getrennt sein will."

Die Einheit Deutschlands jedoch wurde im wesentlichen von Gorbatschow selber und Bundeskanzler Helmut Kohl, der beherzt die Gunst der Stunde ergriff, gestaltet und herbeigeführt. Hinter dem Rücken der „2+4"-Gespräche trafen sie sich am 14. Juli 1990 in Stawropol. Dieses Treffen, auf dem Gorbatschow die Mitgliedschaft des vereinten Deutschlands in der NATO akzeptierte, markiert symbolisch das Ende des Kalten Krieges. Am 3. Oktober war Deutschland wiedervereinigt.

Nur knapp drei Monate später, am 20. Dezember 1990 erklärte Schewardnadse vor dem Volkskongress der UdSSR seinen Rücktritt vom Amt des Außenministers. In seinem Auftritt warnte er die Delegierten vor einer neuen Diktatur. Mit dem Rücktritt sagte er sich, wie auch andere, von Gorbatschow los. Das Verhältnis zwischen den beiden Staatsmännern war schon seit 1989 brüchig geworden. Ein Wendepunkt in der Beziehung zwischen beiden Männern wurde das Massaker, das sowjetische Soldaten am 9. April 1989 an friedlichen georgischen Demonstranten in Tiflis verübten. Eine Untersuchungskommission unter der Leitung des Leningrader Bürgermeisters Anatoli Sobtschak kam zu dem Ergebnis, dass das sowjetische Militär beim Einsatz in Tiflis schwere Fehler begangen habe. Dieser Bericht wurde dem II. Kongress der Volksdeputierten am 14. Dezember 1989 vorgelegt, von dem er ohne Debatte hätte angenommen werden sollen. Entgegen dieser Vereinbarung ergriff jedoch der Militärstaatsanwalt das Wort und legte einen eigenen Bericht vor, der die georgischen Opfer zu Angeklagten machte. Rachsüchtig klatschten die Delegierten Beifall. In der Pause verlangte Schewardnadse, das Wort zu erhalten, um dem Militärstaatsanwalt entgegenzutreten. Gorbatschow erteilte ihm jedoch nicht das Recht zu reden. Damit hatte Gorbatschow das erste Mal offen nicht Schewardnadse, sondern das russische Militär unterstützt.

Schewardnadses Kampf gegen das sowjetische Militär, den er schließlich gewann, müsste in einem eigenen Buch dargestellt werden. Es sei hier nur daran erinnert, dass die Macht und das Ansehen der Sowjetarmee durch die verlustreiche Besetzung Afghanistans schweren Schaden erlitten hatten. Schewardnadse war es, der über einen Abzug der sowjetischen Truppen aus Afghanistan verhandelte, der im Februar 1989 abgeschlossen wurde. Völlig unerwartet und ungewollt leistete ihm ein junger deutscher Flieger in seinem Kampf gegen das Militär Beistand. Am 28. Mai 1987 landete Matthias Rust mit einer Cesna auf dem Roten Platz, ohne dass die riesige sowjetische Militärmaschinerie seinen Anflug bemerkt hätte. Zwei Tage später waren die Armee und das Verteidigungsministerium mit neuen Köpfen besetzt, die Schewardnadses und Gorbatschows Politik unterstützten. Aber die reaktionären Kräfte in der Armee, dem Geheimdienst und der Rüstungsindustrie bezichtigten Schewardnadse immer offener, mit dem Abzug russischer Truppen aus Osteuropa die Kriegstrophäe des Zweiten Weltkrieges verschenkt und mit der Wiedervereinigung Deutschlands das Faustpfand sowjetischer Hegemonie in Osteuropa aus der Hand gegeben zu haben.

Gegen diese Kräfte sah Schewardnadse schließlich keine andere Wahl als den Rücktritt. In seiner Rücktrittsrede am 21. Dezember 1990 sagte er: „Dennoch, ich glaube, dass die Diktatur nicht gewinnen wird, sondern dass die Zukunft der Demokratie und Freiheit gehört."

Er sollte Recht behalten. Zwar versuchten die reaktionären Kräfte in der Armee, in der Rüstungsindustrie und im Apparat der KPdSU durch einen Putsch gegen Gorbatschow im August 1991 die Macht an sich zu reißen. Nachdem aber Jelzin den Widerstand gegen den Putsch organisiert hatte und Zehntausende auf den Straßen von Moskau und St. Petersburg für Freiheit und Demokratie demonstrierten, brach der Putsch in sich zusammen. Der mißlungene Putsch bedeutete auch das Ende der „KPdSU". Zwar kehrte Gorbatschow noch einmal in sein Amt zurück, auch Schewardnadse wurde noch einmal vom 19. November bis zum 31. Dezember 1991 Außenminister der Sowjetunion, die aber schon in den letzten Zügen lag. Nachdem sich mit Kasachstan am 26. September 1991 die letzte Republik unabhängig erklärt hatte, trat Gorbatschow am 25. Dezember 1991 als Staatschef der UdSSR zurück. Die Sowjetunion hatte aufgehört zu existieren.

Nur wenige Monate später – im März 1992– kehrte Schewardnadse nach Georgien zurück, um die politischen Geschicke seiner Heimat zu übernehmen.

Eigentlich wollte ich den Weg über Lantschchuti zurückfahren. Aber damit war Giorgi überhaupt nicht einverstanden. „Die Straße ist widerwärtig, man kann da nicht fahren. Erstmal muss Schewardnadse sie reparieren", weigert er sich unnachgiebig.

So fahren wir in die gurische Ebene hinunter. Wir überqueren den breiten Fluss Supsa, der wie ein blaues Geschenkband über der grünen gurischen Landschaft liegt. Links und rechts des Flusses wird Mais und Wein angebaut. Hier wächst auch die Rebe „Isabella", die Bäume umschlingt und sich bis zur Krone emporrankt. Jenseits der Weinberge steigen sanft die Hügel auf, die mit kugeligen Teesträuchern bepflanzt sind. Spaliere von Zypressen und breitzweigigen Maulbeerbäumen schützen den Tee gegen die Salzwinde, die vom Schwarzen Meer herüberwehen. Wir fahren mit offenen Fenstern und genießen die frische Meeresluft, die den Duft von Zitronen und Apfelsinen weit in das Land hineinträgt. An großen Mandarinenplantagen vorbei erreichen wir das Schwarze Meer. Von dort geht es weiter über Poti und Sugdidi nach Dschwari, einem kleinen Dorf in Megrelien.

Von Sugdidi liegt die innergeorgische Grenze mit Abchasien, die am Enguri-Fluß entlang läuft, nur sechs Kilometer entfernt. Vor uns liegt eine große Brücke, über die wir jetzt fahren könnten, nach Abchasien, einem Land, das von keiner Regierung der Welt anerkannt ist. Anfang 1998 waren schon rund dreißigtausend georgische Flüchtlinge nach Abchasien, vor allem in die Region um Gali, zurückgekehrt. Dann flammten im Mai 1998 die Kämpfe zwischen Abchasen und Georgiern wieder auf und die Rückkehrer mussten zum zweiten Mal fliehen. Sie gaben aber ihre Hoffnung nicht auf. Einige Tausend sind seitdem wieder nach Gali und in die umliegenden Dörfer zurückgekehrt. Aber noch gibt es viele geisterhaft leere Dörfer in der Gali-Region. Viele Flüchtlinge kehren zumindest tagsüber nach Abchasien zurück, um ihre Häuser zu reparieren und die Felder zu bestellen. Einige Dutzend dieser Leute warten vor uns auf der Brücke, um den abchasischen Grenzposten zu passieren.

„Wir geben dem Grenzsoldaten fünf Dollar und dann lässt er uns rein", erklärt uns ein betagter Mann.

„Haben Sie noch Hoffnung, dass einmal alle Flüchtlinge zurückkehren werden?", frage ich.

„Ja, natürlich. Wir leben hier seit Jahrhunderten mit den Abchasen zusammen. Wenn Russland uns in Ruhe ließe, wäre schon alles geregelt. Wir haben uns mit den Abchasen geschlagen und vertragen. Wir sollten uns jetzt wieder vertragen. Warum denn nicht?"

In Dschwari, einem kleinen Dorf am Enguri, lebt Koka Samuschia und bewirtschaftet seinen Bauernhof. Er ist der Großvater von Kacha Samuschia, der mich vor sieben Jahren am Flughafen in Tiflis abholte. Samuschia ist achtzig Jahre alt, drahtig und rüstig, arbeitet von morgens bis abends und trinkt den Wein wie Wasser (Wasser trinkt er eigentlich gar nicht; das sei ungesund). Er trinkt seinen eigenen Wein, den er hinter dem Haus anbaut. Der Wein wird in riesigen Rotunden, den *kwewri*, aufbewahrt, die in die Erde eingelassen sind. Er selber schöpft für sich selbst täglich einige Liter Rotwein ab und pflegt zu sagen: „Im Wein ist Gott, alles andere kommt vom Teufel." Wie alle Megrelen sprechen die Samuschias untereinander Megrelisch. In der Schule und im öffentlichen Leben allerdings wird Georgisch gesprochen. Samuschia ist wohlhabend, was er abstreitet. Früher im Kommunismus sei es ihm besser gegangen, behauptet er. Sie hätten immer eigene Kühe und eigenen Wein gehabt. Damit hätten sie viel Geld verdient und große Ersparnisse machen können. Das habe er auch Schewardnadse erklärt, der zu kommunistischen Zeiten einmal auf seinen Hof gekommen sei. Dort unter der Akazie hätten sie gesessen. Jetzt sei der Rubel wertlos und alle seine Ersparnisse weg. Das sei Schewardnadses Schuld, erregt er sich.

Am nächsten Morgen brechen wir früh auf. Bei sengender Hitze fahren wir am Rioni entlang durch die Landschaft der alten Kolchis. In Megrelien ist es im Sommer so heiß, dass selbst die Gräber auf den Friedhöfen überdacht sind. In Samtredia biegen wir rechts ab und erreichen kurz darauf Wani.

Wani ist heute ein unbedeutendes Städtchen. Ein Kilometer südlich von Wani aber liegt das antike Wani, eine der wichtigsten Städte des altgeorgischen Königreichs Kolchis. Seine Blütezeit erlebte Wani, eine der ersten georgischen Staatsgründungen, vom Ende des 7. Jahrhunderts bis zur Mitte des 4. Jahrhunderts vor Christi Geburt. Mit der griechischen Welt stand das Königreich Kolchis durch die griechischen Handelsniederlassungen am Schwarzen Meer – Phasis, Dioskurias und Gienos – in engem Kontakt.

Die ersten Ausgrabungen in Wani unternahm um 1890 der georgische Archäologe Ekvtime Takaischwili. Seit 1966 werden sie unter der Leitung von Professor Otar Lordkipanidse fortgesetzt. Wir treffen ihn in der Nähe des alten Stadttores, wo er mit einigen Helfern einen Tunnel freilegt.

Einer der Assistenten Lordkipanidses, der Archäologe Dima Achwlediani, führt uns durch die antike Stadt.

„Man nennt diesen Hügel auch den Achwledianebis Gora, den Hügel der Achwledianis, weil meine Vorfahren hier im 19. Jahrhundert gelebt haben", schmunzelt Dima Achwlediani, der gut Deutsch spricht.

Der Hügel ist von tiefen Schluchten umgeben, die als Verteidigungsgräben gedient haben. Dima erläutert uns die Funktion der Stadt: Wani war vom 6. bis zum 4. vorchristlichen Jahrhundert die Residenz des einheimischen Adels. Damit wurde es auch zum politischen und wirtschaftlichen Zentrum einer Verwaltungseinheit des kolchischen Reiches, die Strabon als Skeptuchien bezeichnet. Der Reichtum Wanis ist durch zahlreiche Funde belegt. 1962 fand man in dem Grab einer adligen Frau einige hundert silberne und goldene Schmuckstücke. Darunter waren zwei prachtvolle goldene Ohrringe, an denen zwei Reiter auf einem viereckigen Wagen hängen. Dima führt uns zur Stätte, wo man die Gräber gefunden hat. Auf der obersten „Terrasse“ von Wani stand der monumentale Altar, zu dem eine steinerne Treppe führte, von der sich acht Stufen erhalten haben. Durch das Stadttor verlassen wir das Freilichtmuseum Wani. Das Tor ist nur noch in einigen Mauerteilen erhalten. Dima zeigt uns die Spuren gewaltsamer Zerstörung: Geschleifte Mauern, verbrannte Steine und zersplitterte Ziegel. Zweimal wurde Wani im 1. Jahrhundert vor unserer Zeitrechnung überfallen. Die Zerstörung Wanis bedeutete auch den Untergang des Königreiches Kolchis.

Gegenüber von Wani liegt das Museum, in dem die Funde der Ausgrabungen ausgestellt sind. Auf der Veranda des Museums setzen wir uns zu Otar Lordkipanidse. Ein junges Mädchen bringt uns Wein, Feigen, Trauben und Aprikosen.

„Genießen Sie den Ausblick auf die Kolchis“, fordert uns Otar auf und zeigt auf die zu unseren Füßen liegende grüne Tiefebene, die tief im Hintergrund von der Gipfelwand des Kaukasus begrenzt wird. Wir blicken auf eine Landschaft, wie sie Claude Lorrain nicht schöner hätte malen können. Der große Meister der klassizistischen Landschaftsmalerei mit seiner Vorliebe für die Motive des Mittelalters, den Tempeln, Ruinen und Palästen, hätte hier, wo wir jetzt sitzen, seine Staffelei aufstellen sollen. In der stimmungsvollen Beleuchtung des Abendlichts hätte er – vor der Kulisse des Kaukasus – die Überreste der antiken Stadt Phasis malen können, das Ruderboot der Argonauten, die Königsresidenz Geguti und das Kloster Gelati.

„Waren Sie in Gelati?“, fragt uns Otar.

„Ja, häufiger“, antworte ich.

Gelati ist eines der schönsten Klöster der christlichen Welt. Das Kloster liegt an einem Berghang inmitten hoher Laubbäume, die aber den Blick in die Weite freigeben. Die honigfarbenen Bauten harmonieren prächtig mit dem satten Grün der Wälder und dem dunklen Blau des Himmels. Von besonderer Bedeutung sind die Ruinen der Akademie, die im Mittelalter das wichtigste Zentrum der Wissenschaft und Künste in Georgien war. König David Agmaschenebeli, der das Kloster im Jahre 1106 gründete, wollte hier ein zweites Athen erstehen lassen. Gelehrte aus aller Welt kamen nach Gelati. Hier wurden die philosophischen Werke aus dem Griechischen ins Georgische übersetzt und zahlreiche Studenten aus dem In- und Ausland unterrichtet.

In allen Bauten sind Malereien aus dem 12. bis 18. Jahrhundert erhalten. Besonders schön ist das Mosaik in der Altarnische der Hauptkirche. Es zeigt die Gottesmutter mit dem Jesuskind, flankiert von den Erzengeln Michael und Gabriel. Das Mosaik besteht aus mehr als zwei Millionen Steinen und mehr als tausendfünfhundert Farben. Je länger man hinaufsieht, desto mehr hat man den Eindruck, dass sich die Figuren aus dem goldenen Hintergrund lösen und frei in der Luft schweben. Wir können heute nur erahnen, welches Gefühl diese Fresken, die einmal den gesamten Innenraum der Kirche ausfüllten, dem Menschen des Mittelalters vermittelt haben. Er muss sich vor dieser Malerei, die er noch wie ein Buch lesen konnte, wie in einer anderen Welt gefühlt haben.

Im Vordergrund von Gelati sehen wir die Ruinen eines mittelalterlichen Palastes. Das ist Geguti. Der Palast liegt im Schatten dunkler Eichen, die einmal zu einem reichen Wald gehörten. Geguti war die Sommerresidenz und das Jagdschloss der georgischen Königinnen und Könige. Auch sie aßen und tranken gerne. Deshalb gab es einen riesigen Kamin, so groß wie eine Küche. Dort wurden die Keiler und Hasen, die Hirsche, Rehböcke und Fasanen auf einem großen Feuer gebraten. Diener trugen die brutzelnden Braten in den großen Kuppelsaal, wo Königin Tamara und der Hof ihre Feste feierten.

Die Sonne hat sich hinter die Gipfel des Kaukasus zurückgezogen. Ein tiefes Abendrot breitet sich über der Ebene der Kolchis aus. Vor uns, nicht weit entfernt, funkeln die Lichter der Stadt Kutaissi, die in der Antike Kutaia hieß. Sie liegt am Rioni, auf dem vor mehr als dreitausend Jahren die Argonauten nach Wani ruderten. Sie waren aus Griechenland aufgebrochen, um das Goldene Vlies aus der Kolchis zu holen. Unter der Führung von Jason ruderten die fünfzig griechischen Helden – darunter viele Väter der Troja-Kämpfer – durch die Ägäis, über das Marmara-Meer bis zur Meerenge des Bosporus. Hier stießen sie auf das größte Hindernis ihrer abenteuerlichen Fahrt: die starke Oberflächenströmung, mit der das Wasser des Schwarzen Meeres in das Mittelmeer abfließt. Der alexandrinische Bibliothekar Apollonius von Rhodos (295–215 v. Chr.) berichtet uns in seinem Epos „Argonautica" über den Kampf der Ruderer gegen die Strömung zwischen den Felsen des Bosporus, die „wirbelnd von unten bespülte des eilenden Schiffes Lauf." Die Felsen, die sich am Eingang des Schwarzen

Meeres erhoben, die „Irrfelsen“, verdächtigten die Griechen als Ursache dafür, dass die Seefahrer bisher nicht das Schwarze Meer hatten erreichen können. Erst den Argonauten mit ihrem schnellen Schiff, der Argo, gelang es, die Durchfahrt durch die Meerengen zu erzwingen und das Schwarze Meer zu erreichen. Der griechische Lyriker Pindar preist ihre Verdienste: „Die Fahrt der Halbgötter brachte die Irrfelsen zum Stillstand.“ An diesen Felsen waren bis zur Argo alle Ruderboote zerschellt. Natürlich waren nicht die Felsen die eigentliche Ursache für die Schiffbrüche, sondern die unberechenbaren Unterwasserströmungen. Denn es gibt zwei Strömungen in den Meerengen des Bosporus: Auf der Oberfläche mussten die griechischen Ruderboote und die Tanker von heute gegen eine schwache aber beständige Südströmung kämpfen, die das Wasser des Schwarzen Meeres in das Mittelmeer bringt. Aber nur fünfzehn Meter darunter fließt das Wasser in entgegengesetzter Richtung. Ein starker Strom spült das Wasser des Mittelmeeres durch den Bosporus zum Schwarzen Meer. Dieser Unterwasserstrom könnte also ein Überbleibsel der Großen Flut sein, der Sintflut.

„Wann gelang es den Argonauten, die Meerengen zu durchfahren?“, frage ich Otar Lordkipanidse, der genüsslich den imeretischen Wein schlürft.

„Wir nehmen an, dass die Argonauten um 1400 vor unserer Zeitrechnung, also vor dem Trojanischen Krieg, in die Kolchis kamen. Das ist die griechische Tradition. Genau wissen wir das aber nicht“, antwortet er in geläufigem Deutsch. Dass damals die Fahrt durch die Meerengen mit griechischen Ruderbooten möglich war, hat der irische Forscher Tim Severin bewiesen. Er ließ eine neue Argo bauen und kam 1984 mit diesem Boot bis nach Wani.

Nachdem die Argonauten die Meerengen bezwungen hatten, ruderten sie auf dem Schwarzen Meer ostwärts bis zur georgischen Schwarzmeerküste, wo das Königreich Kolchis lag. Der Argonautenführer Jason verlangte nun vom Kolchis-König Aietes das Goldene Vlies. Aietes war aber nur bereit, das Goldene Vlies herauszugeben, wenn Jason zwei Aufgaben erfüllte. Er musste mit feuerschnaubenden Stieren pflügen und gegen Krieger kämpfen, die aus Drachenzähnen wuchsen. Medea, die Tochter des Aietes, die mit Zauberkünsten wohl vertraut war, verliebte sich in Jason und gab ihm eine Salbe, die ihn gegen den Feueratem der Stiere schützte. So bestand Jason die erste Aufgabe. Unter die Krieger der Drachensaat warf Jason auf Medeas

Rat einen Stein, worauf sie die Waffen gegeneinander kehrten und Jason einzeln zum Opfer fielen. Als Aietes nun trotzdem das Goldene Vlies nicht herausgeben wollte, raubte Jason das Vlies, nachdem er dessen Wächter, den hundertäugigen Drachen, mit einem Zaubertrank Medeas eingeschläfert hatte. Die Argonauten flüchteten dann mit Medea und kehrten auf weitem Umweg in die griechische Heimat zurück.

„Was ist nun der historische Kern der Argonautensage?", frage ich Otar Lortkipanidse.

„Ich meine, der wichtigste Kern ist, dass die Griechen zu dieser Zeit die Durchfahrt durch die Meerenge am Bosporus schafften. Zweitens beweist die Sage den Reichtum Georgiens an Edelmetallen, Kupfer, Gold und Silber. Strabon schreibt das schon. Ich bin mit ihm einverstanden. Seine Mutter war Lasin, deshalb hatte er gute Informationen. Das Gold gewann man übrigens, indem man Schafsfelle in den Flüssen aufspannte, in denen es sich verfing. Die Swanen machen das heute noch." Davon konnte ich mich überzeugen, als ich vor drei Jahren in Swanetien war, wo noch heute diese Technik angewandt wird.

Es ist ein wundervoller Abend, mild und still. Eine kühle Brise hat die Tageshitze vertrieben. Im schummrigen Zwielicht der Dämmerung breitet sich vor uns die kolchische Ebene aus, weit wie das Meer, grün und voller kleiner Dörfer. Dunkelgrün leuchten die quadratischen Zitronenfelder und Apfelsinenplantagen. Die südlichen Früchte wachsen heute dort, wo früher das ganze Land in Schlamm und fauligen Sümpfen erstickte.

„Wussten Sie, dass schon die Kolcher versucht haben, die Sümpfe trocken zu legen?", fragt uns Otar. „Durch Kanäle und Wassergräben hatten sie es im zweiten Jahrtausend vor Christi Geburt geschafft, dass die Sümpfe trocken waren und das ganze Gebiet landwirtschaftlich genutzt werden konnte."

Im Laufe der Jahrhunderte aber zerfiel das künstliche Werk der Trockenlegung und der Dschungel eroberte sich die Kolchis zurück. Der Wasserreichtum des Kaukasus, eigentlich ein Geschenk der Götter, machte aus der kolchischen Ebene einen faulig stinkenden Sumpf. Die Bergflüsse Rioni, Enguri und Supsa, die aus den Bergen des Kaukasus in das Schwarze Meer strömen, schwemmten über Jahrtausende Sand und Schlamm an die Flussmündungen. Dort richteten sich riesige Dünen auf, die wie Sandpfropfen den Abfluss des Wassers verhinderten. Bei Hochwasser, das durch Regen oder die Schneeschmelze ausgelöst wurde, trat das Wasser über die Ufer, überschwemmte den Dschungel und verwandelte die Kolchis in einen trüben See. Die Wälder der Kolchis versanken tief im Wasser. Unter den Kronen der Erlen, die keinen trockenen Boden brauchen, wucherte ein unpassierbares Dickicht von Rhododendron, Waldreben und Farnenkraut. Endlose Lianen umschlangen die Bäume und durchdrangen die Wälder. In den Sümpfen faulte das warme Wasser, das zur Brutstätte der Malaria wurde. Die Bevölkerung zog sich zurück und lebte nur entlang der Flüsse und an der Küste in hohen Pfahlbauten.

Die noch junge Sowjetregierung nahm in den zwanziger Jahren den Kampf gegen Überschwemmungen und Dammbrüche auf. Sie ließ Abflüsse durch die Dünen stechen, so dass die Fluten der Flüsse sich wieder in das Schwarze Meer ergießen konnten. Kanäle wurden gezogen, Dämme aufgeschüttet und das Dickicht gerodet. Durch künstliche Verschlammung wurde fruchtbarer Ackerboden gewonnen. Eukalyptusbäume, so hoch wie Kirchturmspitzen, brachten das Grundwasser zum Verdunsten.

Heute sind die Sümpfe trockengelegt und das Land ist urbar gemacht. Nur rings um die Hauptstadt Poti hat sich ein kleines Gebiet des kolchischen Sumpfes erhalten, das heute als Naturpark geschützt ist. Mittendrin liegt der See Paliastomi, der von dunkelgrünem Ried und gelblichem Schilf umschlossen ist. In den See münden einige hundert kleine Flußläufe, auf denen die Bauern auf Steckkähnen zu den Feldern fahren, um den Mais zu ernten.

Am südlichen Rand des Sees befindet sich das kleine Dorf Supsa. Die Dächer der kleinen Bauernhöfe liegen im Schatten von vier riesigen weißen Öltürmen. In ihnen lagern 1 Million Tonnen Öl, das im Kaspischen Meer vor Baku gefördert wird und über eine Pipeline nach Supsa an das Schwarze Meer transportiert wird. Die Rohrleitung verläuft 830 Kilometer über Aserbaidschan und Georgien und hat eine tägliche Kapazität von 115 000 Barrel Rohöl. Am 4. April 1999 legte der erste Tanker, das italienische Schiff AGIP PIEMONTE, im Hafen von Supsa an, um die erste Ladung aserbaidschanischen Öls zu bunkern. Damit ist das lange Tauziehen, ob die Trasse der Pipeline über Russland, Georgien oder den Iran führen würde, beendet. Marina Maisuradse, die vor vier Jahren, als wir Batumi besuchten, prophezeit hatte, dass Georgien die Pipeline erhalten würde, hat Recht behalten. Georgien hat die Pipeline. Sie ist die erste Rohrleitung für das kaspische Öl und das zentralasiatische Gas, die nicht über russisches Territorium führt. Das schwarze Gold fließt in einer unterirdischen Röhre vom Kaspischen zum Schwarzen Meer. Für Georgien bedeutet die Pipeline mehr als nur Arbeitsplätze und Transitgebühren, die kassiert werden. Sie ist ein Symbol für die Anbindung an die westliche Welt, der sich Georgien zugehörig fühlt. Früher waren es die griechischen Stadtgründungen Dioskurias, Phasis und Gienos, über die Georgien mit dem Westen verbunden war. Alle drei Städte sind übrigens noch nicht gefunden. Dioskurias vermutet man in der Bucht von Sochumi, Gienos in der Nähe von Otschamtschira und Phasis östlich von Poti. Über Phasis verlief im Altertum eine der wichtigsten Handelsstraßen von Osten nach Westen. Im Mittelalter war es dann die Seidenstraße, die den Handel von Europa nach Asien über Georgien führte. Und heute ist es die Pipeline, die Georgien zum Scharnier zwischen dem Westen und dem Osten macht. „Die Pipeline ist die Garantie unserer Unabhängigkeit. Amerika wird es nicht zulassen, dass sie in andere Hände gerät", erklärt Otar.

Wir sitzen immer noch mit Otar auf der Terrasse des Museums von Wani. Es ist Mitternacht. Der Mond legt ein silbriges Licht über die Kolchis. Otar weist in die Ferne: „Da unten, nicht weit von hier, liegt das Dorf Tschqwischi. Da wurde unser großer Dichter Galaktion Tabidse geboren."

Galaktion Tabidse (1891–1956) gehört mit Nikolos Barataschwili und Schota Rustaweli zum Dreigestirn der georgischen Dichtung. In seiner Jugend wurde er von den französischen Symbolisten Verlain und Mallarmé beeinflußt, er selber sah sich aber ganz in der Tradition georgischer Dichtung und als Nachfolger und Vollender Akaki Zeretelis und Nikolos Barataschwilis. Galaktion Tabidse war mit Olga Okudschawa verheiratet. Nachdem sie 1937 nach Russland deportiert worden war, wo sie 1944 erschossen wurde, verfiel er in schwere Depressionen. 1956 sprang er in der Psychiatrie aus dem Fenster in den Tod.

Galaktion, wie ihn die Georgier liebevoll nennen, soll über das absolute Gehör verfügt haben. Seine Gedichte sind fast mehr Musik als Sprache. In der deutschen Übersetzung kann der Leser die Musik des Originals zumindest erahnen:

> Wind, der weht
> Wind, der weht, Wind, der weht, Wind, der weht
> und das Laub mit sich reißt ohne Ruh,
> Baum für Baum biegt – das Heer! – beugt er, fleht:

Wo bist du, wo bist du, wo bist du?
Wie es rinnt, wie es schneit, wie es schneit,
ewiglich such ich dich ... allezeit!
Mit mir ist dein Gesicht, wie es war,
überall, Tag und Nacht, immerdar!
Himmelfern wie im Kopf Nebel geht ...
Wind, der weht, Wind, der weht, Wind, der weht!
(Nachdichtung von Elke Erb)

18. Gespräche in Zchinwali

Oktober 1999

Das Wetter ist sommerlich. Das Fenster meiner Wohnung in der Abaschidse-Straße, die ich für zwei Wochen gemietet habe, lasse ich Tag und Nacht geöffnet – so warm ist es noch im Oktober. Draußen auf der Barnow-Straße und der Tschawtschawadse-Avenue braust der Verkehr. Der Rustaweli-Prospekt, die Prachtmeile von Tiflis, die 1992 und 1993 bei Tag und bei Nacht fast menschenleer war, ist bis in die späten Nachtstunden belebt. Die Menschen strömen scharenweise aus der Paliaschwili-Oper, aus dem neuen Kino, das gegenüber vom Parlament eröffnet wurde, und aus den vielen Restaurants, Cafés und Bars. Kaum ein Tag vergeht, ohne dass irgendwo in Tiflis ein neues Restaurant eröffnet. Es ist die zweite Gründungswelle, die Georgien erfasst hat. Die erste flaut langsam ab – es gibt nun wirklich genug Tankstellen! Einige Georgier glauben freilich immer noch, mit einer Tankstelle das schnelle Geld machen zu können. Autos jedenfalls gibt es genug. Am Tage staut sich der Verkehr auf dem Rustaweli-Prospekt so sehr, dass wir mit der U-Bahn schneller sind. Aber auch kurz vor Mitternacht sind noch alle sechs Spuren des „Rustaweli“ dicht befahren.

Margot Mezchi und ich stehen vor dem „Ersten Gymnasium“, das im Weihnachtskrieg 1991/92 zerstört wurde und jetzt wieder aufgebaut ist. Auch in dem gegenüberliegenden Prachthotel „Tbilissi“, das ausgebrannt war, werden bald wieder Touristen übernachten können. Auf der Höhe des renovierten Parlaments, auf dem die georgische Flagge friedlich im Abendwind flattert, müssen wir den Rustaweli-Prospekt überqueren. Das sei niemandem – auch nicht am späten Abend – empfohlen! Mit dem ersten Anlauf kommen wir bis zur zweiten Spur, müssen dort aber vor einem heransurrenden Trolleybus ausweichen und zur ersten Spur zurückkehren. Zwei Spuren vor, eine zurück. Dort warten wir, bis die beiden Fahrbahnen vor uns frei werden und wir zur Mittellinie vorgehen können. Auf der Mittellinie müssen wir uns länger gedulden. Alle sechs Spuren sind plötzlich befahren. Wie auf dem Mittelstreifen einer Autobahn sind wir eingeklemmt zwischen rasenden Mercedes und Kleinbussen. Zwischen den Autoreifen und unseren Schuhen würde gerade noch ein Taschentuch Platz finden.

„In welches Restaurant gehen wir?", fragt Margot seelenruhig. „Zum Italiener am Schwefelbad", schreie ich zurück.

Neben uns steht mittlerweile eine Greisin, die keine Geduld zeigt. Mit starrem Blick nach vorn schwenkt sie ihren Krückstock in die Höhe und gebietet den Autofahrern anzuhalten. Quietschend kommen die Autos der ersten Spur, der zweiten und dritten zum Stillstand, und sicher geleitet sie uns auf die andere Seite.

Eine Stunde vor Mitternacht treffen wir in meinem Lieblingslokal ein, dem „Ristorante Roma", das direkt neben dem Orbeliani-Bad liegt. Wir finden noch einen Platz auf der Galerie, von der wir einen schönen Ausblick auf das mittelalterliche Tiflis haben. Vor uns liegen die kugeligen Schwefelbäder und jenseits des Mtkwari die Metechi-Kirche, die im gelben Licht der Scheinwerfer leuchtet. Tiflis hat wieder Strom! Die Stromversorgung hat seit einiger Zeit das amerikanische Unternehmen „AES-Telassi" übernommen, das auch selbst die Stromgebühren eintreibt. Wer keine Gebühren bezahlt, dem wird der Strom abgestellt. Seitdem gibt es Strom und Wasser. Für mich ist es noch ein ungewohntes Gefühl, morgens nach dem Lichtschalter zu tasten und die Deckenlampe leuchten zu sehen. Auch bin ich immer wieder überrascht, wenn ich den Wasserhahn aufdrehe, tatsächlich das Leitungswasser sprudeln sehe und mich in aller Ruhe duschen kann.

Die Gäste im „Ristorante Roma" kommen und gehen. Auch im gegenüberliegenden Restaurant, das in die Schwefelbäder eingebaut ist, herrscht noch großer Andrang.

„Weißt Du, Fried", sagt Margot, „Tiflis wird bald wieder die meisten Restaurants pro Kopf in der Welt haben." Daran hege ich keinen Zweifel. Gerade in der Altstadt gibt es fast kein Gebäude mehr, in dem nicht ein Restaurant oder eine Bar auf Gäste warten würde. Wo es kein Restaurant gibt, eröffnet eine Galerie ihre Türen, in der einer der ungezählten georgischen Künstler seine Werke ausstellt.

Weit nach Mitternacht bummeln wir über bevölkerte Straßen nach Hause. Die jungen Menschen sind nicht mehr wie früher schwarz in schwarz angezogen, sondern tragen bunte und elegante Kleidung. Kurz vor meiner Wohnung betrete ich einen Supermarkt, der bis zwei Uhr morgens geöffnet bleibt. Vor vier Jahren noch, als ich Tiflis verließ, gab es hier in Wake nicht ein einziges Geschäft. Jetzt gibt es fast an jeder Straßenecke einen Supermarkt, in dem es alle erdenklichen Lebensmittel gibt. Ich kaufe für mein Frühstück ein und gehe nach Hause. Erst gegen vier Uhr morgens kommt Tiflis zur Ruhe.

Früh am nächsten Morgen brechen Margot und ich nach Zchinwali auf, dem Regierungssitz der „Republik Süd-Ossetien". Wir werden begleitet von Mascha Tadetischwili, die das Büro der „OSZE-Mission in Georgien" in Zchinwali leitet. Die „Organisation für Sicherheit und Zusammenarbeit in Europa" ist seit November 1992 mit einer Mission in Georgien vertreten, deren Aufgabe es ist, die Verhandlungen zwischen den Osseten und Georgiern zu fördern, um eine politische Lösung des Konflikts zu erreichen.

Der Weg nach Zchinwali führt über Gori. In diesem Provinznest wurde im Jahre 1879 Stalin als Josef Dschugaschwili geboren. Das Pseudonym Stalin – der „Stählerne" – wurde erst um 1917 sein offizieller Name. Sein Vater war der ossetische Schuster Bessarion Dschugaschwili, seine Mutter die Georgierin Ekaterina Giladse. In Stalins Elternhaus, einem gar nicht so ärmlichen Zwei-Zimmer-Haus aus Ziegelstein, wurde Georgisch gesprochen und Stalin wuchs auf wie andere georgische Kinder seiner Zeit auch. Je höher er aber auf der Leiter der Macht stieg, desto stärker kappte er die Bindungen zu seinem Heimatland. Spätestens als er unbeschränkt in Moskau herrschte, hatte er allen georgischen Staub seiner Heimatstadt Gori von seinen Schuhen geschüttelt. Er hielt sich nicht mehr für einen Georgier. Von seiner Tochter Swetlana wird berichtet, dass sie ihn für „vollkommen russifiziert" hielt. Stalin hatte aber nicht nur die Brücken nach Georgien abgebrochen, sondern er hasste die Georgier, weil „sie sich für eine europäische Insel in der asiatischen See hielten." In Gori steht sein Geburtshaus, eingerahmt von einer klassizistischen Kolonnade und einem Museum, das Stalins Leben verherrlicht. Von den Millionen, die dieser „unnatürliche Mensch", wie Winston Churchill ihn nannte, im Großen Terror und in den Arbeitslagern töten ließ, erfährt der Besucher nichts. Und noch steht nirgendwo in Georgien eine Gedenkstätte für die Opfer des Stalinismus und Kommunismus.

Wir lassen auch diesmal die Gespensterstadt Gori links liegen und biegen rechts nach Zchinwali ab. Eine lange und breite Platanenallee führt uns zum Großen Kaukasus, der im roten Morgenlicht glänzt.

Nach wenigen Kilometern erreichen wir die „Grenze" zur „Republik Süd-Ossetien". Wenn wir nicht wüssten, dass es sich hier um eine Grenze handelt, dann hätten wir es nicht bemerkt. Kein Schlagbaum, keine Passkontrolle – nur drei baufällige Häuser, in denen das russische Militär, die georgische Polizei und die süd-ossetische Miliz untergebracht sind. Über dem Gebäude der süd-ossetischen Miliz weht die weiß-rot-gelbe Flagge der „Republik Süd-Ossetien". Wir könnten ohne Kontrolle passieren, vorher wollen wir aber den Markt besuchen, der hier auf freiem Feld Waren aller Art anbietet. Durch ein Spalier georgischer und russischer Lastwagen betreten wir eine der größten inoffiziellen Freihandelszonen der Welt. 700 Lastwagen haben sich wie in einem Straßendorf in Reih und Glied aufgestellt. Die Schwarzhändler kaufen die Waren in Russland, schmuggeln sie über den Roki-Paß nach Georgien und verkaufen sie ohne Verzollung und Besteuerung an georgische Käufer weiter.

„Alles Konterbande", lächelt Mascha Tadetischwili.

Auf den Ladeflächen der Lastwagen werden die Waren angeboten: Von Arzneien bis zum Zement ist alles zu haben. In einem Lastwagen sehen wir einen neuen BMW der 5er Reihe. Ich frage den Schieber, ob er mir auch einen blauen BMW Z-3 Cabrio besorgen könne. „Natürlich", antwortet er. Nur in der Farbe könne er sich leider nicht festlegen. Aber in zwei Wochen könnte ich meinen BMW Cabrio bei ihm abholen. Das ist zu spät, antworte ich bedauernd. Leider müsse ich schon übermorgen nach Deutschland zurückfliegen. So kommt der Handel nicht zustande.

Wir beenden unseren Rundgang über den größten Schwarzmarkt der Welt und fahren nach Zchinwali hinein. Noch im Jahr 1992, als ich das erste Mal Zchinwali besuchte, musste ich hier an der „Grenze" vom ossetischen „Außenminister" Petre Medojew abgeholt werden. Heute hingegen herrscht ein reger Pendelverkehr zwischen Zchinwali, Gori und Tiflis.

Zchinwali, in einer tiefen Mulde vor dem hohen Berghang des Kaukasus gelegen, ist eine unansehnliche Kleinstadt. Seit den siebziger Jahren verfallen die öffentlichen Gebäude und privaten Häuser. Der Putz bröckelt überall von den Wänden, die Dächer werden nur notdürftig geflickt. Kein Haus ist frisch gestrichen. Die Straßen haben Schlaglöcher, die bis zu einem Meter tief sind.

„Unsere ökonomische Situation ist katastrophal", klagt eine junge ossetische Frau, die wir auf der Hauptstraße treffen. „Seit zehn Jahren haben wir keinen Strom mehr, kein Gas und keine Heizung. Wasser gibt es nur selten. In Zchinwali wird nichts produziert", fährt sie fort. „Die einzige Einnahmequelle, die wir haben, ist der Roki-Tunnel. Wer durch den Tunnel nach Nord-Ossetien, nach Wladikawkas fahren will, muss für eine Fahrt zwölf Mark bezahlen." Das ist eine horrend hohe Summe, wenn man bedenkt, dass das monatliche Durchschnittseinkommen in Zchinwali vier Mark beträgt. Als ich die Frau frage, wo die Einkünfte aus dem Tunnel bleiben, winkt sie nur müde ab. Das wisse sie auch nicht. Der Roki-Tunnel wurde im Jahr 1988 gegen georgischen Protest auf Weisung Moskaus gebaut. Er untergräbt den natürlichen Schutzwall – die „Spanische Wand" – der 5000 Meter hohen Berge des Kaukasus, die sich hinter Zchinwali erheben, und verbindet seither ganzjährig das nördliche und südliche Ossetien. Im Norden des Kaukasus liegt die Nord-Ossetische Republik, die im Jahr 1924 geschaffen wurde. Heute ist der Tunnel in einem sehr schlechten Zustand. Häufig ist er geschlossen oder das Wasser steht so hoch, dass er nur mühsam befahren werden kann. Die Fahrt von Zchinwali nach Wladikawkas dauert mindestens sechs Stunden, im Winter aber erheblich länger. Nach Tiflis sind es knapp zwei Stunden – ohne Maut. Im Sommer ist Wladikawkas auch über die „Ossetische Heerstraße" zu erreichen, die allerdings über rein georgisch bewohntes Gebiet – über Oni und Schowi – führt. Diese Fahrt, die nur im Juli und August möglich ist, dauert mindestens einen Tag.

Die „Republik Süd-Ossetien", die – vom Roki-Tunnel abgesehen – gänzlich von georgisch bewohntem Gebiet eingekreist ist, misst nur 3900 Quadratkilometer. Das ist ungefähr die doppelte Fläche der Hansestadt Hamburg. Höchstens ein Viertel dieses Territoriums ist aber bewohnt. Der Rest besteht aus unzugänglichen Hochgebirgslagen. Man könnte sich die „Republik Süd-Ossetien" auch wie eine doppelköpfige Fernsehantenne vorstellen: Der Fuß ist Zchinwali, die beiden Antennen sind die Straßen nach Oni und zum Roki-Tunnel. Auf den beiden Straßen wechseln allerdings georgische und ossetische Dörfer einander ab. Im Jahre 1989, vor dem Konflikt, hatte „Süd-Ossetien" rund hunderttausend Einwohner, von denen zwei Drittel Osseten und ein Drittel Georgier waren. Weitere rund hunderttausend Osseten wohnten im übrigen Georgien. Heute ist die Einwohnerzahl schwer zu schätzen. In Zchinwali dürften maximal circa zwanzigtausend Menschen leben, ganz überwiegend Osseten. In den übrigen ossetischen Dörfern dürften weitere zehntausend Osseten wohnen. Die georgischen Einwohner werden insgesamt auf rund zwanzigtausend geschätzt. Genaue Zahlen gibt es aber nicht.

Woher kamen die Osseten nach Georgien und wie kam es zur Ausrufung der „Republik Süd-Ossetien"?

Die rund 500 000 Osseten sind ein indo-germanisches Volk, deren Sprache zum iranischen Zweig der indo-germanischen Sprachfamilie gehört. Ihre Sprache ist also verwandt mit dem Persischen, Afghanischen und Kurdischen. Sie schreiben heute in kyrillischer Schrift. Die Osseten, die sich selber „Iron" und ihr Land „Iriston" nennen, sehen sich als Nachfahren der Skythen und späteren Alanen. Diese Stämme bewohnten die Steppen des südlichen Russlands und die nördliche Abdachung des Großen Kaukasus. Dort bildeten sie im 11. bis 12. Jahrhundert bedeutende Stammesvereinigungen, mit denen die georgischen Könige gute Beziehungen pflegten. So nahm die georgische Königin Tamara den Sohn des Ossetenherrschers, David Soslan (1180–1210), zum Gemahl. Nach dem Einfall der mongolischen Heere im 13. Jahrhundert mussten die Osseten vor den andrängenden Völkern des Fernen Ostens in die Hochtäler des Kaukasus zurückweichen. Den Kamm des Großen Kaukasus überquerten sie seit dem 14. Jahrhundert und besiedelten seitdem georgischen Boden entlang des Großen Liachwi. Im 17. und 18. Jahrhundert erreichte die Einwanderungswelle ihren Höhepunkt und kam erst im 19. Jahrhundert zum Stillstand.

Eine eigene administrative Einheit innerhalb Georgiens erhielten die Osseten erst im 20. Jahrhundert: Am 20. April 1922 wurde das „Autonome Gebiet Süd-Ossetien" geschaffen. Dieses Gebiet umfasste neben den ossetischen Dörfern rund vierzig georgische Dörfer und die Siedlung Zchinwali, die mehrheitlich georgisch besiedelt war und in der nur wenige ossetische Familien wohnten. Die Autonomie war die Belohnung der Osseten durch Moskau dafür, dass sie sich während der Demokratischen Republik Georgien (1918–1921) dreimal gegen die legitime georgische Regierung erhoben hatten, um die Sowjetmacht in Georgien zu errichten. Mit dieser Autonomie verlegte Russland, das Georgien 1921 wieder besetzt hatte, eine „Mine" auf georgischen Boden, die einige Jahrzehnte später explodieren sollte. Der stellvertretende Ministerpräsident der Demokratischen Republik Georgien, Grigol Lortkipanidse, schrieb 1921: „Russland brauchte die Republik Abchasien als Einfallstor nach Georgien und als stützenden Brückenkopf seiner Kolonialpolitik. Die gleiche politische und strategische Rolle verordnete der Moskauer Imperialismus dem sogenannten „Südossetien". Das wirkliche Ossetien liegt jenseits des Kasri-Tals auf der anderen Seite des Kaukasus, aber dort hat es Russland überhaupt nicht für nötig befunden, ein rein ossetisches Staatsgebilde mit der Bezeichnung Nordossetien oder einem ähnlichen Namen zu schaffen. Dort beließ es die Osseten, Inguschen und andere in einer autonomen Bergrepublik. Doch in Georgien, wo die Osseten Flüchtlinge und Kolonisten sind, schnitt es ihnen aus vier Gebieten künstlich eine ossetische Autonomie unter Einbeziehung vieler georgischer Dörfer heraus. Diese Maßnahme ist nur darauf gerichtet, Streit zwischen Osseten und Georgiern zu entfachen, und die Einfallstore nach Georgien völlig in Moskauer Hand zu behalten."

Dieser Streit zwischen den Osseten und Georgiern, den Lortkipanidse vorhersah, entbrannte in voller Schärfe, als die Sowjetunion in den letzten Zügen lag. Im Zeitraffer betrachtet, geschah folgendes: Seit 1988 verschärften sich die Spannungen zwischen Osseten und Georgiern. Auf georgischer Seite war es vor allem Swiad Gamsachurdia, der den georgischen Nationalismus anheizte, auf ossetischer Seite war es die nationalistische Organisation „Adamon Nichas" („Volksgespräch"). 1989 kam es zu ersten bewaffneten Auseinandersetzungen. Am 20. September 1990 schließlich entschied der Oberste Sowjet des „Autonomen Gebiets Süd-Ossetien", die „Demokratische Sowjetrepublik Süd-Ossetien" (später „Republik Süd-Ossetien" genannt) zu gründen und damit aus dem georgischen Staatsverband auszuscheren. Der Oberste Sowjet Georgiens widerrief nicht nur diese Entscheidung, sondern annullierte am 11. Dezember 1990 die Autonomie des Gebiets „Süd-Ossetien". Seit Januar 1991 intensivierten sich die Kämpfe zwischen Osseten und Georgiern in der Umgebung Zchinwalis. Mehrere zehntausend Georgier mussten aus ihrer Heimat fliehen. Auch wurden einige zehntausend Osseten, die außerhalb Süd-Ossetiens in ossetischen Dörfern in Georgien lebten, von den Georgiern verdrängt oder vertrieben. Schließlich gelang es Schewardnadse, mit dem Abkommen von Sotschi vom 6. Juni 1992 einen Waffenstillstand herbeizuführen, der von Georgien, Russland, Süd-Ossetien und Nord-Ossetien unterzeichnet wurde. Seitdem kontrolliert eine Friedenstruppe aus einem georgischen, russischen und süd-ossetischen Bataillon den Waffenstillstand.

Der Waffenstillstand regelt aber nicht die Status-Frage der ehemaligen autonomen Region, sondern sichert nur den Status quo. Damit erreichte die georgische Regierung, dass die bis dahin in „Süd-Ossetien" verbliebenen Georgier – rund 15 000– in ihren Dörfern bleiben konnten.

„Wie viele georgische Flüchtlinge sind seit 1992 zurückgekehrt?", frage ich Minister Kosta Zugajew, den ossetischen „Vorsitzenden des Staatlichen Komitees für Information und Presse".

„Einige hundert Familien", antwortet Zugajew. „Wir sind aber bereit für die Rückkehr weiterer Familien."

Wir sitzen dem ernst blickenden Minister, der um die vierzig Jahre alt ist und kein Mal lächelt, in einem feuchten und klammen Büro gegenüber. Draußen ist es wärmer als im Arbeitszimmer des Ministers, in das kein Sonnenstrahl dringt, da die Gardinen nie aufgezogen werden. Der Minister, der eigenhändig eine Erklärung in eine uralte Schreibmaschine tippt – eine Sekretärin hat er nicht –, arbeitet in einem schäbig glänzenden Mantel. Die Uhr auf seinem Schreibtisch geht nicht etwa eine Stunde nach, sondern ist mit Absicht auf Moskauer Zeit gestellt. Damit besteht zwischen Zchinwali und dem übrigen Georgien eine Stunde Zeitunterschied! Auch der Minister räumt ein, dass die aus politischen Gründen gewählte Zugehörigkeit zur Moskauer Zeitzone nicht gerade das Leben seiner ossetischen Landsleute erleichtere, die fast ausnahmslos ihren Handel und ihre Geschäfte in Gori und Tiflis betreiben.

Minister Zugajew muss heute „Stallwache" halten. Verloren und einsam sitzt er in einem prächtigen Gebäude, in dem auch die Kanzlei des „Präsidenten" Ludwig Tschibirow und die anderen Ministerien untergebracht sind. Das Regierungshaus ist nicht größer als das Standesamt einer deutschen Kleinstadt. Viel Platz wird nicht benötigt: Minister Zugajew hat zwei weitere Mitarbeiter, das Außenministerium acht, das Innenministerium drei und das Finanzministerium insgesamt fünf Mitarbeiter. Sie alle kommen aber nur zum Dienst, wenn es ihre anderweitigen Tätigkeiten zulassen.

Ludwig Tschibirow und seine Regierung sind heute in Wladikawkas, um den 140. Geburtstag des bedeutendsten ossetischen Dichters Kosta Chetagurow (1859–1906) zu feiern. Chetagurow war es, der das Ossetische zur Literatursprache erhoben hat.

Minister Zugajew, der Ossetisch und Georgisch sprechen kann, unterhält sich mit uns auf Russisch.

In Zchinwali sprechen noch sehr viele Osseten ossetisch. Der Minister gibt zu, dass die georgische Regierung die ossetische Kultur und Sprache in gewisser Weise unterstützt habe. Aber das sei nicht genug gewesen. Jetzt gebe es einen ossetischen Fernsehkanal und eine ossetische Zeitung. Eine richtige „lebendige" Sprache scheint mir Ossetisch aber auch in „Süd-Ossetien“ nicht mehr zu sein. Auch Mascha sagte uns, dass sie zu Hause fast nur Russisch spreche. Schreiben würden alle nur auf Russisch. In Nord-Ossetien ist die Situation der ossetischen Sprache noch schlechter. Kaum einer spricht mehr ossetisch, da die russische Regierung – im Gegensatz zur georgischen – den öffentlichen Gebrauch der ossetischen Sprache nicht duldete und die Russifizierung stark vorangeschritten ist.

Ich frage Minister Zugajew, wie hoch sein monatliches Gehalt sei. Umgerechnet vier Mark, antwortet er. Seit einem Jahr habe er allerdings kein Gehalt mehr erhalten. Wenn es ihm ausgezahlt würde, erhielte er es in Rubel, der offiziellen Währung der „Republik Süd-Ossetien“. Der georgische Lari wird von der Regierung nicht akzeptiert. Auf den Märkten und in den Geschäften Zchinwalis jedoch wird der Lari bevorzugt, weil er stabiler als der Rubel ist. Der Staat habe keine Einkünfte, bedauert Minister Zugajew. Steuern würden nicht gezahlt, nur der Tunnel erlaube Einnahmen durch Transitgebühren, von denen Zugajew fest behauptet, dass sie in den Staatshaushalt einfließen. Auf die Frage, wie die „Republik Süd-Ossetien“ in Zukunft ökonomisch bestehen wolle, zeigt sich Informationsminister Zugajew ratlos. So kommen wir auf die politischen Perspektiven der „Republik Süd-Ossetien“ zu sprechen. Unvermeidbar holt der Minister zu einem längeren Vortrag aus. Die wichtigste seiner Ausführungen kommt am Ende: Zwar sei die Unabhängigkeit „Süd-Ossetiens“ das eigentliche Ziel. Aber man müsse realistisch bleiben. Es gebe Platz für Kompromisse. Wie genau jedoch die statusrechtliche Frage „Süd-Ossetiens“ zu lösen ist, kann und will Zugajew mit mir nicht erörtern.

Von einem Staat „Süd-Ossetien“ kann man jedenfalls nicht sprechen. Die Regierungsgewalt – soweit es überhaupt eine gibt – beschränkt sich auf Zchinwali und einige umliegende ossetische Dörfer. Die politische Landkarte, die sich die „Republik Süd-Ossetien“ entworfen hat, ist jedoch viel größer und entspricht den Grenzen des ehemaligen autonomen Gebiets. Das umfasste auch die rein georgischen Dörfer südlich Zchinwalis und im entlegenen Ksani-Tal, die in den zwanziger Jahren gegen den Willen der Bevölkerung von der Moskauer Diktatur dem autonomen Gebiet zugeschlagen wurden. Warum diese Dörfer heute eine Regierung „Süd-Ossetien“ akzeptieren sollten, wäre den Einwohnern nicht zu erklären. Deshalb könnte auch keine georgische Regierung eine Autonomie „Süd-Ossetiens“ in den alten

Grenzen errichten. Auch die georgische Verfassung aus dem Jahre 1995 sieht keine Autonomie vor. Die georgische Regierung ist aber bereit – Schewardnadse hat das immer wieder bekräftigt –, den Osseten die Selbstverwaltung auf lokaler Ebene zu gestatten und ihre kulturelle Autonomie zu unterstützen und zu sichern. Damit könnten sie in „Süd-Ossetien" ihre Sprache und Kultur bewahren. Im Grunde entspricht der heutige Status quo dieser Vorstellung.

Wir danken Minister Kosta Zugajew für das offene und ausführliche Gespräch. Vor dem Regierungshaus wartet ein Mitarbeiter des Außenministeriums, der auch gern mit uns sprechen würde. Viele Besucher kommen nicht nach Zchinwali.

Wir wollen aber noch ein georgisches Dorf besuchen und rumpeln deshalb über Stock und Stein mit einem Schiguli Richtung Norden. In Tamarascheni, einem langgezogenen georgischen Straßendorf, halten wir vor einer Autowerkstatt, vor der Nikolas Kochadse, ein Mechaniker, mit seinem Freund an einer großen Holztafel sitzt und feiert. Sie leben gerne hier, bestätigt er uns. Zum Glück sei die Straße so schlecht, dass man mit einer Werkstatt viel Geld verdienen könne, feixt ein anderer. Viele georgische Familien seien zurückgekommen. Wie viele wisse er nicht genau, aber in Tamarascheni würden mehr als 200 georgische Familien leben. Mit den Osseten seien die Beziehungen sehr gut. Nur die Mafia, stöhnt er, die sei wirklich ein Problem.

Nachdem wir einige Chinkali verzehrt und Rotwein aus Ambrolauri getrunken haben, gehen wir zur Schule hinüber. Das „Hilfswerk Austria" finanziert die Renovierung des alten Schulgebäudes und baut außerdem neue Unterrichtsräume und eine Sporthalle. Fröhliche Kinder auf dem Schulhof spielen Fußball und prügeln sich. Der Musiklehrer Sasa Kipschidse kommt auf uns zu. Die Situation sei jetzt viel besser, flüstert er uns hinter vorgehaltener Hand zu. Er sei sehr optimistisch, beteuert er. Wie ein Rohrspatz schimpft er dann auf Swiad Gamsachurdia, der mit seinem aggressiven Nationalismus den Konflikt in „Süd-Ossetien" ausgelöst habe. Dann seien die Nationalgarde und die *mchedrioni* wie Furien über die georgischen und ossetischen Dörfer hergefallen. Dieser Spuk sei jetzt zum Glück zu Ende, bekreuzigt er sich. Die Pupillen des Musiklehrers stehen so weit nach rechts und links in seinen Augen, dass man glaubt, er würde um die Ecke schielen, um jederzeit gegen einen neuen Angriff der Truppen Kitowanis gewappnet zu sein.

Auf dem Weg zum Auto sehen wir, dass viele Georgier ihre Häuser reparieren und verschönern. Das ist uns in Zchinwali und den ossetischen Dörfern nicht aufgefallen. Auch sehen wir in georgischen Dörfern sehr viel mehr Jugendliche. Von den ossetischen jungen Menschen zögen leider sehr viele nach Moskau und Wladikawkas, wenn sie die Schule absolviert hätten, hatte der Minister Zugajew bedauert. Wo könnte ich in Zchinwali Arbeit finden, meinte eine Schülerin, die wir auf der Straße angesprochen hatten. Sie hat, wie viele Osseten, bislang nur einen alten sowjetischen Pass, den kein Staat außer Russland mehr anerkennt. Wenn sie reisen will, muss sie einen georgischen Reisepass beantragen.

Zum Abschluss unserer Fahrt möchte uns Mascha in das „Kasbegi-Restaurant“ einladen, dass sich am Ortsende Zchinwalis befindet. Vorher besuchen wir noch die orthodoxe Kirche Zchinwalis. Mascha ist wie alle Osseten in Georgien orthodox, in Nord-Ossetien ist die Mehrheit christlich, rund ein Drittel der dort lebenden Osseten ist jedoch muslimisch.

Vor dem Kasbegi-Restaurant, das ein georgisch-ossetisches Gemeinschaftsunternehmen ist, stehen ein Mercedes der S-Klasse und ein gepanzerter Mercedes-Geländewagen. Sie gehören dem Sohn des Präsidenten Ludwig Tschibirow, der, wie bei solchen Staatsgründungen üblich, Chef der Miliz ist.

In dem schlicht eingerichteten Restaurant bestellen wir ossetische Chatschapuri und georgischen Wein. Wir sind umringt von Männern, die am Status quo „Süd-Ossetiens“ gut verdienen und sichtlich kein Interesse an einer übergeordneten georgischen Staatsgewalt haben. Wohin die Transitgebühren aus dem Tunnel fließen, wissen wir jetzt auch.

Wir lassen uns den Appetit nicht verderben. Das Restaurant Kasbegi ist auch ein Symbol dafür, dass die Osseten und Georgier wieder zusammenfinden. Mascha und Margot sind jedenfalls sicher, dass Osseten und Georgier wieder friedlich miteinander leben können.

19. Zur Weinlese in Kachetien

Oktober 1999

Wie alt ist der Wein?", frage ich.

„Sehr alt", beteuert Giorgi Dakischwili, der Kellermeister des „Teliani Weingutes".

„Wie alt genau?", bohre ich nach.

„Zwei Jahre", antwortet Giorgi mit ernster Miene. Dann lacht er. „Er ist genauso alt wie unser Weingut. Zwei Jahre. Dieser Rotwein ist der erste Wein, den wir gemacht haben."

Das Weingut Teliani liegt im Herzen der Provinz Kachetien, der größten Weinbauregion Georgiens. Zu Hunderten und zu Tausenden bedecken die mannshohen Weinstöcke die fruchtbare Niederung des Alasani-Tals, dessen Klima mild und gesund ist. Aus der Ferne betrachtet stehen sich die riesigen Weinfelder wie bunt uniformierte Heerscharen gegenüber. Im Norden wird das Tal durch den Hauptkamm des Großen Kaukasus geschützt, der die kalten Nordwinde abfängt. Im Westen erstreckt sich der zweitausend Meter hohe Gombori Gebirgszug, dessen Hänge sanft zum Fluss Alasani abfallen, der sich silbrig glänzend durch die Ebene schlängelt. Auf diesem Abhang verläuft, der Sonne zugewandt, von Gurdschani bis Achmeta über vierzig Kilometer die „Georgische Weinstraße". Wer von Tiflis nach Teliani fahren möchte und nicht die halsbrecherische Fahrt über den Gombori-Pass wählt, die fast immer vor einem Erdrutsch ihr Ende findet, der fährt die „Georgische Weinstraße" entlang. Gurdschani, Tsinandali, Wasisubani – das sind Orte, die im Westen noch keiner kennt. Für die Weinliebhaber im östlichen Europa aber haben diese Namen denselben Klang wie für uns Johannisberg und Winkel im Rheingau. In diesen georgischen Dörfern gedeihen die Spitzenweine des Kaukasus. Jedes Dorf hat seine Rebsorten und seine Weine mit ihrem einmaligen Geschmack. Die Dörfer der Weinstraße reihen sich so eng aneinander, dass uns nur die Ortsschilder mitteilen, in welchem Weindorf wir uns gerade befinden. Die Häuser stehen dicht an dicht und gehen mit einer blinden Wand zur Straße hinaus. So wirken die Dörfer auf uns wie langgestreckte Wehranlagen. In dieser Bauweise wird die leidvolle Geschichte Kachetiens sichtbar, das seit Mitte des 16. Jahrhunderts unter dem Joch der Perser zu leiden hatte. Immer wieder überfielen persische Eindringlinge das reiche Kachetien, zerstörten Kirchen und Dörfer. Nachdem die Kachetiner sich im Jahre 1615 gegen die persischen Besatzer erhoben hatten, verwüstete Schah Abbas (1587–1629) das Land und verschleppte 100 000 Georgier nach Isfahan in Persien, wo ihre Nachfahren bis heute leben. Bei jedem ihrer Raubzüge vernichteten sie die Weinberge Kachetiens, die sie abholzten oder verbrannten. Damit konnten sie aber in Georgien, wo der Wein geradezu zum Symbol des christlichen Glaubens geworden ist, den Weinbau nicht ausrotten.

„Wir haben unsere Weinberge immer wieder neu angepflanzt", erläutert uns Giorgi Dakischwili. „Schließlich waren es Georgier, unsere Vorfahren, die den Weinbau erfunden haben. Hier in Georgien, in unserem Land, ist die Heimat des Weins".

„In Georgien?", blicke ich verdutzt auf.

„*Ratkmaunda* – natürlich", und gibt seiner Verwunderung Ausdruck, dass an dieser Tatsache irgendein Zweifel bestehen könnte, indem er – mit einer typisch georgischen Geste – beide Arme mit offener Handfläche weit ausbreitet und noch einmal betont: „*Ratkmaunda* – selbstverständlich."

Giorgi erscheint jetzt verunsichert und fragt mich ernüchtert, ob ich denn die Bibel gelesen hätte und mir die Geschichte der Arche Noah bekannt sei. In diesem Punkt kann ich ihn beruhigen, sie ist mir bekannt. Er erzählt uns aber die Geschichte noch einmal so lebendig und anschaulich, dass wir den Eindruck bekommen, sie hätte sich gestern zugetragen. In der Bibel lesen wir über die Arche Noah: „Am siebzehnten Tage des siebenten Monats ließ sich der Kasten nieder auf das Gebirge Ararat." Giorgi zeigt nach Süden, wo sich – für uns nicht erkennbar – der über fünftausend Meter hohe Gipfel des Großen Ararat in den Himmel erhebt. Nachdem Noah dort gelandet war, verließ er mit den Tieren die Arche und – so heißt es weiter: „Noah aber fing an und ward ein Ackermann und pflanzte Weinberge." So wurde Noah der erste Winzer.

Dass die ersten Winzer tatsächlich im südlichen Kaukasus lebten, genauer an der Ostküste des Schwarzen Meeres in Georgien, davon sind auch die beiden Historiker Henry Enjalbert von der Universität Bordeaux und Mario Fregoni von der Universität Piacenza überzeugt, die ein Standardwerk zur Geschichte des Weinbaus verfasst haben. Sie nehmen an, dass nur in Georgien das Klima so mild war, dass die *vitis silvestris* während der Eiszeiten „überwintern" konnte. Die Region am Schwarzen Meer lag weit genug entfernt von der Eisfront Europas und den großen Gletschern der Alpen. Der Große Kaukasus schützte die Pflanzen vor den eisigen Winden des Nordens. Auch die Laubbäume, um die sich die *vitis vinifera*, eine Kletterpflanze, schlingen muss, um Halt zu bekommen, konnten hier überdauern. Auch heute noch finden wir in den Wäldern der georgischen Regionen Gurien und Kachetien zahlreiche Buchen und Eichen, um die sich liebevoll der Wein schlängelt. Es waren dann die Georgier, die lernten, die Weinrebe zu nutzen und ihr Wachstum zu verbessern. Sie züchteten Stecklinge und bauten Stützen, wodurch die Weinrebe kleiner und die Trauben größer wurden. Archäologische Funde scheinen die Annahme der romanischen Professoren zu bestätigen. In den Museen Georgiens, vor allem im Dschanaschia-Museum in Tiflis und dem Ethnographischen Museum in Telawi, finden wir Weinamphoren und Rebenmesser aus dem zweiten Jahrtausend vor Christi Geburt. Auch gibt es Gold- und Silberbecher aus dieser Zeit, auf denen Weinreben oder Weinstöcke zu sehen sind.

Giorgi führt uns über das Weingut Teliani. Wir dürfen es uns nicht wie ein Schloss im Rheingau oder wie einen mittelalterlichen Hof an der Ahr vorstellen. Teliani ähnelt noch der Weinfabrik, die es bis 1996 war, bevor Giorgi Dakischwili und acht Freunde mit italienischer Hilfe die Fabrik pachteten.

„Wir wollen aus Teliani jetzt ein richtiges Weingut machen", bekräftigt Giorgi, der in Georgien zum Kellermeister ausgebildet wurde und sich dann einige Jahre auf österreichischen Weingütern fortgebildet hat. Die wichtigste Investition war der Kauf einer automatischen Flaschenfüllanlage aus Italien. Zu sowjetischen Zeiten hatten die meisten Weinfabriken keine eigenen Flaschenanlagen, sondern die Weine aus ganz Georgien wurden mit dem Tankwagen nach Tiflis gefahren, wo sie in Flaschen abgefüllt wurden. Die neuen Flaschen des Weingutes Teliani, langstielige Bordeaux-Flaschen, werden aus Italien importiert, genauso wie die Etiketten. Die Korken kommen aus Marokko. Sonst stammt noch alles aus alter Zeit: Die Traubenmühle, in der die Beeren zerquetscht werden, ist immerhin grundüberholt worden. Die Kelteranlage, in welcher der Traubensaft aus der Maische gepresst wird, stammt ebenso wie die großen stählernen Gärbehälter aus der „Deutschen Demokratischen Republik". Giorgi ist mit diesen Anlagen noch sehr zufrieden. Nur noch neue kleine Eichenfässer hat er herstellen lassen, für die er die beste Eiche aus Maikop in Russland gekauft hat. In diesen Fässern soll in den nächsten drei bis vier Jahren ein besonders exzellenter Wein reifen. Giorgi zeigt uns im Hof einen großen Holzbottich, in dem die Maische aus der Traubensorte Saperavi lagert.

„In Georgien wachsen noch fünfhundert verschiedene Traubensorten. Stellen Sie sich vor: Fünfhundert. Dreißig davon werden genutzt, um Wein zu bereiten. Saperavi ist eine der edelsten Sorten. Diese Trauben", zeigt er auf den Bottich und fasst mit Freude in die Maische hinein, „kommen von einer kleinen Scholle in der Nähe von Kwareli. Es ist die beste Lage in Kachetien, zweihundert Meter hoch, direkt am Fuß des Kaukasus gelegen. Der Boden ist besonders schwarz und tief. Im Spätherbst sind die Tage noch sehr heiß, aber die Nächte schon kalt. Das gibt die besten Weine. Vor allem aber regnet es dort im Herbst nicht mehr, während es auf den Nachbarfeldern schon regnen kann. So ist das Wetter in Kachetien. Jede Parzelle hat ihr Mikroklima." Giorgi macht eine Pause. „Wir benutzen keine Chemie, nur natürlichen Dünger. Alles hier ist reine Natur. Diese Trauben", greift er noch tiefer in die dunkelrote Maische, „sind alle mit der Hand gepflückt. Nur die besten wurden ausgewählt", behauptet er. „Und jetzt lassen wir die Rotwein-Maische in aller Ruhe in diesem Bottich gären. Wir brauchen hier keine computergesteuerten Gärtanks. Alles geht hier ganz von allein", ist er zufrieden. „Von diesen Trauben wollen wir nur hundert Flaschen herstellen." Ich möchte zehn Flaschen vorbestellen. Leider nicht möglich, winkt Giorgi ab. Alle Flaschen seien schon reserviert.

Im Verkostungsraum, der sich im hinteren Teil eines längeren Fabrikgebäudes befindet, serviert uns Giorgi einen Kindsmarauli, Jahrgang 1997, einen halb-süßen Rotwein. Feierlich füllt er die bauchigen Gläser auf. Der Wein ist von einem sehr dunklen Rubinrot und glänzt und blinkt wie die Kerne eines Granatapfels. Sein Duft erinnert an Aprikosen.

„Trinken Sie!", fordert mich Giorgi auf, der genau weiß, dass er keinen Weinkenner vor sich stehen hat. Ich nehme einen Schluck und lasse die Zunge die gebotene Zeit mit dem Wein plätschern und planschen.

„Wie schmeckt es Ihnen?“, fragt Giorgi ungeduldig.

Ich möchte jetzt keinen Fehler machen, Giorgi nicht enttäuschen, mich aber auch nicht auf das Glatteis der Fachsprache professioneller Weinverkoster begeben, die immer hart an der Grenze zur Komik ist.

„Gut!“, antworte ich deshalb. Giorgi ist sichtlich zufrieden. Wir trinken noch einen Schluck, dann noch ein Glas und öffnen eine zweite Flasche. Wir sitzen auf Flaschenkisten und Eichenfässern rund um die Flaschenabfüllanlage. Giorgi haben wir zum Tamada gewählt, der mit Eifer seinen Pflichten nachkommt und einen Trinkspruch nach dem anderen ausbringt. Auch in der Bewertung des Weins machen wir Fortschritte. Ich kann jetzt mitteilen, dass er sehr fruchtig schmeckt mit einem leichten Hauch von Aprikose und sich auch am Gaumen so samtig wie eine Aprikose anfühlt. Die Sinneseindrücke der georgischen Freunde schwanken zwischen einem Ferrari, der so fährt, wie Kindzmarauli schmeckt, und dem Kuss eines jungen georgischen Mädchens auf einem Gletscher des Kasbegi bei Vollmondnacht. In jedem Fall verspricht Giorgi, dass der Teliani-Wein bald auch in Deutschland zu kaufen sein wird, so dass der Leser ihn selber probieren möge.

„Wissen Sie“, sagt Giorgi, der von Marina Kurdadse gedolmetscht wird, einer Archäologin, die mit Antje Justus zusammenarbeitet. „Unsere Weine sind viel stärker als französische und deutsche Weine.“

„Auf der Flasche steht aber 11 Prozent. Das ist normal“, antworte ich.

„Ja, der Alkoholgehalt ist nicht so hoch“, dolmetscht Marina, „aber der Wein enthält mehr Sprit.“

„Mehr Sprit?“

„Ja, mehr Sprit!“

Wir überlegen, was Sprit bedeuten könnte und übersetzen es schließlich als markig. Giorgi und seine Freunde müssen sich jetzt verabschieden, da ein neues Fuder Trauben auf dem Hof angekommen ist.

Es ist ein goldener Herbst in Kachetien. Die Blätter der Waldriesen-Buchen auf dem Gombori-Gebirge glänzen rotgold in der Nachmittagssonne. Unter den Wipfeln der dichten Kronen – nicht weit von Teliani entfernt – liegt im kühlen Wald versteckt die Allerheiligenkirche von Gurdschani, auf georgisch „Kwelazminda“ (8./9. Jahrhundert). Hinter einer schlichten Fassade aus Backsteinen verbirgt sich ein komplizierter Innenbau, der aus zwei Geschossen besteht. Im unteren Geschoss befinden sich zwei Seitenschiffe und ein Hauptschiff, das zwei gleichgebaute Kuppeln trägt. Das obere Geschoss besteht aus drei Emporen, die nur von außen zugänglich sind. Von der westlichen Empore blickt man auf den gegenüberliegenden Altar hinunter. Wie Karl der Große in Aachen in der Pfalzkapelle thronte hier der Fürst, abgeschirmt vom niederen Adel und dem Volk.

Irina meint, dass es nun an der Zeit sei, endlich das Weingut Tsinandali zu besichtigen. Es liegt nur wenige Kilometer entfernt in einem herrlichen englischen Landschaftspark. Wir betreten die Anlage durch ein Eisentor und müssen zum Gutshof eine scheußliche Straße hinaufgehen, die so breit ist wie eine Autobahn. Noch hässlicher sind die Straßenlampen. Der Park aber, der am Ende der Straße beginnt, ist wunderbar. Die adlige Familie Tschawtschawadse hat hier Anfang des 19. Jahrhunderts Bäume und exotische Pflanzen aus aller Herren Länder angepflanzt, Magnolien, Kirschlorbeer und Agaven. Vor allem aber Rosenliebhaber kommen hier auf ihre Kosten. Hinter dem Gutshaus befindet sich das älteste noch erhaltene Weingut Georgiens, das Garsevan Fürst Tschawtschawadse (1751–1811) Anfang des 19. Jahrhunderts erbauen ließ. Dieser war unter König Irakli II. (1744–1798) georgischer Botschafter am Russischen Hof. Das Weingut ließ er im Stil eines osmanischen Waffenarsenals errichten. Warum als Waffenarsenal, fragen wir uns? Wir wissen es nicht. Auch keiner der zahllosen weißbekittelten Männer, die wir auf dem staatlichen Weingut antreffen, kann uns das verraten. Vielleicht, vermuten wir, zeigt sich auch in diesem Bau eine Verspieltheit, wie sie für Georgier so charakteristisch ist.

Asmat Batiaschwili, eine Lebensmittelchemikerin, hat sich zu uns gesellt. Sie führt uns zunächst durch zwei Räume, in denen rund vierzig Frauen sitzen. Die meisten von ihnen sind damit beschäftigt, Nüsse zu knacken. Andere führen angeregte Unterhaltungen. „Was machen die Frauen hier?“, fragen wir Asmat. „Auf bessere Zeiten warten“, antwortet sie lakonisch.

Wir bitten Asmat, uns den berühmten Weinkeller Tsinandalis zu zeigen. Er liegt zwei Stockwerke tief eingegraben im Erdreich. In einem riesigen Gewölbe lagern über 6000 Flaschen, die ältesten aus dem Jahre 1814. Von diesem Jahrgang gibt es noch sechs schwarze Flaschen Saperavi, die von feinen weißen Spinnenweben überzogen sind. Insgesamt werden hier sechzig verschiedene Sorten aufbewahrt. Ein ähnlicher Weinkeller befindet sich in Tiflis, in der „Weinfabrik Nr. 1“. Für

Freunde des Weins dürfte sich schon deshalb eine Reise nach Georgien lohnen.

Asmat begleitet uns noch durch die prachtvollen Räume des Schlosses, einem verwinkelten Bau mit einer großen Veranda aus weißem Holz. Es ist eines der ganz wenigen Schlösser Georgiens, die die Wirren der Vergangenheit überlebt haben. Hier lebte Alexander Fürst Tschawtschawadse (1786–1846), der Sohn Garsevans. Er war der erste bedeutende Vertreter der romantischen Dichtung Georgiens. Als glühender Patriot beteiligte er sich an den Aufständen gegen die russischen Besatzer in Mtiuli und an der großen Adelsverschwörung im Jahr 1832. Beide Male wurde er verbannt. Nach der Rückkehr aus seiner zweiten Verbannung wurde Alexander Tschawtschawadse eine der wichtigsten Persönlichkeiten des öffentlichen Lebens in Georgien. Auf seinem Gut in Tsinandali trafen sich georgische Adlige und Intellektuelle, aber auch russische Diplomaten und Dichter wie Alexander Puschkin und Michail Lermontow, der mit seinem Dragonerregiment in Kachetien stationiert war.

Es dämmert, und eigentlich wäre es an der Zeit, in Telawi unser Quartier aufzusuchen. Irina und ich haben uns aber gegenseitig davon überzeugt, dass wir jetzt noch das Dorf Tschandari aufsuchen sollten, wo Mariam Manschuraschwili wohnt. In ihrem Garten soll einer der größten Rebstöcke Georgiens, wenn nicht der Welt, stehen. Mein Verdacht ist allerdings, dass Irina die Suche dieses Rebstocks nicht mit derselben Begeisterung betreibt wie ich. Tschandari finden wir schnell. Dort gibt es zwar viele Manschuraschwilis, aber Mariam, in deren Garten der berühmte Rebstock wächst, ist allen bekannt, so dass wir schnell ihr Haus gefunden haben. Es ist das typische zweistöckige georgische Haus mit einer riesigen Veranda und dem *marani*, dem Weinkeller, in dem große Tonkrüge, die *kwewri*, bis zum Hals in die Erde eingegraben sind. Hier lagert Mariam ihren kachetinischen Weißwein, der auf der Maische vergoren wird und deshalb sehr herb schmeckt. Wie alle anderen Häusern auch versteckt sich Mariams Haus unter einem Zelt von Weinreben. Im ihrem Hof steht aber eine besonders alte Rebe. Als sie im Jahre 1923 gepflanzt wurde, war Mariam zehn Jahre alt. Wir sind gemeinsam aufgewachsen, lacht sie, wie Geschwister. Der Weinstock ist in diesem Jahr sechsundsiebzig Jahre alt geworden und trägt so gut wie eh und je. An der Wurzel hat der Stamm einen Durchmesser von 86 Zentimetern. Bei einer Höhe von knapp zwei Metern beschattet die Weinrebe eine Fläche von gut 100 Quadratmetern. Wir sitzen unter der Laube, die von den Blättern der Rebe gebildet wird. Über uns hängen hunderte von dicken roten Trauben. In einem besonders guten Jahr habe ihr Vater einmal 700 Kilogramm allein von diesem Weinstock geerntet. Eine einzige Traube habe eineinhalb Kilogramm gewogen. Wer verstehen will, warum die Weinrebe zum Symbol des christlichen Glaubens wurde, sollte daran denken, dass früher überall im christlichen Vorderen Orient diese Weinstöcke wuchsen. Mariam, eine feingliedrige alte Dame, die jetzt allein in dem Haus lebt, ist emsig bemüht, Teile ihres Wintervorrats – eingelegte Paprika, Gurken und Auberginen – herbeizutragen, die sie uns schenken will. Wir können das nicht ausschlagen, müssen uns jetzt aber auf den Weg machen, da die Fahrt nach Telawi bei Nacht kein Vergnügen ist. Die Straße ist jetzt dicht befahren. Vor uns zockeln die Eselskarren, die in der Dunkelheit nur schwer zu erkennen sind. Sie bringen die Weintrauben nach Hause, die in geflochtenen Körben gesammelt wurden.

In Telawi, der Hauptstadt Kachetiens, übernachten wir beim stellvertretenden Bürgermeister Merab Milorawa. Seine geschäftstüchtige Ehefrau, Natella, hat das Gartenhaus, das sich zusammen mit dem Wohnhaus auf einem großen Grundstück befindet, zu einem Gästehaus umgebaut. Ihre Zimmer sind fast das ganze Jahr über ausgebucht; jedenfalls verdient sie mehr als ihr Mann. Ihr Sohn, der Ökonomie an einer privaten Hochschule in Telawi studiert, habe sie in betriebswirtschaftlichen Fragen beraten. Dem Gast werde nichts geschenkt; jedes Frühstücksei werde einzeln berechnet. Ihre Tochter arbeitet in einer Firma, die Mobiltelefone verkauft. Auch Natella trägt ein Mobiltelefon bei sich und ist immer zu erreichen. Sie jedenfalls habe ihr Schicksal jetzt in eigene Hände genommen; wer auf die Regierung warte, der warte vergebens.

Spätabends sitzen wir mit der großen Familie im Wohnzimmer zusammen, trinken kachetinischen Wein und essen Feigen und Granatäpfel. Über die politische und wirtschaftliche Situation sprechen alle mit großem Gleichmut. Dreihundert Jahre leidvoller Geschichte haben die Kachetiner zu einer unerschütterlichen Gelassenheit erzogen. Worüber solle man sich aufregen? Persien sei weit weg und von Russland habe man sich auch befreit. „Hier, greifen Sie zu!“, fordert mich Merab auf und bietet mir frische Feigen an. „Hier in Kachetien wächst alles im Überfluss. Wir haben alles, was wir brauchen.“ Jetzt greift die neunzigjährige Großmutter, die aus der adligen Familie Makaschwili stammt, in das Gespräch ein. Die Kommunisten hätten versucht, ihre ganze Familie auszurotten. Ihre Eltern und Geschwister, alle seien von den Handlangern Moskaus ermordet worden. Nie habe sie gewusst, ob sie die nächsten Tage überleben werde. Erst seitdem Georgien unabhängig sei, könne sie abends ins Bett gehen und sicher sein, sich auch am nächsten Abend wieder hinlegen zu können. Achtzig Jahre habe sie warten müssen, um das zu erleben. Jetzt sei sie neunzig und hoffe, ihr Leben noch lange genießen zu können, bekreuzigt sie sich.

Schewardnadse ist nach Telawi gekommen. Am nächsten Morgen gehen wir deshalb zum Theater in die Mitte der Stadt, wo er vor geladenen Gästen eine Rede halten wird. Schewardnadse macht Wahlkampf für seine Partei, die sozialdemokratische „Bürgerunion", die bei den vierten freien Parlamentswahlen Georgiens am 31. Oktober 1999 die Mehrheit im Parlament verteidigen will. In Umfragen hat die „Bürgerunion" die Nase knapp vorn, allerdings dicht gefolgt von der Partei des Herrschers von Adscharien, Aslan Abaschidse, der „Allgeorgischen Union für die demokratische Wiedergeburt", und der Partei des Industriellen Giorgi Topadse, der „Unternehmerunion". Topadse, ein recht einfältiger Mann, hat die Kasbegi-Brauerei aufgebaut. Mit den beiden Biersorten „Argo" und „Kasbegi" ist er Monopolist in Georgien und steinreich geworden. Bekannt geworden ist er auch durch seinen Kampf gegen die Steuern im allgemeinen und die Steuermarken auf Bierflaschen im besonderen. Wieso er, der so viele Arbeitsplätze geschaffen habe, noch Steuern zahlen solle, sehe er gar nicht ein. Wie er allerdings all seine Wahlversprechen ohne Steuereinnahmen erfüllen will, hat er noch niemandem erklären können.

Irina und ich stehen jetzt seit einiger Zeit vor dem Theater. Um uns ist es sehr leer geworden, alle Gäste haben sich schon auf ihre Plätze begeben. Nur einige Photographen warten noch mit uns auf Schewardnadse.

Vor uns tollt ein Junge herum, der ein blaues Polohemd trägt, auf dem für Abaschidses Partei geworben wird. Eine ältere Frau beschimpft ihn. Wieso er Abaschidse unterstütze, der ein kommunistischer Diktator sei und doch in Kachetien nichts verloren habe. Er brauche aber ein Polohemd, erwidert der Junge lauthals. Wenn es ihr nicht gefalle, könne sie ihm ja ein neues kaufen. (Die Frau hätte sich nicht besorgen müssen: Die „Bürgerunion" gewann mit 43 Prozent die absolute Mehrheit im Parlament).

Wir warten noch einige Zeit, bis uns der Verdacht kommt, dass Schewardnadse vielleicht schon im Theater sei. Deshalb gehen wir in das Theater, das streng von Sicherheitsbeamten kontrolliert wird, die mich sogar bitten, meine Kamera zu zerlegen. Im Parkett sehen wir Schewardnadse und einige Minister auf der Bühne sitzen. Wir hätten es uns auch denken können: Er ist durch den Hintereingang gekommen. Nach dem zweiten Attentat auf ihn am 9. Februar 1998 sind die Sicherheitsbestimmungen noch weiter verschärft worden. Bei diesem Anschlag wurde auf seinen Konvoi mit Granatwerfern und Maschinengewehren geschossen. Zum Glück hat der gepanzerte Mercedes-Benz, den Schewardnadse von der deutschen Regierung geschenkt erhalten hatte, die Granaten abgefangen. Schewardnadse blieb unverletzt. Wenige Stunden nach dem Attentat sprach er davon, dass der Anschlag nicht ihm gegolten habe, sondern dass er „ganz Georgien in die Luft jagen" sollte. Später brachte er die bevorstehende Eröffnung der Pipeline, die Georgien in Konkurrenz zu Russland gebracht hatte, mit dem Attentat in Verbindung. Er schloss einen ausländischen Hintergrund nicht aus.

Schewardnadse, wie immer elegant in einen blauen Anzug gekleidet, hält nun eine lange Rede. Er spricht in seiner typisch stockenden Art, als müsse er nach den Worten suchen. Sein Vortrag gleicht dem eines Lehrers, der ungelehrigen Schülern zum werweißwievielten Mal etwas erklärt. Mit seinen großen georgischen Augen blickt er zuversichtlich in die Runde. Manchmal aber verdüstert sich sein Gesicht, und er blickt eigentümlich abschätzend und misstrauisch auf seine Minister, die ihm zur Seite sitzen. Wenn sich sein Blick dann wieder aufhellt, macht er meistens einen Witz, als wolle er sich selber Mut zusprechen.

Schewardnadse ist jetzt sieben Jahre Regierungschef Georgiens. Wenn er im März 2000 noch einmal zum Präsidenten gewählt werden sollte – was anzunehmen ist –, wird er insgesamt 15 Jahre als kommunistischer Parteichef und 12 Jahre als Präsident eines demokratischen Landes in Georgien regiert haben.

Was hat er seit 1992 erreicht?

In der Innenpolitik ist sicherlich sein größter Erfolg, dass er die Nationalgarde Kitowanis auflösen und die *mchedrioni* Josselianis entmachten konnte. Georgien ist befriedet. Die demokratischen Strukturen des Landes hat er durch eine kluge Verfassung und eine Justizreform, die vor allem mit deutscher Hilfe durchgeführt wurde, festigen können. Georgien hat ein Parlament, das seinen Namen zu Recht trägt. Das ist auch Schewardnadses Verdienst, da er in den Jahren 1992 und 1993 unerschütterlich und mit untrüglicher politischer Witterung der Verlockung und dem Begehren aus dem Volk widerstand, mit autoritären Mitteln das Land zu befrieden. Ungelöst bleiben die Probleme „Süd-Ossetiens“ und Abchasiens. Das Zusammenleben der Georgier und Osseten in Zchinwali und Umgebung, dessen bin ich mir sicher, ist kein Problem und wird im Laufe der Zeit wieder zur Selbstverständlichkeit werden. Eine Stadt, so klein wie Zchinwali, kann nicht auf Dauer ohne das georgische Umland existieren. Auch Schewardnadse, den ich in diesen Tagen zu einem Gespräch traf, sagte mir, dass die Lösung des Konfliktes auf gutem Weg sei. Die ossetischen und georgischen Flüchtlinge kehrten zahlreich in ihre Dörfer zurück. In Abchasien hingegen, räumte Schewardnadse ein, lägen die Wurzeln des Konfliktes tiefer und seien die Wunden des Krieges noch nicht verheilt. Er setze aber darauf, dass die internationalen Verhandlungen – vor allem mit deutscher Hilfe – zu einer Lösung führen würden und die Flüchtlinge zurückkehren könnten. Bereits jetzt sind rund vierzigtausend Flüchtlinge zurückgekehrt. In Telawi aber – wie auch in anderen Orten Georgiens – leben noch einige Flüchtlinge im zwanzigstöckigen Intouristhotel. Ob sie alle zurückkehren werden? Ich glaube ja. Die Abchasen und Georgier haben in Abchasien seit Jahrhunderten zusammengelebt und es besteht kein Grund, dass sie es nicht weiterhin tun sollten.

Wirtschaftlich steht Georgien sehr viel besser da, als das Gejammer so mancher Georgier vermuten lässt. Der Lari ist stabil, wenn auch die staatlichen Gehälter sehr niedrig sind. Sie werden erst steigen, wenn die Wirtschaft weiter an Fahrt gewinnt und damit die Steuereinnahmen steigen. Die Wirtschaft hat sich insgesamt ganz gut entwickelt, jedenfalls sehr viel besser, als wir 1992 erwartet hatten, als alles daniederlag. Die Privatisierung der Geschäfte, der Industrie und Landwirtschaft ist fast abgeschlossen. Überall, auch in Telawi, gibt es private Restaurants und Geschäfte. Auch die Produktion hat wieder Fuß gefasst, vor allem in der Landwirtschaft, aber auch in der Industrie. Jetzt wird es darauf ankommen, dass die Leute ihr Schicksal selbst in die Hand nehmen und nicht die Regierung für alles verantwortlich machen, wie Schewardnadse in seiner Rede mehrfach ausführt. Oder wie der Gouverneur von Kachetien es formuliert: „Manche Georgier warten noch immer darauf, dass ihnen die Trauben in den Mund fallen.“ (Wir dürfen uns hier erlauben zu sagen, dass kein Volk der Welt so lieblich auf der Klageharfe zu zupfen versteht, wie die Georgier. Man darf nur nicht alles glauben.) Außenpolitisch ist es Schewardnadse zu verdanken, dass Georgien in das Konzert der Nationen zurückgeführt wurde. Sein geschicktester Schachzug war sicherlich, dass Georgien die Pipeline vom Kaspischen Meer zum Schwarzen Meer erhalten hat und damit die Russische Föderation aus dem Rennen schlagen konnte. Die Ölpipeline, die im Interesse des Westens ist, ist für Georgien auch ein politischer Schutzschild.

Die georgischen Honoratioren sind sehr geduldige Zuhörer. Wir aber wollen uns noch einige Sehenswürdigkeiten Kachetiens ansehen und schleichen uns deshalb nach zwei Stunden aus dem Saal.

Telawis Hauswände sind über und über mit Wahlkampfplakaten beklebt. Insgesamt kandidieren 32 Parteien, und einige hundert Kandidaten haben sich aufstellen lassen. Irina meint, dass es eine Art Volkssport geworden sei, als Abgeordneter ins Parlament gewählt zu werden und damit Immunität zu erlangen. Viele Männer hätten nicht genug zu tun und würden deshalb für das Parlament kandidieren.

Wenige Kilometer von Telawi entfernt liegt das Kloster Ikalto, das in der zweiten Hälfte des 6. Jahrhunderts von den dreizehn syrischen Vätern gegründet wurde. Wichtig wurde Ikalto aber erst im zwölften Jahrhundert, als David Agmaschenebeli hier eine Akademie gründete, um Ostgeorgien jene höhere Bildungsstätte zu geben, die Westgeorgien mit Gelati schon hatte. Von den ehemals sechzig Gebäuden sind nur ein Drittel erhalten geblieben. In einem davon will man die ehemalige Akademie erkennen, wo man übrigens auch Weinbau studieren konnte. Ich bin müde und setze mich unter einen Walnussbaum. Meine Gedanken wandern zur georgischen Geschichte und zum Schah Abbas, der hier 1616 alles in Schutt und Asche legte. Vor mir liegen die verwitterten und ungepflegten Steingräber der Angehörigen der Familie Makaschwili, die unter den Kommunisten ermordet wurden. Schritt für Schritt begegnen wir hier den Zeugnissen der georgischen Geschichte. Nach einer halben Stunde wache ich durch stampfende Technorhythmen wieder auf. Eine Schar junger Mädchen steigt aus einem Bus und bemächtigt sich des Klosters.

Kaum haben wir den Wald verlassen und fahren auf geteerter Chaussee, öffnet sich wieder der Blick auf die weite Alasani-Ebene, in deren

Mitte sich die monumentale Kathedrale von Alawerdi erhebt. Die Kathedrale ist 76 Meter hoch und war damit im 11. Jahrhundert, als sie erbaut wurde, eines der höchsten Bauwerke der Welt. Wo immer man sich in Kachetien befindet, kann man ihre hohe Kuppel erkennen. Wenn die Hitze wie heute sehr groß ist, flimmert die lange weiße Trommel der Kuppel wie eine Fata Morgana über dem Gelb und Grün der Weinstöcke. Leider besteht die Kuppel heute nur aus Blech und nicht mehr aus den wunderbaren blau lasierten Steinen wie im Mittelalter. Auch ist zu bedauern, dass die Außenfassade im 19. Jahrhundert geweißt wurde, was sie ihrer Umgebung entfremdet. Schöner wäre es, wenn man sie wieder mit heimischem gelblichen Tuff, dem Schirimi, verschalen würde. Dann würde sie wieder vor der dunkelblauen Bergkette des Kaukasus mit der Natur verschmelzen. Gerade die sakralen Bauwerke Georgiens zeichnen sich ja dadurch aus, dass sie in großartiger Weise die Einheit zwischen Bau und Natur vollenden. Je näher wir der Kirche kommen, desto mehr verstärkt sich unser Eindruck, dass die Kathedrale nicht dieselben harmonischen Proportionen hat, wie ältere Kirchen Georgiens. Das Innere der Kirche hingegen besticht jeden Besucher durch seine schlichte und strenge Größe. Das Mittelschiff ist taghell, siebzehn langgestreckte Fenster an der Trommel lassen das Sonnenlicht herein. Wir sollten uns vorstellen, wie dieser Raum auf uns wirken würde, wenn noch die Malereien erhalten wären. Leider aber haben die Russen auch die Kirchen russifizieren wollen, wie sich Vater Eristate ausdrückt, den wir gerade kennengelernt haben. Sie hätten die Fresken zerstört und mit weißer Farbe übermalt. Vater Eristate zeigt uns noch in der Altarnische das Grab der kachetischen Königin Ketewan, die Schah Abbas Anfang des 17. Jahrhunderts zu Tode foltern ließ, weil sie ihrem christlichen Glauben treu blieb.

Vater Eristate geht mit uns zum ehemaligen bischöflichen Palast, der sich auf der Festungsmauer befindet, die Alawerdi weitläufig umgibt. Vom zweiten Geschoß aus, in dem Vater Eristate wohnt, haben wir einen guten Ausblick auf den Kaukasus und die Alasani-Ebene. Vater Eristate zeigt uns, wo die Klöster liegen, die sich in den Bergen versteckt um Alawerdi gruppieren. Außer Ikalto sollte jeder Besucher Kachetiens die Klöster Nekrissi, Alt-Schuamta und Kwetera besichtigen.

Nekrissi liegt auf tausend Meter Höhe in einem dichten und dunklen Eichenwald und ist nur zu Fuß zu erreichen. Der mühsame Aufstieg dauert rund eine Stunde. Der Reiz der Anlage, die auf einem schmalen Hang die Ruine eines Klosters und eines Bischofspalasts vereint, liegt in einem Kirchlein, das im späten 4. Jahrhundert erbaut wurde. Es ist eine der ältesten georgischen Kirchen und der christlichen Welt überhaupt. Der Sohn König Mirians, Tradt, ließ die Kirche errichten, um von hier aus Ostgeorgien zu christianisieren.

Gegenüber von Nekrissi, auf dem Höhenzug des Gombori, liegt das Kloster Schuamta. Dicht aneinander gedrängt veranschaulichen die drei Kirchen in Alt-Schuamta die Entwicklung des georgischen Kirchenbaus vom Längsbau zum Zentralbau. Seit dem 16. Jahrhundert leben keine Mönche mehr in Alt-Schuamta. Damals wurde das benachbarte Kloster Neu-Schuamta gestiftet, in dem heute auch wieder Nonnen leben.

Ein wahres Kleinod georgischer Architektur ist die Palastkirche von Kwetera. Sie liegt auf einer Waldwiese auf dem Weg nach Tianeti, abgeschieden und schwer zugänglich. Hoch droben in den Bergen inmitten grüner Laubwälder ist sie nur mit einem Geländewagen zu erreichen. Kwetera ist eine Zentralkuppelkirche (10. Jahrhundert), die – umgeben von Ruinen – wunderbar erhalten ist. Die türkisfarben lasierten Dachziegel leuchten im Sonnenlicht; gelber Tuffstein, auf dem die Verletzungen der Jahrhunderte zu sehen sind, fügt sich harmonisch in die Natur ein. In dieser romantischen Landschaft Caspar David Friedrichs könnten wir lange verweilen.

Im Kirchhof von Alawerdi herrscht mittlerweile ein buntes Treiben. Jung und Alt sind heute Abend gekommen, um *alwerdoba* zu feiern, das Erntedankfest. An langen Tafeln sitzen einige hundert Winzer und Bauern Kachetiens und feiern die ganze Nacht hindurch. Manche bleiben mehrere Tage. Alawerdoba ist noch ein mittelalterliches Fest, das drei Wochen dauert. Die Tische sind reichhaltig gedeckt: Chinkali, Chatschapuri, Auberginen, Melonen, gebratene Hühnchen. In der Luft hängt der Geruch von Schaschlik, der auf den Feuern brutzelt. Das Fleisch wird auf Weinrebenholz gebraten, wodurch es einen besonders würzigen Geschmack bekommt. Irina hat Bekannte aus Tiflis getroffen, an deren Tisch wir uns setzen. Überall leuchten und knistern Feuer, in deren Schein wir jungen kachetinischen Wein trinken. Irakli, der mir gegenübersitzt, hat heute ein Lamm geopfert. Dreimal hat er es um die Kirche geführt, um Gottes Segen für seine Fahrt nach Deutschland zu erbitten, wo er in Hamburg ein neues Auto kaufen möchte, um es nach Georgien zu überführen. Er und seine Familie

Kirche und Burg Gremi. Photo: Gia Tschkataraschwili

stehen jetzt auf und beten, dass er gesund zurückkommen möge. Dann singen wir von Trommeln begleitet georgische Lieder. Ein Musiker tritt auf, der das *duduki* spielt, eine Art Klarinette. Nachdem ich schon einige Gläser kachetinischen Federweißen getrunken habe, widerstehen Irina und ich der Versuchung, die ganze Nacht zu bleiben und zu feiern. Ein letztes Mal lassen wir die Gläser klirren und fahren dann nach Telawi zurück.

Oktomberi ist ein kleines Dorf im Osten Kachetiens in der Nähe von Kwareli. Das Dorf liegt im Schatten der Burg Gremi, die sich auf einer schmalen Bergterrasse erhebt. Der Volksmund nennt die Bauten der Burg scherzhaft „Erzengel", da die Kirche und das Wohnhaus im Morgennebel wie Engel über der Ebene schweben.

Oktomberi ist ein typisches georgisches Dorf im grünen Kachetien. Die Dorfstraßen, die eigentlich nur Feldwege sind, verlaufen wie auf einem Schachbrett. Straßenlaternen gibt es keine. Auf der Straße, über der die Hitze brütet, spielen die Jungen Fußball. Vor den Häusern, die sich alle sehr ähnlich sind, sitzen im Schatten von Maulbeerbäumen alte Frauen, stricken und halten ein Schwätzchen. Kleine Mädchen scheuchen schnatternde Gänse; ein kleiner Junge, der noch kaum laufen kann, will sich mit einem Truthahn anlegen. Am Wegesrand grasen friedfertig Büffel, bis ein quiekendes Ferkel sie in Trab versetzt. Um das Dorf herum stehen Weinstöcke und Tabakstauden. Auf den weiten Feldern wechseln sich Aprikosenplantagen und Pfirsichkulturen ab.

In der Mitte des Dorfes wohnt Julietta Babuschwili. Sie ist keine Georgierin, sondern gehört wie alle Einwohner Oktomberis zum Volk der Uden. Julietta und die anderen Einwohner nennen das Dorf auch nicht „Oktomberi", sondern „Sinobiani", benannt nach seinem Gründer Sinobi Silikaschwili. Die Bezeichnung Oktomberi, was Oktober auf Georgisch heißt, wurde erst in den dreißiger Jahren angeordnet und hat sich nicht durchsetzen können.

Die Uden sind eines der kleinsten Völker im kaukasischen Raum. Mehr als 3000 Uden wird es kaum geben. Untereinander sprechen sie Udisch, wie auch Julietta mit ihren Kindern Lika und Giorgi. Das Udische gehört zur ostkaukasischen Sprachfamilie. Der Sprache nach sind die Uden also verwandt mit den Tschetschenen und den dagestanischen Völkern. Neben ihrer Muttersprache Udisch spricht Julietta auch Russisch und fließend Georgisch. Diese im Kaukasus übliche Mehrsprachigkeit ist allerdings auf dem Rückzug. Ihre Enkel, die Kinder ihrer Tochter Lika, die einen Georgier geheiratet hat, sprechen kein Udisch mehr. Untereinander und in der Schule, wo sie etwas Russisch lernen, sprechen sie Georgisch.

Marina und ich sitzen jetzt mit Julietta, ihrer Tochter Lika und den beiden Enkeln im Garten an einem großen runden Holztisch. Über uns schützt uns die Krone einer Ulme, um die sich eine mächtige Weinrebe rankt, vor der stechenden Sonne. Julietta will uns unbedingt Schaschlik servieren. Zum Glück können wir sie überreden, dass wir mehr Appetit auf Früchte hätten. So bringt sie Trauben, Feigen, Aprikosen, Granatäpfel, Walnüsse und Tschurtschela. Tschurtschela sind aufgefädelte Haselnüsse, die in einem Brei aus Traubensaft und Mehl eingelegt werden. Dann werden sie auf dem Balkon aufgehängt und trocknen in der Sonne. Tschurtschela ist sehr kalorienreich. In dieser Oktoberhitze möchte ich etwas Leichtes essen. Sorbet! Es muss doch in Georgien Sorbet geben. Schließlich hat Barataschwili das Wort in seinem Gedicht „An den Ohrring" benutzt. Aber woher soll Julietta jetzt Sorbet haben? Irgendwie hat sich die georgische Küche in siebzig Jahren Kommunismus nicht weiterentwickelt. Für das mediterrane Klima sind viele Gerichte viel zu schwer.

„Woher stammen die Uden?“, frage ich Julietta.

„Wir sind die Nachfahren des christlichen Volks der Albaner“, behauptet Julietta. Davon sind auch einige Wissenschaftler überzeugt. Der christliche Staat Albanien bildete im Mittelalter zusammen mit Armenien und Georgien eines der drei christlichen Reiche des Kaukasus. Um 700 wurde dieser Staat aber unter dem Ansturm der Araber zerstört. In der Folgezeit wurden die bereits islamisierten Albaner von den Turkstämmen aufgesogen, die aus der persischen Provinz Aserbaidschan nach Norden vordrangen und den Namen der alten Provinz auf ihr neues Siedlungsgebiet übertrugen. Aufgrund albanischer Inschriften, die in neuerer Zeit in geringer Anzahl gefunden wurden, vermutet der georgische Sprachwissenschaftler Akaki Schanidse, dass die altalbanische Sprache die Literatursprache der heutigen Uden war. Nach dieser Auffassung würden die Uden, die heute in Sinobiani leben, die letzten Überlebenden des christlichen Staates Albanien sein, die ihre Sprache bewahren konnten. Im Gegensatz zur Mehrheit ihrer Landsleute, die assimiliert wurden, konnten einige Uden in mehreren Dörfern Aserbaidschans ihren christlichen Glauben beibehalten und ihre Sprache über die Zeit retten. Ende des 19. Jahrhunderts besiedelten sie die Dörfer Nitsch und Wartaschen in Aserbaidschan. Anfang der zwanziger Jahre des 20. Jahrhunderts musste aber die Mehrheit der christlichen Uden Wartaschen verlassen, um nicht den religiösen Verfolgungen ihrer islamischen Nachbarn zum Opfer zu fallen. Sie gingen in das christliche Georgien, wo sie das Dorf Sinobiani gründeten. Ende der achtziger Jahre, als die Moskauer Macht im Kaukasus zusammenbrach, verschlechterten sich die Lebensbedingungen der Uden in Aserbaidschan noch einmal. Der Konflikt Aserbaidschans und Armeniens um Nagorni Karabach führte in Aserbaidschan zu blutigen Ausschreitungen gegen die christlichen Uden, so dass heute alle Uden aus ihrer Heimat in den Süden der russischen Föderation geflohen sind. Die Dörfer der Uden tragen heute aserbaidschanische Namen.

„Wird die udische Sprache überleben?“, frage ich Julietta und ihre Kinder.

„Hier in Sinobiani ja, vielleicht noch ein oder zwei Generationen, aber woanders nein“, antwortet sie unbewegt. In Sinobiani allerdings gebe es auch mehr und mehr gemischte Ehen mit Georgiern. Die Kinder sprechen dann eigentlich nur Georgisch. So werde wohl die Generation ihrer Kinder die letzte sein, die noch untereinander udisch spricht. Danach werde Udisch eine tote Sprache sein und nur noch

Linguisten würden sich an sie erinnern. Aber die Familiennamen werden udisch bleiben, so wie Juliettas eigener Name Babuschwili, der sich zusammensetzt aus udisch *babu* „Brot“ und georgisch *schwili* “Kind“, das die alte udische Endung *char* ersetzt hat.

Julietta spricht ohne Melancholie und Resignation über das Aussterben ihrer Muttersprache, das zugleich das Ende der Geschichte des Staates Albanien bedeutet. Im Gegenteil, sie und ihre Familie wirken ganz zufrieden, weit entfernt von den Händeln der kaukasischen Politik, hier in ihrem Dorf Sinobiani, in das sich nur selten ein Fremder verirrt.

In der Nacht gewittert es. Die weißen Zacken der Blitze stehen greifbar über unserem Haus in Telawi. Draußen ist es taghell. Langsam rollt und grollt der Donner über dem Kaukasus heran, dann wird es wieder dunkler. Nur über dem Kaukasus bleibt es hell. Als würden weiße Scheinwerfer die Gipfel absuchen, wetterleuchtet es. Plötzlich entlädt sich die aufgeladene Luft in einem minutenlangen Donnertosen. Hunderte von Organisten hauen gemeinsam auf die tiefen Töne der Orgeln und ziehen alle Register. Dunkle und ohrenbetäubende Akkorde jagen über uns hinweg. Dann wird es mit einem Schlag still.

Früh sind wir auf den Beinen. Es ist ein herrlicher Tag. Das Gewitter hat den nebligen Dunst vertrieben. Die Sonne steht hoch über dem Alasani-Tal, das von dem weiß-blau-grünen Farbband der kaukasischen Gebirgswand eingerahmt wird.

Wir schlendern gemütlich durch Telawi, das friedlich unter dem dicken Laub der Platanen und Maulbeerbäume ruht. Viel ist hier nicht los. Unter einer riesigen Platane, die während der Regentschaft Königin Tamaras (1184–1212) gepflanzt wurde, ereifern sich alte Frauen über die Preise auf dem Markt. In der Nähe steht der Palast des ostgeorgischen Königs Irakli II. (1744–1798). Er war ein kleiner, quirliger Kachetiner, der unermüdlich gegen die Perser und das nordkaukasische Volk der Lesgier aus Dagestan kämpfte. In hundert Schlachten wurde er achtzigmal verwundet. Schließlich sah er aber keinen anderen Ausweg, als Georgien unter russischen „Schutz“ zu stellen. Als er im Jahre 1798 starb, hatte er 54 Jahre regiert. Hinter dem Palast Iraklis II. befindet sich eine Gemäldegalerie. Sie ist das Vermächtnis einer Ärztin, die liebevoll einige russische, französische und georgische Gemälde gesammelt hatte. Uns fällt ein großes Historienbild eines russischen

Malers ins Auge. Es zeigt die Erstürmung des dagestanischen Auls von Gunib, wo der Führer der Tschetschenen, Imam Schamil, im Jahre 1859 kapitulieren musste, nachdem die Tschetschenen dreißig Jahre lang den russischen Eroberern Widerstand geleistet hatten. Auch nach der Einnahme gaben die Tschetschenen nie die Hoffnung auf, wieder in einem unabhängigen Land zu leben. Auf die Oktoberrevolution folgte ein langer Kampf gegen Russland, den Moskau erst 1934 gewinnen konnte. Zehn Jahre später ließ Stalin das gesamte tschetschenische Volk nach Mittelasien deportieren. Erst Jahre nach Stalins Tod durften sie in ihre angestammte Heimat zurückkehren. Mit dem Untergang der Sowjetunion erklärte Tschetschenien unter seinem Präsidenten Dschochar Dudajew schließlich seine Unabhängigkeit. Die russische Armee marschierte daraufhin in Tschetschenien ein, musste sich jedoch am 31. August 1996 den tschetschenischen Guerillakämpfern geschlagen geben. Tschetschenien war seitdem de facto unabhängig. Vor einigen Monaten jedoch griff Moskau wieder militärisch ein. Seit dem 23. September 1999 rollt der groß angelegte Angriff der russischen Armee auf Grosny. Wie schon im ersten Tschetschenienkrieg, ist es vor allem die tschetschenische Zivilbevölkerung, die unter dem Krieg zu leiden hat, die Frauen, die Kinder und die alten Menschen. Eine der Leidtragenden, Natella Kuschanischwili, treffen wir in Duissi, einem tschetschenischen Dorf auf georgischem Boden. Duissi liegt in der Pankissi-Schlucht, dort, wo der Fluss Alasani aus dem Großen Kaukasus tritt. Hier und in den benachbarten Siedlungen leben etwa 6000 „Kisten", wie die Georgier die Nachfahren tschetschenischer und inguschischer Einwanderer aus Georgien nennen. Die Tschetschenen und Inguschen sind gemeinsamer Abstammung; ihre Trennung erfolgte erst im 19. Jahrhundert, als die Inguschen nicht am Krieg gegen Russland teilnahmen, an dem sie sich auch heute nicht beteiligen. In Duissi ließen sich die Umsiedler aus dem Norden Anfang des 19. Jahrhunderts nieder. Der Bürgermeister von Duissi, Muchmat Margoschwili, erklärt uns, dass damals viele Sippen gezwungen waren, ihre Heimat im nördlichen Kaukasus zu verlassen, weil sie vor der Blutrache fliehen mussten. Andere kamen, um der mit Gewalt durchgeführten Islamisierung zu entgehen. Bis zum 18. Jahrhundert waren die Tschetschenen und Inguschen heidnisch geblieben. Die von Georgien seit dem 12. Jahrhundert ausgehende Christianisierung hatte in Tschetschenien nicht Fuß fassen können. Erst der sunnitische Islam, der seit dem 18. Jahrhundert aus Dagestan eindrang, setzte sich durch.

Im kleinen Amtsraum des Bürgermeisters von Duissi drängen sich viele Kinder und Frauen. Sie sind Flüchtlinge aus Tschetschenien, die hier registriert werden. Die Familien, Frauen und Kinder mussten ihre Dörfer und Städte in Tschetschenien verlassen, um nicht bei den schweren Bombardements der russischen Armee ihr Leben zu verlieren. Natella Kuschanischwili ist mit fünf Kindern aus Tschetschenien geflohen und hat in Duissi Zuflucht bei Verwandten gefunden.

„Ich habe bis 1989 mit meiner Familie in Duissi gelebt," berichtet sie uns. „Im selben Jahr sind wir zu unseren Verwandten nach Tschetschenien gegangen, weil dort die wirtschaftliche Situation viel besser war als in Georgien. Es gab für jeden Arbeit. Aber später hat Russland uns angegriffen, unsere Dörfer und Städte zerstört. Auch mein Haus haben sie niedergebrannt. Doch wir konnten den Krieg gegen die russische Armee gewinnen. Unser Haus haben wir wieder aufgebaut. Das Leben war eigentlich wieder normal, bis die russische Armee vor einigen Wochen wieder angriff. Aber jetzt führt die russische Armee keinen Krieg mehr. Jetzt wollen sie uns alle vernichten. Sie wollen alle Tschetschenen töten. Jeder Quadratmeter wird bombardiert, alles wird verwüstet. Tschetschenien soll ein totes Land werden, in dem keine Menschen mehr leben können. Kann Deutschland uns nicht helfen? Wir wollen doch nur in Frieden in unserem Land leben."

Natella Kuschanischwili spricht ganz ruhig und sachlich, als gäbe es noch Schlimmeres auf der Welt. Ihr Lächeln auf dem Gesicht vergeht nicht.

Was kann ich tun? Ich verspreche, mich in Deutschland um humanitäre Hilfe für tschetschenische Flüchtlinge in Georgien zu bemühen. Bis spät in den Abend bleiben wir mit den Flüchtlingen zusammen. Beim Abschied erzählt uns der Bürgermeister, dass er gestern im Radio „Liberty" ein Interview mit Außenminister Joschka Fischer über Tschetschenien gehört habe. Er habe aus den Worten des deutschen Außenministers Kritik am russischen Vorgehen in Tschetschenien herausgehört. Für diese moralische Unterstützung seien die Tschetschenen sehr dankbar.

Der Gouverneur von Kachetien, Professor Giorgi Arsenischwili, residiert in einem stattlichen Gebäude in der Mitte Telawis. Bevor er in die Politik ging, war er Professor für Mathematik an der Universität in Tiflis und forschte auch einige Semester in Heidelberg. Die Gouverneure, deren rechtliche Stellung ungeklärt ist, werden noch immer

Eduard Schewardnadse mit Gouverneur Giorgi Arsenischwili im Wahlkampf in Kachetien für die Parlamentswahlen 1999. Photo: Sakinformi

von Präsident Schewardnadse persönlich eingesetzt. Deshalb steht auf der deutschen Visitenkarte Arsenischwilis „Persönlicher Beauftragter des Präsidenten Georgiens in Kachetien". Auch das rechtliche Verhältnis des Gouverneurs zu den Kommunalparlamenten ist nicht geregelt. Die georgischen Wahlen zu den kommunalen Parlamenten, den 378 *sakrebulo*, hatten am 5. November 1998 stattgefunden. Aus ihnen war die „Bürgerunion" mit 29 Prozent als Sieger hervorgegangen, dicht gefolgt von der neuen Partei der „Laboristen" mit 18 Prozent. Gouverneur Arsenischwili findet diese Partei obskur, zum Glück habe er aber in Kachetien mit ihr keine Probleme, da in Kachetien die „Bürgerunion" mit großem Abstand die kommunalen Wahlen gewonnen habe. Deshalb gebe es auch zwischen ihm als Gouverneur und den kommunalen Parlamenten keine Reibereien.

Der Gouverneur beschreibt sehr realistisch die Zukunftsperspektiven Kachetiens. Er sei sich sicher, dass die privaten Weingüter wieder wirtschaftlich Fuß fassen könnten. Aber auch für den Anbau von Tabak und die Fabrikation von Seide, die jahrhundertelange Tradition in Kachetien haben, würden sich ausländischen Investoren interessieren. Seine größte Hoffnung sei, dass in Mirzani auf der Schiraki-Hochebene Öl gefunden werde. Ein amerikanisches Unternehmen werde dort am 14. November 1999 den ersten neuen Ölturm aufstellen. Er empfiehlt uns, dorthin zu fahren. Vorher frage ich ihn noch, was die gelben Zettelchen auf seinem Schreibtisch bedeuten, auf denen akkurat geschriebene Zeilen in Versform zu erkennen sind. Lachend öffnet er eine Schreibtischschublade und holt einen Gedichtband von Erich Fried hervor. „Um mich entspannen zu können, übersetze ich die Liebesgedichte Erich Frieds“, gesteht er. „Mögen sie ihn?“

„Ja, sehr“, antworte ich und erzähle ihm, dass ich als Student in Paris Erich Fried getroffen hätte und er mir eine Erstausgabe dieses Gedichtbandes mit Widmung signiert habe, worauf ich damals sehr stolz gewesen sei.

Mirzani ist nicht leicht zu finden, obwohl es auf der Karte eingezeichnet ist, allerdings zweimal. Das erste Dorf Mirzani, das wir besuchen, liegt auf dem südlichen Ausläufer des Gombori-Gebirgszugs. Dort wurde der Maler Niko Pirosmani im Jahre 1862 geboren. Heute steht neben seinem Geburtshaus ein Museum, in dem einige seiner Hauptwerke zu sehen sind. Das Museum ist ein fensterloser abweisender Betonbunker, den man sich der Bilderwelt Pirosmanis nicht entgegengesetzter vorstellen könnte. Nur die Aussicht auf das fruchtbare liebliche Alasani-Tal entschädigt.

Unser Fahrer steuert dann das zweite Dorf Mirzani an, fährt in die Ebene hinunter und umrundet südlich das Ende des Gombori-Gebirges. Hinter uns lassen wir das fruchtbare und grüne Kachetien, vor uns liegt die menschenleere Schiraki-Steppe. Nach dem letzten städtischen Vorposten, Dedoplis-Tskaro, treffen wir auf einen rostigen Wegweiser, auf dem ein Ölturm und die Aufschrift „Frontera-Eastern Georgia“ zu sehen sind. Wir biegen rechts ab und fahren auf einer Schotterpiste in die Schiraki-Steppe hinein. Der Blick reicht bis zum Horizont. Weit und breit ist kein Haus zu sehen. Nur vereinzelt ragen grüne Büsche aus dem hohen vertrockneten Gras heraus. Die Landschaft sieht überall gleich aus. Sanft aufgeworfene Hügel wechseln sich ab mit langen schilfgrünen Höhenzügen und tiefen, dunklen Kratern. Wir sind jetzt eine Stunde gefahren. Ich freue mich darüber, dass Irakli so ortskundig ist. Im Vertrauen darauf, dass er Mirzani bald finden werde, schließe ich die Augen und schlafe ein.

„Links oder rechts?“, fragt Irakli mich lauthals und rüttelt mich wach.

„Woher soll ich denn das wissen?“, antworte ich.

„Wieso? Aber Sie wollten doch nach Mirzani.“

„Ja – aber ich habe doch keine Ahnung, wo das liegt. Woher soll ich denn das wissen. Ich dachte, Sie wüssten das.“

„Wieso ich denn?“, antwortet er kopfschüttelnd. „Ich wollte noch nie nach Mirzani.“

Auf einer Anhöhe steige ich aus und schrecke vor einer Schlange zurück, die sich vor mir durch die gelblichen Gräser schlängelt. Um uns herum liegt im dunstigen Licht die Steppe, eine eintönige grüne und braune Landschaft, soweit das Auge reicht. Irgendwo vor uns, noch hundert Kilometer weiter, müsste die Grenze zu Aserbaidschan verlaufen. Hier und da sehen wir kleine Bohrtürme; schwarze Rohre durchziehen das Gelände. Wir haben vollkommen die Orientierung verloren. Ich habe keinen Kompass dabei und die Sonne, die sich hinter einem grauen Himmel versteckt, kann uns auch nicht helfen.

Irakli schlägt vor, die Suche nach Mirzani und den neuen Öltürmen aufzugeben. Ich finde das vernünftig. Es sind nur noch wenige Stunden bis zum Sonnenuntergang. Wenn wir bis dahin nicht diese mondartige Landschaft verlassen haben, können wir uns auf eine kalte Nacht im Auto vorbereiten. Also kehren wir zunächst einmal um, müssen aber schon an der ersten Gabelung zugeben, dass wir nicht wissen, ob wir geradeaus fahren müssen oder ob wir von links oder rechts gekommen sind. Wir entscheiden uns, geradeaus zu fahren. Kilometerlang geht es weiter, aber schon bald befürchte ich, im Kreise zu fahren. Auch Irakli ist sich nicht ganz sicher, ob nicht die Anhöhe, die vor uns liegt, dieselbe ist, die wir vor einer halben Stunde verlassen haben. Die Stimmung ist etwas niedergeschlagen. Plötzlich entdeckt Irakli auf einem weit entfernten Gebirgszug einige Schafe. Er gibt Gas und fährt auf sie zu. Je näher wir ihnen kommen, desto mehr Schafe erkennen wir. Es ist eine riesige Herde von einigen tausend Schafen. Die Schäfer – großgewachsene, tiefgebräunte junge Männer – reiten auf kräftigen kleinen Pferden. Um sie herum tollen die furchteinflößenden tuschischen Schäferhunde. Die Schäfer sind Tuschen, die im Sommer mit ihren Schafherden in den Bergen von Omalo leben und im Herbst in die Schiraki-Ebene ziehen, um hier zu überwintern. Die Schäfer amüsieren sich über unser Schicksal; sie kennen hier jeden Hügel.

„Folgen sie mir!“, fordert einer der Schäfer uns auf und reitet voran. Nach einigen Kilometern treffen wir auf eine tief eingefahrene Piste mit frischen Autospuren. Sie kommt uns bekannt vor. Jetzt müssen wir uns nur noch geradeaus halten, bis wir wieder die geteerte Hauptstraße erreicht haben. Dem Schäfer schenken wir unseren Teliani-Wein und georgische Zigaretten. Nur durch Zufall hätten wir den Weg selber finden können.

Unser letztes Ziel, bevor wir nach Tiflis zurückkehren, ist Signachi und das Kloster Bodbe. Wir verlassen die Steppe und kurven den Gombori-Gebirgszug hinauf. An dem äußersten Ende des Gebirgszuges liegt Signachi, das schönste Städtchen Georgiens, in dem man sich plötzlich nach Süditalien versetzt fühlt. Die bunten Häuser Signachis, mit filigranen Schmiedearbeiten verziert, stehen auf Terrassen, die den Hang hinaufgebaut sind. Durch die Häuser schlängeln sich steile Kopfsteingassen. Irakli, der uns kreuz und quer durch die Stadt fährt, erzählt, dass es sein Traum sei, hier ein Restaurant oder eine Bar zu eröffnen. Ich könnte mir keinen besseren Platz vorstellen. Von der Veranda des Hauses, auf der wir jetzt stehen, blicken wir weit über die Türme und Tore der Festungsmauer über das Alasani-Tal, das jetzt im Dunkel der Dämmerung liegt. Wie auf einer Bühne blicken wir im Hintergrund der Kulisse auf die schwarzen Berge des Kaukasus. Nur über den Schneespitzen der Gipfel glänzt noch blassrotes Licht.

Es gibt aber in Signachi noch keine Bar mit diesem Ausblick. Deshalb fahren wir ohne Pause weiter zum Kloster Bodbe, das etwas außerhalb von Signachi liegt. Bodbe ist ein Nonnenkloster, das *deda* (Mutter) Theodora Anfang der neunziger Jahre wiedergegründet hat. Die Nonnen leben in einem stattlichen Gebäude aus dem 19. Jahrhundert, das früher ein archäologisches Museum beherbergte. Das Kloster wird eingerahmt durch einen weitläufigen Zypressenpark. Etwas abseits stehen die Kirchen und ein Glockenturm. *Deda* Theodora ist nicht da, wie uns Schwester Ekaterina mitteilt. Sie ist in Tiflis, um Geldspenden für das Kloster zu sammeln. Man habe sonst keine Einkünfte für die Restaurierung der Kirche, der Gebäude und der Gärten. Schwester Ekaterina – sie stammt aus Kasbegi – ist dreiundzwanzig Jahre alt und hat vor vier Jahren den Schleier genommen. Sie hat ein schmales, schönes Gesicht mit den großen georgischen Augen. Ihre Hände sind zierlich, aber kräftig. Als wir sie trafen, befestigte sie gerade Feldsteine auf der Parkmauer, die neu errichtet wird. Mit einem Lächeln bittet sie uns zur Kirche der Heiligen Nino.

„Schon seit dem 4. Jahrhundert befindet sich in Bodbe ein Kloster", erklärt uns Schwester Ekaterina. In jenen Tagen, als die Heilige Nino Georgien zum Christentum bekehrte, erschien über Mzcheta ein

Kreuz aus Feuer, das vom Himmel herabkam und über der Kirche von Mzcheta verweilte. Das Kreuz war von zwei Sternen umgeben, von denen der eine Stern nach Westen, der andere nach Osten wanderte. Der Stern, der nach Osten wanderte, blieb über dem Dorf Bodbe stehen. Nino gebat daraufhin, hier ein Kreuz zu errichten. König Mirian selber ordnete an, dass hier in Bodbe eine Kapelle errichtet werden sollte. Später kam Nino nach Bodbe, um die Menschen in Kachetien zu bekehren. Dann wurde sie krank und starb in Bodbe. Ihr letzter Wille war, hier bestattet zu werden.

In der dunklen und winzigen Gruft liegt Nino in einem Sarkophag aus weißem Marmor begraben. Auf der Stirnplatte ist das christliche Symbol Georgiens eingeschnitten, das Kreuz aus dem Holz der Weinrebe, das durch die Haare Ninos zusammengehalten wird. Schwester Ekaterina entzündet eine kleine Kerze und stellt sie unter die vielen Ikonen, die hier als Opfergaben aufgestellt wurden. Sie erzählt uns aus dem Leben der Heiligen Nino, das in abgeblätterten Fresken über dem Sarkophag dargestellt ist. Wir spüren, welche Kraft diese junge Frau aus dem Leben der Heiligen Nino schöpft, die tausendsechshundert Jahre vor ihr hier lebte.

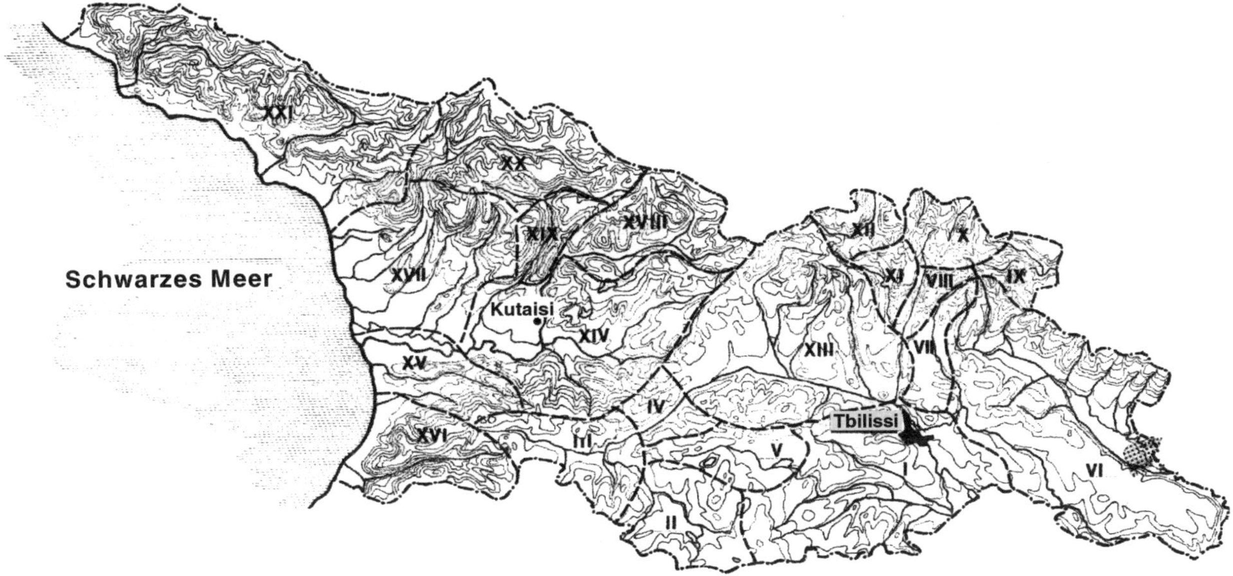

I Unteres Kartli	IV Tori	VII Erzo-Tianeti	X Chewsuretien	XIII Inneres Kartli	XVI Adscharien	XIX Letschumi
II Dschawachetien	V Trialeti	VIII Pschawi	XI Mtiuleti	XIV Imeretien	XVII Megrelien	XX Swanetien
III Meßchetien	VI Kachetien	IX Tuschetien	XII Chewi	XV Gurien	XVIII Ratscha	XXI Abchasien

Chronologie

3000–2500 v. Chr.	Mtkwari-Araxes-Kultur
2500–1500 v. Chr.	Trialeti-Kultur
1400–750 v. Chr.	Kolchis-Kultur
800 v. Chr.	Griechische Kolonisation im Schwarzmeergebiet
6. Jh. v. Chr.	Entstehung der Königreiche Kolchis (Westen) und Iberia (Osten). Die Aufteilung in zwei Königreiche bleibt bis zum 11. Jahrhundert bestehen.
65 v. Chr.	Pompeius Magnus erobert Armenien, die Kolchis und Iberia.
3. Jh.	Die Sassaniden (Persien) verdrängen die Römer aus dem östlichen Kaukasus. Iberia fällt unter sassanidische Oberhoheit. In Westgeorgien formiert sich das Königreich Lasika, das unter römischem Einfluss bleibt.
um 337	König Mirian wird von der Heiligen Nino zum Christentum bekehrt.
387	Römer und Perser teilen das südliche Kaukasien in Einflusssphären auf.
Mitte des 5. Jhs.	Die Dreizehn Syrischen Väter festigen den christlichen Glauben in Georgien.
450–500	Regierungszeit von König Wachtang Gorgassali. Hervorragender Staatsmann, kämpft mit Byzanz gegen die Perser. Gründung von Tiflis als Königssitz. Autokephalie der georgischen Kirche, an deren Spitze von nun an ein Katholikos steht.
5.–6. Jh.	Auseinandersetzung zwischen Byzanz und Persien um die Vorherrschaft in Georgien und Kaukasien. Erste Blütezeit der georgischen Baukunst unter byzantinischem Einfluss: Alt-Schuamta, Bolnissi, Dschwari.

654	Die Araber erobern Tiflis. Wirtschaftlicher Niedergang und kultureller Stillstand. Die arabische Herrschaft im Emirat Tiflis währt bis 975.
Ende des 8. Jhs.	Bildung und Festigung georgischer Fürstentümer. Widerstand gegen die arabische Herrschaft. Beginn der Einigungsbestrebungen durch die adlige und geistliche Elite.
975–1014	Bagrat III. Er ist der Begründer der georgischen Bagratidendynastie aus Tao-Klardschetien und vereinigt erstmals die georgischen Fürstentümer. Das Land nennt sich Sakartwelo. Seitdem sprechen wir von „Georgien".
1074–1080	Die Seldschuken ziehen raubend und plündernd durch Georgien.
1089–1125	David Agmaschenebeli: Befreiung Georgiens vom Joch der Seldschuken, Beginn der Blütezeit des mittelalterlichen Georgiens (Festungen, Kirchen, Akademien, Klöster; Goldschmiedekunst). Georgien bildet ein christliches Großreich. Die Blüte des „Goldenen Zeitalters" spielt im Bewusstsein Georgiens, das im Laufe seiner Geschichte meistens anderen Mächten unterworfen war, eine besondere Rolle.
1184–1213	Königin Tamara. Unter ihrer Regentschaft erlebt die georgische Kultur ihren Höhepunkt. Schota Rustaweli schreibt das Hauptwerk der georgischen Literatur: „Der Recke im Tigerfell".
1220	Mit den mongolischen Einfällen in Georgien endet die georgische Blütezeit.
1386–1403	Vernichtungsfeldzüge der Mongolen unter Timur Leng in Georgien. Davon kann sich Georgien bis zur Neuzeit nicht erholen. Georgien zersplittert in eigenständige Königreiche und Fürstentümer.

1453	Die Eroberung Konstantinopels durch die Osmanen schneidet Georgien von der Mittelmeerwelt und dem westlichen Europa ab. Mit der Entdeckung des Seeweges nach Asien im 15. und 16. Jh. verliert Georgien seine Bedeutung als Transitland.
1555	Friede von Amasia: Aufteilung von Armenien und Georgien zwischen Persern und Osmanen. Rivalität zwischen Persern und Osmanen bleibt bis Ende des 18. Jhs. bestehen.
1588–1629	Schah Abbas I. Er unternimmt nach 1600 wiederholt Feldzüge gegen die ostgeorgischen Königreiche Kartli und Kachetien.
1630–1729	„Silbernes Zeitalter". Beginn einer georgischen Wiedergeburt unter den Königen Rostom und Wachtang VI.
1722	Rußland wird im Kaukasus aktiv. Persienfeldzug Zar Peter I.
1762–1799	König Irakli II. König der vereinigten Königreiche Kartli und Kachetien
24. Juli 1783	Vertrag von Georgiewsk. Irakli II. unterstellt Georgien russischer „Oberherrschaft".
12. September 1801	Russland annektiert unter Zar Alexander I. Georgien. Abschaffung des georgischen Königtums. Die 800 Jahre alte Bagratidendynastie muß auf den Königsthron verzichten.
1802–1830	Aufstände gegen die russische Fremdherrschaft.
1829	Friede von Adrianopel: Türkei erhält die Gebiete um Kars, Ardahan und Erzurum.
1870–1890	Georgische Nationalbewegung. Herausragende Figuren sind die Dichter Ilia Tschawtschawadse und Akaki Zereteli.
13. Juli 1878	Friede von Berlin: Russland erhält nach dem russisch-türkischen Krieg die Gebiete um Kars, Ardahan und Erzurum.

Februar 1917	Sozialistische Februarrevolution. Georgien, Armenien und Aserbaidschan schließen sich zur kurzlebigen „Transkaukasischen Föderativen Republik“ zusammen.
3. März 1918	Friede von Brest-Litowsk
26. Mai 1918	Georgien erklärt mit deutscher Hilfe seine Unabhängigkeit und unterstellt sich deutschem Schutz. Präsident der Republik Georgien wird Noe Dschordania. Am 30. Oktober 1918 ziehen sich die deutschen Truppen aus Georgien zurück.
25. Februar 1921	Besetzung Georgiens durch die Rote Armee. Georgien wird eine Sowjetrepublik.
16. März 1921	Russisch-Türkischer Vertrag von Moskau: Türkei erhält die Gebiete um Kars, Ardahan und Erzurum (heutige Grenzen).
31. März 1921	Gründung der „Autonomen Sowjetrepublik Abchasien“
16. Juli 1921	Gründung der „Autonomen Sowjetrepublik Adscharien“
12. März 1922	Gründung der „Transkaukasischen Föderation Sozialistischer Sowjetrepubliken“ mit Georgien, Armenien und Aserbaidschan als Gliedstaaten
20. April 1922	Gründung des „Autonomen Gebietes Süd-Ossetien“
30. Dezember 1922	Gründung der „Union der sozialistischen Sowjetrepubliken“ (UdSSR)
1922–1924	Widerstand der Georgier gegen die russische Fremdherrschaft und das kommunistische Regime. Am 29. April 1924 schlägt die Rote Armee den Aufstand in Gurien nieder.
5. Dezember 1936	Auflösung der „Transkaukasischen Föderation der Sozialistischen Sowjetrepubliken“. Georgien, Armenien und Aserbaidschan treten als eigene Republiken der UdSSR bei.

Oktober 1941	Deportation der 30 000 deutschen Siedler in Georgien nach Kasachstan
15. November 1944	Deportation von 125 000 Meßcheten nach Mittelasien
9. März 1956	„Schwarzer Freitag". Rote Armee erschießt einige hundert Demonstranten in Tiflis. Gründung von Widerstands- und Dissidentengruppen
1972–1985	Eduard Schewardnadse Erster Sekretär des Zentralkomitees der kommunistischen Partei Georgiens. Wirtschafliche und politische Liberalisierung durch „Experimente"
1987	Gründung der „Ilia Tschawtschawadse Gesellschaft". Führende Vertreter sind Swiad Gamsachurdia und Merab Kostawa.
9. April 1989	Die Sowjetische Armee beendet gewaltsam eine friedliche Demonstration auf dem Rustaweli-Prospekt für die Unabhängigkeit Georgiens in Tiflis. Die Soldaten erschlagen 19 Frauen und einen Mann. Hunderte von Verletzten durch den Einsatz von Giftgas
28. Oktober – 11. November 1990	Freie Wahlen in Georgien: Swiad Gamsachurdia siegt mit dem Wahlbündnis „Runder Tisch – Freies Georgien".
14. November 1990	Erklärung des georgischen Parlaments über den „Beginn einer Übergangsperiode zur Unabhängigkeit Georgiens"
31. März 1991	Referendum in Georgien: 98,8 Prozent der Bevölkerung stimmen für die Unabhängigkeit.
9. April 1991	Georgiens Parlament erklärt formal den Austritt aus der UdSSR und die Unabhängigkeit der Republik Georgien.
26. Mai 1991	Direkte Wahl von Swiad Gamsachurdia zum Präsidenten der Republik Georgien
8. Dezember 1991	Russland, Ukraine und Weißrussland bilden die „Gemeinschaft Unabhängiger Staa-

	ten“ („GUS“) und erklären die UdSSR für aufgelöst.
21. Dezember 1991	Zweiter Gründungsakt der „GUS“ in Alma Ata. Alle früheren Unionsrepubliken außer den baltischen Staaten und Georgien erklären den Beitritt.
22. Dezember 1991	„Süd-Ossetien“ erklärt die Unabhängigkeit von Georgien.
25. Dezember 1991	Rücktritt Gorbatschows als Staatspräsident der UdSSR. Auflösung der UdSSR
22. Dezember 1991–6. Januar 1992	„Winterkrieg“ in Tiflis. Anführer des Putsches gegen den Präsidenten Swiad Gamsachurdia sind Tengis Kitowani, Dschaba Josseliani und Tengis Sigua.
2. Januar 1992	Militärrat unter Sigua, Josseliani und Kitowani übernimmt die Macht.
6. Januar 1992	Präsident Gamsachurdia flieht aus Tiflis nach Grosny.
5. März 1992	Eduard Schewardnadse kehrt auf Bitte von Josseliani und Sigua nach Tiflis zurück.
10. März 1992	Einsetzung eines interimistischen Staatsrats unter Vorsitz von Schewardnadse. Die anderen Mitglieder sind Sigua, Josseliani und Kitowani.
23. Juli 1992	Abchasien setzt Verfassung von 1925 in Kraft und erklärt damit de facto seine Unabhängigkeit.
14. August 1992	Einmarsch georgischer Truppen („Nationalgarde“) unter der Führung Kitowanis in Abchasien. Beginn des Krieges in Abchasien
11. Oktober 1992	Schewardnadse gewinnt Parlamentswahlen und wird „Staatsoberhaupt der Republik Georgien und Vorsitzender des Parlaments“.
16. Oktober 1992	Auflösung des Staatsrats
4. Juli 1993	Vereinbarung eines Waffenstillstandes für „Süd-Ossetien“ in Sotschi, unterzeichnet

	von Georgien, Russland, „Süd-Ossetien" und Nord-Ossetien. Seitdem sichert eine russisch-georgisch-ossetische Friedenstruppe den Waffenstillstand in „Süd-Ossetien".
30. Juli 1993	Beginn des Aufstandes der Anhänger des gestürzten Präsidenten Gamsachurdia gegen Schewardnadse in Megrelien
30. September 1993	Vollständige Niederlage der georgischen Kräfte in Abchasien gegen russisch-abchasische Truppen. Georgische Bevölkerung wird aus Abchasien vertrieben.
8. Oktober 1993	Beitritt Georgiens zur „Gemeinschaft Unabhängiger Staaten"
7. November 1993	Niederschlagung des Aufstandes der Anhänger des gestürzten Präsidenten Gamsachurdia gegen Schewardnadse mit russischer Hilfe
31. Dezember 1993	Tod Swiad Gamsachurdias
3. Februar 1994	Unterzeichnung des georgisch-russischen Vertrages über Freundschaft, gute Nachbarschaft und Zusammenarbeit. Dem Vertrag folgt ein Abkommen über die Stationierung russischer Streitkräfte in Georgien (27. März 1995).
14. Januar 1995	Verhaftung des ehemaligen Chefs der Nationalgarde Tengis Kitowani
29. August 1995	Erstes Attentat auf Schewardnadse
5. September 1995	Unterzeichnung der georgischen Verfassung
25. September 1995	Einführung der georgischen Währung „Lari"
5. November 1995	Schewardnadse gewinnt die Präsidentschaftswahlen. Seine Partei, die „Bürgerunion", gewinnt die Parlamentswahlen.
15. November 1995	Verhaftung des Anführers der mchedrioni, Dschaba Josseliani
9. Februar 1998	Zweites Attentat auf Schewardnadse
Mai 1998	40 000 Georgier werden zum zweiten Mal aus Abchasien vertrieben.

31. Oktober 1999	Die „Bürgerunion“ gewinnt die Parlamentswahlen.
9. April 2000	Schewarnadse gewinnt zum zweiten Mal die Präsidentschaftswahlen.

Bibliographie

Rohrbacher, Heinrich: Materialien zur georgischen Bibliographie, Deutsches Schrifttum, Bonn 1981

Miansarof, M.: Bibliographia caucasica et transcaucasica, St. Petersburg 1870

Barrett, David: Catalogue of the Wardrop Collection and of Other Georgian Books and Manuscripts in the Bodleian Library, London 1978

Lang, David Marshall: Catalogue of Georgian and Other Caucasian Printed Books in the Britisch Museum, London 1962

Beridze, Shalva: Bibliographie française de la Géorgie, Revue des Bibliothèques, Vols. 38–39, Paris 1931–1932

Periodika

Bedi Kartlisa: Revue de Kartvélologie. Etudes Géorgiennes et Caucasiennes, Paris 1957 ff.

Georgica: Zeitschrift für Kultur, Sprache und Geschichte Georgiens und Kaukasiens, Jena-Tbilissi 1976 ff. (seit 1990/91 Konstanz)

The Georgian Chronicle: Monthly Bulletin, Tbilisi 1992 ff. (seit Dezember 1996: Georgian Profile)

Mitteilungsblatt der Berliner Georgischen Gesellschaft: Berlin Januar 1992 ff.

Antike Schriftsteller

Apollonios von Rhodios (295–215 v. Chr.): Das Argonautenepos, Griechisch-Deutsch, Darmstadt 1996

Herodot (485–425 v. Chr.): Historien, Griechisch-Deutsch, Sammlung Tusculum 1995

Xenophon von Athen (430–355 v. Chr.): Anabasis, Der Zug der Zehntausend, Griechisch-Deutsch, Sammlung Tusculum 1990

Strabon (63 v. Chr.–19 n. Chr.): The Geography, Griechisch-Englisch, London 1967

Plinius der Ältere (23–79 n. Chr.): Naturgeschichte, Lateinisch-Deutsch, Sammlung Tusculum 1976

Plutarch (46–120 n. Chr.): Fünf Doppelbiographien, Griechisch-Deutsch, Sammlung Tusculum 1992
Tacitus (55–116 n. Chr.): Annalen, Lateinisch-Deutsch, Sammlung Tusculum 1992
Arrian (95–175 n. Chr.): Periplo del Ponto ousini, Griechisch-Italienisch, Neapel 1958
Cassius Dio (150–235 n. Chr.): Römische Geschichte in 5 Bänden, Zürich 1985

Deutsche Übersetzungen georgischer Literatur

Abaschidse, Grigol: Die lange Nacht, Aus dem Georgischen von Heinz Fähnrich, Berlin 1978
Barataschwili, Nikolos: Gedichte, Deutsch von Rainer Kirsch nach einer Interlinearübersetzung von Nelly Amaschukeli, Herausgegeben von Nodar Kakabadse, Tbilisi 1968
Das Buch vom Helden Amirani: Ein altgeorgischer Sagenkreis, Deutsch von Heinz Fähnrich, Bearbeitet und mit einem Essay von Micheil Tschikowani, Leipzig und Weimar 1978
Dirr, Alfred: Kaukasische Märchen, Jena 1920
Dschawachischwili, Michael: Das fürstliche Leben des Kwatschi K., Aus dem Georgischen von Kristiane Lichtenfeld, Berlin 1986
Dumbadse, Nodar: Das Gesetz der Ewigkeit, Deutsch von Kristiane Lichtenfeld, Berlin 1983
Gamsachurdia, Konstantin: Die rechte Hand des großen Meisters, Historischer Roman, Aus dem Georgischen von Gertrud Pätsch, Berlin 1969
Georgische Erzähler der neueren Zeit: Ausgewählt und aus dem Georgischen übertragen von Ruth Neukomm, Zürich 1970
Georgische Märchen: Herausgegeben von Heinz Fähnrich, Leipzig 1980
Georgische Poesie aus acht Jahrhunderten: Anthologie, Berlin 1971
Georgische Sagen und Legenden: Herausgegeben und aus dem Georgischen von Heinz Fähnrich, Blieskastel 1998
Georgische Erzählungen: Der ferne weiße Gipfel, Herausgegeben und mit biographischen Notizen versehen von Steffi Chotiwari-Jünger, Berlin 1984

Georgische Erzählungen des 20. Jahrhunderts: Herausgegeben von Naira Gelaschwili, Frankfurt 2000
Das Leben Kartlis: Eine Chronik aus Georgien 300–1200, Aus dem Georgischen übertragen, herausgegeben und mit einem Vorwort versehen von Gertrud Pätsch, Leipzig 1985
Leist, Arthur: Georgische Dichter, Leipzig 1887
Märchen aus Swanetien: Herausgegeben und übertragen von Heinz Fähnrich, Konstanz 1992
Orbeliani, Sulchan-Saba: Die Weisheit der Lüge, Aus dem Georgischen von Heinz Fähnrich, Berlin 1973
Robakidse, Grigol: Das Schlangenhemd, Jena 1928
Robakidse, Grigol: Kaukasische Novellen, Aus dem Georgischen von Käthe Rosenberg und Richard Meckelein, Frankfurt am Main 1979
Rustaweli, Schota: Der Recke im Tigerfell, Deutsch von Hugo Huppert, Berlin 1955
Sagen aus Georgien: Der Sieg von Bachtrioni, Deutsch von Heinz Fähnrich, Leipzig und Weimar 1984
Tabidse, Galaktion: Ausgewählt von Kristiane Lichtenfeld, Poet's Corner 6, Berlin 1991
Tschawtschawadse, Ilia: Die vertauschte Braut, Übersetzt von Kristiane Lichtenfeld, Leipzig 1995
Tschiladse, Otar: Das eiserne Theater, Aus dem Georgischen von Kristiane Lichtenfeld, Berlin 1988
Tschiladse, Otar: Awelum, Aus dem Georgischen von Kristiane Lichtenfeld, Berlin 1998
Wisramiani oder die Geschichte der Liebe von Wis und Ramin: Übertragung aus dem Georgischen und Nachwort von Ruth Neukomm und Kita Tschenkeli, Zürich 1957
Zereteli, Akaki: Aus meinem Leben, Aus dem Georgischen von Ruth Neukomm und Yolanda Marchev, Zürich 1990
Zurtaweli, Jakob: Das Martyrium von Schuschaniki, Übersetzt von Nelly Amaschukeli, Tiflis 1983

Georgische Kultur und Geschichte

Abich, Herman: Aus kaukasischen Ländern, Wien 1896
Achwlediani, Helena: Selected Works, Moskau 1987
Allen, W. E. D.: A History of the Georgian People from the Beginning

down the Russian Conquest in the Nineteenth Century, London 1971

Allgemeine Angelegenheiten der Republik Georgien: Bd. 1–8, Bonn, Politisches Archiv des Auswärtigen Amts

Ascherson, Neal: Schwarzes Meer, Wien 1996

Avalishvili, Zourab: The Independence of Georgia in International Politics 1918–1921, London 1940

Die Bekehrung Georgiens: „Mokcevay kartlisay“, Übersetzt und mit Anmerkungen versehen von G. Pätsch, in: Bedi Kartlisa Nr. 33 (1975)

Benet, Sula: Abkhasians, The Long Living People of the Caucasus, New York 1974

Beridse, Wachtang und Neubauer, Edith: Die Baukunst des Mittelalters in Georgien vom 4. bis zum 18. Jahrhundert, Wien und München 1981

Bihl, Wolfdieter: Die Kaukasus-Politik der Mittelmächte, Wien, Köln und Graz 1975

Bodenstedt, Friedrich von: Tausendundein Tag im Orient, Berlin 1850, zahlreiche Neuauflagen, zuletzt Frankfurt 1992

Braund, David: Georgia in Antiquity, Oxford 1994

Burnev, Charles und Lang, David Marshall: Die Bergvölker Vorderasiens, Armenien und der Kaukasus von der Vorzeit bis zum Mongolensturm, Essen 1975

Chervonnaya, Swetlana: Conflict in the Caucasus, Georgia, Abkhazia and the Russian Shadow, London 1994

Conquest, Robert: The Nation Killers, The Soviet Deportation of Nationalities, London 1970

Deeters, Gerhard: Die georgische Literatur, in: Handbuch der Orientalistik, Leiden und Köln 1963

Dechy, Moritz von: Kaukasus, Reisen und Forschungen im kaukasischen Hochgebirge, Berlin 1905–07

Dschanelidse, Nikolos: Georgisches Kochbuch, Itzehoe 1970

Dshawachischwili, Alexander und Abramischwili, Guram: Goldschmiedekunst und Toreutik in den Museen Georgiens, Leningrad 1986

Dumas (Père), Alexandre: Reise im Kaukasus 1858–1859, Pest, Wien und Leipzig 1859

Fähnrich, Heinz: Geschichte Georgiens von den Anfängen bis zur Mongolenherrschaft, Aachen 1993

Fähnrich, Heinz: Georgische Literatur, Aachen 1993
Fähnrich, Heinz: Georgische Schriftsteller, A-Z, Aachen 1993
Fähnrich, Heinz: Georgische Sagen und Legenden, Saarbrücken 1999
Fähnrich, Heinz: Lexikon Georgische Mythologie, In der Reihe: „Kaukasische Studien", Herausgegeben von E.-M. Auch, R. Motika, J. Stadelbauer, Wiesbaden 1999
Gachechiladze, Revaz: The New Georgia, London 1995
Gamkrelidse, Tamas: Aus der Geschichte der Stammesnamen der alten Kolchis, in: Georgica Nr. 15 (1992)
Gamsachurdia, Konstantin: Swiad Gamsachurdia: Dissident, Präsident, Märtyrer, Basel 1995
Gamsachurdia, Swiad: The Spiritual Mission of Georgia, Tiflis 1991
Gelaschwili, Naira: Georgien – ein Paradies in Trümmern, Berlin 1993
Gerber, Jürgen: Georgien: Nationale Opposition und kommunistische Herrschaft seit 1956, Berlin 1997
Gersamia, Tamaz: Old Tbilissi, Tbilissi 1984
Glück, Helmut und Nielsen, Fried-Hansel und Paidschadse, Manana: Deutsch in Georgien, Bamberg 1995
Güldenstädt, Johan Anton: Reisen nach Georgien und Imerethi, Berlin 1815
Halbach, Uwe und Kappeler, Andreas: Krisenherd Kaukasus, Baden-Baden 1995
Häusermann, Thomas: Musik aus Georgien, Bruchsal 1993
Heiser, Lothar: Die georgisch-orthodoxe Kirche und ihr Glaubenszeugnis, Trier 1989
Jordania, Noe: Marxismus und Demokratie, Berlin 1921
Kappeler, Andreas: Russland als Vielvölkerreich, Entstehung, Geschichte, Zerfall, München 1992
Kautsky, Karl: Georgien, Eine sozialdemokratische Bauernrepublik, Eindrücke und Beobachtungen, Wien 1921
Kekelidse, Korneli: Die Bekehrung Georgiens zum Christentum, Leipzig 1928
Klaproth, Julius Heinrich: Reise in den Kaukasus und nach Georgien, unternommen in den Jahren 1807 und 1808, Halle 1812–1814 (Neudruck Leipzig 1970)
Kress von Kressenstein, Friedrich Freiherr von: Meine Mission im Kaukasus, unveröffentlichte Maschinenschrift, Bayerisches Kriegsarchiv, 1943
Lang, David Marshall: The Georgians, New York 1966

Lang, David Marshall: The Last Years of the Georgian Monarchy 1658–1832, New York 1957
Lang, David Marshall: A Modern History of Georgia, London 1962
Leist, Arthur: Das georgische Volk, Dresden 1903
Lordkipanidze, Miriam: Georgia in the XI–XII centuries, Tbilissi 1987
Lordkipanidse, Otar: Archäologie in Georgien, Von der Altsteinzeit zum Mittelalter, Weinheim 1991
Mepisaschwili, Russudan und Zinzadse, Wachtang: Georgien, Wehrbauten und Kirchen, Photos von Rolf Schrade, Leipzig 1986
Mertschule, Giorgi: Das Leben des Grigol von Chandsta, Jena 2000
Merzbacher, Gottfried: Aus den Hochregionen des Kaukasus, Leipzig 1901
Miron, Andrei und Orthmann, Winfried: Unterwegs zum Goldenen Vlies, Archäologische Funde aus Georgien, Saarbrücken 1995
Neubauer, Edith: Altgeorgische Baukunst, Leipzig 1976
Pätsch, Gertrud: Die Überlieferung der syrischen Väter, in: Bedi Kartlisa Nr. 40, Paris 1982
Peradse, Gregor: Die Anfänge des Mönchtums in Georgien, in: Zeitschrift für Kirchengeschichte 46, Gotha 1928
Pirosmani, Niko: Werkverzeichnis, Leningrad 1983
Pitman, Walter: Sintflut, Bergisch-Gladbach 1998
Radde, Gustav: Die Chewsuren und ihr Land, Cassel 1876
Rayfield, Donald: The Literature of Georgia, Oxford 1994
Reineggs, Jakob: Allgemeine historisch-topographische Beschreibung des Kaukasus, Gotha 1796–1797
Reisner, Oliver: The Tergdaleulebi – Founders of the Georgian National Identity, in: Forms of Identity in European History, L. Löb et al. (Hg.), Szeged 1995
Reissner, Ilma: Georgien, Freiburg 1989
Renz, Alfred: Kaukasus. Georgien, Aserbaidschan, Armenien, München 1985
Rhinelander, L. Hamilton: The Incorporation of the Caucasus into the Russian Empire. The Case of Georgia 1801–1854, Ph. D., Columbia 1972
Said, Kurban: Ali und Nino, Bern 1989
Salia, Kalistrat: Histoire de la Nation Géorgienne, Paris 1980
Schewardnadse, Eduard: Die Zukunft gehört der Freiheit, Hamburg 1992
Schürmann, Ulrich: Kaukasische Teppiche, Braunschweig 1961

Schulze, Wolfgang: Die Sprache der Uden in Nordaserbaidschan, Wiesbaden 1982
Siemens, Werner von: Lebenserinnerungen, München 1966
Simon, Gerhard und Nadja: Verfall und Untergang des sowjetischen Imperiums, München 1993
Suny, Ronald Grigor: The Making of the Georgian Nation, Bloomington 1988
Suttner, Bertha von: Memoiren (4. Teil: Hochzeitsreise/In Kutais/Tiflis/Zugdidi/Die letzten Tage im Kaukasus), Stuttgart 1909
Tarchnischvili, Michael: Geschichte der kirchlichen georgischen Literatur, Vatican 1955
Toidse, Lewan und Menteschaschwili, Awtandil: Die Bildung der Autonomien in Georgien, Teil 1: Abchasien, in: Georgica Nr. 15 (1992); Teil 2: Atschara/Süd-Ossetien, ebda. Nr. 16 (1993)
Tschubinaschwili, Georg: Georgien, in: Propyläen Kunstgeschichte, 3. Bd.: Byzanz und der christliche Osten, Frankfurt a. M. und Berlin 1968
Twickel, Nikolaus von: Die Uden von Oktomberi, in: Mitteilungsblatt der Berliner Georgischen Gesellschaft Nr. 49 (1996)
Wesendonck, Otto Günther von: Aus der kaukasischen Welt, Berlin 1927
Zürrer, Werner: Kaukasien 1918–1921, Düsseldorf 1978

Für ihre Unterstützung möchte
ich mich sehr herzlich bei der
Ludwig-Wünsche-Stiftung bedanken.

Abdruck der Georgien-Karte (ISBN 3-929184-07-9)
mit freundlicher Erlaubnis des
ERKA-Verlags (http://www.erka-verlag.de)
und des Autors Roland W. Hardt (http://www.rolandhardt.com)

Die Deutsche Bibliothek – CIP-Einheitsaufnahme
Nielsen, Fried:
Wind, der weht: Georgien im Wandel/Fried Nielsen. –
Frankfurt am Main: Societäts-Verl., 2000
ISBN 3-7973-0745-4